真諦三藏譯

攝大乘論世親釋記要（下）

李森田 記要

LITERARY TIMES
蘭臺出版社

目次

【上冊】

【下冊】

甲九　依慧學勝相第八（卷十二）

如此已說依定學差別。

云何應知依慧學差別？

㊟ 定為慧依止，慧依定得成。

菩薩定與二乘定既有差別，菩薩慧與二乘慧亦應有差別。

云何可知依慧學差別？

乙一　依慧學相

一、無分別智名依慧學

㊟ 一、何法名依慧學？（依即adhi-為增上之異譯）

無分別智名依慧學。無分別智差別，應知即是依慧學差別。

二、無分別智有三種

1.加行無分別智

謂尋思等智，即是道因。

2.無分別智

即是道正體。

3.無分別後智

即是出觀智，謂道果。

三、此三智悉是依慧學體

1.尋思智為依慧學

(1)以能依故

觀行人依當來之無分別智修方便智，以是能依故名依慧學。

（由求未來無分別智果故，現世方便（智）得成。）

(2)以所依故

無分別智起必依此方便智得成，以是所依故名依慧學。

（以此方便智能引當來無分別智故。）

2.道正體為依慧學

(1)依觀起

此智依觀起故名依慧學。（依離散動（名之為內）之觀行而起此智）

(2)依自體起

依內自體起故名依慧學。（雖因已謝果未起，而道體自相續，即說此自體為內。）

3.出觀智為依慧學

依無分別智成此（後得）智，名依慧學。（後得智緣入觀時之所緣境而生故）

四、此三智應成立何智？

應但成立無分別智。若成立此智，即成立餘智。

1.若成立前智（尋思智）

則但因義顯、果義不顯，自性等十九差別義亦不成。

2.若成立後智

則但果義顯、因義不顯，自性等十九差別義亦不成。

3.若成立無分別智

(1)此智以尋思智為因，此智是尋思智果。

(2)此智是後智因，後智是此智果。

由此智成立，前後智亦得成立，是故但應成立此無分別智。

二、依慧學差別

由無分別智之十九義，應知依慧學差別。

(1)自性，　(2)依止，　(3)緣起，　(4)境界，
(5)相貌，　(6)立，　(7)救難，　(8)攝持，
(9)伴類，　(10)果報，　(11)等流，　(12)出離，
(13)究竟，　(14)行善加行無分別智後得智功德，
(15)無分別差別，　(16)加行無分別智及後得智譬，
(17)威德，　(18)無功用作事，　(19)甚深義。

由依慧學差別，應知無分別智差別。

㊟ 以十九義成立無分別智，此智即是慧學體。

慧學差別即是此智差別，應作如此知。

乙二　別辨無分別智十九義

一、自性

無分別智自性，應知離五種相。

（離）五相者，

1.離非思惟故，

2.離非覺觀地故，

3.離滅想受定寂靜故，

4.離色自性故，

5.於真實義離異分別故，

是五相所離智，此中應知是無分別智。

㊣ 若具離五相，則是無分別智。若不具離五相，則非無分別智。

（以下五相，非無分別智之相。）

一、非思惟

若以離思惟（非思惟）為無分別智，

則熟眠放逸狂醉同離思惟，亦應得無分別智。

（此不應理）

二、非覺觀地

若以過覺觀地（無覺無觀）為無分別智，

則二定（第二靜慮）以上已過覺觀地，應得無分別智。

（此不應理）

→若依此二義，則凡夫應得無分別智。（以凡夫時有離思惟且不覺觀故）

（此不應理）

三、無心及心法

若有能離心及心法（如想受滅定等），而說名無分別智，

（此不應理），以於滅定等位，無心及心法，故不成為智。

四、自性如色

若言智自性如色自性，

則如色鈍無知（無分別），此智亦應鈍無知。

（此不應理）

→（前四雖是相似無分別，但非證真如實相之無分別智。）

五、異分別真實義

若於真實義已由分別而顯現，則此分別應成無分別智。

（以此分別能分別真實義，而謂此義為真實故）

（此不應理）（離異分別就是不計度此義為真）

→（第五雖緣真如，但以有分別故離卻之。）

結釋無分別智相：

若智離此五相，緣真實義起；（此指：離此五相，緣真實義而起的即是無分別智）

不異分別真實義（謂此法真實），但緣真實義（如眼識但緣色等而不分別），

是名無分別智相。（無分別智之體相無法依表詮門而積極說之，只能依遮詮門而消極說）

於此中如所說無分別智性中，故說偈言：

諸菩薩自性　五種相所離　無分別智性　於真無分別

(釋) 於此依慧學中，如前說十九義所顯無分別智性，為顯無分別智最勝，於所修眾行中最為上首，更說偈成立此義。

（註）

菩薩自性離五相。

1.無分別智即菩薩

(1)菩薩以無分別智為體，故無分別智與菩薩不異。

(2)盡智無生智是菩提，眾生以此菩提為體。

菩提即是無分別智，故無分別智即是菩薩。

2.菩薩自性離五相

(1)自性離五相

無分別智離五相，即是菩薩自性離五相。

(2)離五相得無分別名

無分別智於真（如）無分別，故離五相，得無分別名。

眾生是假名（無體，以菩提為體），法是實有。

若離無分別智，無有別法應菩薩名。

（此中欲顯無分別智即是菩薩故，說菩薩自性離五相，而不言無分別後智為例。）

二、依止

諸菩薩依止　非心非非心　是無分別智　非思疾類故

㊡（由何依止，菩薩自性得生？）

菩薩依止非心非非心。

一、依止心非心皆為過失

無分別智為依止心生？為不依止心生？

1.若依止心而生

能思故名心，思即是分別。此智若依分別生，非謂無分別。（此為過失）

2.若不依止心而生

則同色等法，復不應名智。（此亦為過失）

二、不以心及非心為依止

1.不依止心

此智不以心為依止，由此智不思議故。（不思，不分別，非思議種類）

2.不依止非心

此智亦不以非心為依止，由以心疾利類相續為依止故。

疾利類是屬心種之性，既以此為依止故，不可說非心為依止。

（心疾利類非心，是心種類，由心所引，因心而生，故亦名為心。）

三、緣起

諸菩薩因緣　有言聞熏習　是無分別智　如理正思惟

㊟（此中但取生起此智之因緣。若因果同類名因緣，如先善心為後善心因。）

菩薩因緣是有言聞熏習。

一、依從他所聞法音，起聞熏習因，此熏習後生正思惟。此智因緣，即以有言熏習及正思惟為體。（正思惟，從聞他正說（正教）起，故稱有言）

二、由此因緣，無分別智因有言，未生令生已生令堅住。若無此熏習，無分別智不得生，是故說此為因緣。

四、境界

諸菩薩境界　不可言法性　是無分別智　二無我真如

㊟（此智因聞熏習起，緣何法為境？）

菩薩緣緣是不可言法性。（境界即是緣緣）

一、不可言說

一切法由分別性不可言說。

諸法由自體無所有，由心分別顯現故。

二、不可說有無

一切法不可說有，亦不可說無。

1.約顯現（約俗諦）

如此顯現不如此有，是故不可說有。

如此雖是不有，但不無顯現，故不可說無。

2.約無體相（約真諦）

如識所緣法不如此有故，是故分別（性）無體相。

是分別（性）之無體相，為當有？為當無？

若無無體，體則還有。（無體即二無我性）

若有無體，不可言無。

由此義故，法性約真俗皆不可言有無。

（法性若約真諦，則一切法無所有，故不可說有。二無我空性真理實有，故不可說無。若約俗諦，則一切法空無所有，故不可說有。似有顯現，故不可說無。）

三、法性以二無我真如為體

由分別性故，依他性無人無法，名二無我。

為離斷見此無我不無，故說名真如。

四、真如是菩薩境

此真如是菩薩境。

何以故？

無分別智若起，必緣此境起故。

（註）

緣緣（境界即是緣緣）

1.緣緣相

若法緣此生（如羸人因杖得起），由觀此法彼法得生故說此為彼緣，如五塵生五識。

2.有二種

(1)依止緣緣，(2)比度緣緣。如人依止心無常相，比度色等餘法皆是無常。

五、相貌

諸菩薩相貌　於真如境中　是無分別智　無相無差別

釋（此智緣不可言真如起，其取境相貌云何？）

菩薩於真如境中取境，其相為無相無差別。

無分別智於真如境中平等平等生，無異無相為相。

（註）

1.與眼識取色同

譬如眼識取色，如青等相顯現，不異青等色。

此智與真如境亦爾。

2.眼識取色不同

譬如眼識取色，色無體有色，眼識有體無色，識與色不相稱。

此智與真如境相稱，不可說異。

六、立

相應自性義　所分別非他　字字相續故　由相應義成

㊖（此立：不可言說性是所分別，所分別唯有言說無有別物）

〔問〕一切法若以不可言說為性，何法是所分別？

〔答〕雖一切法不可言說，由字字相續（名句字）所成之義為所分別。

一、〔相應自性義 所分別非他〕

1.一切言說有三種相應

謂數習、相續、次第。

三者不相離故名相應，又三者和合能目義故名相應。

2.此相應是所分別

此相應是自性義，此義是所分別。

離此義無別餘義（無別分別境），是故一切法不可言說。

二、〔字字相續故 由相應義成〕

云何知離此性（不可言說性）無別餘義？

所分別非他，由相應義成故。

1.由字字相續，相應成自性義

字字相續即第一相應，由此相應具餘二相應。

由三相應故得目義，此義得成。

譬如「眼根」，於二字相續中，眾生執以為義，故名相應。

2.此義但有言說是所分別

此義是所分別，是故所分別但有言說，義亦但有言說。

七、救難

離言說智慧　於所知不起　於言不同故　一切不可言

釋（一切法不可言說，此義云何成？）

〔難〕若以名句字相續為所分別，何故言一切法不可言說？

〔答〕雖以言說為所分別，離名言無分別境，但所言法體與言不同，故一切法不可言說。（一切法性非一切言詮之所及）

一、若人未了別方言，於所言境智慧不生。（若不理解言說，則不能知所言之境）

二、若汝言於言說中所言智生，此義不然。

何以故？

是言說（能詮）與所言（所詮）不同，以相貌異故。

言相異所言相異（互不相稱），是故一切言及所言同不可言。

（此明所分別離言說無有別物，故離言說則智不起。而言說與所言說不同，故言及所言悉不可言。）

故說一切法皆不可言。

八、攝持

諸菩薩攝持　是無分別智　此後得行持　為生長究竟

釋（何法是無分別智所攝持？）

無分別智後所得智，能得菩薩福慧二行。

二行依止此智，得生長相續乃至究竟，故無分別後智能生長菩薩正行。

無分別後智是能攝持，菩薩是所攝持。

九、伴類

諸菩薩伴類　說是二種道　是無分別智　五度之品類

釋（何法是無分別智之伴類？）

伴類以相助為相。相助共成一事故名相助，一事是菩提果。

一、二種道是菩薩伴類：

1.資糧道：即施等四波羅蜜。從四波羅蜜生善法，此善法生般若波羅蜜。

2.依止道：即定波羅蜜。般若波羅蜜依止定生。

二、般若波羅蜜即是無分別智。

未得無上菩提時，於其中間常能生起無分別智，乃至極果。

前五度離則有五度，合則成二道，能助第六度，共成一極果故，說為伴類。

十、果報

諸菩薩果報　於佛二圓聚　是無分別智　由加行至得

釋（若無分別智依二道成，得何果報？）

一、果報

果：從因生共用者（即器界等）名果。果是生義。

報：從因生獨用者（即五根及根依處等）名果報。報是熟義。

二、無分別智有三種

1.加行無分別：分在地前及在登地以上二處。

2.正體無分別：從初地乃至佛果，皆名至得。

3.後得無分別

三、無分別智果報

無分別智果報，在佛二圓聚（化應二身）中成熟。

化身：若果在無分別智加行中生，此果屬化身。

應身：若果在無分別智至得中生，此果屬應身。

十一、等流

菩薩等流果　於後後生中　是無分別智　由展轉增勝

釋（等流果云何？）

一、等流果

果以同類為因，名等流果。此果或等因或勝因。

二、無分別智等流果展轉增勝

無分別智等流果，於二圓聚中，轉初地為二地，乃至轉十地成佛。

於後後位中轉增轉勝。

初地為二地同類因，二地是初地等流果，諸地悉爾。

（此中於利他為增，於自利為勝。又學位為增，無學位為勝。）

十二、出離

諸菩薩出離　得成相應故　是無分別智　應知於十地

釋（無分別智出離得成就義云何？）

一、出離

滅惑業為出，滅果報為離。即是有餘無餘二種涅槃。

離有三義：1.永離，2.上離，3.決離。

二、無分別智於出離中與二義相應

1.與得相應：初地始得無分別智，名得相應。

2.與成就相應：從初地後乃至十地，於無數劫修無分別智，乃至究竟，名成就相應。

此二相應，應知不出十地。

十三、究竟

諸菩薩究竟　由得淨三身　是無分別智　至勝自在故

㊥（無分別智藉二道，於三阿僧祇劫修學，以何法為究竟？）

有二法最後極勝，是無分別智所得究竟，名增上果。

一、清淨究竟

初地始得清淨，後於地地中轉轉清淨，至十地究竟清淨，譬如練金。由此清淨，菩薩所得三身後後轉清淨。

二、自在究竟

謂十自在（如論後說，《本論》十三9）。此十自在後後轉勝。

十四、行善加行無分別智後得智功德

1. 不染如虛空　此無分別智　種種重惡業　由唯信樂故（加行無分別智功德）

㊥（無分別智功德云何？）

無分別智有三種：加行無分別、根本無分別、後得無分別。

一、云何加行得無分別名？

先從他聞無分別智是真菩薩。

菩薩自未證真道理，但於此智起信樂心。由依止此信樂心，後方得入度此無分別智理。無分別智從此信樂生起故，說此信樂為加行無分別。

二、加行無分別無染功德

此無分別智清淨無染，譬如虛空，不為四塵所染。

1.何法不能染？

謂種種重惡業從身口意生，此惡業不能染污。

（種種：有見修道異，有十惡差別故。）

（重：極重煩惱為緣起恒作，作而無悔心，無對治，有伴類故。）

2.能對治四惡道業

若人從聞正說，於無分別智生信樂，由此信樂破壞四惡道業。

何以故？

惡業依非理起，信樂從是理生。依非理起故虛，從是理生故實。虛不能對實，是故破壞。

此偈顯加行無分別智，能對治四惡道業，由與惡業不相雜故，此即加行功德。

2.清淨如虛空　此無分別智　解脫一切障　由得及成就（根本無分別智功德）

釋（根本無分別智功德及清淨云何？）

如虛空離煙雲等四障，世間說為清淨。無分別智清淨亦爾。

一、離何法故得清淨？

由解脫一切障故清淨。

一切障謂皮肉心三障，或一闡提、外道、聲聞、獨覺四德障。《本論》十一13

二、此解脫何因得成？

由與諸地至德相應；由於第十地中因成就；由於佛地中果成就，故得解脫一切障。

此偈顯根本無分別智，能對治一切障，此即根本功德。

3.如虛空無染　是無分別智　若出現於世　非世法所染（無分別後得智功德）

釋（無分別後得智功德及無染云何？）

無分別智以無變異故說無染。（如虛空，水不能濕，火不能然，風不能動。）

何以故？

菩薩依此智，觀一切眾生利益事，由此智力，菩薩故作心入三界，現種種本生。

雖生在世中，

一、不為世間八法之所變異

八法謂得（利）、不得（衰）、好名（譽）、惡名（毀）、讚（稱）、毀（譏）、樂、苦。

因此八法故起欲瞋，但欲瞋不能變異菩薩。

二、不為欲瞋根本無明所動

以虛妄不能對真實故。

此智從無分別智生，故名無分別。

此偈為顯後得智能免報障，於生死涅槃二處不住，但為利他。

此即後得智功德。

十五、三智差別

（此三種無分別智差別云何？）（為顯此差別令不相濫，是故立譬）

1. 無言說有言說差別

如瘂求受塵　如瘂正受塵　如非瘂受塵　三智譬如此

㊢ 一、加行無分別智

在方便道中尋思真如，而不能說。

如瘂人求覓諸塵不能說塵。

未得向得離分別，無說因緣，故不能說。

二、根本無分別智

正在真如觀，如所證見亦不能說。

如瘂人正受諸塵，雖已得塵不能說塵。

正得離分別，無說因緣，故不能說。

三、後得無分別智

如其所見能立正教，為他解說。

如非瘂人正受諸塵，又能說塵。

已得由出觀故，如前所見能說無倒。

此偈顯三種無言說有言說異，故有差別。

2. 無分別有分別差別

如愚求受塵　如愚正受塵　如非愚受塵　三智譬如此

釋 未識物類，名之為愚。愚譬次第譬三義如前。

無言說以無分別為因，由無分別故無言說。

有言說以有分別為因，由有分別故有言說。

此愚譬即顯無分別。

此偈顯無分別有分別異，故有差別。

3. 所緣境虛實差別

如五求受塵　如五正受塵　如非五受塵　三智譬如此

釋 五指無分別眼等五識。

一、加行無分別智

或證一分為實，或不證為虛。

如人在五識中求覓五塵，或緣實或緣虛，意識與五識相間起故。

二、根本無分別智

得真實境無分別無言說。

如人正在五識中，得真實境無分別無言說。

三、無分別後智

緣虛境有分別有言說。

如人在意識中，但緣先所受塵，名緣虛境，有分別有言說。

此偈顯三種所緣境有實有虛，故有差別。

4. 學功（用）差別

如未識求解　如讀正受法　如解受法義　次第譬三智

釋 一、加行無分別智

未識真如，但學見真如方便，此顯未解。

如人未識論文，但求識文字。

二、根本無分別智

自利功用已成，未有利他功用，此顯已解。

如人已識文字，未了文字義，正讀文字，但能受法，未能受義。

三、無分別後智

已通達真如又已出觀，如前所見解說無倒，此顯解已究竟。

如人已識文字，又已了義，正在思中。是人具有二能，能識文字，又能了義，以功用究竟故。

此偈顯學功有異，故有差別。

此明三種次第，謂未解、已解及解究竟。前一無境，後二有境，謂法及義。

十六、後二智差別

如人正閉目　無分別亦爾　如人正開目　後得智亦爾

釋（後二智有境，其異相云何？）

此顯根本智及後得智之差別。

一、由依止不同

根本智依止非心非非心。（非心，不思議故。非非心，心所引故，是心種類）

後得智依止心。

二、由境不同

根本智不取境，以境智無異故。不緣境如閉目。[1]

後得智取境，以境智有異故。緣境如開目。

此偈顯不取境取境有異，故有差別。

十七、威德

如空無分別　無染礙異邊　如空中色現　後得智亦爾

釋（後二智威德差別云何？）

1　普寂：凡學佛道是以閉目為入理始，以開目為悟後勝用。
1. 未閉之目是凡夫偏計盲識也。
2. 閉而不開是二乘無為也。
3. 閉而更開是菩薩通也。

一、根本智威德

根本智有四種德：無染、無礙、無分別、無邊。譬如虛空。

1.無染：一切世間八法七流[2]等所不能染。由是彼對治故，故說無染。

2.無礙：於一切境，如理如量無礙無著，故說無礙。

3.無分別：於一切法，一味真如空遍滿故，故說無分別。

4.無邊：離一切諸邊，中道不可量故，故說無邊。

二、後得智威德

因不可分別，此智可分別，謂此是能分別亦是所分別。

如色於空中顯現，空不可分別，色可分別。

十八、無功用作事

譬摩尼天鼓　無思成自事　如此不分別　種種佛事成[3]

㊟釋（若佛果是無分別智所顯，離分別眾生。云何得作眾生利益事而如理不倒？）

諸佛已離分別，能起種種利益眾生事，謂化身利益、說法利益。

如一、如意寶無有分別，能作如眾生所願求事。（此譬化身利益）

二、如天鼓雖無人扣擊，能隨彼眾生所欲之意出四種聲，謂怨來、怨去、受欲、生厭。（此譬說法利益）

2　七流（《中阿含》2，《增一阿含》34，《北本涅槃經》22）
七種有漏煩惱：
1. 見漏：見道所斷之煩惱。
2. 修漏：修道所斷之煩惱。
3. 根漏：眼等根所生之煩惱。
4. 惡漏：依一切惡象、惡王、惡知識、惡國等之惡事、惡法所生之煩惱。
5. 親近漏：依親近衣服、飲食、醫藥、房舍四事所生之煩惱。
6. 受漏：由苦樂捨受所生之煩惱。
7. 念漏：因邪念與惡漏親近漏及受漏和合而生之煩惱。

3　《大乘莊嚴經論》菩提品第十（卷三）4
〔意珠及天鼓　自然成自事　佛化及佛說　無思亦如是〕
此偈顯示佛事無功用（自然成）。
譬如如意寶珠雖復無心，自然能作種種變現（光明）。如來亦爾，雖復無功用心（無思），自然能起種種變化。
譬如天鼓雖復無心自然能出種種音聲。如來亦爾，雖復無功用心（無思），自然能說種種妙法。（天鼓：帝釋所得鼓，雖未撾，隨天之眾生意願，自然發聲。）

（無分別智如摩尼天鼓，無功用事自然成。）

十九、甚深

非此非非此　非智非非智　與境無差別　智名無分別

㊟（此約境明甚深義）

〔問〕此智是緣所分別之依他性而起？或緣餘境而起？

〔答〕

1.若緣所分別依他性

則此智無分別義不成。

2.若緣餘境

(1)因離此境無別餘境故，緣餘境義亦不成。

(2)即使有別緣境可緣，則境智無別義不成。

一、非此非非此

此明此智既非緣依他性而起，亦非緣他境而起。

1.非此

不緣依他性為境，以此智不以分別為境故。故言非此。

2.非非此

亦不緣餘境，以此智但緣依他性法如為境故。

(1)法與法如不可說一異

法與法如不可說一異。以由非清淨與清淨；以及通相與不通相故，（而區分為法與法如）。

(2)非但緣法如而不緣法

此智非但緣識性而不緣識，非但緣法如而不緣法。

由此故言非非此。

二、非智非非智

此智為當是智？為當非智？

若智為性，云何不分別？（以智是分別為性，故問）

若非智為性，云何稱智？（以無分別即非智性，故問）

（云何，說為無分別智？）

1.非智

於加行及後得智中不生，故言非智。

2.非非智

（若不生於加行及後得智中），云何不成非智惑？

此義不成。以非智惑從不正思惟生，能起欲等流。

（雖不生於加行及後得智中），此智卻從無分別加行智生，能生無分別後智，故說非非智。

（又釋）

此智於分別中不生故，說非智。

此智不於餘處生，但於分別法如中生故，說非非智。

三、與境無差別，智名無分別

1.有分別

若智由能取所取二相起，為有分別。如加行智不名無分別。

2.無分別智

此智與境無差別，與所取不異，是平等平等而起，是名無分別智。

佛說一切法　自性無分別　所分別無故　彼無無分別

釋（於餘經中，佛說一切法自性無分別。欲顯此理故重說偈。）

一、一切法自性無分別

云何一切法自性無分別？

以所分別不有故，一切法自性無分別。

可分別類其實非有，至無分別，法始真實是有，故說一切法自性是無分別。

二、眾生不自性解脫

云何眾生不自性解脫？

以彼無無分別（智）故。

1.諸法自性無分別，若智亦如境，是無分別，即是解脫。

2.但由修得智後能證此法，而眾生因有非智障故，無分別智不得起。故必須修智滅障方得解脫。無自性解脫義。

（於自性無分別中，若起分別，此為非智，即是無明。）

乙三　重明三智差別

此中無分別有三種：

加行無分別智，無分別智，無分別後智。

一、加行無分別智

有三種：謂因緣、引通、數習力生起差別故。

二、無分別智

亦有三種：謂知足、無顛倒、無戲論無分別差別故。

三、無分別後智

有五種：謂通達、憶持、成立、相雜、如意顯示差別故。

釋 於自性無分別法中，所有無分別智，若總說有此三種差別。

此三種即顯一、道方便（謂入方便），二、道正事（謂住方便），三、道究竟（謂出方便）。

若約因、約人、約事別說，則有十一種。

一、約因差別（約生起之差別分）

加行無分別智由三力成，或由因緣力、或由引通力、或由數習力。

由此三力成故生起有差別。

1.由因緣力生起：即是由性力成。（由過去生聞熏習強盛勢力，今生性自然成）

2.由引通力生起：即是由宿生力成。（雖有過去生數習勢力，但需今生加行引攝）

3.由數習力生起：即於現在由作功力成。（過去生熏習力弱，需今生極大加行聽聞思惟修而生起）

二、約人差別（約無分別之差別分）

無分別智亦有三種。此約凡夫二乘菩薩三人，其無分別各有差別。

1.知足無分別（約凡夫）

應知由得聞思二慧究竟故、由知足故無分別，故說知足無分別。

(1)凡夫菩薩

若凡夫菩薩至聞思慧究竟事，有所應得皆悉已得，生知足心，故無分別。

(2)世間眾生

世間眾生有知足無分別。由此知足上生有頂（生無想天或非想非非想天），但於中計為出離究竟，過此更無行處，故起知足心，不復進修，故無分別。

2.無顛倒無分別（約二乘）

由二乘已通達真境、無常苦空無我四種無倒相，於常樂我淨四顛倒永不更分別，故名無顛倒無分別。

3.無戲論無分別（約菩薩）

(1)諸菩薩不分別一切法，乃至不分別無上菩提。

何以故？

諸法無言說故。（若於無言說中強立言說，則名戲論）

（註）

言說有四種（即四謗）：

①增益謗：若說有，②損減謗：若說無，

③相違謗：若說亦有亦無，④戲論謗：若說非有非無。

(2)菩薩得之無分別智，不可以言說顯示，故稱無戲論無分別。

何以故？

出過世間智故，又非世間智所知故。

三、約事差別（約事顯了之差別分）

（菩薩行滿化他之）後得智以能顯示為性，約事有五種差別。（顯示：覺了、決定知）

1.通達顯示（通達諸法之智）

由此智於通達後時，顯示如此等事：云我於觀中知見如此如此事。故稱通達顯示。（由後得智，於觀中所知所見境界，一切諸法皆悉無礙。）

2.憶持顯示（憶持不失之智）

由此智出觀後時，如所通達憶持不退失，故稱憶持顯示。

（由後得智，於前觀中通達諸法境相，出觀後皆能憶持不失。）

3.成立顯示（建立正教令他修行之智）

由此智如自所通達，能（安）立正教令他修行，故稱成立顯示。

（由後得智，於所通達諸法境界，能立正教，令他修行。）

4.相雜顯示（觀諸法和合而轉依之智）

由此智菩薩如先緣一切法為境，謂如先雜境界智（或譯總相攀緣智、總緣智）觀察此境，由此觀察即得轉依，故稱相雜顯示。

（由後得智，於先所緣一切諸法和合相雜境界（緣諸法總相同一相），能觀察照了，由此觀察即得轉一切煩惱而依菩提。）

5.如意顯示（隨所欲如意轉之智）

由此智菩薩已得轉依，如菩薩所思欲如意皆成，謂於地等諸大轉為金等，故稱如意顯示。（由後得智既得轉依，故於一切所欲皆悉隨意，如轉大地作金等。）

乙四　成立無分別智義

為成立無分別智，復說別偈，

一、餓鬼畜生人　諸天等如應　一境心異故　許彼境界成

釋 （此以江水譬境非實有）

一、隨所分別各成一境

譬如一江，約四眾生分別，則成四境。

餓鬼謂為膿血，魚等畜生謂為住處，人謂為水，天謂是地。

隨所分別各成一境。

二、境非實有

若境是實，應互相妨，不應一處一時並成四境。

當知皆是意識分別所作。

若汝許四識並緣，而識不離境，汝亦應許一時一處並有四境。

若許並有四境，則應信一切分別皆非實有。

三、唯識四難

若無實境，識應自生不緣境起。

若爾，則唯識中，四難還成四義[4]不成。

4　唯識四難

1. 《大乘唯識論》世親造，真諦譯

〔處時悉無定　無相續不定　作事悉不成　若唯識無塵〕

（若言唯識無塵，外人有四難，言四義不成。）

若（言）離六塵色等，識生不從塵生，則：

(1) 處決定不成

何因此識有處得生，非一切處生？

(2) 時決定不成

於此處中或生不生而不恒生？

(3) 相續不決定不成

若眾生同在一時一處，是識不定相續（有情）生，非隨一人。

如人眼有翳見毛二月等，餘人則不見。

(4) 有作用物不成

復有何因，翳眼人所見髮蠅等塵，不能作髮蠅等事，餘塵能作？又夢中所得飲食衣服毒藥刀杖等，不能作飲食等事，餘物能作？又乾闥婆城實非有，不能作城事，餘城能作？

若同無塵，是四種義云何不同？是故離塵，定處定時不定相續及作事，是四義悉不成，非不成定處等義成。

2. 異譯本：玄奘譯《唯識二十論》

二、於過去未來　於夢二影中　智緣非有境　此無轉為境

釋（有識無境，斯有何失？）

一、有識無四境

1.過去未來境

過去未來事，但有名無體。若心緣此二世，但有識無境。

2.夢中境

夢中所緣境亦爾，但有識無境。

3.鏡中影，定中影

此中定心所起青黃等相，離心無別法，故說名影。

若心緣此二影，亦但有識無境。

二、識緣無為境

若無此四境，識何所緣？

外塵本來是無，為識變異所作。識即緣此為境，故言無轉為境。

三、若塵成為境　無無分別智　若此無佛果　應得無是處

釋（若撥無唯識無境理，則無成佛義）

一、若境有則智無

若塵有體為境義成，則無有無分別智。

以所分別境若實有，則能分別不成顛倒，無分別反成顛倒。

若爾，則一切凡夫皆離顛倒，一切聖人皆成顛倒。

二、無智則不得佛果

無分別智是正道，若言無此智，而說應得佛果，無有是處。

此執為阿含及道理所違。

是故應知：諸塵無體可分別，由可分別體無故，分別亦無。

故無分別智，如理無倒。

四、得自在菩薩　由願樂力故　如意地等成　得定人亦爾

㊣（有別道理，證諸塵無體可分別。）（諸塵無自性）

一、得自在菩薩

1.得自在

菩薩於定得入住出自在，於通慧得變異折伏通達自在，於諸地得十自在。（十三）9

2.由願樂力所欲皆成

菩薩先發願作眾生利益事，得無分別智後出觀，隨所欲樂一切皆成。

(1)願為因，或由現在願、或由本願；樂為果。

(2)先發願，後隨心所欲能如意轉變地等。

3.淺行菩薩

若欲作眾生利益事，於現在先發願已，即入真觀。出觀後隨所欲樂方得成遂。

4.深行菩薩

若欲作眾生利益事，現在不須發願及入觀出觀，但由本願力，隨所欲作，一切皆成。

二、得定自在聲聞

若聲聞等得九定自在，因此定自在，得六通自在，於一物中隨願樂力，各能變異為無量種。

三、顯諸塵無自性

若諸塵實有自性，則菩薩聲聞隨所欲皆如意得成者不成。

譬如二空，一切自在所不能變異。

何以故？

以二空為真實故。

（唯無自性境能由通慧等隨所欲而成。真實者不能隨所欲皆成。）

此偈約外境，顯諸外塵無自性。

五、成就簡擇人　有智得定人　於內思諸法　如義顯現故

釋（於內境無自性，其義云何？）

一、聲聞、菩薩

聲聞：從須陀洹向乃至阿羅漢果，名成就簡擇人。

（簡擇即毘婆舍那，得三無流根名成就）

菩薩：名有智得定人。

（不以聞思位為智人，但取入修位為智人，故言得定。）

二、諸法如義顯現

聲聞及菩薩於內思量一切法時，

1.若思惟十二部經法所顯義，即如其義於此二人得顯現。

2.若思惟佛義，於種種法中佛義顯現。

3.若思惟色等五陰及無常等十想[5]，亦如此顯現。

此偈約內境皆如義顯現，顯諸內塵無自性。

六、無分別修時　諸義不顯現　應知無有塵　由此故無識

釋（云何知外內境皆無自性？）

一、觀諸塵非有

若菩薩在無分別觀中，一切義或內或外或內外不復顯現，是故應知諸塵皆實非有。

二、能識亦無

若無外塵則無內識。

以所識既不有，能識云何有？

此義實爾。

所識非有故能識亦非有，應知勝相中已具顯此義。

5　十想《大品般若》1《大智度論》21
1. 無常想，2. 苦想，3. 無我想，4. 食不淨想，5. 一切世間不可樂想，
6. 死想，7. 不淨想，8. 斷想，9. 離欲想，10. 盡想。
（8、9、10 為得涅槃菩提）

乙五　無分別智與般若波羅蜜名異義同

此無分別智即是般若波羅蜜，名異義同。

如經言：

若菩薩住般若波羅蜜，由非處修行，能圓滿修習所餘波羅蜜。

何者非處修行，能圓滿修習所餘波羅蜜？

謂離五種處。

一、離外道我執處。

二、離未見真如菩薩分別處。

三、離生死涅槃二邊處。

四、離唯滅惑障知足行處。

五、離不觀利益眾生事，住無餘涅槃處。

㊎（此顯無分別智與般若波羅蜜是一）

如來立法，約自性義攝諸法為同，不以名攝為同。

何以故？

名於諸方不同，義於諸方則同。

名是假立，為目此義故，隨方不同。義有定性，故義是同。

行依義成，不依名成。

云何知義是同？

欲成就無分別智，與般若波羅蜜不異故。

一、引經證

《般若波羅蜜經》[6]言：

若菩薩住般若波羅蜜[6]，由非處修行，能圓滿修習所餘波羅蜜。

6　1.《大般若波羅蜜多經》卷 172，T5P925C26
諸菩薩摩訶薩要住般若波羅蜜多，方能圓滿布施、淨戒、安忍、精進、靜慮、般若波羅蜜多。非住餘五能成是事。

2. 佛陀扇多譯本，指此出《大品經》。

3. 此明學道位菩薩有般若波羅蜜。若無般若波羅蜜，則無前五波羅蜜，如眾盲無導不識途。前五波羅蜜得波羅蜜名，乃因通達無自性的般若波羅蜜之力。
經說：若離七寶，輪王不得輪王名。若離般若，前五波羅蜜不得波羅蜜名。

1.住般若波羅蜜

無退失名住。又菩薩先修般若波羅蜜為方便，餘波羅蜜住般若波羅蜜中成，故言住。

2.離五處修餘波羅蜜

菩薩住般若波羅蜜中，離五處修行餘波羅蜜，於一一波羅蜜中，經若干時修習令得成就，故稱圓滿。

二、離五處修行

1.離外道我執處

如外道住彼般若起我執，謂我今住般若，般若即是我所。

諸菩薩住般若則不如是。

故言離我見執處，以不（相）應彼處故。

2.離地前菩薩分別處

如地前菩薩未見真如，分別無分別為般若波羅蜜，謂此是般若波羅蜜。

若菩薩已見真如，在般若波羅蜜中，則無此分別。

故言離分別處，以不應彼處故。

3.離生死涅槃二邊處

如凡夫眾生住生死邊，聲聞人住涅槃邊。

菩薩住般若波羅蜜離此二邊。

故言離二邊處，以不應彼處故。

4.離滅惑障知足行處

如聲聞於惑障滅處生知足，於餘處無復欲樂，謂智障滅處。

菩薩則不如是，為滅智障修學般若波羅蜜。

故言離知足行處，不應彼處故。

5.離住無餘涅槃處

如獨覺不觀眾生利益事，住無餘涅槃。

菩薩則不如是，住般若波羅蜜，不捨眾生利益事。

般涅槃亦有餘亦無餘，於法身是無餘，於應化身是有餘。

故言離住無餘涅槃處，以不應彼處故。

三、無分別智異於五處

無分別智有五種差別，異前所離五處。

	無分別智	五非處
1.	無倒	有倒
2.	無分別	有分別
3.	無住處	有住處
4.	正行能滅惑智二障	正行但能滅惑障
5.	得常住三身為果	得永斷涅槃為果

乙六　明聲聞菩薩智慧差別

一、菩薩智五勝義

聲聞智慧與菩薩智慧差別云何？

應知：

1. 由無分別差別，

不分別陰等諸法門故。

2. 由非一分差別，

通達二空真如，入一切所知相故，依止一切眾生利益事故。

3. 由無住差別，

住無住處涅槃故。

4. 由恒差別，

於無餘涅槃不墮斷盡邊際故。

5. 由無上差別，

實無異乘勝此故。

釋（此顯無分別智般若波羅蜜與二乘智有差別。）

聲聞智慧與菩薩智慧有別：

	聲聞	菩薩
一、由無分別之差別	有分別。 由智慧取陰等諸法門為境，有分別相起。	無分別。 不分別陰等諸法門， 無分別相起、
二、由非一分之差別	1.於所知分 但通達人空。 止於苦等四諦生無流智。 2.於利益眾生分 但依止自身利益事。 （但依自利發願修行） 各有一分。	1.於所知分 具通達人法二空， 於一切所生如理如量智。 2.於利益眾生分 依一切眾生利益事。 （依自他身發願修行） 各具二分。
三、由無住之差別	住著涅槃。 （如凡夫住著生死）	不住生死涅槃。 見生死涅槃俱是分別所作， 同無相性，故不住二處。

四、由恒之差別	於無餘涅槃： 無應化二身，以不觀他利益事故。 （無應身故墮斷，無化身故墮盡。）	於無餘涅槃： 恒起二身無有邊際， 何況法身？ 以自利利他圓滿故。 （有應身故不墮斷， 有化身故不墮盡。）
五、由無上之差別	聲聞獨覺有上，以不及大乘故。	菩薩乘無上，以無別乘勝大乘故，智為上首故。 （乘以智為體）

二、五義功德

此中說偈

由智五勝異　依大悲修福　世出世富樂　說此不為遠

㊩（為攝前五義及顯五義功德，故重說偈。）

一、由智五勝異，依大悲修福

1.自利勝異義

由五種差別，菩薩智慧勝於二乘，但不於勝智慧知足。

而復依智慧修福德，福德即餘五度。（自利）

2.利他勝異義

菩薩為利他，依大悲修福德，福德即餘五度。（利他）

二、世出世富樂，說此不為遠

若人具此二能（依智修福及依悲修福），得何果報？

1.世富樂

作轉輪王、欲界上五天王、色界梵王，乃至無色界定及菩薩獨所得世間定。

2.出世富樂

二乘解脫及無上菩提名出世富樂，如此果如意易得，故不為遠。

乙七　解疑難結釋三學

一、問難

1. 若菩薩於世間實有亦復可知。

2. 若菩薩如此依戒定慧學功德聚相應；至十種自在；

於一切利他事得無等勝能，

云何於世間中見有眾生遭重苦難？

㊎（已說三學竟，此顯菩薩三德圓滿，並難云何眾生苦？）

一、菩薩實有而可知

此顯1.菩薩有體，故言實有。（此為菩薩之智斷實德）

2.菩薩有恩，故言可知。（此為菩薩之恩德化用）

二、菩薩三德圓滿

1.因圓滿

三學是功德聚（以攝十度及世間之一切功德故），菩薩與此三學相應（未得得，已得不失），即是因的圓滿。（智德）

2.果圓滿

菩薩至十種自在，即是果圓滿。《本論》十三9（斷德）

3.恩德圓滿

於一切利益他事得無等勝能，即是恩德圓滿。（恩德）

（利他事或有二種（謂先思後行），復有二種（後二無畏）[7]，或有

7　四無畏

1.《本論》九 16

四無畏不出三德（斷智恩德），三德是四無畏因。

2. 如來四無畏《本論》十四 6

(1) 一切智無畏（一切種智了知一切法總別相）

(2) 流盡無畏（盡斷煩惱習氣）

(3) 說盡苦道無畏 (4) 說障道無畏

（廣說一切法度眾，於他難無畏）

3. 菩薩四無畏《大智度論》25

(1) 總持無畏：聞陀羅尼受持（於六度及從發心至成佛之一切善法），演說其義得無所畏。

(2) 知根無畏：盡知法樂及知眾生根欲性心，說法無所畏。

(3) 決疑無畏：持法不妄，通達慧方便能斷疑，救度有情見歡喜淨諸障難無畏。

(4) 答報無畏：不失一切智，心不於餘乘求出離，得圓滿自在善能問答一切種，利益有情無畏。

（佛之無所畏遍一切處，菩薩無所畏於自可知範圍內）

四種（四攝事））

此中因果二德顯自利，恩德顯利他。

三、云何眾生苦難？

若菩薩如此三德皆為拔濟一切眾生，

云何眾生猶遭世苦難？

1.若視苦不救，則不能言有無等勝能。

2.若無勝能，則不得言此為菩薩。

（內外苦難若可對治為輕，不可對治為重。）

二、答釋

1. 由菩薩見彼眾生有業，能感苦報障勝樂果故，

2. 由菩薩見如此若施彼樂具，則障其生善，

3. 由菩薩見彼無樂具，能現前厭惡生死，

4. 由菩薩見若施彼樂具，則是生長一切惡法因緣，

5. 由菩薩見若施彼樂具，則是逼害餘無量眾生因緣，

是故菩薩不無如此勝能，世間亦有如此眾生顯現。

釋（此顯菩薩不行施之五因以答問難。）

一、明五因

1.眾生業障故不能受

(1)菩薩所見眾生

有眾生自有業障，障菩薩之勝能，而能感苦報。

(2)由菩薩業（報）力故

菩薩於彼有此業智，雖懷勝能，捨而不用。

此即菩薩業力。[8]

8 十力《大智度論》24

佛有十力，指所具足之十智，為能證得實相之智。了達一切，無能壞無能勝，故稱為力。此十力，菩薩皆具有少分。

1. 知是處非處智力（遍知處之善業善報，非處之惡業惡報）
2. 知業報智力（知三世業報、造業處及其因緣）
3. 禪定、解脫、三昧、淨垢分別智力
4. 知眾生上下根智力

如江有八功德水隨眾生飲無人遮護。餓鬼由業障故不能得飲。菩薩如江，財物如水，有業障眾生猶如餓鬼，由業障故不得受用菩薩財物。

2.樂具障生善法故不施

(1)菩薩所見眾生

有眾生雖無業障，貧窮能生長其善法，若富樂則放逸造罪。

(2)由菩薩處非處力故

菩薩願彼於現在世受貧窮苦，隨順成就生起善法，是故菩薩不施其樂具。

此即菩薩處非處力。[8]

3.貧苦厭惡生死故不施

(1)菩薩所見眾生

有眾生由貧窮苦，厭惡生死心恒現前。

(2)由菩薩根欲性力故

菩薩願彼無樂具，成就厭惡心，隨順善行，故不施其樂具。

此即菩薩根欲性力。[8]

4.富樂生長惡法故不施

(1)菩薩所見眾生

有眾生恒受貧窮報，於此時中不長惡法。

(2)由菩薩遍行道智力故

菩薩願彼恒受貧窮報，不願彼於一剎那中受富樂報，而作諸惡法因緣。（自愛憎他二因緣能生惡法）

菩薩若施彼財物，則成就彼愛憎，是故菩薩不施其樂具。

此即菩薩遍行道智力。[8]

5.彼施能損餘眾生故不施

---

5. 知眾生種種欲智力（欲：指眾生之所愛樂）
6. 知性智力（性：即是界，是積集相）
7. 知一切處道智力（了知眾生種種行趣、種種道果）
8. 知宿命智力
9. 知生死智力（知死此生彼業緣）
10. 知漏盡智力（過聲聞斷漏，辟支佛斷漏及習氣，佛不但自漏盡，以大悲為眾生說諸斷漏法）

(1)菩薩所見眾生

有眾生若得大富非止自損，復能損惱無量眾生。

(2)由菩薩遍行道智力故

菩薩願彼受貧窮苦，不願彼由大富樂損惱眾生身心及以善根，是故菩薩不施其樂具。

此亦是菩薩遍行道智力。[8]

（第一因顯菩薩即使行施，眾生亦無法感受，第二至第五因顯菩薩以大悲故不行施。）

二、總答釋

1.〔菩薩不無如此勝能〕

菩薩勝能有三，即是三德。

(1)能得因：謂三學處。

(2)能得果：謂十自在。

(3)能利他：謂了別眾生根欲性等。

若見施有利益則施，若見不施有利益則不施。

菩薩以利益為定，不以施不施為定。

2.〔世間亦有如此眾生顯現〕

由施無利益故，或施而不受故，不施故世間有受苦眾生。

三、重說偈

此中說偈，

見業障礙善　厭現及惡增　害他彼眾生　不感菩薩施

釋（為攝前五義故重說偈）

一、有眾生有業障，不感菩薩施。（無法感受菩薩施）

二、有眾生有樂具則礙善。

三、有眾生由貧窮，厭惡生死心恒現前。

四、有眾生有樂具生長惡法。

五、有眾生由大富樂能逼害他。

菩薩見如此事，欲令離自損損他，故不施其樂具，是故彼眾生不感菩薩施。

（如施，亦例餘度。）

甲十　學果寂滅勝相第九（卷十三）

如此已說依慧學差別。
云何應知寂滅差別？

㊟ 菩薩道與二乘道既有差別，由道得滅，菩薩滅與二乘滅亦應有差別。

云何可知？

乙一　無住處涅槃

諸菩薩惑滅，即是無住處涅槃。

㊟ 二乘與菩薩同以惑滅為滅諦。

二乘惑滅一向背生死趣涅槃。菩薩惑滅不背生死不背涅槃，故異二乘。

菩薩此滅於四種涅槃中，是無住處。

一、本來清淨涅槃，二、無住處涅槃，三、有餘，四、無餘。

菩薩不見生死涅槃異。

由般若不住生死，由慈悲不住涅槃。

若分別生死，則住生死。若分別涅槃，則住涅槃。

菩薩得無分別智，無所分別故無所住。

一、以何法為相？
此相云何？

捨離惑與不捨離生死，二所依止轉依為相。

㊥ 一、捨離惑與不捨離生死一時具

1.捨離惑

若菩薩在轉依位，不與諸惑緣起處，故名捨離惑。

2.不捨離生死

在出觀位，必起分別故，名不捨離生死。

若偏觀前後明此二義，亦得一時具二義，若雙觀二義，必在一時。

此二義並以依他性為依止。

二、以轉依為相

無住處涅槃以轉依為相，即轉二著。

（凡夫著生死，二乘著涅槃。）

菩薩得無分別智，不見生死涅槃有差別。雖滅惑不住涅槃，雖起分別不住生死。

故此（無住處）涅槃以轉依為相。

二、以何為體？

此中生死是依他性不淨品一分為體。涅槃是依他性淨品一分為體。

㊥（轉依依止依他性，此釋此二所依止義）

本識名（二分）依他性

一、不淨品分

本識若起分別，即是不淨品，說此一分為生死體。

二、淨品分

若如分別依他性，此性不如此有，此分別無所有即是淨品，依此一分為涅槃體。

（此如應知勝相第二依「阿毗達磨經」所說二分依他性之三性說。）

三、二分依他性

本依者，是具淨不淨品二分依他性。

㊎ 分別性是生死，真實性是涅槃。

從本以來此二品以依他性為依止，即說此依他性為本依。（本識）

（轉依者，轉「以依他性中之分別性為依止」為「以依他性中之真實性為依止」。）

四、轉依

轉依者，對治起時，

由依他性1. 由不淨品分永改本性，

2. 由淨品分永成本性。

㊎ 轉依亦屬依他性，三乘道是對治。

一、由不淨品分永改本性

1.不淨品

依他性道未起時，如見諦等，或能起諸業感惡道報，名不淨品。

2.永改本性

道起已後，如此不淨品滅不更生，故言永改本性。

二、由淨品分永成本性

1.淨品

依他性道及道果，名淨品。

(1)道：即戒定慧。

(2)道果：有為果即解脫解脫知見。

無為果即本惑滅及未來惑不生。

2.永成本性

道未起時，戒等淨品未成立，但有本性清淨。

由道起故，與五分法身[1]及無垢清淨相應，如此相應乃至得佛，無有變異，故言永成本性。

（註）

1 五分法身（佛身）
戒法身，定法身，慧法身，解脫法身，解脫知見法身。

無住處涅槃與轉依

1.此係藉由轉依揭示無住處涅槃。此中所述即二分依他性之三性說，由此可知二分依他性之不淨品分、淨品分及具此二分之依他性。此二分依他性之三性說中，含有應知勝相品中〔婆羅門問經〕所揭之二分無差別，亦即生死（不淨品）與涅槃（淨品）之無差別，是無住處涅槃。

此含於〔大乘阿毘達磨經〕所揭轉依之淨品之分：「對治起時，依他性由不淨品分改本性，由淨品分成本性。」亦即淨品之二種道果中的無為。

異於二乘之惑滅的菩薩之惑滅是無住處涅槃。二乘之惑滅，只是惑障（煩惱障）滅，相對於此，菩薩得無分別智，故智障之種子滅。

此智障種子之滅即是轉依，無住處涅槃以此轉依為特質（lakṣaṇa）。《本論》十三4

2.法身也以轉依為相（智差別勝相第十）

(1)此淨品所含二種道果中之有為是佛智（無分別智）。

(2)所謂三身是指自性身（法身）、受用身（應身）與變化身（化身）。應身或化身都以法身為依止。此即應身以大智大定大悲為體，化身但以色形為體。《本論》十三7

(3)此法身以轉依為相（lakṣaṇa）。《本論》十三8

如同淨品分中的無為，亦即在無住處涅槃中，含有依〔婆羅門問經〕二分依他三性說所揭示的不淨品與淨品無二（生死涅槃無二）之意。

法身以無二為相：有與無之無二（bhāvābhāvādvaya）《本論》十三10

有為與無為之無二（saṃskṛtāsaṃskṛtādvaya）

多與一（異與一）之無二（nānātvaikatvādvaya）

3.二分依他之三性說[2]

---

2 《三性說與中觀說之關係》　上田義文

龍樹之《中論》不說轉依，難以理解生死與涅槃之無差別如何成立？其無差別意為何？

1. 二分依他性之三性說，在揭示轉依之論理性構造，說明無住處涅槃與法身（從而三身）以此此三性說揭示轉依之構造。

(1)《婆羅門問經》揭示在《大乘阿毘達磨經》二分說中淨品之構造。由此而知，淨品中有如此二分之無二。

(2)《大乘阿毘達磨經》揭示在《婆羅門問經》中生死涅槃無二，是成立在轉依之基礎上。

轉依為相。此等思想，其實是繼承龍樹《般若經》中「色即是空，空即是色，乃至生死即涅槃」，而改以「轉依」表現。此被視為無着之特色。

2. 緣生依他性之三性說，闡明識（能緣）與境（所緣）的相關對立關係。以此為主軸而成立諸法與法性之關係構造，則是開拓能緣所緣關係之新思想（不見於《般若經》與龍樹），此為初期瑜伽行派（彌勒、無著、世親）之創見，而有別於中觀派之唯識觀行。若無視緣生依他性之三性說，僅由二分依他性之三性說，無法充分理解初期瑜伽行派之唯識思想。

乙二　六種轉依

此轉依若略說有六種轉。

（若約三乘道及道果，廣說則有多轉依義，今略說故但有六種。）

丙一　正辨差別

一、益力損能轉

由隨信樂位，住聞熏習力故。

由煩惱有羞行慚、弱行或永不行故。

㊟ 一、益力損能轉依

1.益力

由三乘聖道起，阿黎耶識中聞熏習功能更增，說名益力。（增本識中清淨種）

2.損能

於阿黎耶識中，所有諸惑熏習，由對治起故無復本用。（損本識中染汙種）

二、由聞熏習力

1.住何位得成？

若人住願樂位中，聞如來說廣大甚深正教。

於中起三信，願樂[3]修行，隨順不違。

2.何因得成？

此損益以聞熏習力為因得成。

修慧是聞熏習力，若無修慧，本依則不得轉。

3　《本論》七6，（記要）P. 288

正意者，謂信及樂。

信有三處：

1. 信實有（自性住佛性）
2. 信可得（引出佛性）
3. 信有無窮功德（至果佛性）

起三信已，於能得方便之施等波羅蜜中，求欲修行故名為樂。

（聞思慧為聞熏習體，因此二慧生修慧。）

三、由有羞行慚

住聞熏習力得轉依已，煩惱若起即生慚羞[4]。

煩惱起亦不久，又復微弱，或永不起。

何以故？

能羞自身，深見諸過故。

（雖未斷障種實證轉依，而漸伏煩惱現行亦名轉依。）

二、通達轉

謂已登地諸菩薩，由真實虛妄顯現為能故，

此轉從初地至六地。

釋 一、通達轉

得無分別智證真如，故名通達。

由此通達有差別轉，異於地前。

二、真實虛妄顯現因

1.若入觀

此通達為真實顯現因。（此為無分別智所緣之真如）（真）

如同初通達時，明證真如，後入觀亦爾。

2.若出觀

此通達為虛妄顯現因。（此為後智所攝之見聞覺知）（俗）

如同先未入觀時，以散心修自利利他俗行，今出觀亦爾。

三、何位得成？

以初地至六地為其位，各地皆有出入觀之差異。（皆通達真俗故）

---

4 《大乘莊嚴經論》覺分品（卷十）

〔菩薩於六度　障增及治減　不勤亦勤行　於此有羞起〕

諸菩薩於四事中極生羞恥。

1. 於諸度障增時極生羞恥。
2. 於諸障治減時極生羞恥。
3. 修諸度懈怠時極生羞恥。
4. 隨順煩惱法勤行時極生羞恥，所謂諸根常開而不禁守（未護根門）。

三、修習轉

由未離障人，是一切相不顯現，真實顯現依故，
此轉從七地至十地。

釋 一、修習轉

前位修習依相起，此位修習依無相起。

已離惑障，離一切智障未盡，是有學大乘人能得此轉。

二、三相三無相顯現之依止

1.三相體不顯現

猶未離障人一切相體不顯現，此由依止此轉依得成。

一切相謂相相（分別性）、生相（依他性）、真實相（真實性）。

2.三無相顯現

三無（性）相得顯現，此亦依止此轉依得成。

三、何位得成？

此轉從七地至十地，此等地皆同修無相行故。

四、果圓滿轉

由已離障人，一切相不顯現，清淨真如顯現，至得一切相自在依故。

釋 一、果圓滿轉

三德具足名果圓滿，已離一切障人（即諸佛），能得此轉。

二、三德之依止

三德並以此轉依為依止。

1.斷德

一切相不顯現即是斷德，以一切相滅故。

2.智德

清淨真如顯現即是智德，如理如量智圓滿故，
謂具一切智及一切種智。

3.恩德

至得一切相自在即是恩德，依止一切相中所得自在。

由得此自在，如意能作一切眾生利益事。

五、下劣轉

由聲聞通達人無我故；由一向背生死，為永捨離生死故。

㊟ 身見是聲聞繫縛，為除此見故修人無我觀，若得人無我，則能背苦捨集。（苦集通名生死）

由人、境、功能三義皆下劣，故名下劣轉。

一、人下劣：是聲聞人故。

二、境下劣：但觀人無我故。

三、功能下劣：心求免離生死，自出三界未得究竟，又不能兼濟眾生故。

六、廣大轉

由菩薩通達法無我故；於中觀寂靜功德故；為捨不捨故。

㊟ 分別是菩薩繫縛，為除此繫縛故，修法無我觀。

一、法無我是本

法無我是本，人無我是末，若得法無我，必先得人無我。

雖復先得（人無我），但猶未清淨，以根本未除故，證法無我後方得清淨。

二、法無我境

法無我境能顯四德，故觀此境得離八倒。[5]

三、寂靜功德

於生死中，觀法無我故，稱寂靜功德。

四、法無我觀功能

1.捨煩惱

於生死中由觀寂靜能離分別，不為惑染故。

5 八倒

1. 凡夫四倒：對生死之無常、無樂、無我、無淨，執為常樂我淨。
2. 二乘四倒：對涅槃之常樂我淨，執為無常、無樂、無我、無淨。

2.不捨生死

由見生死寂靜與真如不異故。

由菩薩人故人廣大，觀法無我境故境廣大，自度度他又能究竟故功能廣大，故名廣大轉。

丙二　簡別過失功德

一、下劣轉位之過失

若菩薩在下劣轉位，有何過失？

1. 不觀眾生利益事故。

2. 過離菩薩法。

3. 與下乘人同得解脫。

此為過失。

㊣釋 菩薩下劣轉有三過失：

一、失恩德

以不觀眾生利益事故。

二、失智德

不行菩薩智慧法為過，捨遠菩薩福德法為離。

如理如量智，及隨智所起福德是菩薩法。

三、失斷德

與下乘人同得解脫，但滅惑障不滅智障故。

二、廣大轉位之功德

諸菩薩若在廣大轉位，有何功德？

1. 於生死法中，由自轉依為依故，得諸自在。

2. 於一切道中，能現一切身。

3. 於世間富樂及於三乘，由種種教化方便勝能，能安立彼於正教。

是廣大轉功德。

㊣釋 一、廣大轉有三功德：

1.得十種自在

得無分別智滅智障種子，此滅即是轉依。

以此轉依為依止，菩薩於一切法中，得十種自在。

2.現種種身

以自在為依止，於六道中，隨彼形類，現種種身。

3.令住正法

富樂是三界善道。先令得世間善道，後令得三乘聖道。

以三輪化度令住正法。

三、大菩提之自性轉依

何法為大菩提自性轉依？

與二乘相異是大菩提自性。

大菩提自性轉依有四相：

1.生起依止為相

此為佛相續所攝，為出世道之依止。

若不爾，不至此轉依，則佛聖道不得成，此不應道理。

若佛道離此轉依得成，則依未轉，道應先成。

2.永不生依止為相

是一切惑及習氣永不生之依止。

若不爾，則因緣已聚集，尚未至此轉依，諸惑或習氣之永不生不成，不應道理。

3.成熟思量所知果依止為相

是成熟尋思及善通達所知真如，所知實際果。

若不爾，則諸佛自性應更尋思，應更滅障。

4.法界清淨為相

是伏滅一切相之最清淨法界所顯。

若不爾，則諸佛自性應無常，應可思。然佛實為自性常住，以不可思為相，亦不可說。

乙三　重說偈

丙一　轉依解脫義

此中說偈[6]（為顯此轉依，故重說偈）

於凡夫覆真　於彼顯虛妄　於菩薩一向　捨虛顯真實

�

釋 此偈明滅為轉依相。無明生是凡夫依，無明滅是菩薩依。

一、無明生是凡夫依

凡夫因見諦無明，覆一切人法無我真空。

因此無明倒彼（二空）心，令見我相眾生相等，及六塵相諸虛妄法，因此顯現。

此等皆以無明為其依止。

二、無明滅是菩薩依

菩薩無分別智，由滅無明故，

捨一切虛妄法（謂我相等），顯二空真如。

不顯現顯現　虛妄及真實　是菩薩轉依　解脫如意故

釋 此偈明解脫虛妄清淨法身。

一、顯現與不顯現

1.解脫虛妄（虛妄不顯）

虛妄是分別性。分別不起即虛妄不顯現。

2.清淨法身（真實顯現）

真實是三無性。若虛妄不顯則真實顯現。

6　《大乘莊嚴經論》功德品二十二（十二）9

〔覆實見不實　應知是凡夫　見實覆不實　如是名菩薩〕

凡夫無功用不見真如，見不真實相。菩薩無功用見真如，不見不真實相。

〔不見見應知　無義有義境　轉依及解脫　以得自在故〕

1. 轉依：無義境界（二我相）不見，有義境界（真如）見，如是說明轉依。
2. 解脫：見所執境界無體，及見真如有體，如是說名解脫，以得自在故。
   自在者，謂隨自意轉，自然不行諸境界。如經言：「若有相則被縛，若被縛則無解脫，不行一切境界即是解脫。」

二、菩薩轉依解脫如意行

1.轉依解脫

虛妄不顯現，真實顯現是菩薩轉依。此轉依即菩薩解脫。

2.如意行利他

得解脫已，無復繫縛。為利他故，如意遍行於六道中，不同二乘解脫永滅無利他義，如被斬首命必不續。

此二解脫虛妄及清淨法身，由無分別智得成，亦即就三德明菩薩之轉依。

丙二　涅槃無住義

於生死涅槃　若智起平等　生死即涅槃　二無此彼故

(釋) 此偈顯生死即涅槃。

一、並是分別所作

生死涅槃並是分別所作，是同一真如。若得無分別智，緣此平等而起。

二、生死即涅槃

不淨品名生死，淨品名涅槃。生死是虛妄，而無人法二我，即是涅槃。

若得無分別智，見生死無所有，即是見涅槃無所有。

故無此彼之異。

是故於生死　非捨非非捨　於涅槃亦爾　無得無不得

(釋) 若得無分別智有何功能？

一、於生死非捨非非捨

雖觀無我，但不離生死，是非捨義。

雖在生死，常觀無我，是非非捨。

二、於涅槃無得無不得

離生死無別法名涅槃。

菩薩既不得生死，亦不得涅槃，是無得義。

菩薩於生死常觀勝妙寂靜，是無不得義。

甲十一　智差別勝相第十

如此已說寂滅差別。

云何應知智差別？

㊣釋 前已說菩薩解脫（寂滅）與二乘解脫差別，菩薩解脫知見（智），與二乘解脫知見，亦應有差別（殊勝）。

云何可知？

乙一　出智果體性

一、出智果

由佛三身，應知智差別。

1. 自性身，2. 受用身，3. 變化身（法身、應身、化身）

釋 一、以三身顯智差別

（法身以如如及如如智為體。應化二身為悲智所動示現，而成利益他事，雖非唯智但以智為主。故以三身明智差別。）

智差別即是菩薩之解脫知見，即是菩提道之究竟果。

1.二乘之解脫知見

此即二乘道之究竟果，不具三身。

(1)無法身

二乘不能滅智障，無一切智，故不得圓滿清淨法身。

(2)無應化二身

無大慈悲不行利益他事，故無應化兩身。

2.菩薩之解脫知見

菩薩具此二義，故有三身。

故以三身顯智差別。

二、身義

1.身以依止為義（依主釋：法之身）

由能持諸法，身為諸法依止（譬如身根為餘根依止），故得身名。

諸法隨身故得成，不隨則不成故。

法身亦爾，應化身及如來一切功德所依，故名為身。

2.身以實為義（持業釋：法即身）

身以實為義，無破壞，故名實。

身是體，體是（法）性，此性於一切位中不改，故名實。因為是實，故無破壞。

三、身有二種

1.自然得

如經言：若佛出世，若不出世，法性常然。

謂一切法由二空不空，二空由虛妄不空。此二法皆自然得，故說名自性。

2.人功得

謂六道身，由依惑起善惡不動業，由業得七種果[1]，依果更生惑，是名人功所得。

四、如來身之二種得

1.自性得

即法身，為顯異人功所得，故立自性身。

2.人功得

是應化二身。（此二身為利物益生）

(1)受用身

依止自性身，起福德智慧二行。二行所得之果，謂淨土清淨及大

1　身口業感七種果得六道身。

法樂。能受用此二果，故名受用身。

(2)變化身

於他修行地（地前）中，由佛本願自在力故，彼識似眾生變異而現，故名變化身。

二、分別三身

1. 自性身

此中自性身者，是諸如來法身。

於一切法自在依止故。

釋 若以自性身為法身，

一、以何自性身為法身？

唯有真如及真智獨存，說名法身。

以一切障滅（清淨）故，一切白法圓滿（圓智）故。

（註）

自性身有二種，指真如和真如真智。

或以一、以理（真如）智（真智）為法身。（理智圓滿）

或以二、只以理為法身。

此中指理智圓備之自性身為法身。

二、何法依止法身？

一切法自在依止法身。（身以依止為義）

謂1.十種自在。《本論》十三9

2.因中十波羅蜜，果中一切不共法，皆得已不失，如意運用，故名自在。

自在不可數量，隨諸法數量，自在亦爾。

三、云何知此法依止法身？

以此法不離清淨及圓智，即如如、如如智故。（理智圓備故）

2. 受用身

受用身者，諸佛種種土及大人集輪依止所顯現。

此以法身為依止。

諸佛土清淨大乘法受樂受用因故。

㊎ 一、應身依止法身

應身以法身為依止。（如前言，一切法自在依止法身故。）

法身則無依止，故應身與法身二身有異。

二、佛土及大集依止應身

受用身是諸佛種種土及大人集輪依止所顯現。

1.能依止

(1)諸佛土

土有眾寶差別，不可數量故稱種種。

此無量寶土，依佛應身得成。（此為登地以上菩薩所感）

(2)大集輪

諸菩薩名大人集，譬喻為輪，名大集輪。

體：菩薩眾親近善友、正聞正思正修等是為輪體。

用：如輪轉聖王之金輪，能從此至彼、未得令得已得令不失、能上下平行，是為輪用。

2.所依止

此淨佛土及大集輪，若離應身則不成，故以應身為依止。

由能依止成，故所依止顯現。

三、云何知此法依止應身？

（答釋1）

諸佛土清淨，「大乘法」受（法）樂之受用因故。

菩薩於諸佛淨土中：

1.自聽受大乘法，受法樂。

2.為他說大乘法，亦受法樂。

菩薩備受用此二法樂。

若無應身則無此二受用法樂，故應身為此二受用法樂因。

（答釋2）

「諸佛土清淨、大乘法受樂」之受用因故。

受用有二義：1.受用塵，即受用淨土。2.受用法樂，即受用大乘法樂。

若無應身則無此二受用，故以應身為此二受用因。

3. 變化身

變化身者，以法身為依止。

從住兜率陀天及退受生、受學受欲塵、出家往外道所修苦行、得無上菩提、轉法輪、大般涅槃等事，所顯現故。

㊢ 一、以法身為依止

變化身依止法身。（如前言，一切法自在依止法身故。）

二、與法身、應身之異

1.異於法身：法身無依止，而變化身依止法身，故異。

2.異於應身：應身以大智大定大悲為體，而化身但以色形為體，故異。

三、化身以色形為體

所現色形[2]：

1.住兜率陀天退而受生

先住兜率陀天中，後生人中。

自兜率陀天退，於二十年中陰受生[3]，後於釋迦家受生。

2　八相成道

指佛示現人間之八種相：降兜率、入胎、住胎、出胎、出家、成道、轉法輪、入滅。（或無住胎，而加降魔）

3　《大方廣佛華嚴經疏鈔會本》實叉難陀譯，澄觀述。（卷59）

佛子菩薩摩訶薩示現處胎有十種事。

第三正明入胎十事。

如有問言：於四生中化生為上，佛為最勝，何故胎生？

諸經論中多用初緣以通此問，今明具十以表無盡。

（諸經論者，謂今比菩薩自然化生等，智論等皆然。

探玄記有問云：據此經兜率命終即入胎等，何故梁攝論明化身二十年在中陰？

真諦三藏《金光明疏》中釋云：有小乘別部云：聽待父母受生竟，故二十年在中陰。

2.受學受欲塵

受學王之秘密巧六十四能[4]等，納妃等受欲塵。

3.出家往外道所修苦行

後捨王位，往欝陀阿羅羅仙人所，備修外道一切苦行。

4.得無上菩提轉法輪

後捨外道法，修不苦不樂行，成無等覺，說三乘教。

5.大般涅槃等事

後方捨化，變化事非一，乃至滅後猶有遺形為佛事，故言等事。

以此等事顯於化身。

〔問〕佛何故先住兜率陀天，後生人中？

〔答〕欲顯自身是天人類。

以天人是聖道器故，欲示為天人師攝利同類故，為斷外道毀謗故。

釋曰：此乃機見不同，故言二十年等多小劣見。）

4 《本論》十五 12，（記要）P. 640 註 30

王之秘密巧術法六十四能，指印度王家所學伎能有六十四。（六十四泛指大數）

乙二　十門分別法身

諸佛如來所有法身，其相云何？

此中說嗢陀那偈，

相證得自在　依止及攝持　差別德甚深　念業明佛身

㊟ 欲引相等十義證成法身。

法身若成，餘二身亦成，故為此問。

為攝持散義故說此偈，偈中十義後次第釋。

丙一　相

若略說其相，應知有五種。

一、以轉依為相

法身轉依為相。

一切障及不淨品分依他性滅已，

1. 解脫一切障，

2. 於一切法得自在為能，

清淨性分依他性轉依為相故。

㊟ 法身即是菩薩轉依。

若一切障及不淨品依他性已滅，則解脫一切障，於一切法得自在為能之清淨分依他性，以轉依為相。

一、障有二種

1.智障

菩薩所斷一切智障，通三界內外，名具分障。即是一切障。

2.惑障

二乘所斷惑障，唯在三界內，名一分障。即是不淨品分。

此二障並以依他性為依止，治道起時即斷此二障。

二、依他性有二分

1.不淨品分：如前述。

2.清淨性分：離一切分別故言清淨性分。

（此異無分別後智，此無分別智為依他性一分。）

三、治道起時

1.解脫一切障

治道起時，由二障已滅，依他性一分解脫一切障。

此滅障顯無分別境。

2.於一切法得自在

依他性一分，能通達一切法同一無性，已得無失，於一切法得自在。

此能顯無分別智。

此二分是清淨依他性轉依，轉依為法身相。

二、以白淨法為相

由六度圓滿，於法身至得十種自在，勝能為相故。

何者為十？

1. 命自在。

2. 心自在。

3. 財物自在。此三由施度圓滿得成。

4. 業自在。

5. 生自在。此二由戒度圓滿得成。

6. 欲樂自在。由忍度圓滿得成。

7. 願自在。由精進度圓滿得成。

8. 通慧自在。此五通所攝，由定度圓滿得成。

9. 智自在。

10. 法自在。此二由般若波羅蜜圓滿得成。

㊢ 白淨法之白為善（惡為黑），法身是真實善[5]，故以白淨法為相。

5 四種善《俱舍論》（卷十三）
由四種因成善性等，一由勝義，二由自性，三由相應，四由等起。……

由修六度究竟，於法身得十自在。

此十自在是法身勝能，即以法身為（體）性。

一、命自在

於壽命中，修短及捨如意得成。（壽命長短如意）

二、心自在

於生死中受生，心不為生死染污。

三、財物自在

於十種財物[6]，隨時隨處如意能得。（飲食等資生具自在）

（若人一切處施、一切物施、以大悲施，則施圓滿。

由一切處施為因，得命自在；由大悲行施為因，得心自在；由一切物施為因，得財物自在。此三自在由施度圓滿得成。）

四、業自在

由能制身口業故得業自在，乃至若分分斷身心，亦無變異身口業。

由此心成，故戒度圓滿。

由戒度圓滿，若欲受餘生，如意能引，此業悉令現前，故名業自在。

五、生自在

由業自在，於業果生中亦得自在。

隨六道類如意往生，利益若竟如意能捨。

取捨二事功能無礙，故名生自在。

---

1. 勝義善（即真實善）
   謂真解脫。以涅槃中最極安隱眾苦永寂，猶如無病。
2. 自性善
   謂慚愧根。以有為中唯慚與愧及無貪等三種善根。不待相應及餘等起，體性是善，猶如良藥。
3. 相應善
   謂彼相應。以心心所要與慚愧善根相應方成善性。若不與彼慚等相應，善性不成，如雜藥水。
4. 等起善
   謂身語業不相應行。以是自性及相應善所等起故。如良藥汁所引生乳。

6 《瑜伽論》2
云何十種身資具？
1. 食，2. 飲，3. 乘，4. 衣，5. 莊嚴具，6. 歌笑舞樂，7. 香鬘塗末，8. 什物之具，9. 照明，10. 男女受行。

（業為因，生為果，故此二相應。此二自在由戒度圓滿得成。）

六、欲樂自在

忍有三種。

忍辱忍：於他毀損事心不壞。

安受忍：於自苦事心無變異。

通達忍：於正法甚深道理心能明證。

由此三忍諸法皆隨逐心，後於諸法中，隨所欲樂如意得成。

七、願自在

由精進波羅蜜能度一切所作事，於未來世，一切所願如意得成，故名願自在。

八、通慧自在

於五通中1.未得得，已得不失，2.能自用，亦能令他如我所用，故名自在。由菩薩能得諸菩薩諸甚深定心，隨事調伏，若引五通處於自他，如意皆成。

九、智自在

菩薩以無分別智，於陰等法門，心通達無餘，得一切種智。

以無分別後智，通達一切法品類，得一切智。

故名智自在。

十、法自在

菩薩以無分別後智，如自所證，為他安立法門，如理得成。

故名法自在。

此二自在，菩薩由般若波羅蜜圓滿。

三、以無二為相

1. 無 有無二相

由無有無二為相故。

一切法無所有，空相不無為相故。

釋 無二即是無有無無。

一、無有無無

有為常，無為斷。無有無無即是不常不斷，離於二邊。

1.無有：一切法皆分別所作，悉無所有，即是二空相，故無有。

2.無無：不無二空相，故無無。

二、法身以無有 無為相

法身即是二空，故以無二邊為法身相。

2. 有為 無為無二相

有為無為無二為相。

非惑業集所生故，由得自在能顯有為相故。

釋 無二謂無有為，無無為。

一、有流法

一切有流法以有為為相。

二、無流法

1.道等：以有為為相。

2.擇滅等：以無為為相。

三、法身

1.與有為 無為不一不異

(1)真如是有為無為之通相，不可說異。

(2)真如是清淨境（無倒離言），有為無為（為相待法）是非清淨境（為分別境故），不可說一。

1.非以有為無為為相，亦非以非有為無為為相

(1)法身不從業惑生，故非有為。（一切有為法皆從惑業生）

(2)法身由得自在，能數數顯有為相（謂應化二身），故非無為。

3. 一 異無二相

一異無二為相。

諸佛如來依止不異故，由無量依止能證此故。

㊢ 無二謂無一無異。

三世諸佛法身不異不一。

一、法身不異

法身即是（諸佛如來之）依止，是故不異。

二、法身不一

由此法身是無量已成熟善根諸菩薩，無間所證故，不可說一。若一，則餘人修行應無用。

此中說偈

(1)我執不有故　於中無依別　如前多依證　假名說不一

㊢ 為顯（諸佛）法身不一異義，故重說偈。

〔偈1〕（無著作）

一、諸佛法身不異

於世間，由隨我執分別，故眾生依止有差別。

於法身，無有我執分別，故如來之依止無差別。（即是不異）

二、諸佛法身不一

若依止無差別，云何立有多佛？

1.如前因地無量依止能證故，（若一一世間身無有法身，菩薩則無所證）

2.由菩薩各各依自身證此法身故，

約假名不可說一。（即是不一）

(2)性行異非虛　圓滿無初故　不一，無異故　不多，依真如

㊢ 〔偈2〕《大乘莊嚴經論》菩提品第十[7]

7　（《大乘莊嚴經論》菩提品第十）卷三
〔性別及不虛　一切亦無始　無別故不一　依同故不多〕
此偈顯示諸佛不一不多。

一、諸佛法身不一

由五義故諸佛不一。

1.種性異

諸菩薩發心多，故名（種）性異。（故佛不一）

2.加行異

由性異故加行亦不同。（故佛不一）

3.因果不虛

由加行異故有功力（功用），由有功力故能得果。有因（福智二聚行）則必得果，故不虛。若但有一佛，則餘菩薩雖修行而空無所得。（此不應理）

4.佛事皆圓滿

諸佛作眾生利益事，（佛化事業）無不圓滿，由安立彼於三乘故。（若諸佛不安立他於無上菩提，則所作佛事不圓滿）

由（諸佛）利益事皆圓滿，故佛不一。

5.諸佛無初無量

如生死無初無量，諸佛亦爾，無初無量。

若唯一佛成，前後佛不成，則成一佛立始立終義。（此不應理）

---

1. 不一者

由性別故，不虛故，一切故，無始故，無別故。

(1) 性別者

由無邊諸佛性別，若言唯有一佛而有當得菩提者，是義不然，故佛不一。（眾多不同有情同具佛性，皆當成佛。）

(2) 不虛者

若福智聚虛則應餘菩薩不得菩提，由二聚不虛故，是義不然，故佛不一。（若唯一佛，則無餘菩薩為成佛有二聚行）

(3) 一切者

若言唯有一佛則應是佛不利益一切眾生，由佛建立一切眾生作佛故，是義不然，故佛不一。（若唯一佛，則不得圓滿佛行事業，安眾生於佛位）

(4) 無始者

若言唯有最初一佛，是佛應無福智二聚而得成佛，是義不然，故佛不一。（若唯一佛，則自始即已成佛）

(5) 無別者

若言有別佛無福智二聚，是義不然，故佛不一。（若無二聚，則不依別佛應不成佛，故有別佛）

2. 不多者

由依同故，一切諸佛法身由依無漏界故。

二、諸佛法身不異

依止不異故諸佛不多，不多故無異。

何者為依止？

依止真如。真如即清淨法界，法界無異，故諸佛依止無差別。

此二偈顯法身無一異相。

四、以常住為相

真如清淨相故，昔願引通最為極故，應作正事未究竟故。

(釋) 此下引三證立法身常住義。

一、真如清淨故（本性常）

真如若出離一切垢，無垢清淨，說名佛果。此真如常住，諸佛是清淨真如所顯，故法身常住。

二、願無盡故（不斷常）

從初發心乃至八地，經二十七大劫阿僧衹。

於中如來依法界發願，成就所願。

1.法界若無常，願則有盡，願既無盡，故知法界常住。

2.由此願引通最極，不空無果，故得法身。

（秉持願名引，於一切處無礙名通，窮生死際名最極，由依法界起此願故。）

願既無盡，故法身常住。

三、正事不盡故（相續常）

若言佛作眾生利益事竟，因先（前）願已窮（盡），故不可以願證法身常住者，此義不然。

何以故？

若眾生未皆得佛，未悉般涅槃，此正事未究竟，從今時乃至無窮世，正事無邊（無息）。（眾生利益事未竟，願未盡）

此正事由法身成，正事不盡，則法身常住。

五、以不可思議為相

是真如清淨自證智所知故，無譬喻故，非覺觀行處故。

(釋)（真如清淨是自證智所知，無有譬喻，亦非覺觀行處，故不可思議。）

法身有三因緣故不可思議。

一、非三慧境界故

1.非聞慧境：以非覺觀行處故。

2.非思慧境：以無譬喻故。

3.非世間及二乘修慧境：以自證智所知故。

是故不可思議。

二、無分別最上真實故

1.無分別：菩薩自證智所知。

(1)非凡夫分別境界：凡夫如生盲不能分別色，以未曾見色故。

(2)非二乘分別境界：此境最極非二乘所證故，不能分別。二乘如新生嬰兒不見日輪，以根弱故。

2.最上：無譬喻故。

法身於一切法中最極無等，無餘法可為譬喻故，非有上人所能知。

3.真實：不可言說故。

如不可言說，未曾見真實眾生不能分別。

一切覺觀隨言說起，既無言說故非覺觀行處。

是故不可思議。

三、佛智所知世間無等心行皆絕故

1.佛智所知：法身是諸佛證智所知，非世間聰慧人所能分別。

2.世間無等：於世間中無物可等法身，由見此物以比知法身。

3.心行皆絕：於法身中一切心行皆絕，以境智無差別故。

是故不可思議。

丙二　證得

此法身證得云何？

是觸從初所得。

釋 一、證得有四種：

有證不得（如分別性不淨品）、有得不證（如自性住佛性）、亦證亦得（如如來所得法身最初觸）、不證不得（如毫無關係者）。

此中所顯的是亦證亦得者。

二、得

1.相應得

眾生在生死，無有眾生本無法身（之事），恒與法身相應故。

此相應無始法自然成，如此相應，說名為得。

此得非觸得，非根識所證故。

如經言：於眾生聚中，無眾生在法身外，如無一色在虛空外，以一切眾生皆不離法身故。法身於眾生本來是得。

2.證得

是觸從初所得。此為顯觸得有始，由方便成，利益無窮故。

如眼證見色必具五義：

(1)有實境對根，(2)根不壞，(3)有覺觀，(4)識不亂，(5)無闇等障。

五義若不具則不能證色。

證知法身亦爾，必須具五義。

一、由緣相雜大乘法為境，

二、無分別智，

三、無分別後所得智，

四、（修奢摩他）

1.五相修成熟修習，

2.於一切地善集資糧，

3.能破微細難破障故。

五、金剛譬三摩提、次此三摩提後，滅離一切障故。

釋 證知法身所須具之五義：

一、緣相雜大乘法為境

此顯境實有最勝。

真如是大乘法，大乘十二部經所說法門，皆共顯此真如。

一切正說於真如法，則同一味，故名相雜，如眾流歸海，相雜共為一味。

智與境無差別故言緣，菩薩緣相雜大乘中真如法為境。

二、得無分別智

此顯智清淨，如根不壞。

證智以無分別為相，由此智於真如境起，離分別故清淨，成證智。

三、得無分別後所得智

此為明助法，如覺觀。

無分別後所得智，是前（無分別智）之後助法，由此智後更入真觀後後轉勝。

四、修奢摩他

此顯修得奢摩他，如識不亂。

若有毗鉢舍那無奢摩他，無證得義，故須修奢摩他。

修奢摩他有三相：

1.得因

五相修成熟修習為得因。

(1)五相修《本論》十9，（記要）P.408

五修及五修所得五果，如因果修差別中說。

（得無退失名熟，得最上上品名成，數數觀察名修習。）

(2)二種因

此明二種因：不失因、圓滿因。故名得因。

2.得伴類

得伴類者為於一切地善集資糧。

從初地乃至十地，聚集福慧行為資糧故。

3.得功能

由前二義能破智障，故名得功能。

此煩惱與二乘無流道俱起，故名微細，非二乘道所能破，故名難破。

五、金剛譬三摩提滅一切障

此明滅惑，如無闇等障。

1.金剛譬三摩提

有四義故，以金剛譬三摩提：

(1)能破煩惱山，(2)能引無餘功德，

(3)堅實不可毀壞，(4)用利能令智慧通達一切法無礙。

2.滅離一切障

得此定竟，滅一切障方盡。

是時由依止轉成證得應知。

㊫ 於金剛心滅時（即第十地結束），是時第十地依止轉成佛依止，稱為證得。

（得是本來有，證是由修實現。）

丙三　自在

此法身有幾自在於中得自在？

若略說有五自在於中得自在。

一、淨土、顯示自身、相好、無邊音、不可見頂自在。

由轉色陰依故。

二、無失無量大安樂住自在。

由轉受陰依故。

三、具足一切名字文句聚等中，正說自在。

由轉想陰執相差別依故。

四、變化改易引攝大集，牽白淨品自在。

由轉行陰依故。

五、顯了、平等、迴觀、作事智自在。

由轉識陰依故。

釋 欲顯約五陰之轉依，以明法身自在，故為此問。

若廣說有無量自在，今略說止明五種。（於五陰轉依說五自在）

一、淨土、自身、相好、音、不見頂自在

1.自在（如意）

(1)淨土自在：如意能現頗梨珂等淨土。

(2)自身自在：隨眾生類如意現身，於大集中皆對眾生無有背者。

(3)相好自在：稱眾生所樂見，現種種相好。

(4)音聲自在：所說法音如意，遍滿十方世界，於一音中，隨諸眾生所欲聞法各各得聞。

(5)不見頂自在：諸梵天等見佛之時，如來身量倍高於彼故，頂不可見。

於此五事皆得如意，故名自在。

2.得自在之因

一一陰皆有如滅差別中所說前四轉依。《本論》十三2，（記要）P.543

（前四轉依：益力損能轉依、通達轉依、修習轉依、果圓滿轉依）

色識名色陰，形礙是色體。

對治起時，由分別性不淨品一分永得相離，淨品一分恆得相應。

此即是色陰轉依，於此轉依中，得淨土等自在。

二、無失無量大安樂住自在

1.自在

不為諸惑及習氣染汙，故名無失。如來安樂住不可數量，故言無量。

過三界樂最勝無等故，名大安樂住。

於此等事皆得如意，故名自在。

2.得自在之因

受識名受陰，領苦樂是受體。由轉受陰依故，得此自在。

三、具足一切名字文句聚中正說自在

1.自在

一切諸法名字及諸言教文句，從偈以去一章一品，乃至一部皆名為聚（名句文身等），悉能了知，如意正說，故名自在。

2.得自在之因

想識為想陰，執相差別（種種取相）為想體。

由轉想陰依故，得此自在。

四、變化改易引攝大集牽白淨品自在

1.自在

(1)未有現有及分一為多是變化，轉其本性為改易（如轉地為金）。所欲見眾生，隨其遠近如意引導天人夜叉等來大集中，隨彼所宜，以四攝攝化。

(2)有流善為白，無流善為淨，牽此白淨品法生相續中。

於此等事皆得如意，故名自在。

2.得自在之因

行識為行陰，作意為行體。

由轉行陰依故，得此自在。

五、顯了、平等、迴觀、作事智自在

1.自在

(1)顯了智：如來於一切法無有過失，證知非現前境如對現前，譬如人憶持熟習文句。（大圓鏡智）

(2)平等智：從通達真如以來，於一切眾生得平等心，由證平等清淨法故。（平等性智）

(3)迴觀智：能守三摩提陀羅尼門，於此法門中所欲取法，如意無礙。譬如財主守其庫藏取用無礙。（妙觀察智）

(4)作事智：能受兜率陀天生，及般涅槃，為立聲聞及下地菩薩無流善根，能顯如來事。（成所作智）

於此等事皆得如意，故名自在。

2.得自在之因

識識為識陰，了別為識體故，

由轉識陰依故，得此自在。

丙四　依止

此法身應知為幾法依止？

若略說唯三。

㊎ 欲顯如來無量功德皆從法身生。以法身為依止，故為此問。

若廣說為無量法之依止，今略說唯三。

一、諸佛住處之依止

為諸佛如來種種住處依止故。

此中說偈，

1.諸佛如來受五喜　皆因證得自界故

二乘無喜由不證　求喜要須證佛界

2.由能無量作事立　由法美味欲德成

得喜最勝無有失　諸佛恒見四無盡

㊎ 一、此顯法身是諸佛如來種種住處之依止。

1.四種住與二種得

(1)四種住

於諸住中如來多住四種住：謂天住、梵住、聖住、佛住。

(2)二種得

初成佛時，一切如來法具足皆得，名自在得。後時隨所正用者，名現前得。

若證法身，一切如來法皆自在得。

2.法身為佛住之依止

法身為住等法之依止。

何以故？

無離法身，能得此法故。

二、釋第一偈

此偈顯法身為五喜之依止。

由證法身故，得五喜。不證法身，則無五喜。

1.諸佛如來受五喜

唯佛具足此五德，菩薩雖亦有，但未圓滿。

喜體唯一，但以無失最勝為體。

由五因所得，故言五喜。

2.皆因證得自界故，二乘無喜由不證

諸佛自得解脫，以化身教二乘人令得解脫。

何故如來自受五喜，而二乘不得？

(1)如來以證自界為因，得五喜果。

界是如來性，即性淨（法界）法身，為如來自大功能所證。

此證不由無因，不由他得，故言證自界。

由證自界，故得五喜果。

(2)二乘不證自界故無五喜。

3.求喜要須證佛界

若人欲求五喜等法，必須修道以證法身。

何以故？

以果（五喜等法）無離因（證法身）得故。

三、釋第二偈

此偈示由五因故稱五喜。

1.因自能無量故

(1)一切佛同覺了法身。

(2)一切佛同得勝能。

以諸佛同一法身為體。

以體一故，餘佛勝能即一佛勝能。

以諸佛勝能無量，一佛勝能亦無量。

故一佛勝能得等諸佛勝能。

諸佛法身同得勝能，是故生喜。

由見證自界（得法身）得此勝能，是故生喜。

2.因作事立故

一佛所作眾生利益事，是一切佛正事，是一切眾生利益事。

以一切佛所作淨土等利益眾生正事，即是一佛所作正事。

(1)諸佛設皆不作正事，一佛所作正事通等諸佛所作正事，

(2)若利益一眾生，即是利益一切眾生，

(3)若一眾生成佛，此眾生復能教化一切眾生，如此轉相利益。

若諸佛已證自界，則成立此正事，

由見證自界作正事立，是故生喜。

3.因法美味故

由如來昔時學三乘十二部經，後成佛時，觀一切法無不從此法身生，又一切法無不還證此法身，故一切法門以同一法身為味。

由見修多羅祇夜等經，皆是同一法身味，是故生喜。

4.因欲德成故

所欲得成功德亦成。

所欲成者，如佛所思無不成就，謂淨土及大集等事。

功德成者，謂十力四無畏等，一切如來不共法無不圓滿。

由見此二事成，是故生喜。

5.見前四喜無滅盡故

如來見前四喜，乃至窮生死際無有滅盡，設入無餘涅槃亦無滅盡，是故生喜。

此喜何相？

(1)最勝為相：以過三界及二乘喜故。

(2)無失為相：一切惑乃至習氣滅盡無餘故。

此顯最圓滿及最清淨。

以上是第一之自利依止。

二、種種受用身之依止

種種受用身依止，為成熟諸菩薩善根故。

釋 諸佛應身無量，又一一佛應身品類不可說，故言種種。

此法身為應身之依止，以為生此身故。

若離應身，登地菩薩善根則不得成熟，故須應身。

應身由法身立故，法身為應身之依止，此即第二利益菩薩依止。

三、種種化身之依止

種種化身依止，為多成熟聲聞獨覺善根故。

釋 此法身不但為應身依止，亦是化身依止。

何以故？

若離化身，下（劣）願（樂）眾生（謂聲聞獨覺）所有善根不得成熟。

多言顯不止利益二乘願樂，地中菩薩善根亦因化身成熟故。

法身為化身依止，此即第三利益二乘依止。（第二第三皆為利他依止）

丙五 攝持（卷十四）

有幾種佛法，應知攝此法身？

若略說有六種。

釋 不為顯攝（持）法身體，為顯攝（持）法身證得，故為此問。

若廣說有無量種，今略說故止言六種。

一、清淨類法

由轉阿黎耶識依故，由證得法身故。

二、果報類法

由轉有色根依故，由證得果報勝智故。

三、住類法

由轉受行欲塵依故，由無量智慧住故。

9. 三十二大人相八十小相，　10. 四種一切相清淨，　11. 十力，
12. 四無畏，　13. 四不護，　14. 三念處，　15. 拔除習氣，
16. 無忘失法，　17. 大悲，　18. 十八不共法，
19. 一切相最勝智等諸法相應。

(釋) 此身與諸功德法相應，故名法身。欲顯相應法，故為此問。

（註）

相應功德分為大小乘共功德與大乘不共功德。

前者與最清淨四無量乃至一切相最勝智及六種清淨功德相應。

後者則與六種功德相應。

此下之偈引自《大乘莊嚴經論》，敬佛品第二十四。各偈有二義：
一、顯如來功德，二、顯恭敬有功德人。（歸敬、頂禮）

一、讚四無量功德

此中說偈，

於眾生大悲　離諸結縛意　不離眾生意　利樂意頂禮

(釋) 此偈顯四無量。

一、釋一

1.於眾生大悲：此明大悲。

2.離諸結縛意：此明大慈。離染著意與眾生樂。

3.不離眾生意：此明大喜。眾生若已離苦受樂，則恒於彼起歡喜心。

4.不離利樂意：此明大捨。捨不拔苦與樂意，常懷利樂意；又捨怨親等相，常懷平等利樂意。

由有此德，是故頂禮。

二、釋二

1.前半偈

此明離外道及二乘悲心。

外道悲心緣眾生起為結，二乘悲心緣法起為縛。

如來大悲不緣此二起，故言離。

大悲既爾，慈等亦然。

2.後半偈

雖離眾生及法緣（而起大悲等），如來於眾生常不離四無量意。

於有苦者不離拔苦意（悲），於無樂者不離與樂意（慈），於已離苦受樂者不離歡喜意（喜），於如此眾生不離平等意、利樂意（捨）。

頂禮者令得出世益為利，令得世間益為樂，四無量具有二益。

（註）

1.梵文直譯

〔憐愍諸眾生者喲、滅結使意樂者喲、不離意樂者喲、安樂利益意樂者喲，皈依（歸命）於汝〕

2.《大乘莊嚴經論》

〔合心及離心 不離利益心 憐愍諸眾生 救世我頂禮〕

此偈禮如來無量勝功德。合心者是慈心，由與樂故。離心者是悲心，由拔苦故。不離心者是喜心，由恒悅故。利益心者是捨心，由無染故。

3.佛具大悲（大悲為四無量心之總名），悲愍諸有情由二作意：

(1)樂作意：得樂作意（慈心）、離苦作意（悲心）、常得樂作意（喜心）。

(2)利益作意：願無貪瞋等染汙而利他作意（捨心）。

二、讚八解脫等三功德

解脫一切障　降伏世智者　應知智遍滿　心解脫頂禮

㊟釋 此偈顯三德：八解脫、八制入、十一切入。

一、第一句：此明<u>八解脫</u>。

八解脫具是無流和是究竟二義，能除二障。

1.修習障：即見諦等惑，由是無流故能除。

2.勝類障：即下劣心，由是究竟故能除。

二、第二句：此明八制入（八勝處）。

八制入是無流非究竟、是究竟非無流，異於八解脫。

心能制境使境從心，故名降伏世（戰勝世間）。

此中智者即是佛。

三、第三句：此明十一切入（十徧處）。

應知是十境、智緣十境，遍一切處，故言遍滿。

四、第四句：心於此三處皆得解脫。

（註）

1.梵文直譯

〔離脫一切障者喲、戰勝世間一切之牟尼喲、依汝智令所知遍充。心解脫者喲，皈依於汝〕

2.《大乘莊嚴經論》

〔一切障解脫　一切世間勝　一切處遍滿　心脫我頂禮〕

此偈禮如來三處勝功德。

初句：顯解脫勝，由一切惑障、一切智障得解脫故。

第二句：顯制入勝，由心自在隨其所緣隨意轉故。（觀內外色而制勝之）

第三句：遍入勝，由一切境中智遍滿故。

由此三義，心於三處而得解脫，故說心解脫。

3.《俱舍》29

前修解脫唯能棄背。（於所緣唯能棄背，至捨貪心為止，未得自在）

後修勝處能制所緣，隨所樂觀惑終不起。（制伏對境，得自在）

三、讚無諍智功德

諸眾生無餘　能滅一切惑　害惑有染汙　常憐愍頂禮

㊞ 此偈明無諍三摩提。

一、初二句：凡有所作，不起一切眾生煩惱諍。

二、後二句：佛能害眾生惑，眾生有染污，如來常起憐愍心。

（註）

1.梵文直譯

〔滅一切眾生一切煩惱無餘，除煩惱者喲、垂悲染汙者喲，皈依於汝〕

2.《大乘莊嚴經論》

〔能遮彼惑起 亦能害彼惑 染汙諸眾生 悲者我頂禮〕

此偈禮如來無諍功德。（唯佛有）

初句：一切眾生應起煩惱，如來凡所作業，能令不起。

第二句：彼惑若已起，如來亦能令起對治方便。

若餘人無諍，但能令他緣自不起煩惱（自為他起煩惱之所緣緣），而不能令他起對治。

如來無諍則不爾，非但令彼（煩惱）不起，亦能令彼起對治（滅煩惱種子），是故為勝。

後二句：如來無諍三昧，於一切染汙眾生徧起憐愍，是故於彼名為悲者。

（無諍三昧常觀眾生不令心惱，多行憐愍）《大智度論》11（諍：煩惱異名araṇa）

四、讚願智功德

無功用無著 無礙恒寂靜 一切眾生難 能釋我頂禮

㊞ 一、此半偈明願智

願智：於三世一切事欲知為願。如來皆能證知為智。

無功用無著：修習（已）熟故無功用，習氣（已）盡故無著。

由此二義故，於三世境皆能證知。

無礙恒寂靜：如量能知故無礙，如來恒不出觀（入三昧）故寂靜。

寂靜顯無功用，無礙顯無著。

二、下半偈明四無礙解。由具四解故能釋眾生難。

（註）

1.梵文直譯

〔無功用者喲、無著者喲、無礙者喲、入三昧者喲、常釋一切疑問者喲，皈依於汝〕

2.《大乘莊嚴經論》

〔無功用無著 無礙恒寂靜 能釋一切疑 勝智我頂禮〕

此偈禮如來願智勝功德。（於諸法中無障礙之智）

(1)如來願智由五事勝：

①於起無功用，②於境不著，③於中無礙，④恒時寂靜，⑤能釋眾疑。

由此五義，是故為勝。

(2)餘人願智：

①非無功用（作意起故），②非無著（假（借）定力故），③非無礙（少分知故），④非恒靜（非常定故），⑤不釋疑（有無知故）。

3.《俱舍》27

以願為先，引妙智起，如願而了。

此智自性地種性身與無諍同，但所緣別，以一切法為所緣故。……

先發誠願求知彼境，便入邊際第四靜慮以為加行，從此無間隨所入定勢力勝劣，如先願力引正智起，於所求境皆如實知。

五、讚四無礙解功德

於依及能依 應說言及智 於能說無礙 說者我頂禮

釋 一、前二句：於依是義，能依是諸法門，應說言是方言，及智是巧辯。

二、第三句：於此四中功能無礙，為他說亦無礙。

三、第四句：已離惑愛所說無垢，有能說之德，故名說者。

（註）

1.梵文直譯

〔於能依與所依、言說與說智、智無礙者喲、常善說者喲，皈依於汝〕

2.《大乘莊嚴經論》

〔所依及能依　於言及於智　說者無礙慧　善說我頂禮〕

此偈禮如來無礙勝功德。

(1)前半偈

所說有二種：①所依：謂法（法無礙智）

②能依：謂義（義無礙智）

（能）說具有二種：①方言（詞無礙智）

②巧智（辯才無礙智）

如來於此所說及說，具慧常無礙，是故為勝。

(2)後半偈

說者即顯無礙業，開示有方故言善說。

六、讚六通慧功德

故隨彼類音　行往還出離　證知諸眾生　正教我頂禮

㊟ 此偈明通慧。

隨眾生形類及音辭（依他心通及天耳通），示現如彼眾生（依神足通）。

過去受生為往（依宿命通從過去知其今生），現在受生為還（依天眼通從今世知其來生），行於二世之中，得三乘道果為出離（依漏盡通）。

佛皆證知此事（六通慧），如所應為說正教。

（註）

1.梵文直譯

〔接近，依言語　知彼等所行，　於來去出離　善教眾生者喲，皈依

於汝〕

（藉神足通接近眾生。藉天耳通他心通，從眾生言語知其所行。藉宿命通從眾生之過去知其今生。藉天眼通從眾生之今世知其來生。藉漏盡通教眾生脫離生死輪迴。）

2.《大乘莊嚴經論》

〔能去及能聞 知行知來去 令彼得出離 教授我頂禮〕

此偈禮如來神通勝功德。

(1)能去：如意通，能往彼彼所故。

(2)能聞：天耳通，能聞彼彼音故。

(3)知行：他心通，能知彼人心行差別故。

(4)知來：宿住通，能知彼人前世從此因來故。

(5)知去：生死通，能知彼人今世從此因去故。

(6)令出離：漏盡通，能如實為彼說（出離生死之）法故。

七、讚諸相好功德

諸眾生見尊 信敬謂勝士 由他見能生 淨心我頂禮

㊎ 此偈合明三十二大人相，八十小相。

眾生見佛大小相生信心及敬心，謂如來是最勝之士。

如來大小相並能生眾生清淨心。

（註）

1.梵文直譯

〔有身者見汝，皆知是善士，僅此唯一見，即賜淨心者喲，皈依於汝〕

2.《大乘莊嚴經論》

〔眾生若有見 知定是丈夫 深起淨信心 方便我頂禮〕

此偈禮如來相好勝功德。

一切眾生若有見者，即知如來是大丈夫，及於如來起淨信業，由以相好為方便故。

（殊勝形貌中顯而易見者三十二，佛菩薩轉輪王具足；微隱難見者八十種，唯佛菩薩具足。）

（另可參考《瑜伽論》（四九）8，《大智度論》4，《現觀莊嚴論》法身品第九）

八、讚四種清淨功德

攝壽住及捨　變化及改性　得定智自在　世尊我頂禮

㊟釋 此偈明四種一切相清淨。

一、依止清淨自在

1.壽命：若壽命(1)應將盡，能更攝受（執持）令長，乃至經八萬大劫等，非止八萬劫而已。

(2)欲住多劫，亦如意能住（持）。

(3)欲捨，亦如意能捨（離）。

2.諸定：於諸定中亦有此三能。

二、境界清淨自在

1.變化：從一身中分出無量身，為變化。

2.改性：能轉（變）金土等，為改性。

三、心清淨自在

（於一切三摩提門，得心自在。）

四、智清淨自在

（於一切陀羅尼門，得智自在。）

通慧皆由定成，如意無礙故，言得定智自在。

（註）

1.梵文直譯

〔於執持、住持、捨離、變化及轉變，皆達三昧與智自在者喲，皈依於汝〕

2.《大乘莊嚴經論》

〔取捨住、變化、定、智得自在　如此四清淨　世尊我頂禮〕

此偈禮如來清淨勝功德。

(1)身（所依）清淨〔取捨住〕

能於自身壽中若取（受身）、若捨、若住得自在故。

(2)（所）緣（境）清淨〔變化〕

能於諸境轉變，起化得自在故。（示現無所緣及轉化為有）

(3)心清淨〔定〕

能於諸定出入得自在故。

(4)智清淨〔智〕

能知諸境無礙得自在故。

（另可參考《瑜伽論》（四九）16）

九、讚十力功德

方便歸依淨　於中障眾生　於大乘出離　摧魔我頂禮

㊟ 此偈明十力。

一、魔以四事障眾生

1.方便：從出家受戒乃至世第一法，悉名方便。

2.歸依：苦法忍乃至第二果，為歸依。

3.清淨：以得四不壞信故，第三第四果為（清）淨。

4.出離：以離欲欲界乃至無色界故。

魔於此四事中，能障眾生令不得此道果。

二、十力摧毀魔障

若大乘中修十地行，出離三障，然魔亦於中能為障礙。

由如來具十力故，能為眾生摧伏眾魔。

（註）

1.梵文直譯

〔於方便、歸依、清淨及大乘之出離，摧破欺誑眾生之魔者喲，皈依於汝〕

2.《大乘莊嚴經論》

〔方便及歸依 清淨與出離 於此破四誑 降魔我頂禮〕

此偈禮如來力勝功德。

(1)魔依四事破壞眾生

①依方便誑惑眾生：言受用五塵得生善道，不墮惡道。

②以歸依誑惑眾生：言自在天等是歸依處，餘處則非。

③以清淨誑惑眾生：言世間諸定唯此清淨，餘非清淨。

④以出離誑惑眾生：言小乘道果唯此出離，非有大乘。

(2)佛為破魔四事顯己十力

①以是非智力破魔第一事：由善（法）方便可得升天，非惡方便（殺生供施等）故。

②以自業智力破魔第二事：由自業生天，非依自在天等力故。

③以禪定智力破魔第三事：由具知禪定解脫三昧三摩跋提故。

（知世間定不能解脫）

④以後七力[9]破魔第四事：由下根等令離上根等安置故。

十、讚四無畏功德

智滅及出離 障事能顯說 於自他兩利 降邪我頂禮

㊎ 此偈明四無畏。

一、如來四無畏

1.一切智無畏（智），2.流盡無畏（滅），3.說盡苦道無畏（出離），4.說障道無畏（障事）。（1、2為自利，3、4為利他）

二、降外道四邪難

外道難佛1.非一切智，2.諸流未盡，

3.如來說盡苦道，修之不能令離苦，

9 《瑜伽論》（四九）17

餘七力：

4. 根上下智力，5. 種種勝解智力，6. 種種界智力，7. 徧趣行智力，8. 宿住隨念智力，9. 死生智力，10. 漏盡智力。

4.說障道法，起此障不妨得道。

如來於中無畏能降邪難。

（註）

1.梵文直譯

〔於自他利說智、斷、出離與障礙，外師不能壞者喲，皈依於汝〕

2.《大乘莊嚴經論》

〔於智亦於斷 於離亦於障 能說自他利 摧邪我頂禮〕

此偈禮如來無畏勝功德。

(1)如來四無畏

①一切智無畏，②漏盡無畏，③盡苦道無畏，④障道無畏。

此中智、斷說自利功德，離、障說利他功德。

(2)外道四難

瞿曇①非具一切智，②非盡一切漏，③說道不能盡苦，④說障不能妨道。

如來於此四難而能摧伏，故名無畏。

（另可參考《瑜伽論》（五十）12）

十一、讚四不護功德

無制無過失 無染濁無住 於諸法無動 無戲論頂禮

㊕ 此偈明四不護。

一、無制無過失：無師制止，身口意命自無十惡等過失。非但無貪瞋邪見煩惱，一切煩惱皆已滅盡。

二、無染濁無住：不著諸法故言無染濁無住。

三、於諸法無動：不作意知諸法，知諸法無復學義，離於分別，智慧遍滿故言無動。

四、無戲論：過失已除故無戲論。

十二、讚三念處功德

於眾伏他說　二惑所遠離　無護無忘失　攝眾我頂禮

㊕ 此偈明三念處。

一、三念處

1.不瞋：若有眾生，於大集中聞如來說法生毀謗，如來亦不瞋。

2.不愛：若能信受，如來亦不愛。

3.不捨：若無毀、無信，如來亦不捨。

二、常起大悲攝眾

於此三處常起大悲能攝大眾。

1.巧說正法：以方便力巧說正法，令其入理。於大眾中能降伏如此眾生為說正法。

2.遠離二惑：不起瞋欲二惑，既無瞋欲，即知無無明。

3.無護無失：不由守護心故不忘失。大念大悲，常自堅固故無忘失。

4.大悲攝眾：於三念處常起大悲，能攝大眾。

（註）

1.梵文直譯

〔於會眾說伏諍論者喲，遠離二染污者喲，無護無忘失者喲，引攝眾人者喲，皈依於汝〕

2.《大乘莊嚴經論》

〔在眾極治罰　自無所護故　離二染正住　攝眾我頂禮〕

(1)前半偈

此禮如來不護勝功德。

若自有所護，則在眾不能說極治罰故。

（於身語意三業（或說身語意命四護），為恐他人知而不信，故將護他為其隱惡，則不能說治罰。如來於此不護。）

(2)後半偈

此禮如來念處勝功德。

無喜憂（離二染）不忘念（正住）故。

復有諸菩薩，由得空相，思擇空義，謂離色等法有別物為空，我今修行為證此空，當來必應得。

如來藏非有非無為理故，非散亂心偏執有無境界。

法身甚深，非人天等四眾生之境界，而生起四眾生之迷惑行於法身。

有此四事故，自性身（法身）於三輪中，非人天（等）能見。

（註）

1.梵文直譯

〔汝成就第一義，出離一切地，達一切眾生上位，欲解脫諸眾生〕

〔汝具無盡無等功德，於世間輪圓得見，於人天則難見〕

2.《大乘莊嚴經論》

〔成就第一義 出離一切地 於他得尊極 解脫諸眾生〕

〔無盡等功德 現在皆具足 世見、眾亦見、 不見人天等〕

此二偈禮如來佛相勝功德。

此中略說佛相有六種，由此六種表知是佛故說佛相。

〔偈1〕

(1)體相：由真如最清淨第一義成就故。（第一句）

(2)因相：由出離一切菩薩地故。（第二句）

(3)果相：由於一切眾生中得第一故。（第三句）

(4)業相：由能令一切眾生得解脫故。（第四句）

〔偈2〕

(5)相應相：功德無盡亦無等故。（較二乘增勝，世皆具足）（前二句）

(6)差別相：（後二句）

①化身：世人皆見。（為調伏種種世間界而化現）

②受用身：佛弟子眾亦見。

③自性身：人天等一切時所不能見。（為諸佛各別自證智之境之自性身）

丙八　甚深

復次，如來法身甚深最甚深。
此甚深云何可見？
此中說偈。

㊟ 一、以難行、難通達、難得，故甚深最甚深。

二、言說難了達，故稱甚深。義理無底，故稱最甚深。

三、文義難量，故稱甚深。品類非一，故稱最甚深。

如大乘中所顯，法身甚深義有十二種。今以偈說此義。

一、生、不住、業、住甚深
佛無生為生　以無住為住　作事無功用　第四食為食

㊟ 此甚深中復有四種甚深。

一、生甚深〔佛無生為生〕

此句明生甚深，諸佛受生無生為相。

有十種因以證此義（無生為生義）：

1.與無明不同相故，2.種種不同故，3.攝受自在故，
4.於住自在故，5.於捨自在故，6.無二相故，
7.唯似顯現故，8.同幻化譬故，9.無住處為住處故，
10.能成就大事故。

二、不住甚深〔以無住為住〕

此句明不住甚深，諸佛於生死涅槃悉無所住。

有十種因以證此義（無住為住義）：

1.非永所離故，2.滅不盡故，3.由諸佛非有法故，
4.由知非有為性故，5.無所得無分別故，6.由已離心故，
7.由得心故，8.由心平等故，9.住因不可得故，
10.不住因不可得故。

三、業甚深〔作事無功用〕

此句明業甚深。

有十因證此義（作事無功用義）：

1.一切礙滅故，2.無依止故，3.應作無思故，

4.作者不作心故，5.業非運動故，6.於非有無功用故，

7.由宿願疾利故，8.所作已辦故，9.應作未辦故，

10.由熟修一切法中自在故。

四、住甚深〔第四食為食〕

此句明住甚深。

1.有十因為證此義（由食住義）：

(1)示諸佛（雖）不資四食，以（但）顯自身由食住故，

(2)為長眾生善根故，(3)為顯同諸人故，

(4)欲令弟子如法（所）學受用四種命緣故，

(5)欲令他學知足行故，(6)令他起正勤方便故，

(7)為成熟他善根故，(8)欲顯自身無染著故，

(9)為治正法恭敬心故，(10)為圓滿本願生故。

2.第四食為食

(1)以何為食？

若如來由此十因故食，則於四食中以何為食？

（答）是第四食。

(2)何為四種食？

①第一食：<u>非清淨依止住之食</u>

段觸業識食[12]，能令欲界眾生身得相續住。

欲界眾生具見修二縛，故依止不清淨。

此依止由段等四食得住，故名。

12 1. 段食 kavaḍiṃkārāhāra：香味觸為體，分段飲食，口鼻分受之。
2. 觸食 sparśākārāhāra：根境識和合生。
3. 業食 manas-saṃcetanākārāhāra：或譯為思食，意志食。第六意識思所欲之境，生希望念以滋長相續諸根。
4. 識食 vijñānākārāhāra：由段觸業三食之勢力而增長阿黎耶識為體。無色界及地獄眾生以識為食。

②第二食：淨不淨依止住之食

業識觸三食，能令色無色界眾生身得相續住。

此二界眾生已離下界惑，未離自地及上界惑，故依止亦淨亦不淨。

此依止由業等三食得住，故名。

③第三食：清淨依止住之食

段觸業識食，能令聲聞緣覺身得相續住。

二乘人三界惑已盡，故依止清淨。

此依止由段等四食得住，故名。

④第四食：能顯依止住之食

段觸業識食悉是諸佛食，以諸佛由此食故顯自身得住於世。

以施主淨信為因，令生長功德善根。

如來食時，實乃諸天為受而施諸眾生，此為如來意所許，眾生由此食當得成佛。為令眾生得成佛故，如來示現以手觸食，此食實不作如來食事。

如此等義悉是甚深。

二、安立、數、業甚深

無異亦無量　無數量一事　最堅不堅業　無上應三身

釋 一、安立甚深〔無異亦無量〕

此句明安立甚深。諸佛法身無差別故無異，眾多依止法證得此法身，故無量。

二、數甚深〔無量數、一事〕

此句明數甚深。三乘眾生無有數量（無量），於中諸佛是一事（一業）。

三、業甚深〔最堅不堅業　無上應三身〕

此句明業甚深。

諸佛有三身相應，實體常住，故稱無上。

由應身如來業堅固，不可改轉，以真實故。

由化身如來業不堅固，由權以方便引出二乘。後以應身，教彼修菩薩道故。

三、正覺甚深

無一法能覺　一切無不覺　一一念無量　有不有所顯

㊮ 此偈明正覺甚深。

一、〔無一法能覺〕：人法二非有，所覺既無，故能覺亦無。

二、〔一切無不覺〕：諸佛由假名故無非是佛，是故無一非覺。

三、〔一一念無量〕：覺此法云何？

一一剎那中，無量諸佛正覺真如。

四、〔有不有所顯〕：若爾，諸佛與真如為一為異？

若一，則無覺。若異，則無真如。

一切法名有不有，謂一切法空。

諸佛是諸法空所顯，是故不可說能覺，不可說不覺。

四、離欲甚深

無欲無離欲　依欲得出離　已知欲無欲　故入欲法如

㊮ 此偈明離欲甚深。

一、〔無欲無離欲〕

由欲不有，故如來無欲，從本無欲故亦無離欲。

若欲是有可有離欲，欲既本無故無離欲。

二、〔依欲得出離〕

由諸菩薩永除上心欲（纏），但留隨眠欲[13]，故諸菩薩得出離成佛。

何以故？

若不留此隨眠欲則同二乘涅槃，若不除上心欲則與凡夫不異。

13　詳見甲十一附註一。

如「無上依經」[14]說：

1.心性本淨諸惑唯是客塵

菩薩作是念：

諸惑本來不入眾生自性清淨心，諸惑唯是客塵自分別所起。我今有能，為除諸眾生客塵煩惱，能說如理正教。

由此念菩薩不起下劣心，菩薩由此念，於眾生生貴敬心。

2.諸惑無實依止

諸菩薩復作是念：諸惑無力無能。

何以故？

諸惑無真實依止，但虛妄分別諸惑。

3.正觀諸惑無染

（若）如理正思惟所觀，（諸惑）不更起乖違，是故我等應作如此如此觀。

(1)由此觀（令）諸惑不（更）生染著

若諸惑無復染著，是為最善非是染著。

(2)若我愛惑染著，我云何能為眾生解煩惱繫縛，說如理正教？

4.應留無染惑

此惑能令生死相續，（而）與善根相應，成熟眾生。

是故我今應攝留此惑。（留惑潤生）

14 真諦譯《佛說無上依經》如來界品第二（卷1）

如是阿難，一切如來昔在因地，知眾生界自性清淨，客塵煩惱之所汙濁。

諸佛如來作是思惟：客塵煩惱不入眾生清淨界中，此煩惱垢為外障覆，虛妄思惟之所構起。我等能為一切眾生，說深妙法除煩惱障，不應生下劣心，以大量故，於諸眾生生尊重心、起大師敬、起般若、起闍那，起大悲。依此五法，菩薩得入阿鞞跋致位。

是諸菩薩復更思惟：此煩惱垢無力無能，不與根本相應，無真實本，無依處本最清淨本，是故無本。虛妄思惟顛倒習起，如地水風依本得住，是本者無所依，煩惱亦如是，無真實依。

若如實知正思惟觀，是諸煩惱不起違逆。我今應觀令諸煩惱不染著，我若有煩惱不能染著，是名善哉。

若使我等著煩惱染，云何能為眾生說法解煩惱縛？是故我今應捨煩惱，應說正法解眾生縛。若有煩惱令生死相續，與善根相應，如此煩惱我應攝受，為成熟眾生成熟佛法。

如是阿難，如來在因地中，依如實知依如量修，達如來界無染無著，能入生死輪轉生死，非煩惱縛證大方便，住無住處寂靜涅槃，速得阿耨多羅三藐三菩提。阿難，是如來界無量無邊，諸煩惱𣪍之所隱蔽，隨生死流漂沒六道無始輪轉，我說名眾生界。阿難，是眾生界於生死苦而起厭離除六塵欲，依八萬四千法門十波羅蜜所攝修菩提道，我說名菩薩。

三、〔已知欲無欲　故入欲法如〕

菩薩見欲是分別性，故欲不有。

欲之無相性即是欲法真如。

菩薩知欲不有，得入此真如，故於欲得出離。

五、滅陰甚深

諸佛過五陰　於五陰中住　與陰非一異　不捨陰涅槃

㊟ 此偈明滅陰甚深。

一、〔諸佛過五陰　於五陰中住〕

諸佛（雖）已過色等五取陰，而由不得（無所得）五陰，於陰法如（五陰真如法性）中住。

二、〔與陰非一異〕

諸佛已捨（五）陰之分別依他性，而與（五）陰非一非異。

何以故？

1.不異：佛所住之五陰真如，即是分別依他陰家法（法性），故不異。

（陰即真如）

2.非一：由此義雖一，但非不異。

真如是清淨境，而陰非清淨境界，故非一。

三、〔不捨陰涅槃〕

由與（五）陰真如永相應，無捨離義，故如來般涅槃最勝。

（此五陰真如法性（真實性）即是涅槃體。）

六、成熟甚深

諸佛事相雜　猶如大海水　我已正應作　他事無是思

㊟ 此偈明成熟甚深。

一、〔諸佛事相雜　猶如大海水〕

諸佛於眾生共同利益事，譬如眾流入於大海，同為龜魚等受用。

如此諸佛共入法界真如，平等作利益事成熟眾生。

二、〔我已正應作　他事無是思〕

我已作、正作、當作他利益事，而於三世中並無作意思量。

雖不作意，利益事如法得成，譬如摩尼寶、及天鼓，無有作意而所作事成。

七、顯現甚深

由失尊不現　如月於破器　遍滿諸世間　由法光如日

㊎ 此偈明顯現甚深。

一、〔由失尊不現　如月於破器〕

諸佛於世間不顯現，而世間說諸佛身常住。

若身常住，云何不顯現？

譬如於破器中水不得住，由水不住故，於破器中實有月（影）不得顯現。如此諸眾生無奢摩他軟滑相續，但有過失相續，於彼實有諸佛亦不顯現，水譬奢摩他軟滑性故。

二、〔遍滿諸世間　由法光如日〕

若佛不顯現可無佛耶？

若諸佛於非有過失眾生所見，亦恒作諸佛正事，說三乘十二部經，猶如光明。定是諸佛應作下種 成熟 解脫等諸利益事。如世間中生盲人，雖不見日，日光恒照一切色像，為令有目者得見故。

八、菩提般涅槃甚深

或現得正覺　或涅槃如火　此二實不有　諸佛常住故

㊎ 此偈明菩提般涅槃甚深。

一、〔或現得正覺　或涅槃如火〕

1.諸佛有處現得正覺，有處現般涅槃。

譬如火性有處然，有處滅。諸佛亦爾。

(1)現般涅槃：有諸眾生已成熟，如來於彼現般涅槃。

(2)現得正覺：於未成熟（眾生），則現得正覺，為令彼得成熟及解脫故。

2.此二是一

譬如火性，由（任何）種類（皆）是（同）一。

法身亦爾，由真如性是一。

二、〔此二實不有 諸佛常住故〕

菩提、般涅槃為二，但（為）變異他心，令他謂二體。

實不有，由如來法身常住，無前後故。

九、住甚深

如來於惡事 人道及惡道 於非梵行法 住第一住我

㊟ 此偈明住甚深。

諸佛如來若住，不離二處，或住最勝住，或住最勝我。

一、住最勝住（住第一）

1.於惡事（不善法）

如來於不善法恒住最勝住，此謂真空定，即是聖住。

2.緣眾生住（人道、惡道中）

(1)由第四定：即是天住謂最勝住。

(2)由大悲：即是梵住謂最勝住。

二、住最勝我（住我）

於非梵行法（謂六塵染著），佛住最勝我。

最勝我即法界清淨，如來恒觀六塵空為體為境，即是佛住。

十、顯現自體甚深

佛一切處行 亦不行一處 於一切生現 非六根境界

㊟ 此偈明顯現自體甚深。

一、〔佛一切處行〕

如來後智，於善惡無記法中遍滿恒行。

二、〔亦不行一處〕

由無分別智，離智境界不可分別，故無一處行。

復次，由化身無處不行，由法身應身無有行處。

三、〔於一切生現 非六根境界〕

諸佛如來由化身，非一切眾生中顯現具相。

1.諸佛由化身，乃至地獄道等眾生亦見，在彼受生為化度彼故。

2.由諸佛不現似變化性，彼眾生雖見不能了別，謂是己同類故。

（因佛之化身非地獄等眾生之六根境界故。）

十一、滅惑甚深

諸惑已滅伏　如毒呪所害　由惑至惑盡　佛證一切智

(釋) 此偈明滅惑甚深。

一、〔諸惑已滅伏 如毒呪所害〕

諸見修煩惱，於菩薩地中先已滅盡，餘心煩惱（隨眠惑）雖復未滅，由智念所伏廢其功用。譬如眾毒呪力所害無復本能，心惑亦爾，智念所守，不能復生二惑染汙。

二、〔由惑至惑盡 佛證一切智〕

諸菩薩留隨眠惑為助道分[13]，不同二乘速般涅槃。

由此事故修道究竟，得習氣滅盡證圓智。

十二、不可思議甚深

諦惑成覺分　生死為涅槃　得成大方便　故佛難思議

(釋) 此偈明不可思議甚深。

一、〔諦惑成覺分〕

若由留惑故得惑盡，二乘集諦成菩薩覺分。

如二乘覺分能滅彼集諦，菩薩用彼集諦以滅心惑，故成覺分。

二、〔生死為涅槃〕

若集諦是覺分，苦諦即是涅槃。

何以故？

諸菩薩在生死不被染汙，起自他兩利皆得圓滿。

譬如二乘在有餘涅槃，不為二惑所染汙，能得自利。

三、〔得成大方便 故佛難思議〕

如來不可思議：

在因位得大方便，謂般若、大悲。

在果位得大方便，謂法身、應身、化身三身。

法身是自利方便，餘二身是利他方便。

（由留惑故得惑盡為如來自內證，其反道逆行之淨用甚深，非二乘及初業菩薩所能知。）

（註）

1.《佛性論》辯相分第四，顯果品3（卷2）

由此如實法界道理門故，即是涅槃即是生死不可分別。即是得入不二法門，亦不一不二住無住處故。

由滅諸惑不住生死，由本願故不住涅槃，

由般若故諸惑得滅，由大悲故本願得成。

故不可思量經偈中說：

「諸惑成覺分 生死成涅槃 修習大方便 諸佛叵思議」

2.由安慧《中邊分別論疏》對照此偈梵文為：

kleśo bodhyaṇga āpanno mahopāyaprayoginaḥ saṃsāro 'py upaśāntyātmā tato 'cintyas tathāgataḥ。

（直譯）〔加行大方便，煩惱成覺分，輪迴性寂靜，佛不可思議〕

由此義故十二種甚深應知。

謂生不住業住甚深、安立數業甚深、正覺甚深、離欲甚深、陰滅甚深、成熟甚深、顯現甚深、菩提般涅槃顯現甚深、住甚深、顯現自體甚深、滅惑甚

深、不可思議甚深。

丙九　念

諸菩薩緣法身憶念佛。

此念緣幾相？

若略說，菩薩依法身修習念佛有七種相。

釋 佛有三身。

一、諸菩薩若念佛應緣何身？

應緣法身。法身有無量甚深道理。

二、若緣法身應緣幾相？

若略說，諸菩薩依法身修習念佛有七種相。

此七相是法身正用，即是法身圓德。

為顯念佛須緣此圓德，故略說七相。

1.諸佛圓德屬自心（由六通自在故）；2.此德常住（是真實善故）

3.最無過失（滅習氣盡故）；4.無惓無難（無功用故）

5.受大法樂（由諸土清淨故）；6.無苦無難（無染障故）

7.有大事用（平等利他故）

若菩薩憶念此七種圓德，則能通達法身。

三、須依法身修習念佛

由法身修習念佛，是為顯學一切觀行門，皆緣真如得成，若不緣真如則觀行不清淨。

丁一　正明七念

何等為七？

一、諸佛於一切法至無等自在，

如此修習念佛，於一切世界至得無礙無邊六通智故。

釋 三世諸佛於六通境得最極自在。

一、同類人不能為礙，下類人非所能及。在有心無心位中恒不廢，以修習成熟故，故名自在。

二、非聲聞獨覺菩薩所得，又於世間無可譬，故名無等。

三、如此修習念佛。

令此念與法身成一，故名修習。

四、諸佛成就六通，於十方世界無能沮損，無有限極。

不同二乘有礙有邊故，如來通慧自在無等。

此中說偈，

被障因不具　一切眾生界　住二種定中　諸佛無自在

㊟ 若諸佛於一切法有無等自在，

云何一切眾生不悉般涅槃？

為釋此難是故說偈。

此偈為顯此因，由此因故彼不般涅槃。

一、〔被障因不具〕

1.一切眾生若有業等諸障，諸佛於此位中不能令彼般涅槃。通慧由被障，故不得自在。

2.若眾生無涅槃性（謂貪著生死不信樂大乘），名因不具。諸佛於此位中，不能令彼般涅槃，通慧亦無自在。

二、〔一切眾生界　住二種定中　諸佛無自在〕

1.〔一切眾生界〕

眾生界：謂四大空識六界是實，依此六界假立眾生。

眾生是假名。

一切：有六道差別，故言一切。

2.〔住二種定中　諸佛無自在〕

如此眾生，若在二種定（決定，不可轉）中：

所作業定：謂凡夫所作十惡等業，決定應感四惡道報。

受果報定：謂極鈍根顛狂眾生，及正受四惡道報。

如來於此眾生亦無自在。

何以故？

以無外緣故。

二、如來身常住，

由真如無間解脫一切垢故。

釋 以十種因，共證法身及眾德常住[15]。

三因證法身[15]七因證餘身。

一、無垢清淨真如（此為三因之一）

真如：謂道後真如。

無間位：即佛金剛心，能滅最後微細無明及無有生死苦集二諦，故言解脫一切垢。

---

15 1. 三因證法身《本論》十三 11，（記要）P. 566
法身以常住為相：
(1) 本性常：真如清淨故，(2) 不斷常：願無盡故，(3) 相續常：正事不盡故。
2. 應身化身常住《本論》十五 15
由應身及化身恒依止法身故，
由應身無捨離故，由化身數起現故，二身常住應如此知。（如恒受樂、如恒施食）
3. 三佛平等、常住
(1)《本論》十四 2，（記要）P. 579
諸佛法身由依止、意用、業無異故無差別。受用身、變化身由依止、業不異故無差別。
(2)《大乘莊嚴經論》菩提品（卷三）10
〔由依心業故　三佛俱平等　自性無間續　三佛俱常住〕
①彼三種身如其次第，一切諸佛悉皆平等。《本論》十四 2，（記要）P. 579
由依故，一切諸佛自性身平等，法界無別故。（所依平等）
由心故，一切諸佛食身平等，佛心無別故。（意樂平等）
由業故，一切諸佛化身平等，同一所作故。（事業平等）
②一切諸佛悉同常住。
由自性常故，一切諸佛自性身常住，畢竟無漏故。
由無間常故，一切諸佛食身常住，說法無斷絕故。（說法、受法樂無間斷）
由相續常故，一切諸佛化身常住，雖於此滅復彼現故。（沒而再現，相續不斷）
4. 常住十因緣《佛性論》辯相分，無變異品 9，（卷 4）
此三身者恒能生起世間利益故說常住。常住者依十種因緣。
(1) 因緣無邊，(2) 眾生界無邊，(3) 大悲無邊，(4) 如意足無邊，
(5) 無分別智無邊，(6) 恒在禪定無散，(7) 安樂清涼，(8) 行於世間八法不染，
(9) 甘露寂靜遠離死魔，(10) 本性法然無生無滅。

二、諸佛身及眾德常住

此無垢清淨真如是常住法。諸佛以此為身，故諸佛身常住。

由此身常住，依此身有眾德故，眾德亦常住。

三、常住相

此常住以真實性為相。

三、如來最無失，

一切惑障及智障永相離故。

釋 一切有失無失眾生中，如來最無失，由過失因緣已滅盡故。

現在已滅未來不生，故言永相離。

四、一切如來事無功用成，

不由功用，恒起正事永不捨故。

釋 一切如來事無功用自然成。

作意名功用，緣三世起，謂我已作正作當作。

離此作意名無功用，但由本願力，所欲作事自然皆成。

若由功用有正事，則有起不起，而不由功用則恒起。

由本願無盡故永不捨正事，以眾生不盡故本願不盡。

五、如來大富樂位，

一切佛土最微妙清淨，為富樂故。

釋 大富由外財，大樂由正法。

淨土中有八不可得二可得，故名最微妙清淨[16]。

---

16 《瑜伽師地論》卷 78

諸穢土中，八事易得，二事難得。

1. 八事易得

(1) 外道，(2) 有苦眾生，(3) 種姓家世興衰，(4) 行諸惡行，(5) 毀犯尸羅，(6) 惡趣，(7) 下乘，(8) 下劣意樂加行菩薩。

2. 二事難得

一、八不可得

1.外道，2.有苦眾生，3.生姓家富等差別，4.惡行人，5.破戒人，6.惡道，7.下乘，8.下（劣）意（樂）下（劣）（加）行諸菩薩。

二、二可得

1.最上品意（樂）（加）行諸菩薩，2.諸如來顯現於世。

所住為最微清淨土，能住為最妙清淨。

六、如來最無染著，

出現世間非一切世法所染，如塵不能染空故。

釋 一、如來最無染著

1.上心惑為染，隨眠惑為著。[13]

2.惑障為染，智障為著。

3.喜相惑為染，憂相惑為著。

（煩惱有二相：欲、慢、見等以喜為相；瞋、疑、無明等以憂為相。）

如來二惑皆滅故名無染著。

二、出、現世間

1.因立故名出世，果成故名現世。

2.自利圓滿故名出世，利他圓滿故名現世。

3.佛出世但未現於世，如已成道未轉法輪；

若轉法輪，世間方能了別是佛是一切智，世間所了別故名現世。

三、不為世法所染

如來雖受用衣食等四緣，為生長眾生善根，非為資益自身。於此緣中不生憂喜，故不為世法之所染汙。

空以非有為體，體無礙故不為有物所染，如來亦爾。

七、如來於世間有大事用，

---

(1) 增上意樂加行菩薩之所遊集，(2) 如來出現於世。

善男子！諸淨土中與上相違，當知八事甚為難得，二事易得。

由現成無上菩提及大般涅槃，未成熟眾生令成熟，已成熟眾生令解脫故。

釋 如來出世，以化身成道乃至般涅槃名大事，此身所作眾生利益事名用。

一、現成菩提：為未下種及未成熟眾生，令下種令成熟，故現成菩提。

二、現般涅槃：為已成熟未解脫眾生，令解脫，故現般涅槃。

此中說偈，

隨屬如來心　圓德常無失　無功用能施　眾生大法樂

遍行無有礙　平等利多人　一切一切佛　智人緣此念

釋 此中說二偈，重明七相，顯法身七種圓德。

一、諸佛圓德屬自心〔**隨屬如來心圓德**〕

諸佛圓德（六通等）但屬自心，不關外緣。

二、此德常住〔**常**〕

此圓德由依常住法身真實善為性，故眾德皆常。

三、最無過失〔**無失**〕

由法身離一切障，所依無失，故能依亦無失。

四、無惓無難〔**無功用**〕

由修因及本願成熟，所作佛事皆自然成，無惓無難，故言無功用。

五、受大法樂〔**能施眾生大法樂**〕

由得淨土自在，有大人能受大法，得弘自如理（修）行，（亦）令他如理（修）行，故名（施）法樂。

六、無苦無樂〔**遍行無有礙**〕

於八世法，如來後智恒分別此事，於中無憂喜心，故遍行無礙。

若有礙則有苦，無礙故安樂。諸佛雖行六塵，過於言說，以離有無執故。

七、有大事用〔**平等利多人**〕

凡夫、二乘、新行菩薩及深行菩薩，名多人。

如來能平等利益說大富行、善道行、安樂行、自利行、二利行，此即是有大事用。

〔一切一切佛 智人緣此念〕

一切智人（菩薩）緣此七相，念一切佛法身，顯法身七種圓德。

丁二　別明淨土（卷十五）

諸佛如來淨土清淨，其相云何應知？

如言百千經菩薩藏緣起中說。

㊣釋 前於七念中，明如來大富樂即是淨土。

前但說八人不可得二人可得，未明不可得及可得所在之處。今欲顯示此處，故問淨土相。

淨土相如百千經緣起中所言。[17]

菩薩藏中有別淨土經，經有百千偈，故名百千經。

又華嚴經有百千偈，故名百千經。

17　淨土十八圓淨相

1.《佛地經論》（卷1）T26P292b14（《解深密經》序品與此相同）

（此經不知是否為此中所指百千經（有十萬偈之經）之一部份，流傳於無著或之前之時代而為本論所引用者？）

經曰：住最勝光曜七寶莊嚴。放大光明，普照一切無邊世界。無量方所，妙飾間列。周圓無際，其量難測。超過三界所行之處。勝出世間善根所起。最極自在淨識為相。如來所都。諸大菩薩眾所雲集。無量天龍人非人等常所翼從。廣大法味喜樂所持。作諸眾生一切義利。滅諸煩惱災橫纏垢。遠離眾魔，過諸莊嚴。如來莊嚴之所依處。大念慧行以為遊路。大止妙觀以為所乘。大空無相無願解脫為所入門。無量功德眾所莊嚴。大寶華王眾所建立大宮殿中。

論曰：此顯如來住處圓滿謂佛淨土。如是淨土復由十八圓滿事，故說名圓滿。謂顯色圓滿，形色圓滿，份量圓滿，方所圓滿，因圓滿，果圓滿，主圓滿，輔翼圓滿，眷屬圓滿，任持圓滿，事業圓滿，攝益圓滿，無畏圓滿，住處圓滿，路圓滿，乘圓滿，門圓滿，依持圓滿。由十九句，如其次第，顯示如是十八圓滿。

2.《華嚴疏鈔》（卷17）P40

（《八十華嚴》之華嚴疏鈔，其華藏世界品，也有佛淨土十八圓滿之說。）

疏：又此互出顯佛淨土十八圓滿，十五攝故。

言十八者，1. 顯色、2. 形色、3. 分量、4. 方所、5. 因、6. 果、及7. 主、8. 輔翼、9. 眷屬、10. 任持、11. 事業、12. 攝益、13. 無畏、14. 住處、15. 路、16. 乘、17. 門、及18. 依持。

鈔：疏言十八下，第二列名。文無次第及圓滿言，而十八具足。

一顯色圓滿，二形色圓滿，……十八依持圓滿。

戊一　十八圓淨

一、正明十八圓淨

如此淨土文句顯何功德？

1. 色相圓淨

佛世尊在周遍光明七寶莊嚴處，能放大光明，普照無量世界。

釋 金、銀、琉璃（vaiḍūrya）、摩沙羅（musāra硨磲或琥珀）、阿輸摩竭婆（aśmagarbha瑪瑙）、因陀羅尼羅（indranīla帝釋青）、盧嬉胝柯目多（lohitamuktikā赤珠）七寶，此一一寶光明皆周遍一切處。

佛住七寶莊嚴處，其光明所照周遍無量世界。

2. 形貌圓淨

無量妙飾界處各各成立。

釋 一一界（所遊行地）一一處（所居地）無量妙飾莊嚴具足，故言成立。

（此莊嚴希有無等故言妙飾）

3. 量圓淨

大域邊際不可度量。

釋 一一佛淨土邊際，非凡夫以由旬等數所能度量。

（徑度為度，周圍為量）

4. 處圓淨

出過三界行處。

釋 三界集諦為行，三界苦諦為處。

淨土非三界苦集所攝，故言出過三界行處。

5. 因圓淨

出出世善法功能所生。

釋 一、若非苦集諦攝，以何因得生？

從出出世善法功能，生起此淨土故，不以集諦為因。

二、何者為出出世善法？

無分別智、無分別後智所生善根，名出出世善法。

（註）

1.二乘善名出世，從八地已上乃至佛地名出出世。

2.出世法為世法之對治；出出世法為出世法之對治，功能以四緣為相。

6. 果圓淨

最清淨自在唯識為相。

釋 以何法為體？

菩薩及如來唯識智，無相無功用故言清淨，離一切障無退失故自在。

此唯識智為淨土體故，不以苦諦為體。

（淨土以佛無漏心為體，由佛淨心現似眾寶，非離識別有七寶。）

7. 主圓淨

如來所鎮。

釋 如此相淨土，如來恒居其中，最為上首故言鎮。

8. 助圓淨

菩薩安樂住處。

釋 自受行正教，教他受行正教名安樂。

菩薩於淨土助佛助道，具此二事故名安樂住處。

9. 眷屬圓淨

無量天、龍、夜叉、阿修羅、迦樓羅、緊那羅、摩睺羅伽、人非人等所行。

釋 淨土中實無此眾生，欲令不空故，佛化作如此雜類。

（天deva，龍nāga，夜叉yakṣa，阿修羅asura，迦樓羅garuḍa（金翅鳥），緊那羅kiṃnara（樂神），摩睺羅伽mahoraga（大蟒神），乾闥婆gandharva（香神）。）

10. 持圓淨

大法味喜樂所持。

釋 大乘十二部經名大法，真如解脫等為味。

緣此法味生諸菩薩憙樂，長養諸菩薩五分法身。

11. 業圓淨

一切眾生一切利益事為用。

釋 飡此法味，作何等業？

凡夫三乘名一切眾生，隨其所能為說正教，令如說修行，離四惡道、離生死、離二乘自愛行，名一切利益。

12. 利益圓淨

一切煩惱災橫所離。

釋 若菩薩於眾生行如此業，能行及行處得何利益？

三界集諦名一切煩惱，三界苦諦名一切災橫。

此二悉離能行行處。

13. 無怖畏圓淨

非一切魔所行處。

釋 若離如此法，有餘怖畏不？

淨土中無陰魔、煩惱魔、死魔、天魔故，離一切怖畏。

14. 住處圓淨

勝一切莊嚴，如來莊嚴所依處。

㊟ 若淨土中無一切怖畏，六根所受用法悉具有不？

非唯是有一切所受用具最勝無等，是如來福德智慧行圓滿因所感。如來勝報依止此處，是故最勝。

15. 路圓淨

大念慧行出離。

㊟ 淨土中以何法為出入路？

大乘正法名大法，於大法中聞慧名念，思慧名慧，修慧為行。

此三於淨土是往還道，故名出離。

16. 乘圓淨

大奢摩他毗鉢舍那乘。

㊟ 若有此路為乘何法？

大乘中五百定名奢摩他，如理如量智名毗鉢舍那。

以此二為乘。

17. 門圓淨

大空無相無願解脫門入處。

㊟ 若有此乘從何門入？

於大乘中三解脫門。

一體由無性故空，空故無相，無相故無願。

若至此門得入淨土。

18. 依止圓淨

無量功德聚所莊嚴，大蓮花王為依止。

釋（世間世界地輪依水輪，水輪依風輪。）

淨土為依何法？

以無量功德聚所莊嚴之大蓮花王為依止。

以大蓮華王，譬大乘所顯法界真如。

一、不為世法所汙

蓮華雖在泥水中不為泥水所汙，譬法界真如雖在世間，不為世間法所汙。

二、性自開發

蓮花性自開發，譬法界真如性自開發，眾生若證皆得覺悟。

三、為眾聖所用

蓮花為群蜂所採，譬法界真如為眾聖所用。

四、總有四德

蓮花有四德：香、淨、柔軟、可愛，譬法界真如總有四德：常樂我淨。

五、法中最勝

於眾花中最大最勝故名為王，譬法界真如於一切法中最勝。

六、淨土所依止

此花為無量色相功德聚所莊嚴，能為一切法作依止，譬法界真如為無量出世功德聚所莊嚴，此法界真如能為淨土作依止。

又，如來願力所感寶蓮花，於諸花中最大最勝故名王，為無量色相等功德聚所莊嚴，能為淨土作依止。

二、明如來住處

大寶重閣，如來於此中住。

㊞ 淨土中何法是如來住處？

大寶重閣，如來於此中住。（佛住七寶莊嚴受用淨土中）

戊二　受用淨土功德

如此淨土清淨，

顯色相圓淨、形貌、量、處、因、果、主、助、眷屬、持、業、利益、無怖畏、住處、路、乘、門、依止圓淨。

由前文句，如此等圓淨皆得顯現。

復次，受用如此淨土清淨，一向淨、一向樂、一向無失、一向自在。

㊞ 一、如世間受用器世界有無量過失，
若受用淨土有何功德？
有十八圓淨功德。

二、依大淨說一向淨、依大樂說一向樂、依大常說一向無（過）失、依大我說一向自在。

1.一向淨：恒無雜穢。

2.一向樂：但受妙樂無苦無捨。

3.一向無失：唯是實善無惡及無記。

4.一向自在：一切事悉不觀外緣，皆由自心成。

三、菩薩若憶念如來富樂（念法身），應如此知。

丙十　業

諸佛法界，恒時應見有五業。

㊞ 此中明法身業。

欲顯法身含法界五義，故轉名「諸佛法界」。

一、法界五義《本論》一9，（記要）P.37 註4

1.性義：以無二我為性，一切眾生不過此性故。

2.因義：一切聖人四念處等法，緣此生長故。

3.藏義：一切虛妄法所隱覆，非凡夫二乘所能緣故。

4.真實義：過世間法，世間法或自然壞或由對治壞，離此二壞故。

5.甚深義：若與此相應，則自性成淨善故。

若外不相應，則自性（自體）成縠故。

（心性如虛空，本自清淨，但由無明妄動自體成縠，隱藏其性，生惑業苦。若聞熏習則虛妄漸除，陰縠滅卻，本淨顯現。）

二、法身恒與五業相應

諸菩薩應見法身恒與五業相應，無時暫離。

（此五業即法界五義所生之妙業，而此業能顯法界性。）

一、救濟災橫為業，

由唯現盲聾狂等疾惱災橫能滅除故。

㊇ 此明大悲力。

若定業報[18]眾生，如來於中則無自在，此如前釋。

若不定業報眾生，或現在過失，或有對治業。

如此眾生若至佛所，如來作意及不作意，皆能令離此等災橫。

（雖僅暫見佛（法身），其盲聾狂等疾惱災橫，皆能滅除。）

二、救濟惡道為業，

從惡處引拔安立於善處故。

㊇ 此明正行力。

如來作意及不作意，一切眾生若至佛所，無不息惡行善。

三、救濟行非方便為業，

諸外道等加行非方便，降伏安立於佛正教故。

㊇ 此明威德力。

18 《瑜伽論》卷九

分為善惡業招感之果定不定，招感果之時定不定及時與果之定不定三種。

一、非方便行

諸外道多行非方便：

1.常見外道：多行苦行，以計有未來生故。

2.斷見外道：多行樂行，以計無未來生故。

3.道之思惟：或思惟自在天為道，或思惟我為道，或思惟自性為道，或思惟我自性中間為道。

如此等悉是非方便行。

二、三種示導[19]

如來以通慧導，降伏其高慢；

以記心導，降伏其不信；

以正教導，降伏其邪見。

既降伏已，隨其根性安立於三乘正教中。

四、救濟行身見為業，

為過度三界，能顯導聖道方便故。

㊞ 此明方便力。

一、三界眾生不離身見

1.身：為多物所成，體是無常。

（為五陰等和合所成，故名多物。未有有，已有滅，故名無常。）

2.身見：外道於多計一，於無常執常，謂是一是常為我。

---

19 三輪（三種示導）《大乘法苑義林章三輪章》卷 6、《瑜伽師地論》27（記要）P. 262 註 83
指佛的身口意三業之勝用。佛之身口意三業能摧破一切罪生之惑業故名三輪。（輪具有摧伏、鎮遏二利之功用）

1. 神通輪 ṛddhiprātihāryam（神境神變）
佛以身業現出種種的神變，以引導眾生起信正教。
2. 記心輪 ādeśanāprātihāryam（記說神變）
佛以意業去識別他人的心。
如來鑑察眾生根機意樂種種差別，隨宜說法而無錯謬之輪相。（記謂別識）
(1) 記有纏有隨眠、離纏離隨眠之心。(2) 記有染邪願、無染正願之心。
(3) 記劣、中、勝之三界五趣之心。(4) 知三受相應之心。
(5) 以一記一，以一記多之心。(6) 諸佛菩薩記諸有情之勝劣，種種勝解，種種界行。
3. 教誡輪 anuśāsanaṃprātihāryam（教誡神變）
佛以口業去教誡眾生，使能摧破煩惱，依法修行。

為破此身見，故說亦非一亦非常。

二、顯導聖道方便過度三界

1.顯導

說正教名顯，生彼三慧為導。

2.聖道方便過度三界

從出家受戒乃至世第一法，為聖道方便。

若離身見，則得過三界集、度三界苦。

3.顯導令修方便得聖道

苦法忍已去乃至阿羅漢果名聖道。

如來令眾生離身見出三界，此未是真實聖道，但是聖道方便。

先顯導令修此方便聖道，為得真實聖道緣由。

（凡三界分段生死以有身見為其禍根，此有身見眾生不能直入大乘聖道。故如來先說二乘人無我教令對治有身見。是道即入大乘聖道之妙方便也。）

五、救濟乘為業，

諸菩薩欲偏行別乘，及未定根性聲聞，能安立彼為修行大乘故。

(釋) 此明真實教力。

一、救濟乘

約人有大乘人小乘人，約法有方便乘法正乘法。轉方便乘修治正乘，名救濟乘。

二、乘義

1.《摩訶般若經》

乘有三義，

(1)性義：二空所顯三無性真如，名性。

(2)行義：由此性修十度十地，名行。

(3)果義：由修此行，究竟證得常樂我淨四德，名果。

2.《中邊論》

乘有五義，

(1)出離為體，謂真如。

(2)福慧為因，能引出故。

(3)眾生為攝，如根性攝令至果故。

(4)無上菩提為果，行究竟至此果故。

(5)三惑為障，除此三惑，前四義成故。

三、欲行別乘菩薩及未定根性聲聞

1.菩薩行者

諸菩薩在十信位中，修大行未堅固，多厭怖生死，慈悲眾生心猶劣薄，喜欲捨大乘本願修小乘道，故言欲偏行別乘。

2.未定根性聲聞

依小乘說，聲聞若得信等五根不名定根，以未得聖故。若得未知欲知等三根則名定根，以得聖故。

若至頂位不名定性，以不免四惡道故，若至忍位名為定性，以免四惡道故。

四、轉小為大

1.依小乘解

若依小乘解，未得定根定性，則可轉小為大。

若得定根性則不可轉。如此聲聞，無有改小為大義。

2.依大乘解

依大乘解，說一乘。未專修菩薩道，悉名未定根性，故一切聲聞皆可有轉為大義。

安立如此大小乘人，令修行大乘。

於如此五業，應知諸佛如來共同此業。

㊣釋 世間眾生於五業不同，諸佛五業無不同義。

此中說偈，

因依事意及諸行　異故世間許業異　此五種異於佛無　是故世將同一業

㊟ 欲顯眾生不同業，諸佛同業，是故說偈。

一、眾生五業不同

1.因不同：如別因成地獄，別因成天，別因成人，畜生惡鬼等亦爾。由因不同，故作業不同。

2.依不同：依即彼身，由身不同，故作業不同。

3.事不同：如人道中或商估或耕種或事主，如此等事不同，故業不同。

4.意不同：一切眾生根欲性名意，此等種種不同，故業不同。

5.諸行不同：色等五陰名諸行。色陰中如火所作異水等所作，受所作異想等所作，故業不同。

由此五事，此作非彼作，世間愚智皆許其業有異。

二、諸佛五義無不同

前五種事，於諸佛悉無。

何以故？

1.諸佛因同：同修福德智慧行故。

2.諸佛依同：同一法身故。

3.諸佛事同：同有自利利他事故。

4.諸佛意同：同有利益安樂眾生意故。

5.諸佛無諸行同：同出離有為法故。

由無此五異，故皆同一業。大悲引導眾生，俱向涅槃，故名世將。

乙三　廣分別諸義

丙一　顯說一乘意

若爾，聲聞獨覺非所共得，如此眾德相應諸佛法身。
諸佛以何意故，說彼俱趣一乘與佛乘同？

㊟ 若諸佛無前五異，由法身五業是同；
二乘人有五業異，不得法身，無五業同，
如來為何義故，說二乘人同趣一乘皆得成佛？

此中說偈，
未定性聲聞　及諸餘菩薩　於大乘引攝　定性說一乘

㊟ 此偈以了義說一乘。[20]

一、未定性聲聞
有諸聲聞等於小乘根性未定。
欲引令信受大乘，攝令修行大乘，謂未得令得，已得令不退，
云何彼捨小乘道，於大乘般涅槃？
佛為此意故佛說一乘，引攝令入住大乘。

二、未定性菩薩
有諸菩薩於大乘根性未定。
云何安立彼於大乘，令不捨大乘（而）於小乘般涅槃？
為此意故佛說一乘，引攝令入住大乘。

三、定性菩薩[21]
有諸菩薩，於大乘根性已定，無退異意。
為此菩薩，故說一乘。

20　一乘教說（詳見甲十一附註二）。
21　有二解法：
1. deśitā ńiyatānāṃ = deśitā-aniyatānāṃ 對不定者說……。
2. deśitā-niyatānāṃ 對定性者說……。

法無我解脫　等故性不同　得二意涅槃　究竟說一乘

㊟ 此偈以密義說一乘。[20]

一、法等故

此中法即真如，一切三乘皆不離真如，是彼所應乘法。

由真如法同，故說一乘。

二、無我等故

一切法唯法無人。

若人實無（體），云何分別此人是聲聞、此人是獨覺、此人是菩薩？如此分別不稱道理。

由無我義同，故說一乘。

三、解脫等故

三乘人同解脫惑障，如佛言：解脫與解脫無有差別。

由滅惑（解脫）義同，故說一乘。

四、根性不同故

有二乘人於自乘位根根性不同，此人雖求二乘道，未得二乘。

由二乘根性未定故，可轉作大乘根性。

為化此人故說一乘。

五、於眾生平等意故

諸聲聞等人，於一切眾生（佛）作如此意：彼即是我，我即是彼。

由此意故，謂彼得正覺即是我得正覺，我得正覺即是彼得正覺，如我應解脫自身，亦應如此解脫眾生。

為如此意，故說一乘。

六、於法如平等意故

1.諸聲聞等人，如來於《法華經》中，為其授記已得佛意。（此授記，但得法如平等意，未得佛法身。）

若得此法如平等意，彼作是思惟：如來法如是我法如。（我亦可成佛）

由如此意，故說一乘。

2.復次，於《法華（經）》《大集中》，有（與）蒙佛授記諸菩薩同名之舍利弗等，得此法如平等意（作思惟自亦可成佛），故說一乘。

七、聲聞依佛道般涅槃故

如佛言：我今覺了過去世中，已經無量無數劫依聲聞乘般涅槃。

（此欲顯小乘非究竟處，令其捨小求大故。）

佛化作舍利弗等聲聞，為其授記（將成佛）。

欲令已定根性聲聞，更練根為菩薩。未定根性聲聞，令直修佛道，由佛道般涅槃。

此顯聲聞依佛道般涅槃，由如此義故說一乘。

八、究竟故

唯一乘是乘，所餘非乘。

餘乘有上，所謂佛乘。

唯一乘無等，若過此乘，無別行故，餘乘失沒故，此名究竟。

由如此義，故說一乘。

丙二　明諸佛一多

三世諸佛若共一法身，云何世數於佛不同？

此中說偈，

於一界中無二故　同時因成不可量

次第成佛非理故　一時多佛此義成

釋 諸佛既同得一法身，云何有三世復有眾多？

若有三世及眾多，云何言一？

有因證諸佛或一或多。

一、云何或一？

1.一法界平等

諸佛是法界所顯，由法界一，故諸佛是一。

2.一界無二佛

一時中於一世界，無二佛俱出，故說或一。

二、云何或多？

1.〔同時因成不可量〕

於一時有無數諸菩薩，同時修福德智慧二行。

因已成熟，若不同時得無上菩提果，則修行唐捐。

以諸菩薩修因，同時成熟同時得果故，一時有多菩薩成佛不可度量。

2.〔次第成佛非理故〕

若言因雖俱成，必前後次第成佛，是義不然。

何以故？

諸菩薩不作是願：「我當相待次第成佛」。

由此願故，因雖成熟故待次第。

既無此願，云何因俱成熟，不同時得果？

云何多人俱時修因不觀次第，得果之時必觀次第？

故此義非理。

3.〔一時多佛此義成〕

此明一時中，十方世界有無量佛同時出世。

若言有佛經證，於世間但一如來，無俱出義。是義不然。

〔經言〕[22]

無處無位非前非後，二如來阿羅訶三藐三佛陀，出現於世。

有處有位，若一如來出現於世，譬如二轉輪王不得同時共生一處。

22 一時無二佛《中部 · 多界經》115 經

了知：無處無位，於一世界中，非前非後，若有二佛出世者，無如是處。

了知：有如是處：於一世界中，若唯一佛出世者，有如是處。

了知：無處無位，於一世界中，非前、非後，若有二轉輪王出世者，無如是處。

了知：有如是處：於一世界中，若唯一轉輪王出世者，有如是處。

《中阿含 · 多界經》卷 47（T1，723C27），《法蘊足論》多界品卷 10，《舍利弗阿毗曇論》卷 11，等有相同之內容。

一、〔薩婆多部說〕[23，24]

1.釋經說

〔難〕此經為當說大三千世界[25]無二如來？

為當說一切世界無二如來？

〔答〕此經說一切世界。

何以故？

不應限礙世尊勝能。唯世尊一人於一切處有勝能。

若一佛不能於餘處化度眾生，餘佛亦應不能。

2.引經證

（世尊言）：

舍利弗！若人至汝所。

作如是言：大德舍利弗！於今時有沙門婆羅門與沙門瞿曇平等平等於無上菩提不？

汝得此問，當云何答？

舍利弗言：

若有人至我所作如是問。

我當如是答：善男子，於今時無沙門婆羅門與世尊平等平等於無上菩提。

（何以故？）

世尊，我從世尊吉祥口聞，從世尊所得：

無處無位，無前無後，二如來並出於世。

有處有位，唯一如來出現於世。

---

23 可參考《俱舍論》分別世品 卷 12。

24 〔一時無二佛〕與〔現在十方佛〕（詳見甲十一附註三）。

25 三千大千世界《瑜伽師地論》2

即此世界有其三種：

1. 小千界：謂千日月乃至梵世，總攝為一，
2. 中千界：謂千小千，
3. 大千界：謂千中千，

合此名為三千大千世界。

3.救難

〔難〕云何於《梵王經》[26]中佛說「但大三千世界中我自在成」？

〔答〕如此言教別有密意：

若世尊不作意，但在自性中無功用心，於大三千世界，言語光明五識等事自然得成。若有功用心，無邊世界是如來境。

二、〔餘部說〕

1.餘部說（大眾部或經部等）[23，24]

於餘世界別有諸佛出世。

何以故？

有無量菩薩同時修行六度，因已成熟不可數量，無有道理諸佛於一處一時共生，無有別法能礙彼於餘處出世。

是故定知於餘世界別有諸佛出世。

2.釋經說

此經說：諸佛不同一時出世，譬如轉輪王。

(1)諸佛出餘世界

若說一世界一佛出世，不妨餘處。

若說一切世界一佛出世，餘轉輪王於別世界不應得生。既說轉輪王不俱生譬諸佛，汝若忍許餘世界有別轉輪王，云何不忍許諸佛出餘世界？

(2)多佛利益眾生

佛出於世是大吉祥，何故不許於多世界有多佛出世？

此無過咎，世間有多眾生，與最勝利益相應故。

3.救難

〔難1〕（若爾）云何於一世界二佛不俱出現？

〔答〕(1)以無用故，（一佛已盡度眾生，則餘佛無用）

(2)又隨宿願故。

26　《中阿含》78經 長壽王品《梵天請佛經》卷19，T1，548a

諸菩薩昔作是願，願我於盲闇世界無人將導處，

得成正覺，為作光明為彼將導。

由此願故，無二佛俱出。

〔難2〕若爾，何故唯說一佛，不說多佛？

〔答〕(1)為令眾生起極尊重，

(2)及急修行故。

何以故？

若但於一佛則起極尊重心，謂他無如此德。

亦能急修行如來正教，以佛若涅槃，我等則無歸依處故。

故偈言：一時多佛此義成。

丙三　明法身涅槃不涅槃

云何應知，諸佛法身非一向涅槃，非非一向涅槃？

此中說偈，

由離一切障　應作未竟故　佛一向涅槃　不一向涅槃

㊙ 有諸師說：諸佛如來不永般涅槃。

別部聲聞乘人說：諸佛如來永般涅槃。

此二執非了義說，是密意所顯。

一、一向涅槃

諸佛永解脫惑障及智障，是故一向（畢竟）涅槃。

二、不一向涅槃

如來應作正事未究竟，謂未成熟令成熟，已成熟令解脫。

此二事不可休廢，是故如來不一向涅槃。

若如二乘一向涅槃，如來本願但有願無果。

若了義說，應言有涅槃有不涅槃。

丙四　明受用身不成自性身

云何受用身不成自性身？
由六種因故，
一、由色身及行身顯現故，
二、由無量大集處差別顯現故，
三、隨彼欲樂見，顯現自性不同故，
四、別異別異見，自性變動顯現故，
五、菩薩聲聞天等，種種大集相雜和合時，相雜顯現故，
六、阿黎耶識及生起識見轉依，非道理故。
是故受用身，無道理成自性身。

㊡應身不成法身是道理，應身成法身非道理。

此是、非義云何可知？

有六種因證是、非義。

一、由色身及行身顯現故

1.法身無色行

諸佛以真如法為身，於法身中色（身）行（身）不可得。

（十入名色身，受等名行身。）

2.應身有色行

一切智、大定、大悲等恒河沙等如來功德，雖依法身，若顯現時不離化身（總攝應化但名化身），此化身似佛異一切眾生，為應身事相。

故色、行於應身有，於法身無。

是故應身不成法身是道理，成則非道理。

二、由大集輪差別顯現故

1.應身有差別

應身有差別顯現，以由佛弟子大集輪差別故。

2.應身能集化菩薩

(1)大通慧即是應身：此大通慧能集菩薩眾。

(2)般若即是應身：般若功用能說正法、立義、釋疑。

(3)大悲即是應身：大悲功用，於日夜六時（一切時）觀眾生根性，往彼為作利益事。《大乘莊嚴經論》（十三）9

若以應身即是法身，不能集化菩薩。

若法身即是應身，由應身差別顯現故，則諸佛非常住。

故應身不成法身。

三、隨欲樂見顯現自性不同故

1.觀如來眾德不同

(1)應身隨欲樂見眾德不同

無量菩薩隨其欲樂，依應身觀，所見如來眾德顯現不同。

如此應身自性不定，以多種類故。

(2)法身不爾。

是故應身不成法身。

2.隨眾生欲樂現相不同

復有別經證：

(1)應身隨眾生欲樂現相不同

何以故？

有諸眾生於應身，欲見黃色青色等、樂受捨受等、有識無識等，種種不同皆悉得成。

此經顯應身自性不定。

(2)法身則不爾。

故應身不成法身。

四、別異相變動顯現故

有一眾生，先見此應身別異相顯現，此眾生後見此應身更有別異相顯現，如一人見不同，餘眾生見亦爾。

1.應身有變動相

為成熟此眾生善根故，初現麁相，次現中相，後現微妙相，應身有此變動相。

2.法身不爾。

故應身不成法身。

五、大集時相雜顯現故

1.應身有三相雜

應身恒時，由菩薩等種種大集相雜聽法時，有三相雜顯現。

(1)一切眾生各各見佛皆對其前，故名相雜。

(2)隨無量眾生色相不同，佛如其色相，故名相雜。

(3)隨其根性所宜，大智大定大悲有無量事用，故名相雜。

2.法身不爾。

若以法身為應身，佛無利益眾生事。

若以應身為法身，佛無現世安樂義，以恒喧動離寂靜故。

是故應身不成法身。

六、阿黎耶識生起識轉依不成故

阿黎耶識及生起識，即是受用身；此二識轉依名法身。

1.若自性身即是受用身，則轉二識依復得何身？

由此非道理故，受用身不成自性身。

2.若受用身即是自性身，則無大智等眾德，

由不無眾德故，自性身不成受用身。

由此六因，證知是道理，非道理義。

丙五　明變化身不成自性身

云何變化身不成自性身？

由八種因故，

㊟ 變化身不成法身，是道理。變化身成法身，非道理。

是、非義，云何可知？

有八種因，證是、非義。

一、於人天道受生是變化身

諸菩薩從久遠來，得無退三摩提。

於兜率陀天道及人道中受生，不應道理。

㊟ 一、非果報身及自性身

菩薩從得初地乃至十地，經三十大劫阿僧祇，得五百不退定，久已離三界。無有道理生（兜率陀）天道中，更何況於人間釋迦王種中生。此身非果報身及及自性身。

二、是變化身

為化下眾生故，現受人身，此身無因而於世間是有。此身但是變化身。

二、於世間伎能無知是變化身

諸菩薩從久遠來恒憶宿住。方書算計數量印相工巧等論，

行欲塵及受用欲塵中，菩薩無知，不應道理。

㊟ 一、世間伎能

1.六十四種方土異書[27]，

2.乘除等十六種算計法[28]，

3.（離乘除）觀聚知數知量[28]，（演算法之一種）

4.以印印物為相等工巧[29]。（工業明處）

5.六十四能（六十四王伎秘巧術法）十八明處[30]。

---

27 六十四異書（詳見甲十一附註四）。

28 觀聚演算法

1. 乘除等算計法指算術之演算法。
2. 離乘除法，但觀聚亦能知數知量，此亦是演算法之一種。

29 工巧明

五明之一，工巧者工藝也，即言關於伎術、機關、陰陽、曆算之學藝。

《瑜伽師地論》15

謂於十二處，略說工業所有妙智，名工業明處。

何等十二工業處耶？

謂 1. 營農工業，2. 商賈工業，3. 事王工業，4. 書、算、計度、數、印工業，5. 占相工業，6. 咒術工業，7. 營造工業（含雕塑），8. 生成工業（豢養六處等），9. 防那工業（紡織、編織、縫紉），10. 和合工業（調解爭訟、仲介），11. 成熟工業（飲食業），12. 音樂工業。

30 六十四能、十八明處（詳見甲十一附註五）。

或增（增盛）、或減（衰損）、或守（守護）、或相（相應）。

二、非自性身及受用身

1.菩薩恒不忘失

菩薩從初地至十地，於長時中（於無量劫來）恒憶宿命，先所修得一切伎能，悉不忘失。

2.不知世間伎能不應理

菩薩於行欲塵（六十四王伎祕巧術法[30]，未得令得已得令長，已長付囑善人）及受用欲塵（於六塵中，如歌舞和合衣著調鼎等事）中，不知不憶世間伎能無有道理。

是故此身非自性身及受用身。

三、是變化身

為化眾生，示下品人可轉成上品故，顯自身未有此能方須修學。

是故此身是變化身。

三、事外道為師是變化身

諸菩薩從久遠來，已識別邪正法教。

往外道所，事彼為師，不應道理。

釋 一、非自性身及受用身

菩薩於三十三大劫阿僧祇，於正行中修正勤，福德智慧行悉已圓滿。無有道理於最後身，不能了別邪正說異。若無此知，得佛之時為知何法？

是故此身非自性身及受用身。

二、是變化身

為欲降伏諸外道故，現為此事。

是故此身是變化身。

四、修虛苦行是變化身

諸菩薩從久遠來，已通達三乘聖道正理。

為求道故修虛苦行，不應道理。

㊟ 一、非自性身及受用身

1.已通達三乘道正理

諸菩薩從三十三大劫阿僧祇來，在十解十行初地，

已通達三乘聖道正理：

二乘道正理：離斷常執，不行苦樂邪行。

菩薩道正理：捨有無執離一切分別，修無分別境智正行。

2.修外道苦行不應理

外道苦行能滅已得法，不能得未得法，於二世中但損無益，故名為虛，無有道理菩薩應習行此事，

是故此身非自性身及受用身。

二、是變化身

為化眾生示修苦行無有果報，故現行此事。

是故此身是變化身。

五、偏於一處成佛者是變化身

諸菩薩捨百拘胝[31]閻浮提[32]，於一處得無上菩提及轉法輪，不應道理。

㊟ 一、非自性身及受用身

1.修道成佛之遍滿義

諸菩薩修道之時，遍滿萬億閻浮提，成熟萬億閻浮提眾生。

成佛之時則應遍滿（萬億閻浮提）受身。

2.偏於一處成佛不應理

(1)〔有說〕此閻浮提釋尊為實身。

---

31 百拘胝

1. 拘胝 koṭi 為千萬。
2. 依《俱舍論》12，解脫經中說六十數，但《俱舍論》僅列舉五十二數，餘八亡失。

一（eka），十（daśan），百（śata），千（sahasra），萬（hrabheda，ayuta），洛叉（十萬 lakṣa），度洛叉（百萬 atilakṣa，prayuta），俱胝（千萬，koṭi）……阿僧祇（asaṃkya）。（10^{104} 或 10^{31} 或 10^{64} 或 10^{56}）

32 閻浮提 jambudvīpa

閻浮樹 jambu 樹名，提 dvīpa 即洲。為須彌山四大洲之南洲，又稱南閻浮提 daksinajumbudvīpa 或譯為南贍部洲。盛產閻浮樹及閻浮檀金。南狹北廣縱廣七千由旬（《長阿含》18）。

四大洲唯此洲有金剛座，一切菩薩將證正覺，皆坐此座（《俱舍論》11）。

此閻淨提本指古印度地，後泛指人間世界。

果報身唯得有一，不得有多，（於此出世釋尊為實身，餘處為化身。）

（普寂：此為薩婆多等說）

(2)〔他難〕於一勝處有實身佛。

若爾，何故不別於一勝處受身，（而）以化身遍一切處行化？

（大乘宗等計：於摩醯首羅智處（maheśvara）（色究竟天大自在天宮），十地菩薩有實身成佛，而化身於萬億閻浮提行化。）

由修道成佛之遍滿義，無有道理捨萬億閻浮提，偏於一閻浮提（實有受身）成佛轉法輪。

是故此身非自性身及受用身。

二、是變化身

為化眾生令知佛出世，故現為此事。

是故此身是變化身。

六、於此作佛事者是變化身

若離顯無上菩提方便，但以化身於他方作佛事。

若爾，則應於兜率陀天上成正覺。

釋〔他執〕但於一閻浮提處得無上菩提，（而）於餘處（他處）離（無）入胎等方便，唯現化身作佛事。（方便、成佛、作佛事不共處）

〔反難〕若爾，則應許：（云何不執？）

如此菩薩在兜率陀天上得無上菩提，於餘處（此處）現化身作佛事。（此實不應理）

是故此身是變化身，非餘二身。

七、於一處平等出現者是變化身

若不爾，云何佛不於一切閻浮提中平等出現？

若不於他方出現，無阿含及道理可證此義。

釋 若不於天中得菩提，（而於此處行化），則應許遍得。

則云何（諸）佛不於一切閻浮提中平等（同時）出現？

此中，無阿含及道理能證此義：

「菩薩於一切四天下（四大洲），不遍得無上菩提，但於一處得。」

此平等出現者是變化身，非餘二身。

八、二如來俱現者是變化身

二如來於一世界俱現，此不相違，若許化身成多。

由四天下攝一世界，如轉輪王於一世界或一主，或別主俱生不應道理，諸佛亦爾。

㊟ 一娑訶世界[33]有二如來俱出世，此與義不相違。

何以故？

一、以化身故

以許化身成多故。化身既多，處處有化身，此無所妨。

是故此身是變化身，非餘二身。

二、與經不相違

1.與經相違

若說「有一世界在百拘胝世界中，於中不見佛」，此說與經相違。

2.與經不相違

若說：「二佛不一時俱生大三千世界，譬如轉輪王」，

此中應判此經同轉輪王義：

(1)由四天下攝一世界。

(2)兩轉輪王於一世界不得俱生。

(3)於餘世界俱生則無妨。

兩如來俱生非道理義，應如此判。

此則與經不相違。

33 娑訶世界 sahā-lokadhātu
指佛陀所教化的三千大千世界。（娑訶：堪忍）

結頌

此中說偈，

佛微細化身　多入胎平等　為顯具相覺　於世間示現

釋 為顯具相無上覺義，故說此偈。

佛在兜率陀天上，下閻浮提受胎，

是時中如來化作一切佛弟子，如淨命舍利弗等受胎。

（此中各各雖異，而入胎出生則平等化作之。）

由此化作之安立故，具相無上覺則得顯現：

一、若無下中二乘，則不得顯佛是無上。

二、若無二乘智慧淺狹，則不得顯佛是具相。

為顯此義，故化身出現於世。

丙六　明化身非永住

有六種因，諸佛世尊於化身中不得永住。

釋 有六因證佛須捨化身。

一、正事究竟故

正事究竟故，由已解脫成熟眾生故。

釋 如來化身正事已究竟故，化身不永住。

成熟眾生令得解脫，是化身正事。

眾生既悉成熟解脫，故名正事究竟。

二、為除樂涅槃故

若已得解脫求般涅槃，為令彼捨般涅槃意，欲求得常住佛身故。

釋 若（有眾生）已解脫惑障（而意欲）求無餘涅槃，

如來為轉其意欲，

而一、示化身非實有，故捨化身。

二、示別有常住法身是真實有。應轉求小乘無餘涅槃心，而求常住法身。

故化身不永住。

三、為令捨輕慢佛故

為除彼於佛所有輕慢心故，為令彼通達甚深真如法及正說法故。

㊋ 一切眾生計佛有生老病死等與己不異，故於如來起輕慢心。

欲令眾生識如來真實身及假名身：

一、真實身

真實身即真如法及正說法，此二名法身。

正說法從真如法流出，名正說身。

此法最甚深，難可通達，非下位人境界。

若通達此身，則於如來起極尊重心。

二、假名身

假名身即化身，示此身是分別所作，非真實有，

故化身不永住。

四、為令發起渴仰心故

為令眾生於佛身起渴仰心，數見無厭足故。

㊋ 若恒住一化身，眾生始見生渴仰，後則歇薄。

若色形改變種種希有，眾生數見新新渴仰，則無厭足。

故化身不永住。

五、為令自修精進故

為令彼向自身起極精進，由知正說者不可得故。

釋 若佛恒住化身，眾生則不起難遭（遇）想。

故如來捨化身，令其知佛不久住世，起極正勤，急度自身不觀於他。

故化身不永住。（以自身證其是非，名向自身。）

六、為令速成熟故

為令彼速得至成熟位，向自身不捨荷負極精進故。

釋 前明為未修正勤令修正勤。此明若已修正勤令不捨正勤，修習定慧疾得圓滿，故化身不永住。

此中說偈，

由正事究竟　為除樂涅槃　令捨輕慢佛　發起渴仰心

令向身精進　及為速成熟　諸佛於化身　許非一向住

釋 為攝前六因，令多忘失者易得憶持，故重說偈。

丙七　明如來不永般涅槃

為度一切眾生，由發願及修行尋求無上菩提。

一向般涅槃，此事不應道理。

本願及修行，相違無果故。

釋 （如來不永般涅槃，今當顯示此義。）

如來昔在願樂地中，為度眾生發諸勝願，求無上菩提。

於見等位中，為度眾生修諸勝行，尋無上菩提。

若得極果而捨眾生般涅槃，不應道理。

何以故？

菩薩昔為度眾生，發願及修行，令我當來常能利益一切眾生。

利益眾生即願行果。

今得極果，若棄捨眾生永般涅槃，則違發願修行本意。

願行但有自利益果，無利益他果。

由如來不永般涅槃，不違本願，是故相應有果。

丙八　明三身常無常

受用身及變化身無常故，云何諸佛以常住法為身？

一、由應身及化身恒依止法身故，

二、由應身無捨離故，

三、由化身數起現故。

如恒受樂，如恒施食。

二身常住應如此知。[15]

㊙ 若如來不永般涅槃，則如來以常住法為身。

受用身及變化身不應是無常。

若是無常，云何復言以常住法為身？

一、由恒依止法身故（依止故常）

法身為二身本，本既常住，末依於本相續恒住，故末亦常住。

二、由應身無捨離故（不斷常）

如來自圓德及利益諸菩薩，此二事與如來恒不相離。

此二事即是應身，故應常住。

三、由化身數起現故（相續常）

化身為度眾生，乃至窮生死際，無一剎那時不相續，示現得無上菩提及般涅槃。

何以故？

所度眾生恒有，如來大悲無休廢故。

是故化身亦是常住。

四、以二事譬

為顯二身常住故，引此二事為譬：

如世間說此人恒受樂、此人恒施食，非受樂施食二事無間，名之為恒。

而是由本及事二義不斷故言之為恒。

二身亦爾，由本及事二義不斷，故名常住。

丙九　明成佛要作功用

若法身無始時，無差別無數量，為得法身不應不作功用。

此中說偈，

諸佛證得等無量　是因，眾生若捨勤

證得恒時不成因　斷除正因不應理

㊟〔難〕若法身無始本有，於一切眾生無差別，不可度量，

諸佛由法身，於利益他事具足勝能。

則眾生為得法身，何用精進修道？

〔答〕雖爾，不應不作功用，以無自然證得法身故。

一、諸佛之證得為眾生得法身之正勤因

過去現在佛證得法身，此證得平等（無高下），功德無量（無定齊限）。

如此證得，是眾生求得法身正勤之因。

二、眾生若捨勤則自證得因不成

1.妄計由他度可捨正勤

如前所計：不須自作正勤，可由他得度，（故可捨正勤）。

（妄計可由他佛之證得得度，不須自作正勤。）

2.捨正勤自證得因不成

諸佛證得法身，一切是有。

若離自正勤，此證得則不成自證得因。

何以故？

若是成自因者，從昔以來無復凡夫，皆由他得度故。

既無此義，是故雖有（諸佛之）證得，不成自因。

三、斷除正勤正因不應理

1.正勤與證得相應名正因，若斷除此二則不應道理。

因有二種：

(1)方便因：諸佛證得為方便因，以屬他故。

(2)正因：自修正勤為正因，以依自身故。

若斷除正因，留方便因，此事不應道理，以不能成就自所願故。

2.若眾生不應菩薩心作正勤，無得菩薩利益義。

有諸菩薩，慈悲莊飾相續，於眾生起愛念心，皆如子想。

(1)不作此意：於眾生利益事，願他作而我不作。

(2)常作此意：不論他作或不作，我皆必作。

是故正勤是證得法身第一正因，此因不可斷除，

若斷除此因，由他得法身，無有是處。

〔附註一〕隨眠

1.《瑜伽論》58

云何建立煩惱雜染染淨差別？

謂如所說本隨二惑，略二緣故染惱有情。一由纏故，二隨眠故。現行現起煩惱，名纏。即此種子未斷未害，名曰隨眠，亦名麁重。

又不覺位名曰隨眠，若在覺位說名為纏。

2.《三無性論》上　真諦譯

八種分別者……

四、我分別，謂此類是有流有取，長時我執數依串習，從此僻執串習，緣身見所依止類，起虛妄分別，是名我分別也。

釋曰：……

長時我執數依串習者：

通說無始來有此流取等惑故，說長時也。

我執有三種：一隨眠，二上心，三習氣。

言數者：即明隨眠，我執數數執止本識。

言串者：即上心，我執數數串起。

言習者：即明習氣，我執數數而起。

隨眠上心是內煩惱，得見諦道此惑便滅。

習氣為久習所成，非正煩惱故，得羅漢時此猶未滅，得法如如方能稍遣。

此三我執皆依本識也。

3.《分別緣起初勝法門經》卷下 玄奘譯

略有四種轉異無明。

(1)隨眠轉異無明

即種子轉異，彼無明住種位中，隨藏識轉，剎那剎那前後變異。（隨眠為種子異名，由彼種子，隨逐有情，眠伏藏識。）

(2)纏縛轉異無明

即現行轉異，彼無明從種生現，隨眾緣力轉變相顯。（纏縛為現行異名，由彼現行數數生起名纏，令於善行不隨所欲名縛。）

(3)相應轉異無明

有愚痴方起諸惑，貪等餘惑相應所有無明，名煩惱相應無明。

(4)不共轉異無明

若無貪等煩惱纏，但於苦等諸諦境中，由不如理作意力故，不能如實簡擇觀察所有覆障纏裹闇味諸心所性，名不共無明。

〔附註二〕一乘教說

1.《大乘莊嚴經論・述求品》（卷五）4

(1)〔法無我解脫 同故，性別故 得二意變化 究竟說一乘〕

此中八意佛說一乘。

①法同故

謂聲聞等人無別法界，由所趣同故，故說一乘。

②無我同故

謂聲聞等人同無我體，由趣者同故，故說一乘。

③解脫同故

謂聲聞等人同滅惑障，由出離同故，故說一乘。

④性別故

謂不定三乘性人引入大乘，故說一乘。

⑤諸佛得同自意故

謂諸佛得如此意如我所得，一切眾生亦同我得，由此意故，故說一乘。

⑥聲聞得作佛意故

謂諸聲聞昔行大菩提聚時，有定作佛性，彼時佛加（持）故勝攝故，得自知作佛（密）意。由此人前後相續無別，故說一乘。

⑦變化故

謂佛示現聲聞而般涅槃為教化故，理實唯一，故說一乘。

⑧究竟故

謂至佛體無復去處，故說一乘。

如是處處經中以此八意佛說一乘，而亦不無三乘。

(2)〔引接諸聲聞 攝住諸菩薩 於此二不定 諸佛說一乘〕

問：若爾，復有何義以彼彼意而說一乘？

答：彼彼意有二義：①為引接諸聲聞故，②為攝住諸菩薩故。

若諸聲聞於自乘性不定，佛為引接彼人令入大乘，故說一乘。

若諸菩薩於自乘性不定，佛為攝住彼人令不退大乘，故說一乘。

2.中國佛性思想之論爭

「一乘」為印度大乘佛典之通用概念，其中以《法華經》影響中國佛性思想發展最為深遠。

(1)初唐前

以《涅槃經》中一切眾生皆具佛性之主張為主，而《法華經》中說三乘同歸一佛乘。

(2)初唐之法相宗

法相宗倡五種種性說，其中三類種性決定不能成佛，引起重大爭論。法相宗引《勝鬘經》、《攝大乘論》及《解深密經》等，會通《法華經》一乘說與五種性說之矛盾。

①《攝大乘論與法華經論》

窺基引《攝大乘論世親釋》此中二偈及釋文之八義，及世親之《法華經論》之「決定」、「增上慢」、「退菩提心」及「應化」四種聲聞。

證一、有不同種性者存在，二、為教化不定種性者，密意說一乘。

②《勝鬘經》

窺基引《勝鬘經》一乘章，說佛陀隨順眾生意欲，方便說三乘同是歸入一乘。經中又提及有「無聞非法」、「求聲聞」、「求緣覺」、「求大乘」四種眾生。

以《勝鬘經》是真實教（了義），如實彰示稟性本然分殊之四乘。

有無種性者，有各種種性者（含不定及決定種性者）。

以《法華經》為方便教（密意），隨順度化不定種性眾生，密意說一乘教。

只著重在不定種性者。

③《解深密經》

《法華》《勝鬘》各據一義，圓測引《解深密經》統合《勝鬘》「一乘是方便」和《法華》「一乘是真實」二方觀點，故說《解深密經》為最了義。

一、強調三乘種性之分殊，於聲聞種性刻意區別出「一向趣寂」和「迴向菩提」二種。約三無性辨一乘義，此為如來方便，就實正理具有三乘，各證自乘無餘究竟涅槃。

（一乘是方便，三乘是真實，此同《勝鬘經》）

此中「一向趣寂」定性二乘，唯證二乘無餘涅槃，必無後時得成佛義。

二、「迴向菩提」不定種性聲聞，必當成佛。若依此說，方便說三，就實為一乘。

（一乘是真實，三乘是方便，此同《法華經》）

(3)佛性思想之論爭

法相宗之部份種性眾生無佛種性之教說，為向來相信全分眾生皆有佛性之傳統佛性論者，帶來重大衝擊，引發激烈論爭。其中文獻可考的有法寶與慧沼之對論。

傳統佛性論者法寶，作《一乘佛性權實論》、《一乘佛性究竟論》，以《法華經》為究竟一乘，代表佛陀「究竟」立場，《解深密經》《攝大乘論》為密意一乘，則是為了方便教化而密意安立。其論指出此二說有九方面殊異。

慧沼（窺基弟子）則作《能顯中邊慧日論》逐一提出反駁，而以《法華經》為度化不定種性中之方便，說為一乘。

此種佛性論爭在這種各自表述下而爭論不斷。

3.宇井伯壽

(1)般若、法華及龍樹系統是以「唯有一乘法、無二亦無三」為主。（此為一乘理趣說ekayānanayavādin）

(2)華嚴、深密及彌勒、無著系統，是在一乘根基上承認三乘或無量乘之存在。（此為種種理趣說nānāyānanayavādin）

〔附註三〕〔一時無二佛〕與〔現在十方佛〕

原始佛教時代通說「一時一世界無二佛」。但在西元前後「賢劫」觀念出現後，則主張「雖然現在娑婆世界無佛，但十方世界有無數佛」之說逐漸被肯定。

因此在此無佛之世界欲求覺悟者，有二種成佛之道：

信仰現在十方諸佛，或得般若波羅蜜。

前者以阿彌陀佛為現在十方諸佛之代表，後者則發展成見我的法身佛之般若思想。

原始佛教「一時一世界無二佛」之教證，可見於《中阿含經》181多界經，

《中部》115多界經，《長阿含》典尊經、自歡喜經，以及《法蘊足論》《舍利佛阿毗曇論》等。

部派佛教時代，說一切有部之《大毗婆沙論》乃至《俱舍論》前之《心論》《雜心論》對「一時有二佛」說未曾有太多之論究。但在《俱舍論》（卷12，分別世品）引用大眾部有關「十方現在佛」之說後，則引起激烈之爭論。

1.遮「二佛同時出世」有二類

(1)只作時間上之制約：如《典尊經》、《自歡喜經》、《舍利弗阿毗曇論》等。

(2)制約時間及空間者：（空間限於一世界中）如《多界經》、《法蘊足論》等。

2.反對「十方佛」者多為傳統聲聞乘人，如說一切有部、眾賢之《順正理論》。

認同「十方佛」者多半承續大眾部之觀點，且為大乘行者所共許。

3.此中對於「一佛之化土」（空間）之界定不一。

(1)一四大洲：《攝大乘論世親釋》（卷15）。

(2)一三千大千世界：《長阿含》（世記經 卷18），大眾部（如《俱舍論》卷12所述），《大毗婆沙論》（卷142），《大智度論》（卷4），《瑜伽師地論》（卷2，37，38，44，74，96），《入大乘論》（卷2）

(3)十方無量三千大千世界：《大智度論》（卷9，10，38，50，92），《十住毗婆沙論》（卷11）。

(4)無量諸世界：《大智度論》（卷2）

(5)一切世界：《順正理論》（卷32）

〔附註四〕六十四異書

印度通行之一切外典，出於《佛本行集經》（卷11）。

1梵天所說書	brāhmī	今婆羅門書正十四音
2.佉盧虱吒書	kharoṣṭī	驢唇

3.富沙迦羅仙人說書	puṣkarasārī	蓮華
4.阿迦羅書	aṅgalipi	節分
5.憎伽羅書	vaṅgalipi	吉祥
6.耶憎尼書	yavanī	大秦國書
7.鴦瞿梨書	aṅgulīyalipi	指書
8.耶那尼迦書	yānanikā	馱乘
9.娑伽婆書	śakārilipi	犛牛
10.波羅婆尼書	brahmavalīlipi	樹葉
11.波流沙書	paruṣalipi	惡言
12.毘多荼書	vitadalipi	起屍
13.陀毘荼國書	drāviḍalipi	南天竺
14.脂羅低書	kinārilipi	裸人形
15.度其差那波多書	dakṣiṇalipi	右旋
16.優伽書	ugralipi	嚴熾
17.僧佉書	saṃkhyālipi	等計
18.阿婆勿陀書	apāvṛttalipi	覆
19.阿***盧摩書	anulomalipi	順
20.毘耶寐奢羅書	vyāmiśralipi	雜
21.陀羅多書	daradalipi	烏場邊山
22.西瞿耶尼書	aparagodānilipi	—
23.珂沙書	khāsyalipi	疏勒
24.脂那國書	cīnalipi	大隋
25.摩那書	hūṇalipi	斗升
26.末荼叉羅書	madhyākṣaravistaralipi	中字
27.毗多悉底書	—	尺
28.富數波書	puṣyalipi	花
29.提婆書	devalipi	天
30.那伽書	nāgalipi	龍
31.夜叉書	yakṣalipi	夜叉
32.乾闥婆書	gandharvalipi	天音聲
33.阿修羅書	asuralipi	不飲酒
34.迦婁羅書	garuḍalipi	金翅鳥
35.緊那羅書	kiṃnaralipi	非人
36.摩睺羅伽書	mahoragalipi	大蛇
37.彌伽遮伽書	mṛgacakralipi	諸獸音
38.迦迦婁多書	kākarutalipi	烏音
39.浮摩提婆書	bhaumadevalipi	地居天
40.安多梨叉提婆書	antarīkṣadevalipi	虛空天
41.鬱多羅拘盧書	uttarakurudvīpalipi	須彌北
42.逋婁婆毘提訶書	pūrvavidehalipi	須彌東
43.烏差波書	utkṣepalipi	舉
44.膩差波書	nikṣepalipi	擲

45.娑伽羅書	sāgaralipi	海
46.跋闍羅書	vajralipi	金剛
47.梨迦波羅低梨伽書	lekhapratilekhalipi	往復
48.毘棄書	vikṣepalipi	音牒（食殘）
49.多書	prakṣepalipi	原意多書
50.阿***浮多書	adbhutalipi	未曾有
51.奢娑多羅跋多書	śāstrāvartalipi	如伏轉
52.伽那那跋多書	gaṇanāvartalipi	算轉
53.優差波跋多書	utkṣepāvartalipi	舉轉
54.尼差波跋多書	nikṣepāvartalipi	擲轉
55.波陀梨佉書	pādalikhitalipi	足
56.毘拘多羅婆陀那地書	dviruttarapadasaṃdhilipi	從二增上句
57.耶婆陀輸多羅書	yāvaddaśottarapadasaṃdhilipi	增十句以上
58.末荼婆哂尼書	madhyāhāriṇīlipi	中五流
59.梨沙耶婆多波恀比多書	ṛṣitapastaptā	諸仙苦行
60.陀羅尼卑叉利書	dharaṇīprekṣaṇīlipi	觀地
61.伽伽那卑麗叉尼書	gagaṇaprekṣaṇīlipi	觀虛空
62.薩蒱沙地尼山陀書	sarvauṣadhiniṣyandā	一切藥果因
63.沙羅僧伽何尼書	sarvasārasaṃgrahaṇī	總覽
64.薩沙婁多書	sarvabhūtarutagrahaṇī	一切種音

〔附註五〕六十四能、十八明處

1.六十四能

指六十四王伎祕巧術法，為六十四種世間技藝，佛陀為淨飯王子時所廣學者。

《大般若經332》

六十四能十八明處，一切伎術無不善巧，眾人欽仰。

《大智度論2》

四韋陀經中治病法、鬥戰法、星宿法、歌舞論議難問法，是等六十四種世間技藝，淨飯王子廣學多聞。

2.十八明處（vidyā-sthāna）《百論疏》卷上之下T42P251a

謂印度外道之十八種經書，或作十八大經，十八大論。

乃四吠陀、六論及八論之合稱。

(1)四吠陀（veda）

①《梨俱吠陀》（ṛgveda明解脫法），

②《夜柔吠陀》（yajurveda明善道法），

③《沙摩吠陀》（sāmaveda明欲塵法，謂一切婚嫁欲樂之事），

④《阿闥婆吠陀》（atharvaveda明咒術算數等法）。

(2)六論（vedaaṅga）

①《式叉論》（śikṣā釋六十四能法），

②《毘伽羅論》（vyākaraṇa釋諸音聲法），

③《柯剌波論》（kalpa釋諸天仙上古以來因緣名字），

④《豎底沙論》（jyotiṣa釋天文地理算數等法），

⑤《闡陀論》（chandas釋作首盧迦法，佛弟子五通仙第說偈名首盧迦），

⑥《尼鹿多論》（nirukta釋立一切物名因緣）。

(3)八論（八分毗伽羅論vyākarṇa）（聲明，為言語文字學）

①《肩亡婆論》（？簡擇諸法是非），

②《那邪毘薩多論》（nayavistara？明諸法道理），

③《伊底呵婆論》（itihāsa明傳記宿世事），

④《僧佉論》（sāṃkhya解二十五諦），

⑤《課伽論》（garga？明攝心法，④⑤二論同釋解脫法），

⑥《陀菟論》（dhanur釋用兵杖法），

⑦《揵闥婆論》（gandharva釋音樂法），

⑧《阿輸論》（āyurśāstra釋醫方）。

甲十二　結說

乙一　出所依品目

《阿毘達磨大乘藏》經中名攝大乘，此正說究竟。

此論正依阿毘達磨大乘藏，兼依諸大乘經故名攝大乘，如序品中述。

乙二　說頌勸誡

（明造論所為）（參考普寂：《攝大乘論略疏》）

一、由依佛言及道理　說論為自得清淨
　　為利智信正行人　為立正法令久住（明三所為）

二、依燈電寶日月光　如淨眼人見眾色　依具智悲三解尊　通達說論亦復爾
（舉譬喻教）

（明經論可為依憑）

三、若真實義應法句　能除皮肉心煩惱　諸顯涅槃道功德　此是聖言餘悉非
（依憑淨法界等流法（聖教及隨順聖教之阿毘達磨），能除障顯功德，餘悉非）

四、若亂心人作是說　能顯佛是無上師　隨順涅槃道資糧　頂戴此言如佛教
（凡人（論主自謙）制論順佛正教）

（違聖教生愆，順則得利）

五、世無慧人能勝佛　具智通真理無餘　是佛自了法叵動　若違正法由佛教

六、若謗聖人及正法　迷人見執之所作　於此生智離三汙　如衣受染淨非垢
（佛無等，教無等無動，若順聖教，能生智離（煩惱、業、生）三雜染）

（明傷法因果）

七、智鈍離信及白法　邪慢法災不了執　貪利邪見事法怨　離勝下願謗正法
（此明傷法因：一、無信及餘善法，二、凡愚慢執，三、外道愛、見，四、二乘執劣乘住下願）

八、於火蛇怨及霹靂　法傷可畏此非畏　火等但斷世間命　無間可畏不由此

九、若人數事諸惡友　邪見五逆斷善根　思法速離無間苦　謗法何因得解脫

（此明傷法果，偈8明傷法罪愆深重，偈9明邪師邪教為過患之本，應思離）

（明結釋回願）

十、眾寶界如覺德業　我說句義所生善　因此願悉見彌陀　由得淨眼成正覺

1.教所詮七種金剛句（見《寶性論》2）

(1)佛，(2)法，(3)僧，（即眾寶），(4)眾生（即界），(5)菩提（即如），(6)功德（即德），（7）業。

2.見彌陀

(1)就事論：願托生淨剎親睹受用佛身，名見彌陀。

(2)就理論：見寂照不二真性，名見彌陀，以壽光即理智、即寂照也。是故初地入見道親證真如得無生法忍，名見彌陀。

乙三　結前頌

如此十偈總義，為顯此總義，重說三偈。

從此及為此　由此是所說　此流說四偈　為顯前五義

守自身方便　是故說二偈　傷法因說一　傷法果說二

至大集法忍　證無上菩提　略明此三法　是重說勝果

〔從此〕：依教及理。〔為此〕：三所為。〔由此〕：偈2。

〔是所說〕：偈3。〔此流〕：偈4，（說論）。〔為顯前五義〕：偈5前三句。

〔守自身方便〕：偈5第四句及偈6。〔傷法因〕：偈7。

〔傷法果說二〕：偈8，9。

〔至大集〕：偈10前二句（說論事）。

（《雜集論》16）何故此論名為大乘阿毗達磨集？略有三義。

1.等所集：謂證真現觀諸大菩薩共結集故。

2.遍所集：謂遍攝一切大乘阿毗達磨經中諸思擇處故。

3.正所集：謂由無倒結集方便乃至證得佛菩提故。

〔法忍〕：指見彌陀。〔證無上等〕：指偈10第四句。

〔此三法〕：謂大集、法忍、證菩提。

乙四　譯者頌

三藏法師翻講論竟，說此三偈。

若思了義論　智人信三寶　由智信二根　得入真如觀
故我依本記　翻解攝大乘　凡所生功德　迴向為三能
供養佛法僧　降伏邪行者　救拔眾苦難　願此能無窮

全論記要竟。

（二〇一五年一月五日 台北）

參考資料

壹、無著與攝大乘論之正依經論

佐佐木 月樵（節譯自：無著的《攝大乘論》及其學派）

序說

一

說到唯識學，一般以為就是傳承護法唯識的玄奘、慈恩教學，然而，佛教的唯識學，絕不只是慈恩的唯識學。

首先，我們在經典上探求唯識學說，發現《華嚴》、《深密》、《楞伽》等經典皆有其源泉，但各經特徵不同；在論的方面，彌勒的《瑜伽論》、無著的《攝大乘論》、世親的《唯識論》等，唯識學的基調也各異。這些經論相互交集而併有彌勒、無著、世親等人的唯識及其學派的特徵。因此，說到唯識學，就像說阿賴耶緣起論一般，即使其名相同，也不能一概視為同一。自古以來，印度有「中觀瑜伽」，令龍樹的學說與無著、世親的學說對立，成為大乘佛教中對峙的兩大流派而傳承下來，但至護法、清辨以後，在中國，因為三論法相的對立常遭辯思，尤其是無著的唯識緣起論，而致多位學者研究其著作時，輕易看出他非但未和龍樹的中觀教學對峙，反而傳承了龍樹的無相皆空說，且更進一步發展。如同他的《順中論釋》所示，是直接傳承龍樹。

其次，徵諸中國佛教的弘傳，光是無著世親的賴耶緣起說，先有《華嚴經》、《十地經論》為主的地論學派，又有以傳承《十地經》、《般若經》、

《解深密經》等的真諦系攝論學派，以及依據六經十一論的玄奘慈恩系法相學派，絕不能一概而論。因此，現在說唯識學，或只說賴耶緣起論，如果不能好好究明其學派依據，詳察其傳譯，辨其同異，就不能說完全理解唯識緣起說。尤其在對照研究漢、藏兩譯時，若欲知道唯識學、尤其是藉由《攝大乘論》理解無著的唯識時，必須充分備有相關的歷史知識。亦即，先明瞭印度方面該論與經典唯識的關係同時，確認其師彌勒的傳承。其次，在中國方面，比較研究因為傳譯不同而導致的地、攝、法三派唯識義，才能明示攝論教學及其在佛教教學的位置。現在，我們就以處理上述問題，作為研究的準備。

二

在印度大乘經中，是唯識學上重要經典、並貫通大乘佛教思想的，首推《華嚴經》，尤其是其中的《十地品》。《般若經》也加入大乘思想的主流，這在龍樹及其學派、以及彌勒和婆藪槃豆兄弟的教學中清楚可見。然而，在彌勒及婆藪槃豆兄弟的時代，所加入的重要唯識經典，無疑是《解深密經》。彌勒在《瑜伽論》中採用全經，作為唯識緣起的背書，並重複引證《十地經》、《勝鬘經》、《梵網經》、《首楞嚴三摩地經》等。無著受教彌勒的三論，藉《阿毗達磨經》十殊勝語說明阿黎耶緣起，更藉《十地經》、《般若經》、《解深密經》等為其教義背書，這些將在後面詳述。世親的教學也沿襲這些經論，而後終於出現護法的唯識學。以護法唯識為主、統括十大論師學說的人正是慈恩，他的著作《成唯識論》，即是以六經十一論為唯識教學的正依經論。

六經　：1.《華嚴經》，2.《解深密經》，3.《如來出現功德莊嚴經》，4.《阿毘達磨經》，5.《楞伽經》，6.《厚嚴經》。

十一論：1.《瑜伽師地論》，2.《顯揚聖教論》，3.《大乘莊嚴經論》，4.《集量論》，5.《攝大乘論》，6.《十地經論》，7.《分別瑜伽論》，8.《辨中邊論》，9.《二十唯識論》，10.《觀所緣緣論》，11.《阿毘達磨雜集論》。

實際上這應是集印度唯識學數百年進展所依經論之大成。

三

中國長達數百年的譯經史上，多所傳譯彌勒及婆藪槃豆兄弟的論著，其中，梁武帝天監六年來朝的菩提流支、梁朝大清二年東渡的真諦三藏、唐朝貞觀十九年返朝的玄奘三藏，是傳譯唯識教學的三大代表。

菩提流支於永平元年（天監七年）與勒那摩提合譯《十地論》，因意見不合，各自譯出一本。幸有光統律師自行解讀梵文，合成兩本，為現存的《十地經論》十二卷。因此，以《十地經論》為正依的地論學派，可以說始自菩提流支或光統。若再遠求印度，則是經由世親、源自《十地經》的唯識學。此派後有傳人慧順、道慎，隋朝又出靈祐、慧藏、慧遠、智矩，唐朝時有道宗、法侃。在梁陳隋三朝間，弘傳中國北方，直到唐朝華嚴宗興起，終至寄寓於華嚴宗。如此，地論宗僅有一百二、三十年間的命脈。

真諦三藏在陳朝第五主、文帝天嘉四年時譯出《攝大乘論本》三卷、《釋論》十五卷，著有《義疏》八卷，大力弘傳攝論。如《續高僧傳》一所述，「自諦來東夏、雖廣出眾經、偏宗攝論。」攝論學派於茲成立。以《攝論》為主的攝論學派在慧曠、法常等人出後，益極隆盛。直到玄奘返唐，《成唯識論》出，藉六經十一論成立法相唯識，《攝論》不僅只是十一論之一，也因為受到所謂的「舊譯不正」學風壓抑，遭致法相唯識併吞，但其派八十餘年間的活動，委實驚人。

玄奘三藏於唐太宗貞觀三年入竺，苦嚐十七年的艱辛，親得戒賢傳授護法的唯識，於貞觀十九年返回長安。獲得朝野歸敬，與慈恩一起弘傳法相唯識，開創以世親的三十唯識教及其註疏為正依的法相宗。

因此，我們徵諸印度經論時，至少，在經唯識上，有《十地經》唯識、《解深密經》唯識、《楞伽經》唯識等，論唯識則有彌勒的《瑜伽論》唯識、無著的《攝大乘論》唯識、世親的《三十頌》唯識等。但依據中國傳譯的學派，則有光統的十地學派、真諦的攝論學派及玄奘的法相學派。亦即，《攝大乘論》的研究，在印度是無著唯識的研究，在中國則是攝論學派唯識的研究。無論在西藏還是中國，原論都互相交集，學派關係也密切接觸，若不一併研究其他唯識，即不能完全釐清此研究的意義。因此，對於攝論的研究，我們先分析論的內容，明示與其他經論的關係，致力考察其教理大系及意義。其次，對於傳譯後的攝論研究，則研究考察地、攝、法三學派的唯識義。如此，才能根本究明攝論的教義及歷史。

第一章　無著傳記與教學

第一節　無著傳略

傳說無著系出北印度犍陀羅國gandhāra首都布路沙布羅puruṣapura婆羅門。出世年代，古今說法不一，但以1.從其著作的漢譯年代往前推算，2.再以當時王朝及相關人物推考，兩者之間並無矛盾，3.進而剖析其著作的思想內容，考察其前後的思想大系，應可推斷出他是西元第四世紀的人。有關無著的傳記，我們先以真諦的《婆藪槃豆菩薩傳》為主，參考其他紀錄。依據該傳，他有兄弟三人，長兄無著，二哥世親，三弟比鄰持。但玄奘的西域記和Taranatha的藏傳印度佛教史，並無三弟的名字。因此，兄弟究竟是二人或三人，至今不明。或許因為么弟之名不如兄長廣為人知，西域記等書將其省略。

據真諦所傳，無著先在薩婆多部（Sarvāstivādin）出家，據西域記第五，則是在彌沙塞部（Mahīśāsaka）（化地部）。藏傳則說他擔任師僧從僕一年，受小乘具足戒後五年間專心學佛。不論哪一個說法，都一致說他最初是在小乘教出家。

長子婆藪盤豆vasubandhu，是菩薩根性人。

（一）亦於薩婆多部出家。後修定得離欲，思惟空義，不能得入，欲自殺身，賓頭盧阿羅漢在東毗提訶，觀見此事，從彼方來，為說小乘空觀，如教觀之，即便得入。

（二）雖得小乘空觀，意猶未安，謂理不應止爾。因此乘神通，往兜率天，諮問彌勒菩薩。彌勒菩薩為說大乘空觀。還閻浮提，如說思惟，即便得悟。於思惟時，地六種動，既得大乘空觀，因此為名，名阿僧伽asaṅga。阿僧伽譯為無著。

（三）爾後數上兜率天，諮問彌勒大乘經義。彌勒廣為解說，隨有所得，還閻浮提，以己所聞，為餘人說。聞者多不生信。無著法師，即自發願，我今欲令眾生信解大乘，唯願大師下閻浮提，解說大乘，令諸眾生皆得信解。彌勒即如其願，於夜時下閻浮提，放大光明，廣集有緣眾，於說法堂。頌出《十七地經》。隨所頌出，隨解其義。經四月夜，解《十七地經》方竟。雖同於一堂聽法，唯無著法師，得近彌勒菩薩。餘人但得遙聞。夜共聽彌勒說法，晝時無著法師更為餘人解釋彌勒所說，因此眾人信大乘。

（四）彌勒菩薩、教無著法師，修日光三摩提，如說修學，即得此定。從得此定後，昔所未解，悉能通達。有所見聞，永憶不忘。佛昔所說《華嚴》等諸大乘經，悉未解義，彌勒於兜率陀天，悉為無著解說諸大乘經義。法師並悉通達，皆能憶持。後於閻浮提，造大乘經優婆提舍，解釋佛所說一切大乘教。（真諦譯《婆藪槃豆菩薩傳》）

以上是真諦所傳的《無著略傳》。如果真是這樣，我們對於無著的教學，至少可以歸納如下。

1.無著先在小乘教出家，受教於賓頭盧阿羅漢，先入小乘空觀。

2.無著再受教於彌勒菩薩，轉入大乘教空觀。

3.無著於阿踰闍講堂親受彌勒菩薩的《十七地經》。

4.無著受教於彌勒菩薩，修日光三摩提，邇後通達、了解《華嚴經》等諸大乘經。

另外，根據藏傳，無著證般若波羅蜜多經的意義，於摩揭陀國的雞足山洞窟修彌勒勸請之行十二年，一日，於城下修施肉之行，初見慈尊溫容。這段記事，為真諦有關無著相承般若空觀及彌勒的記述，做了最有利的背書。基於上述史實，我們若要研究無著，至少要從其現存著作中，考察其傳略中（一）彌勒相承、（二）廻小向大、（三）開解述作等重點的意義及內容。

第二節　彌勒相承

今天有關無著的傳記中，各書一致公認為重要事實者，就是無著及其教學的背後，有彌勒菩薩的存在，是其教學的源泉。就像研究龍樹時經常陷入龍宮及其師大龍菩薩相關的迷宮一般，研究無著時也必定一度陷入有關兜率天宮和彌勒菩薩的迷宮。因此，我先將佛教教理及歷史上，潛顯於佛教經論中的彌勒相關事實分為三種，確認其存在的實否，進而考察其人格，最後研究無著稟教的彌勒菩薩究竟是哪一個彌勒菩薩。

一、作為釋尊在世說法之對告眾的彌勒

釋尊在世說法時有對告眾。對告眾的種類有在家、出家、有男、有女、聲

聞、菩薩等。而在對告眾的菩薩中，多數經典恆見其名的正是彌勒菩薩。可知在大小經典成立之時，彌勒菩薩已是佛弟子，生存於佛在世時，親聞佛說大小乘教。如大乘經典的《大無量壽經》，《大寶積經》第四十一會〈彌勒問八法會〉一卷（後漢安世高譯《佛說大乘方等要慧經》一卷）、同經第四十二會〈彌勒菩薩所問會〉（西晉竺法護譯《彌勒菩薩所問本願經》一卷）、在小乘經的《增一阿含》第十九等所記。

> 聞如是，一時佛在舍衛國祇樹給孤獨園，爾時彌勒菩薩至如來所，頭面禮足在一面坐。爾時彌勒菩薩白世尊言，菩薩摩訶薩成就幾法，而行檀波羅蜜、具足六波羅蜜，疾成無上正真之道。佛告彌勒菩薩摩訶薩行四法本具足六波羅蜜，疾成無上正真等正覺。

彌勒當時既然以人的身分存在，必然是生於某時某地之人。上生兜率天經說，彌勒誕生於波羅捺國劫波利村婆婆利大婆羅門家；《華嚴經》第六〇入法界品、善財童子第五十二參的善知識記述，彌勒自稱「我從生處摩離國來，彼有聚落名曰樓觀」，或說「我於此閻浮提南界摩離國內拘提聚落婆羅門家種族中生」。那麼，至少在《華嚴經》成立的時代，彌勒被認為是確實生於此世、且出自婆羅門種族的菩薩。

二、作為將來佛的彌勒

在大乘教，對告眾多半得到將來成佛的授記。在小乘教，一般雖然沒有成佛的授記，但若不允許至少有一人能夠得到，佛處即是永久不補，與法種或釋尊涅槃永絕。因此，彌勒既是小乘教徒，在釋尊自內證上是法的三世一貫思想，同時，在與過去七佛相對的當來七佛中，以釋尊補處的身分名列其後。這點在漢譯《雜阿含經》四四及《增一阿含經》四五中可證。

> 如是我聞，一時佛住鬱毘羅聚落尼連禪河側菩提樹下，成佛未久，爾時世尊獨靜思惟作是念。
>
> 不恭敬者則為大苦，無有次序、無他自在可畏懼者，則於大義有所退減。有所恭敬、有次序、有他自在者，得安樂住。有所恭敬、有次序、有他自在，大義滿足。（乃至）
>
> 唯有正法，令我自覺，成三藐三佛陀者，我當於彼恭敬宗重，奉事供養，依

彼而住。所以者何，過去如來應等正覺，亦於正法，恭敬宗重，奉事供養，依彼而住。諸當來世如來應等正覺，亦於正法，恭敬宗重，奉事供養，依彼而住。——《雜阿含經》第四四

這裡所說的過去如來應等正覺，即是增一阿含第四五所列的毗婆尸、式詰、毗舍羅婆、拘樓孫、拘那含、迦葉、釋迦等七佛。當來世如來應等正覺則是釋迦、彌勒、承柔順、光焰、無垢、寶光等七佛。彌勒是當來成佛的菩薩，和其他只以一經的對告眾身分授記當來成佛的其他菩薩人天大不相同。亦即，他作為將來佛的菩薩，承受釋迦教的附囑，是補釋尊佛處的三世佛統正嫡子，是將來的大法傳持者。因此，諸經論對於釋尊與彌勒，自然傳述了有別於和其他菩薩的種種特殊關係。

在漢譯阿含聖典中，對於將來佛的彌勒菩薩，有如下事實記述。

1.「壽命延長至八萬歲、乃至、人民熾盛、五穀平賤、豐樂無極、是時當起八萬大城、村城鄰比、雞鳴相聞、當於爾時、有佛出世、名為彌勒如來至真等正覺、十號具足、如今如來十號具足。」（《長阿含》六）

2.「當來過去現在三世皆悉明了……將來久遠彌勒出現……爾時彌勒菩薩於兜率天……觀察父母不老不少、便降神從右脅生。……爾時人壽極長無有諸患、皆壽八萬四千歲。……爾時去雞頭城不遠、有道樹名曰龍華、高一由旬、廣五百步、時彌勒坐彼樹下、成無上道果……爾時彌勒當說三乘之教。……此名為最初之會、九十六億人皆得阿羅漢。……彌勒佛第二會時、有九十四億人、皆是阿羅漢。……又彌勒第三之會九十二億人皆是阿羅漢。」（《增一阿含》四四）

不僅述說彌勒與三乘教的關係，在漢譯阿含中也存有「一乘道」（《雜阿含》四四）、「佛乘」（《增一阿含》四五）、「小乘」（《增一阿含》二）、「方等大乘」（《增一阿含》一）等語，值得注意。

三、作為結集者或附法藏家的彌勒

彌勒在佛滅後，以附法藏家或經典結集者的身分存於佛教中。《增一阿含》記載大小經典的分類，先記為增、中、長、雜四阿含，即小乘的四分，接著改筆為「更有諸法宜分部、世尊所說各各異、菩薩發意趣大乘、如來說此種種別」，

最後以下文作結。

彌勒稱善快哉說、發趣大乘意甚廣、或有諸法斷結使。乃至契經一藏律二藏、阿毘曇經為三藏。方等大乘義玄邃、及諸契經為雜藏。

這個說法和漢譯的《廣普經》第七、《法住記》、《金剛仙論》第一和《大唐西域記》第九等所載的結集記事都屬同一類型。龍樹則明確以彌勒為大乘教結集者之一。

佛般涅槃後，阿難共大迦葉結集三藏。……

復次有人言，如摩訶迦葉將諸比丘，在耆闍崛山中集三藏。佛滅度後，文殊尸利、彌勒諸大菩薩，亦將阿難集是摩訶衍。又阿難知籌（無）量眾生志業大小，是故不於聲聞人中說摩訶衍，說則錯亂無所成辦。

佛法皆是一種一味，所謂苦盡解脫味。此解脫味有二種，一者但為自身，二者兼為一切眾生，雖俱有自利利人之異，是故有大小乘差別，為是二種人故，佛口所說以文字語言分為二種，三藏是聲聞法，摩訶衍是大乘法。

復次佛在世時無有三藏名，但有持修多羅比丘、持毗尼比丘、持摩多羅迦matrika比丘。修多羅者，是四阿含中經名，摩訶衍中經名。修多羅有二分。一者四阿含中修多羅，二者摩訶衍經。名為大修多羅，入二分，亦大乘亦小乘。（《大智度論》一〇〇）

龍樹視彌勒與文殊同為大乘結集者。結集後的佛教漸次分流傳承。我們將其傳承者一概名為附法藏家。佛滅後的附法藏家，有人以律為主，有人以經為主，有人以論為主，或為二藏，或為三藏，或併傳兩者，人各殊異。《附法藏傳》中可以看到這些附法藏家的種種出沒。關於附法藏家，

《摩訶僧祇律》三二列有二十七相承之名。

《善見律毘婆沙》二列有二十四相承之名。

《附法藏傳》列有二十三相承之名。

《薩婆多部目錄》（引用《出三藏記集》）列有五十三相承之名。

《相承略傳目錄》（同上）列有五十四相承之名。

《傳法正宗記》第二列有二十八相承之名。

在上述諸傳中，《薩婆多部目錄》的列名有羅漢也有菩薩，彌勒不僅和他們有種種因緣，也以慈世子菩薩之名列於其中。

1.大迦葉羅漢—2.阿難羅漢—3.末田地羅漢—4.舍那波斯羅漢—5.憂波掘羅漢—6.慈世子菩薩—7.迦旃延羅漢（《相承略傳目錄》為迦旃延菩薩）—8.婆須蜜菩薩—9.吉栗瑟那羅漢（《相承略傳目錄》為吉栗瑟那菩薩）—10.長老脇羅漢—11.馬鳴菩薩—12.鳩摩羅馱羅漢—13.瑋羅羅漢—14.瞿沙菩薩—15.富樓那羅漢—16.後馬鳴菩薩—17.達摩多羅菩薩等。

以上是佛滅後數百年間的代表性附法藏家。如目錄所記，全體共有五十三人。其中，菩薩十七，羅漢二十八，無敬辭者八人。但根據略傳目錄，則是五十四人，其中菩薩十六、羅漢十六、無敬辭者二十二。不論如何，我們認為菩薩之名的生起，暗示了大乘教的興隆，而列名菩薩身分附法藏家首位的慈世子菩薩，最值得注意。位在其後的婆須蜜菩薩，根據《尊婆須蜜菩薩所集論》譯者、苻秦的僧伽跋登的序，「婆須蜜菩薩大士、次彌勒作佛、名師子如來」。以菩薩名列於附法藏家的次位，顯示在作佛上也留有小乘一佛思想的影子。

以上是概述出現於佛教經論中的彌勒菩薩三種類型。既然有其生國說法，結集者或附法藏家中也有其人，那麼自古以來只認彌勒是定中影現的一位菩薩，或只是將來佛的彌勒，似乎不合道理。無著稟教的彌勒，究竟只是定中影現的菩薩、將來佛的菩薩？還是真實的歷史人物？是須先決定的重要問題。要將真諦所傳的彌勒菩薩記事直接當作史實，恐怕有人難以接受。要將現存的彌勒無著經論直接歸為定中影現的產物，也不可能。我以為，無著之師彌勒，原是歷史上的人物，但兩人相距年代久遠，不同於世，但無著傳承隨喜彌勒的教學，敬慕其人格之餘，時時體驗定中影現的宗教經驗。彌勒是無著出世以前的大乘教家，無著所謂的彌勒教直傳，那可比擬法然上人善導念佛直傳的定中影現親受，是任何人都無法否定的深密宗教經驗。總之，彌勒菩薩是過去的歷史人物，隨著年代久遠，後世之人將他與兜率天的將來佛彌勒同化，或是將他理想化，不只是釋尊在世的對告眾，更是其前世同行的菩薩。

第三節　廻小向大

根據真諦所傳，無著初入小乘空觀，後受彌勒之教而入大乘空觀，徵諸傳記，或觀其代表作《攝大乘論》等，可知無著的研究也是大小思想的對立研究。

現在就以粗看其傳大小思想的意義及其進展，印證傳記所述的廻小向大事實。

「大乘」、「一乘」、「小乘」等語，都在現存的阿含經中。但這些語彙顯然不具有後世所說的思想內容。後世使用「大乘」一詞來針對小乘的思想背景，大概是般若經等諸大乘經成立之時。龍樹綜合這些經典，讓大乘佛教的旗色愈發鮮明。有關佛教對立思想的發生，應是佛滅後、佛弟子在生活本位上各自醞釀出不同的預備思想。亦即，佛弟子之間，早已出現生活重點應置於戒律形式或是只重精神的兩個傾向，雙方漸次形成對立，進而產生爭議，這在佛教經典結集史上有明確記載。先是第一結集的誦出者資格引發疑議，然後第二結集的跋耆比丘生活是否契合戒律，更起爭論，對立益發嚴重，終至嚴守戒律者排斥其他人的生活及主張為非佛說。

後來，長老上座之人隱居北方山間，過著非社交的生活，專心嚴守戒律，成立其派的教學（阿毘曇教學）。但是，這種非社交的出家生活法，被其他人謗為自利，這些反阿毘曇的人即以教學對教學的立場，成立種種大乘經典。至少，龍樹就是綜合這些大乘經論同時，批判阿毘曇教學之祖迦旃延的教學，龍樹的佛教（即初期大乘教學）成立於阿毘曇及外道教學的思想背景上。但是，早早避開世間、在北地山間守護其教法、但法不出域外的上座思想本部薩婆多部的思想，依然綿延傳到無著世親的時代。其思想自然傳播四方，無著及世親也曾入部出家。但他們後來廻小向大，這些教學反而成為他們批判的對象，帶來大乘佛教的第二期隆盛，值得注記。

大乘佛教的第一期和第二期，在教理上對大小二乘的對立批判有些差異，但對自利利他的標準，不僅一貫，且是今天大小思想不同的基調，推知此批判基準是自然繼承了大小對立以前的佛教生活基調（戒律）。總之，佛教起初是一味，一味的佛教終因生活法規而自然產生兩種傾向，一方貶抑不嚴守佛說戒律者為非佛說，另一方排斥只在山間出家、不行「利他」、不為「同事」的生活者是自利教徒。這點引起阿毘曇教學和大乘經典上的思想對立，生活上的對立，不久又成為思想上的對立。這種對立思想的勃興同時，針對阿毘曇教學最活躍的，是方廣道人的大乘運動。龍樹及其以後的大乘教，在生活上和教理上，其實都是這些運動的大綜合。龍樹也常說佛法一味，進而思考二乘回心，又以自利利他等作為大小二乘的基準。加之，他親釋大乘佛教初期成立的《般若經》，針對阿毘曇教學的大乘非佛說，立大小結集之說，為文殊彌勒增加歷史性說明，這些都如《大智度論》百卷的結集說所示。龍樹在小乘結集以外，也主張彌勒、文殊等人的大乘結集說，以明示大乘佛教的佛說，尤其藉《華嚴經》的「佛一切智」、《般若經》的「諸法不可得空」、《法華經》的「諸法實相」、《維摩經》的「一音教」等，說廣深大乘教義的依據，又遵行菩薩生活的原理，深化佈施行，演繹「利他」、「同事」大行，以強調在家菩薩的生活，這在大乘思想史上，都不能視若無睹。這是他當時不得不為、也功成名就的一大偉業。

再看第二期大乘佛教的代表人物彌勒和無著等，他們也依用般若、華嚴等經典，更重用解《深密經》，積極強調大乘佛教的瑜伽思想。無著在其著作《大乘莊嚴經論》成宗品中，先說大乘教由1.不記，2.同行，3.不行，4.成就，5.體，6.非體，7.能治，8.文異等八因成立，更列舉大小乘的不同在於1.發心異，2.教授異，3.方便異，4.住持異，5.時節異。不用說，這是他承襲彌勒的大小對立思想，彌勒亦有偈頌如下：

不記亦同行、不行亦成就、體非體能治、文異八因成。

發心與教授、方便及住持、時節下上乘、五事一切異。

徵諸無著所作的《瑜伽師地論》四六及《顯揚聖教論》，八因的「同成」說，其意與龍樹的異處結集說相同，因為大小乘教的成因都不是從一生他，而是同時並行。無著也重視傳統的意義，以自利利他為基調、以佛說非佛說為中心問題，來處理大乘教。這些可在《攝大乘論》總說中的「由此十義勝相，如來所說過於餘教，如此釋修多羅文句，顯於大乘真是佛說。」「唯大乘有，小乘中無。」以及「佛世尊但為菩薩說此十義」等文，明示其意義。如同龍樹貶抑二乘（《大智度論》四之三四、三一之六〇、五一之五四），說三乘無差別（同上、二四之二一、二八之四二、三五之八五、八四之一九），藉《法華經》明示二乘的廻心作佛（同上、七八之九九、三六之九六、五四之七〇、七九之一〇六、九二之七一、一〇〇之一〇三），深化佛法一味的意義，無著也在《攝大乘論》的總論中，一語道破「小乘中無」大乘義，在顯示第一勝相的根本依止立證教證時，不僅列舉《深密》、《華嚴》等教典，也列舉小乘《增一阿含》的四阿賴耶說、摩訶僧祇部的根本識、以及彌沙塞部的窮生死蘊等，立證依止的根本原理，並倡導一乘皆成說的實踐論。這兩位大乘教家的教義，表面上一是文殊相承，一是彌勒相承，源流雖異，但既是一乘同味之法，暗示其趨向終歸為一。在此意義上，無著是廻小乘教，成大乘人。事實上，他的大乘空觀體驗，相當於龍樹的無生法忍體驗，教理上，不僅令他與龍樹攜手，也由此參透《華嚴經》等的奧秘，得以開解諸大乘經典的深義。而此開解之產出，也正是無著的述作。

第四節　開解述作

不提歷史性的定中影現，無著與彌勒在教義上是師徒關係，無著與世親，在教義上也是師徒，肉身上則是兄弟，加以三人的著作中有各種異譯，有時一本書中就有揉合三師述作的本頌、長行和會釋，因此，今天要弄清楚何者是何人所作，極其困難。現在，我們不只依據撰號，也充分剖析其論著內容，參照《攝大乘論》及該研究，確認是無著的主要著作者，大略如下：

一、《大乘阿毗達磨集論》七卷　無著菩薩造、三藏法師玄奘奉詔譯

本論有漢、藏兩譯，漢譯為玄奘譯。本論由本事分及抉擇分二分組成，前者分1.三法，2.攝，3.相應，4.成就四品，後者分5.諦，6.法，7.得，8.論議四品，總共為二分八品。此即卷頭所說的「本事與抉擇、是各有四種、三法攝應成、諦法得論議。」關於論名，在論的最後說，「何故此論名為《大乘阿毗達磨集》。略有三義，謂等所集故、遍所集故、正所集故。」在漢譯中，還有玄奘翻譯的《大乘阿毗達磨雜集論》十六卷。這是安慧後來揉合集論與師子覺的註而成。依據此書，師子覺注釋論名的三義是，「等所集者、謂證真現觀諸大菩薩共結集故。遍所集者、謂遍攝一切《大乘阿毘達磨經》中諸思擇處故。正所集者、謂由無倒結集方便乃至證得佛菩提故。」

本事分的「三法品」，有詳細的蘊處界說明，尤其是五蘊的廣說中，存有迴小向大時的小乘教影子。亦即，本論的組織上，是沿襲小乘的論藏、尤其是舍利弗《阿毘曇論》、《眾事分阿毘曇論》等阿毘曇教學的原型，也顯示出小乘七十五法加說的後期唯識派五位百法法相在世親的《大乘百法明門論》以前即已存在。《本論》顯然遍攝一切《大乘阿毘達磨經》的諸思擇處，也繼承了《十七地論》（即彌勒的《瑜伽師地論》）教義。應是無著迴小向大時的早期著作。

抉擇分第四論議品的最後，顯示有關一般論議的種種心得，說明論軌有1.論體，2.論處，3.論依，4.論莊嚴，5.論負，6.論出離，7.論多所作法等七種抉擇。這部份也是繼承《瑜伽師地論》第十五、聞所成地第十之三以下的彌勒之說。藉此可知有關彌勒及無著論理的一般概念。

二、1.《顯揚聖教論》二十卷　無著菩薩造、三藏法師玄奘奉詔譯
2.《顯揚聖教論頌》一卷　無著菩薩造、三藏法師玄奘奉詔譯
3.《三無性論》二卷　　真諦三藏於廣州制旨寺翻譯

《顯揚聖教論》是《瑜伽師地論》的樞要，其頌是無著所作，不僅在宋、元、明三藏本首題夾註的「此論一部二十卷乃是《瑜伽師地論》之樞要也」，在本論卷頭的歸敬頌中，也明白指出。

稽首次敬大慈尊、將紹種智法王位

無依世間所歸趣、宣說瑜伽師地者

昔我無著從彼聞、今當錯綜地中要

顯揚聖教慈悲故、大約義周而易曉

攝事淨義成善巧、無常苦空與無性

現觀瑜伽不思議、攝勝抉擇十一品

第一頌歸敬《瑜伽師地論》之主彌勒，第二頌敘述傳承彌勒、綜合該論樞要，第三頌列舉頌的十一品名組織。1.《顯揚聖教論》二十卷是由頌與長行構成，2.《顯揚聖教論》頌只是頌文，但《本論》的長行、《攝大乘論釋》、《能斷金剛般若論釋》及《六門教授論》等，都是世親之作。

《本論》既然在歸敬頌中說「錯綜」瑜伽師「地中要」，明顯是瑜伽相承之作。與其他諸經論也有關係。1.攝事品始於後世攝論學派稱為五位百法的五位教義。2.攝淨義品的第三偈，亦通龍樹的中論觀四諦品第二十四第三偈。而論體、論處等的第十九頌，與《大乘阿毘達磨集論》論議品第八相待。這裏，我們只談無著的一般理論，其餘各品將在後章攝論研究時再作說明。唯一值得附記的，是本論本頌的「成無性品第七」。該品以無常、苦、空三門作結，是有關唯識學上最值得註記的三性三無性之考察，是應與攝論「應知勝相品第二」合併研究的重要一品。而此研究上值得附記者，是本品與真諦譯《三無性論》的關係。

在攝論學者真諦漢譯的諸論中，題下註記為《出無相論》的作品有1.《轉識論》、2.《顯識論》一卷、3.《三無性論》二卷。其中，《轉識論》是由世親的《唯識三十頌》散文及釋文構成。《顯識論》是根據「一切三界但有識」，詳細解釋顯識（本識）和轉識（分別識），引用《解節經》和《攝大乘論》，但把轉

依識的解說讓予《攝大乘論》的學果寂滅勝相（品第九）。既是同一人翻譯，當然是《攝論》研究上最值得注意的論。這兩部論的「釋」可能都出自真諦。這三論中，與《顯揚聖教論》「成無性品」有直接關係的，是《三無性論》二卷。

《三無性論》由「論」與「釋」構成，撰號雖是真諦翻譯，但「釋」可能也是真諦之作。因此，需要注意的是《三無性論》的「論」。與《顯揚聖教論》的「長行」（即「論」）對照，全文幾乎一致，如圓測在《深密疏》第四、遁倫在《瑜伽倫記》一上所註記的一般，有如一書二譯。如果《顯揚聖教論》的長行是世親之作，那麼，解釋此長行的，就是《三無性論》的釋。若果如此，我們也可以在《解深密經》、《瑜伽論》、《顯揚論》「頌」、《顯揚論》「長行」（《三無性論》「論」）、《三無性論》「釋」等唯識教學的重要教義上，輕易尋出釋尊—彌勒—無著—世親—真諦在經、論、頌、長行及釋上的教說進展軌跡。在真諦的《攝論疏》散逸的今天，《三無性論》確實是研究攝論應知勝相品不可或缺的資料。而且，《顯揚聖教論》的長行多處有些出入，其省略或脫漏之處可藉《三無性論》的「論」補全。例如，該品第十三頌的長行，世俗諦的說明省略為「如攝淨義品中說」，勝義諦下的七種真如也省略為「已如攝事品中說」，而《三無性論》對兩諦、尤其是真諦七種真如，有極為詳盡的說明。又如該品第二十一頌的長行中說轉依四道理，第一、第二、第三僅有名目，第四只說四種境界（事），另外解釋。《三無性論》則將四道理各別為四種，一一評釋。《三無性論》並把其下的波羅蜜義，放在《中邊論》障品釋中。關於「道行」，也讓予修對治品，以致論中也見到《攝大乘論》勝相品引用的《中邊論》論名。《中邊論》有新舊兩譯，以《三性論》為主，是後期唯識時代新舊唯識說論爭的焦點。

三、《六門教授習定論》一卷　無著菩薩本、世親菩薩釋、三藏法師義淨泰奉制譯

本論由頌與釋構成。相傳釋為世親之作，頌為無著之作。三十七頌中，第一頌是總頌，六門教授是第一解脫、第二積集、第三心住、第四師資、第五所緣、第六作意。在釋中，前四頌（二至五）是說第一解脫，次二頌（六、七）說第二積集，次十六頌（八至二十三）說第三心住，後三頌（二四至二六）說第四師資、第五所緣和第六作意的三圓淨。第二十七頌以後詳說修定。《瑜伽論》說八種教授，《大乘莊嚴經論》也有教授品，世親亦將此六門依序名為意樂圓滿、依

處圓滿、本依圓滿、師資圓滿、所緣圓滿、作意圓滿等六圓滿。

四、《金剛般若論》　無著菩薩造　隋南印度三藏達磨笈多譯

《金剛般若波羅蜜經》存有梵本，漢譯則有姚秦羅什、元魏菩提流支、陳真諦、隋達磨笈多、唐玄奘及義淨等六種譯本。本論就是註釋該經的書。般若是貫通中觀及瑜伽的大乘教主流。瑜伽佛教的代表人物彌勒有《金剛般若論》八十頌，義淨的譯本說「無著菩薩造頌」，事實上是彌勒傳承的頌，這在《能斷金剛般若波羅蜜多經論釋》最後附記的「西域相承云，無著菩薩昔於覩史多天慈氏尊處親受此八十頌，開般若要門，順瑜伽宗理，明唯識之義，遂令教流印度」一文可知。世親為此頌作釋，漢譯有菩提流支和義淨兩本傳下。既然此論為無著所造，顯示出彌勒、無著、世親這瑜伽教三師是以頌、論、釋各異其形的方式傳承般若經、尤其是《金剛般若經》。其中，《般若經》與無著在教義上的關係特別值得注意。本論的釋明示般若七種義：1.種性不斷，2.發起行相，3.行所住處，4.對治，5.不失，6.地，7.立名。釋中，對對告眾須菩提有關住心、伏心的「問」，答以有1.「疑斷」，2.「信解」，3.入甚深義，4.不退轉，5.歡喜，6.正法久住等六因故。摩訶薩埵正說有1.法大，2.心大，3.信解大，4.淨心大，5.資糧大，6.時大，7.果報大等七種大的大眾生。因為有「如《菩薩地持》中說」，故此七種大就是彌勒瑜伽的七大性。同樣傳承自彌勒的漢譯《菩薩地持經》第八功德品第十八中有述，

> 云何名大乘。有七種大，故名為大乘。
>
> 一者法大，謂十二部經，菩薩方廣藏最上最大。二者心大，謂發阿耨多羅三藐三菩提心。三者解大，謂解菩薩方廣藏。四者淨心大，謂過解行地入淨心地。五者眾具大，謂福德眾具智慧眾具得無上菩提。六者時大，謂三阿僧祇劫得無上菩提。七者得大，謂得無上菩提身無與者，況得過上。

不僅如此，無著的瑜伽教學，處處皆有般若教學印證，這也是他入大乘空觀、其大乘空義依據的內在史料。經中妙行無助、無得無說、一相無相、究竟無我、一體同觀、法身非相、應化非真等各分所說，都是攻研瑜伽教與空論（即中道教）交集的絕佳材料。

在印度，還有功德菩薩造、唐中天竺地婆訶羅等翻譯的《金剛般若波羅蜜經破取著不壞假名論》二卷，是以真俗二諦為主、「為破諸迷取開於中觀門」、

「明真不壞俗」的著作。其中引用《楞伽經》，也有如《中論》中成立真實不生等義，顯見此書是純中論系統的釋，也是值得與無著的《金剛般若論》做對比研究的一對好論釋。

五、《順中論義入大般若波羅蜜經初品法門》二卷　龍勝菩薩造　無著菩薩釋　元魏婆羅門瞿曇般若流支譯

本論是以龍樹的《中論》大義為歸敬序，以觀因緣品第一的1.2.3.偈為主，更藉觀去來品第二的1.偈、四諦品第二四的8.9.等偈廣加解釋的般若入門書。論中引用的偈，除了1.偈以外，還引用2.如來（世尊）偈，3.師偈，4.阿闍梨偈，5.阿闍梨提婆偈，6.羅睺羅跋陀偈。1.偈是中論的偈，佛、如來或世尊說偈曰的2.如來偈，是般若經的偈。3.師偈據傳是彌勒作。若依據中觀系派常用的語例，4.阿闍梨偈是龍樹作。亦即，本論引用了龍樹、提婆、羅睺羅（即般若中論系）三大家的偈，廣作解釋。羅睺羅是羅睺羅跋陀羅，如果也是《智度論》第六歎般若偈作的羅睺羅法師，那麼這三人就是付法藏因緣傳第六所說的「龍樹、提婆及斯大士（羅睺羅）名德並著，美聲俱聞。」推定他們可能是同時代的人。羅睺羅法師的偈不僅在入大乘論中見到，在真諦譯的《攝大乘論》釋中也說，「如羅睺羅法師言，世尊長時於生死劬勞，但由大悲，不由餘事。」可看出他和無著的關係。我們也愈發可以透過般若經及中論系，立證無著的教學。嘉祥大師有說如下：

> 順中論是天親所作。言順中論者廣引大品等經證釋八不。八不則是中道，依文釋義故，云順中論。順中論云龍勝菩薩，非龍樹也。

六、1.《攝大乘論本》二卷　阿僧伽作　後魏世佛陀扇多於洛陽譯
2.《攝大乘論》三卷　無著菩薩造　真諦三藏譯
3.《攝大乘論本》（十卷會本）　世親菩薩造　隋天竺三藏笈多共行矩等譯
4.《攝大乘論本》三卷　無著菩薩造　三藏法師玄奘奉詔譯
5.Theg-pa chen-po bsdus-pa slob-dpon thogs-med-kyis mdsad-pa rdsogs-so// Jina-mitra daṅ Śīlendrabodhi daṅ ye-śes sdehi bsgyur //（Cata-logue par Cordier, 3me, partie, page 382）

《本論》是《阿毘達磨經》七百卷（寶地房證真、《法華玄義私記》一末所引同《玄讚要集》說）的一品、攝大乘品的釋。今天現存的漢、藏譯本共有

五種。1.《攝大乘論》二卷是後魏（即北魏）普泰元年（西元五三一年）、佛陀扇多在洛陽譯出，是現存最早的漢譯本，我稱它為魏譯。2.《攝大乘論》三卷是三十三年後、陳天嘉四年（五六三年）由天竺三藏真諦譯出，由其高徒慧愷筆受，我稱之為陳譯。3.《攝大乘論本》是隋大業五年（六〇九）或延至大業七年間，由天竺三藏笈多、行矩等在東都定林寺與世親釋一起譯出。如果是大業五年，就是在陳譯之後四十七年。自古以來，一般認為《攝大乘論》有三個譯本，但我認為還需加上隋譯釋論會本中抽出的本論漢譯。順帶一提，撰號有世親的是指釋論。4.根據《開元釋教目錄》第八所記，《攝大乘論本》三卷是唐太宗貞元二十三年（六四九年）六月，與《世親釋論》十卷及《無性釋論》十卷，都由玄奘譯出。我稱之為唐譯。唐譯在隋譯之後四十一年。

最後的5，我稱之為西藏譯。我的研究是以前面四個漢譯本為主，山口益君譯讀西藏譯本，不時為我的漢譯四本對譯研究提供參考，但目的也在研究考察無著的唯識及其學派。漢譯四本中，魏譯未立品章，陳、隋兩譯分十品數十章，唐譯有十一分。關於無著的著作，前面所列的諸作在內容上或許還有一些疑議，唯有《攝大乘論》，不僅撰號明確記載為無著，在陳譯的序中，道基及慧愷等人皆有明言，隋譯的本文最後有「阿闍梨婆藪槃豆造」。唐譯的最後也有「我阿僧伽略釋」字句。因此，若今後的研究證實其他論述非無著所作時，《本論》即是我們理解初期唯識學的唯一論本。不只是印度初期的唯識學，也是中國大乘佛教史上新舊唯識研究及淨土教史、尤其是彌勒教研究上的重要論述。

以下，是西藏地區宣稱為無著所作的論，但求之未得，不在本研究參照之列。

七、《解深密經釋論》

八、《禪定燈優婆提舍》

九、《佛隨念釋論》

十、《法隨念釋論》

十一、《僧隨念釋論》

總之，在教義上，如何區別彌勒與無著、識別其同異，極為困難。不僅是教義，就連其述作，到今天仍難以釐清。但我們應該認為是彌勒造《瑜伽師地論》，是其代表作，《大乘莊嚴經論》頌則是彌勒教學的要領。因此，研究彌勒瑜伽教，應先依據此廣略二論。關於無著的教學，他繼承彌勒《瑜伽師地論》的著作是《顯揚聖教》論頌和《大乘阿毘達磨集論》。《攝大乘論》是《大乘阿毘達磨經》攝大乘品的釋。《金剛般若經論》是《金剛般若經》的釋。《順中論》是《般若經》入門書、也解釋龍樹的《中論》。《六門教授習定論》則教示唯識止觀的六門修行要法。我們至少可藉這些著作，大略研究彌勒和無著的教學，以為其傳記之附加內容。

第二章 正依經系

第一節 華嚴第一

《攝大乘論》中，立證說明唯識原理之阿黎耶識及其相狀等所依用的大乘經典，除了其所釋的《阿毘達磨大乘經》（所知依分、引用兩次，所知相分、引用一次），另外三經，在無著教學的本論教理上佔有最重要的位置。

第一、《十地經》（所知相分：第六地三界唯心文）

第二、《解深密經》（所知依分：心意識相分第三。所知相分：分別瑜伽第六）

第三、《般若波羅蜜經》（所知相分：色即是空空即是色）

雖然此外也引用了《梵天問經》（所知相分）、《鞞佛略經》（所知相分下）、《波羅蜜藏經》（彼修差別分下）、《毘奈耶瞿沙方廣契經》（增上戒學分下）、《菩薩百千契經》（百千經菩薩藏緣起）（彼果智分下）等，但份量不如前三經。但以經典教理發展的立場考察《攝大乘論》的無著教學時，至少需在《般若經》、《華嚴經》及《解深密經》中尋其足跡。不僅是《本論》，整個大乘佛教，都依據《般若經》，佛教的唯心教學，與《華嚴經》、尤其是《十地經》（品）的三界唯心說有關，阿黎耶緣起也與《解深密經》有深入關係，顯見不僅是《本論》，連世親以來的唯識教學，教證大抵都可從《華嚴經》、《解深密經》求得。

自古以來，唯識學者都從《解深密經》、《瑜伽論》尋求其源泉，但我們認為《攝論》以《解深密經》及《般若經》等為背書，釋成《華嚴經》（即《十住經》）的唯心緣起說、高倡佛教的唯心教理，或許反屬正確。這在其後不久的中國《攝大乘論》傳來史上，以《華嚴經》十地品為主的地論學派，和以《攝大乘論》為主的攝論學派，交集握手，也強烈暗示了此一事實。因此，作為《攝論》的正依經，我們第一舉《華嚴經》。

本經不談空系或有系，不論緣起或實相，印度中國的大乘教家，多半藉由本經成立種種學說。尤其是有關唯心（即唯識）學說，不論在印度、中國或日本，求助本經之處極多。

一、〔眼耳鼻舌身　心意諸情根　因此轉眾苦　而實無所轉〕

〔法性無所轉　示現故有轉　於彼無示現　示現無所有〕（《六十華嚴經》5）T9，P. 427a

二、〔心如工畫師　畫種種五陰　一切世界中　無法而不造〕（《六十華嚴經》10）T9，P. 465c

三、「是十二因緣，無我無我所，無作者無使作者。……三界虛妄但是一心作，十二緣分是皆依心。」（《六十華嚴經》25）T9，P. 558c

四、「藏識轉變，識波浪生，譬如瀑流相續不斷。……終不自言我生七識，七識不言從賴耶生，但由自心執取境相分別而生。」（《四十華嚴經》9）T10，P. 704b

五、〔如依種種樹　有種種果生　如果種種剎　有種種眾生〕

〔種子差別故　果實生不同　行業若干故　佛剎種種異〕（《六十華嚴經》4）T9，P. 415a

六、「欲流、有流、見流、無明流，相續起心意識種子，於三界地生煩惱芽。」（《六十華嚴經》23）T9，P. 546b

七、「業是田，愛是水，無明是覆，識是種子，後身是芽，名色共生而不相離，痴愛相續、欲生欲作，欲愛不樂涅槃，三界差別相續相皆如實知。」（《六十華嚴經》26）T9，P. 568b

姑且不做嚴密的批判，至少應該承認，在海印定內處處隱顯唯心、唯識、賴耶、種子漏無漏、習氣等教義。如同賢首在《華嚴經探玄記》卷十七論示的唯識三性三無性說，我們認為本經三十九卷十種法和同經卷五中，也潛顯其要義。

我們從唯心的立足點考察《華嚴經》，知道無著如何接觸《華嚴經》，並以哪些經文為主、建構他的唯識教學。在無著世親的傳記中，「佛昔所說《華嚴》等諸大乘經悉解義」，世親也說「天親方造大乘論，解釋《華嚴》、《涅槃》等」。兄弟倆都將《華嚴經》置於大乘經典之首，值得注意。關於世親入大的因緣，據《西域記》第五所述，是他在窗外聽到誦念《華嚴》十地品。如此可證明，不獨無著，世親的唯識也與《華嚴經》有關。徵之於《攝論》，世親的《唯識二十頌》正是對《十地經》三界唯心的四種釋明，無著在《攝論》中建立唯識教學，也是依憑《華嚴經》第三、十地品（經）的三界唯心之文。

> 若人未得真如智覺，於唯識中云何得起比智？由聖教及真理可得比度。聖教者如十地經中佛世尊言：佛子，三界者唯有識。（真諦譯《攝大乘論》2）

在《攝論》中，無著先藉由夢覺等比說唯識理，說明如果迷夢一旦清醒而得真智，人人必能明白「唯識外塵皆無」的意義，求諸教證，引證的正是十地品三界唯心之文。世親則在《唯識二十頌》開卷第一，揭櫫這段三界唯心之文，明示唯識教的源泉，再解釋說明對於唯心的四難，直接繼承無著在《攝論》中揭示的唯識教證，明示唯識無境義。

但是，我們遇到一個難題，就是十地品所謂的「唯心」或「唯識」的「心」或「識」的意義及內容。若只說「心」或「識」，可以視為絕待的心、個體的識、或是並有兩義的心識。但在後世的大乘佛教史中、尤其是唯心教學史上，也稱之為第六意識、乃至第八識、或是第六、七、八識的總稱。因此，在同一佛教的唯心說上，自然有小乘、權大乘以及一乘的差別。換言之，研究華嚴經的一心和心意識三法說的關係，正是以此為中軸而展開。

根據《俱舍論》第四，世親認為心意識體一，還不承認別開第七、第八識，但到了他的著作《佛性論》第三時，已將心、意、識依序配屬第六、第七、第八識。在中國，慈恩也在《成唯識論》第五，在集起、思量、了別的另一意義上說明心、意、識。至相在《孔目章》第一攝通別兩意，到了賢首，在其著作《探玄記》四中，將前述覺首偈的「眼耳鼻舌身、心、意、諸情根」配屬八識。小乘三法是三世異名，到了法相權大乘、華嚴一乘等，也各有配屬，前者是八識條然各別、名通體不通，後者是八識體一，因而有名通體別和名通體通的不同。再從《出三藏記》第十二、陸澄撰的《法論目錄》中，已列有王稚遠什答的問精神心意識及釋慧遠的辯心意識兩書名來推考，中國很早就把一心及三法當做問題來研究。

因此，十地品的「心」或「識」，茫然難以捉摸，只能藉可以印證的經文及其理證，來規定其意義內容。後世經由《十地論》，以《楞伽經》、《起信論》等印證時，形成十地學派的唯識。藉由《解深密經》等規定其內容時，同一經文又衍生攝論學派和唯識學派。總之，《十地經》的唯心一文，因為包容性的與他經組合，具有產生種種學說的可能性。但是，無著在《攝論》中，引用本經時又引用《解深密經》，經中再引用經，是因為佛教往往以經解經。那麼，在《攝論》中，引用《解深密經》，可以視為本經的「心」或「識」的解釋或夾註。乍看好像有些附會，但從前述《華嚴經》唯心經文的第四、第五反顯時，不待《解深密經》的背書，也必能從該經一心的文章中輕易認出相同的意義。

第二節　深密第二

自古以來，咸認唯識教學在經的部份是以《解深密經》、論的部份是以《瑜伽論》為正依。但詳細分析精查無著、世親的唯識教學內容時，發現其正依經是《華嚴經》、尤其是《十地經》。因此，我們推《解深密經》為無著唯識的第二正依經。亦即，無著在《攝論》中，以該經文字做為阿賴耶識存在理由的唯識教證。……

《解深密經》有四種漢譯。1.唐玄奘譯《解深密經》五卷。2.元魏菩提流支譯《深密解脫經》五卷。3.陳真諦譯《佛說解節經》一卷。4.南宋求那跋陀譯《相續解脫地波羅蜜了義經》一卷。對照此四譯，唐譯五卷八品完全等於魏譯五卷十一品，若將唐譯八品分為勝義與世俗兩部，則陳譯四品相當於勝義諦品，也相當於魏譯的序品第一至聖者廣惠菩薩問品第六。宋譯只有唐魏兩譯的最後二品。姑且不談宋譯，只看唐譯、陳譯和魏譯，縱使原文相同或有缺逸，但從譯者的立場考察時，在唯心或唯識學上各有重大意義。因為無著和世親的唯識，經過菩提流支、真諦及玄奘傳譯到中國後，產生了十地經論派、攝論學派和法相宗派。由於《解深密經》被視為唯識教學的第一或第二正依經，三位譯者也以各自的見解翻譯該經。

雖然同樣是說唯識，但強調無塵識的攝論學派真諦所譯的《解節經》，整個內容是勝義諦品（即第一義諦），意義最深，也最值得注意。唐譯《解深密經》起初和《解節經》一樣，後來加入心意識相品第三以下的部份。雖然陳譯《解節經》被批是其部分之譯，但我在尋求真諦、玄奘兩譯新舊唯識教學的正依時，認為真諦的舊義立足於勝義諦（即我們所謂的第一部），作為教學正依，此《解節經》四品已夠充分。至於玄奘的新義，性相判決是成立在我們所謂的第二部世俗諦上，經的後半段反而變得重要。因此，以正依經第二而言，真諦作陳譯已足，玄奘則必需唐譯。他們只是各自譯出教學所需的經典部份，明示各自教學的正依經而已。

因此，研究真諦譯《攝大乘論》時，絕不能忽略真諦譯的《解節經》。《解節經》由1.不可言無二品第一，2.過覺觀境品第二，3.過一異品第三，4.一味品第四等組成。如同品名所示，第一義諦是「不可言無二」，「自證無相法」是「過諸覺觀境」。「真實與行法」是斷絕「一、異、俱」三執，中道是離戲論。如此，《攝大乘論》說明《十地經》的唯心或識的內容時，必須證明識就是「心、意、識」的識，即阿賴耶。

雖然，也引用《解深密經》第二部的「心意識相品」及「分別瑜伽品」的重要文句，但在其根柢的勝義諦上，必須只承認無相皆空。因此，唯識教不得不以《般若經》為正依。若以《華嚴經》為主而考察大乘教理史的開展，可知龍樹的教學是以《華嚴十地經》為父，以《般若經》為母。龍樹的皆空觀後來產生無著的唯識觀，是因為不論何時，大乘本家都以《般若經》為母，為正妻。順應大乘本家的無相家風，《解深密經》自始即在妾位，後來因為玄奘的法相唯識，一時奪得正位。因此，無著的《攝論》中，《十地經》明顯與《解深密經》合流，這是我們不得不以《解深密經》為第二正依經同時，也不能不承認《般若經》雖為第三正依經，但當時仍以母體存於正位。[1]

第三節　般若第三

龍樹的教學是以《般若經》為母胎。般若是菩薩之母，在大乘的教學中，任何時代都流著皆空之血，是無可爭論的事實。釋尊的無我教和龍樹強調的內外皆空中觀教學，在內即唯識無我，在外即唯識無境。這就是《般若經》的內外皆空、所謂的「識即是空」、「色即是空」。這也是我們將《般若經》列為《攝

1 陳譯的《解節經》特徵為何？先對照唐魏兩譯如下。

（一）唐本（勝義諦相品）	（二）陳本	（三）魏本
離言無二段	不可言無二品	聖者善問菩薩品
超過尋思所行段	過覺觀品	聖者曇無竭菩薩品
超過諸法一異性相段	過一異品	聖者善清淨慧菩薩品
遍一切一味段	一味品	惠命須菩提問品

唐本《勝義諦相品》分為四段，瑜伽第七十七將該品分為五相，加上離合、無二，成為一段。陳本以法立品名，魏本以對告眾立品名。

觀其特徵，1. 魏唐二本都是受用身、受用土的說法，陳譯是王舍城耆闍崛山的說法。2. 通序及流通的附加部份，圓測在解深密經疏一已有論證。3. 勝義諦真如是超過「一、異、俱」三執，是重要的教義特徵。同學鈔八之七中，顯示依他、圓成的關係，顯示一向不異的六過、一向不一的八過，破一異之執，依圓則不一不異。通常，俱句是指破「一向一」、「一向異」二義，但陳本是單句併說，真如是超過一、異二句及俱句。

論》第三正依經的原因。

如同印度大乘教初期、龍樹以《般若》作為中觀教學的母胎一般，在中國大乘教的初期，道安、慧遠、羅什等人都是《般若經》的尊重者。亦即，在印度，龍樹解釋相當於大品第四分的《摩訶般若經》，作《大智度論》；在中國，穎川的朱士行也講授對照《大品》第四分所得的《道行般若經》，是為中國大乘佛教講經的濫觴。不論在中國還是印度，《般若經》在《瑜伽》、《深密》以前，即已隆盛，因此後來的瑜伽教在教理史上都是文殊教般若的進展與開顯。後世的瑜伽佛教家無不承襲文殊教般若之母的血液。被喻為瑜伽教祖的無著，也是《順中論義入大般若波羅蜜經初品法門》（簡稱《順中論》）及《金剛般若論》二卷的作者。前者是略釋龍樹的《中論》，後者是《大般若》第五七七卷第九分《能斷金剛分》的釋。

譯出《中論》的不只是龍樹系的羅什，據歷代三寶紀及古今譯經圖記所載，婆藪槃豆系的真諦也譯出《中論》，並製其疏，深化上述的意義。而後，整部《般若經》、即我們所謂的大般若翻譯，由彌勒瑜伽教的代表人物玄奘完成。文殊教與彌勒教、龍樹與婆藪槃豆、實相與緣起等教，外表看起起來差異甚多，但彼此互有關係，內在緊密結合，在教理上、歷史上都屬《般若經》一脈。龍樹與《般若經》、婆藪槃豆兄弟與《解深密經》，雙方各有正依的特殊經典，但廣泛深入研究其經系時，至少不能否定，無著的唯識教學也以《般若經》為正依經之一，在《攝大乘論》的引用經上可見。

以上，是從《攝論》的唯識教學上探求其經典教學發展的經系，不僅發現唯識教學的三正依經，也知道那些也是大乘佛教學的正依經。雖然另外也看到一些引用經典，但與這三部正依經相較，算是可有可無的旁依經，此處省略。

第四節　三經的交集

我們已知無著的教學是以三經為正依，接著精查三經的外形及內容，釐清三經有何關係、又有何交集。

漢譯的《華嚴經》，舊譯是七處八會、三十四品，新譯是七處九會、三十九品。亦即，《華嚴經》是以文殊、普賢為上首的眾多菩薩，在地上的菩提道場和普光明殿、天上的忉利、夜摩、兜率、他化四天宮、以及逝多園林等處的釋尊自內證開顯。

《大般若經》和《華嚴經》一樣，不是只在一處的說法，而是四處十六會的說法。第一、王舍城鷲峰的六會，先以舍利佛為對告眾，再通以各分須菩提為對告眾。第二、室羅筏城給孤獨園（逝多林）的四會，對告眾不是聲聞眾，而是文殊（妙吉祥）及龍吉祥（那加室利）菩薩。第三、他化自在天的五會及第四、王舍城竹林園的一會，教義不出菩薩六度之教，第十分到第十五分的對告眾又是舍利子、滿願子（宮樓那）等聲聞，最後的第十六、般若波羅蜜分，相當於現存的梵本Suvikranta-vikamin經，以善勇（猛）菩薩為最後的對告眾。重點是，《大般若經》六百卷中，開卷即列迦葉為上首，舉出四十多名菩薩眾，觀自在、文殊、金剛藏、彌勒等菩薩皆列名其中。在此四處十六會的說法中，對告眾的聲聞是舍利佛、須菩提、阿難、富樓那，其中尤以須菩提為代表。而菩薩的代表與《華嚴經》相同，是文殊菩薩。如此，兩經的主要對告眾都是同一位菩薩，說處也是天宮與地上皆有，這是兩經外形上最值得注意的地方。接下來，我們就以《解深密經》的魏、唐兩譯與《華嚴》、《般若》兩經對照，研究考察《攝論》正依三經的互相關係。

<table>
<tr><th colspan="2">《解深密經》</th><th rowspan="2">《華嚴經》</th><th rowspan="2">《般若經》</th></tr>
<tr><th>魏 譯</th><th>唐 譯</th></tr>
<tr><td>1.序品第一</td><td>1.序品第一</td><td></td><td></td></tr>
<tr><td>2.善問菩薩問品第二</td><td rowspan="4">2.勝義諦相品第二</td><td rowspan="4"></td><td rowspan="4">般若經
（多處）</td></tr>
<tr><td>3.曇無竭菩薩問品第三</td></tr>
<tr><td>4.善清淨慧菩薩問品第四</td></tr>
<tr><td>5.慧命須菩提問品第五</td></tr>
<tr><td>6.廣慧菩薩問品第六</td><td>3.心意識相品第三</td><td>1.忉利天宮會</td><td rowspan="5"></td></tr>
<tr><td>7.功德林菩薩問品第七</td><td>4.一切法相品第四</td><td rowspan="2">2.夜摩天宮會</td></tr>
<tr><td>8.成就第一義菩薩問品第八</td><td>5.無自性相品第五</td></tr>
<tr><td>9.彌勒菩薩問品第九</td><td>6.分別瑜伽品第六</td><td>3.兜率天宮會</td></tr>
<tr><td>10.觀世自在菩薩問品第十</td><td>7.地波羅蜜多品第七</td><td>4.他化自在天宮會</td></tr>
<tr><td>11.文殊師利法王子菩薩問品第十一</td><td>8.如來成所作事品第八</td><td></td><td></td></tr>
</table>

唐玄奘譯的《解深密經》如表列，品名是以所說法而命名，魏菩提流支譯是以能聽人格為品名，內容並無太大差異。亦即，《解深密經》是以一聲聞（須菩提）、九菩薩（深密……文殊）為對告眾的經典，教義上大致可分一經二部，第一品至第五品是第一部，第六品至第十一品是第二部。陳譯《解節經》是由1.不可言無二品第一，2.過覺觀境品第二，3.過一異品第三，4.一味品第四組成，與

魏譯對照，相當於1.序品至5.慧命須菩提品第五，也是唐譯的1.序品第一和2.勝義諦相品第二，這部份即是第一部，在此部中，最活躍的人格是須菩提和曇無竭菩薩，所說教法全是般若皆空的教學。再看《般若經》，前篇的主要對告眾是須菩提，後篇的主人公常啼是在東方求法的菩薩。因此，在《解深密經》的前篇，不知是偶然或必然，我們看到了《般若經》的縮影。大概在對照兩經時，任誰都會認為兩者在人法上的交集。

其次，是《解深密經》的第二部。我們從經的說處及對告眾來考察時，認為這部份相當於《華嚴經》的天上四會。以圖示如下。

一、忉利天宮會六品	1.法慧菩薩	2.一切慧菩薩	法慧為主、十慧共談 表十住法慧心增故
	3.勝慧菩薩	4.功德慧菩薩	
	5.精進慧菩薩	6.善慧菩薩	
	7.智慧菩薩	8.真慧菩薩	
	9.無上慧菩薩	10.堅固慧菩薩	
二、夜摩天宮會四品	1.功德林菩薩	2.慧林菩薩	功德林為主、十林會談 表十行法森聳故
	3.勝林菩薩	4.無畏林菩薩	
	5.慚愧林菩薩	6.精進林菩薩	
	7.力成就林菩薩	8.堅固林菩薩	
	9.如來林菩薩	10.智林菩薩	
三、兜率天宮會三品	1.金剛幢菩薩	2.堅固幢菩薩	金剛幢為主、十幢共談 表十回向高出歸向義故
	3.勇猛幢菩薩	4.夜光幢菩薩	
	5.智幢菩薩	6.寶幢菩薩	
	7.精進幢菩薩	8.離垢幢菩薩	
	9.真寶幢菩薩	10.法幢菩薩	
四、他化自在天宮會 （舊十一品、新一品）	1.金剛藏菩薩		金剛藏為主、解脫月問 表十回向高出歸向義故
	2.解脫月菩薩		

自古以來，《華嚴經》的四天宮會配屬為菩薩的住、行、向、地。四會的登場菩薩是（一）十慧、（二）十林、（三）十幢、（四）三十六藏一月（舊譯）。現在，從說處及對告眾來考察《解深密經》的菩薩和《華嚴》天會的登場菩薩，如同魏譯《解深密經》第二部所示，6.廣慧菩薩問品第六，7.功德林菩薩問品第七，3.成就第一義菩薩問品第八等三菩薩，和《華嚴經》前兩次天會中的菩薩相同。功德林菩薩是夜摩天宮會的上首，成就林菩薩是第七林。此二林相當於唐譯的4.一切法相品第四，5.無自性品第五。可知夜摩天宮會存有唯心偈，並非無故。至於9.彌勒菩薩問品第九，菩薩名雖不見於十幢，但從菩薩居處來看，彌勒菩薩顯然是兜率天會的菩薩。《解深密經》的10.觀世音菩薩問品，應相當於

《華嚴經》的他化自在天宮會。兩經說處同在他化自在天宮，所明之法也同是六度十波羅蜜。《華嚴經》有解脫月菩薩，印度也有以觀音為月的思想，這種想法也可置於菩薩之上。

對照魏譯《解深密經》的最後一品11.文殊師利法王子菩薩問品、唐譯8.如來成所作事品第八和《華嚴經》最後篇的入法界品，觀察文殊指南的善財求道也是如來所作事時，可將《解深密經》的第二部視為《華嚴經》天上部的部份縮寫。至少，在對照兩經時，從菩薩名和教義上，都可看出《華嚴經》的天上部相當於《解深密經》的3.心意識品，4.一切法相品，5.無自性品，6.分別瑜伽品的教理。若果如此，今天常說的性相，絕不是如過去以為的兩種教法，兩者應是同一思想源流，絕非性相學者所說的一般。中國華嚴宗主、賢首的性相融會，這才具有意義。不過，他只是藉由龍天的論部研究和邏輯思考立證此說而已。他貶為始教、融會至順應世間的終教位的該教正依經，竟是性家正依經典的《般若經》和《華嚴經》的縮寫。連製一乘教分記、談性相融會的學者賢首尚且如此，何況其他。不能在經上看出如此淺顯易見的道理，大概是基於中國佛教特徵之判教的一大弊害。佛教作為宗教，已長久失去普遍的生命，經典各自獨立，研究遲遲不進，不外是囿於各宗的判教以及限定經典宗派之故。

《阿含經》不一定是小乘俱舍宗的經典。《解深密經》也未必是始教法相宗的經典。《華嚴經》也絕不是圓教華嚴宗賢首的經典。如果能將一切經從既成的判教規範中解放，即可明白《阿含經》等所示[2]的緣起或原始教所說的齊識說等，

2 阿含經的緣起形式是藉極限系數的出發點或終極點而分類，我覺得至少可以分為三種形式。

第一、無明緣起：4.《雜阿含經》十二、第十經、第十六經，《雜阿含經》十五、第五經、第六經，《雜阿含經》二十二、第十五經，《雜阿含經》三十、第十六經。

第二、貪愛緣起：1.《雜阿含經》十二、第三經、第四經，《雜阿含經》十五、第二經。2.《中阿含經》二四、大因經。3.《增一阿含經》四九、眾生居品。

第三、齊識緣起：（《雜阿含經》十二、第五經，緣起聖道經，舊城喻經。《增一阿含經》。）在十二緣起中，第三型式的齊識雖然比較少，但可看出大乘佛教中、尤其是《華嚴》、《解深密經》等的思想是以此形式為主，與其他兩種形式一起發達。以下即是《阿含經》中應該說是唯識緣起萌芽的齊識緣起之文。

1. 識有故色有，識緣故名色有。我作是思惟，齊識而還不不能過彼。（《雜阿含經》第十二）
2. 我復生此念，此識最為原首，令人致此生老病死。然不能知此老病死之原本。（《增一阿含經》第三十一）
3. 我復思惟，由誰有故而有名色，如是名色復復由何緣。我於此事，如理思時，便生如是如實現觀，由有識故使有名色，如是名色由識為緣。我齊此識，意便退還不越度轉。（《緣起聖道經》）
4. 復思惟識何因有，復以何緣有此識法。作是念已，離諸攀緣定心觀察。諦觀察已乃如實

都與《華嚴經》的唯心緣起是同根同生，與《解深密經》的賴耶緣起也有交集。

總之，《解深密經》的第一部是須菩堤和曇無竭菩薩的教學，這與同樣以他們為對告眾的《般若經》教學有所交集。其第二部的說處及教義不僅和《華嚴經》相同，也同樣是文殊、功德林、成就林等菩薩的教學，藉此，我們承認這三部經在外形與內容都有交集同時，也相信賢首的學說因此經更得深化。

知，如是識法因名色有，從名色緣有此識法。唯此識緣生諸行。由是名色緣識，識緣名色。（《佛說舊城喻經》）

5. 尊者舍利佛復問尊者摩訶拘絺羅，先言名色非自作、非他作、非非自他作、無因作，然彼名色緣識生，而今復言名色緣識，此義云何。

尊者摩訶拘絺羅答言，今當說譬，如智者因譬得解。譬如三蘆立空地，展轉相依，而得豎立，若去其一，二亦不立，若去其二，一亦不立，展轉相依，而得豎立。識緣名色亦復如是，展轉相依，而得生長。（《雜阿含經》十二）

這些說法，經過《發智論》，到了《婆沙論》二十四，關於識名色的互為因果，產生爭論，因而看到有關齊識緣起的脇尊者、世友、設摩達多及望滿等各家的批評。

如同經中所說的「齊識而還不過彼」，任何人皆不可能超越自識，如果一切都被齊限在識中而不能超過，反向思考時，即如同舊城喻經所說的「此識能生諸行」，不得不以識為原首。我們也不得不承認這是唯識緣起的萌芽。本來，十二緣起的緣起就是生死相續的說明。要追究這個說明及原理時，我們又引發其他的重要問題。第一、以識為原首、識能生諸行，明顯是後世無著、世親的唯識展開的要素。第二、此識與名色展轉相依、恰如三莖蘆葦相依而立於空地之上，這個說法含攝了能所或主客相待而生、即龍樹等人認識論的產生要素。若然，應可視阿含經典的齊識論中併有後世大乘佛教以識為主的唯心一般和認識一般。

第三章　正依論系

第一節　《中邊》第一

我認為，《攝大乘論》的第一正依論，當屬彌勒的《中邊分別論》偈。

首先，《攝大乘論》所依分第二，引用了本頌第一相品第九頌的文章。

一則名緣識、第二名受者、此中能受用、分別推心所論曰、緣識者，謂藏識，是餘識生緣故，藏識為緣所生轉識，受用主故名為受者，此諸識中受能受用想能分別，思作意等諸相應行，能推諸識此三助心，故名心所。（玄奘譯）

第一名緣識、第二是用識、於塵受分別、引行謂心法緣識者、謂阿黎耶識，餘識生緣故。用識者、謂因黎耶識於塵中起名為用識，於塵受者、謂領塵苦等說名受陰，分別者、謂選擇塵差別是名想陰，引行者、能令心捨此取彼，謂欲思惟及作意等名為行陰，如是受等名為心法，說生起相已。（真諦譯）

相品二十二頌，本來是說明三性和唯識原理的一品，前十一頌是頌虛妄分別，後十一頌是辨證圓成實。世親將虛妄分別分為有、無、入、無相、方便、差別、異門、生起、雜染等九相解釋，《攝論》引用的部分正是虛妄分別中的第八生起相，因為前一頌的「三界心心所、是虛妄分別、唯了境名心、亦別名心所。」（「虛妄總類者、三界心心法、唯塵智名心、差別名心法。」）是顯示差別相和異門相，《攝論》引用的此頌即是辨心及心所的生起相。玄奘譯中，「唯了境」是心、「亦別」是心所。真諦譯中，心定義為「唯塵智」，心所定義為「差別」。我們進一步考察，此頌中的「緣識」是阿賴耶識、即根本識，「受者」是受者識、即七轉識，能受用是受蘊，能分別是想蘊，能推是行蘊。《攝論》是為立證根本識和七轉識的互為因果關係而引用本頌。這種文證，也可在其他經論中求得，《攝論》偏向彌勒論、尤其是《本論》頌中求，是因為《本論》頌與其他經論不同，具有唯識舊學的特殊性。我們且一覩《本論》頌的特性，說明真諦相傳的無著唯識學依據。而說明《本論》頌的特性，也是為了說明《攝大乘論》的特徵。

觀於《本論》頌，應該研究的大概是玄奘譯與真諦譯的對照研究。我們對照研究兩譯時，發現新舊兩家在教理上的種種差異。這個差異，不只是真諦與玄奘兩人新舊譯筆的不同，應該更遠始於無著世親的唯識教學。我們藉由慈恩的疏，剖析《本論》頌的內容，也考察兩譯的幾許不同，以窺《本論》頌的特徵。

慈氏為說此論本頌，名辯中邊頌。無著既受得已，便附世親使為廣釋，故此長行，世親所造，名辯中邊論。辯者顯了，分別異名。中者正善，離邊之目。邊者邪惡，有失之號，即是明顯正邪論也。

（乃至）云相品者所詮為名，即三性之相，此中明也。然所明中，亦非唯相，如歸敬頌及次總標七義頌等，皆非是相，從宗多分以立品名，故名相品。如無上乘品。

有釋名分此等七品先後增減，如下應知。

然初二品是境，次三品是行，後二品是果，是七品意。

又初歸敬世親所為，自此下頌，皆慈氏說。彌勒本有一百一十三頌，初一總攝，後一結釋，中為正宗。

世親釋有七百頌，皆以不長不短八字為句，三十二字為頌。然世親未迴，頌十四字為一句，五十六字為一頌。

即舊真諦已譯於梁朝，文錯義違。更譯茲日，諸不同處，至下當知。

（《辯中邊論述記》上）

慈恩是新譯家的泰斗，批判舊譯不正的他，指出真諦譯的《中邊分別論》有四十二處文字謬誤、拙劣或脫落。這多半是慈恩從語文學上所見，不然，也只是他根據自己尊奉的護法所見的批評。要研究無著，如何能以其後的世親護法所發展的教義來判別其教學的正否？要理解無著，與其從玄奘慈恩的看法，不如從尚無宗派之見的真諦譯中尋找。彌勒的《中邊分別論》，其義大體上和無著的《攝論》相同。簡潔地說，乍看不是沒有文義不明之處。但研究玩味之時，常常感到舊譯較新譯更有深意。何況慈恩批判的畢竟只是譯文的巧拙、詳略的出入等，在教義上屬於枝葉末節。現在，我們以最接近根本教義的相品，對照新舊兩譯，考察舊譯《《中邊分別論》》的特徵。相品由二十二頌組成，「初十一頌辯妄分別，後十一頌辯圓成實，然則遍計所執都無實體，無別頌明，唯有其名，復別立性。然依妄分別等故有此性，今於此中亦因解非有。」先看妄分別的部份：

新譯	舊譯
1.虛妄分別有、於此二都無 此中唯有空、於彼亦有此	1.虛妄分別有、彼處無有二 彼中唯有空、於此亦有彼

2.故說一切法、非空非不空 有無及有故、是則契中道	2.故說一切法、非空非不空 有無及有故、是名中道義
3.識生變似義、有情我及了 此境實非有、境無故識無	3.塵根及我識、本識生似彼 但識有無彼、彼無故識無
4.虛妄分別性、由此義得成 非實有全無、許滅解脫故	4.亂識虛妄性、由此義得成 非實有無故、滅彼故解脫
5.唯所執依他、及圓成實性 境故分別故、及二空故說	5.分別及依他、真實唯三性 由塵與亂識、及二無故說
6.依識有所得、境無所得生 依境無所得、識無所得生	6.由依唯識故、境無體義成 以塵無有體、本識即不生
7.由識有得性、亦成無所得 故知二有得、無得性平等	7.是故識成就、非識為自性 不識及與識、由是義平等

《辯中邊論述記》上

「初之二頌（1、2）辯依妄分別明三性有無相」

1.「此顯真如是妄分別之性」。

2.「此顯妄分別不離真如」。

「次二頌（3、4）辯妄分別自相。」「上之二句明妄分別所變之境有依他用，下之二句顯依他起執境、識是無。」

「舊云：『根、塵、我及識、本識生似彼』者不然，所以者何，非是本識能緣變我及與識也。若許變者，即違彼舊論長行。長行自釋云：『似我者、謂意識與我見無明等相應故。似識者、謂六種識。』此猶不然，應言變為所了，所了者、謂六境相應故。

若許緣我識者，又違瑜伽抉擇說阿賴耶識緣有根身相、分別種子及器世間，此則違教。若違理者應所緣心不能緣塵相分心，故如化心等。

又緣我者第八本識應許亦與見癡相應，入見道等無漏觀時，此識應轉，違無漏故，舊頌說非，長行乃是。真諦法師似朋一意識師意。所以頌中但言本識，長行乃別開之。」

「次一頌5.辯攝相」。

「次二頌（6、7）辯入無相方便之相」。

舊譯7的「不識及與識」……「疏本云、應知識不識」

以上是二十二品中、妄分別十一頌的前七頌。二十二頌中，後十一頌的正所明是顯示圓成實，無著揭櫫「能食（內空）所食（外空）」等十六空。圓成實如此，何況虛妄分別所明的前十一頌。前面揭示的新舊兩譯，只是顯示以無相為基調的《攝論》唯識教學，那麼，我們先不問新舊，只就

上、空無相義

探討《攝論》中無著教學的特徵，既然以空無相義作為無著的基調，接著，就是研究新舊兩譯有關

中、識生變義

的不同。

無著以種、根、器為本識所緣境，這在新舊譯中相同，唯一的特徵，是變似我及我識、以本識為有相迷妄的根本、使得本識與諸識的關係只是有相的粗細而已。因此，考察本識緣慮的狀態，認為本識自體極微細、能緣所緣不可分別，意義完全與真諦譯的《轉識論》相同。《轉識論》的行文走脈與世親的《三十頌》完全相同，只是不時添加釋論，文義有些小出入。題目下有插註「從無相論出」，可見此論還是以空無相義為基調。如同其開卷文所述。

> 識轉有二種，一轉為眾生，二轉為法。一切所緣不出此二。此二實無。但是識轉作二相貌也。
>
> 次明能緣有三種，一果報識、即是阿黎耶識。二執識、即阿陀那識。三塵識、即是六識。
>
> 果報識者為煩惱業所引故名果報，亦名本識、一切有為法種子所依止。亦名宅識、一切種子之所栖處。亦名藏識、一切種子隱伏之處。
>
> 問：此識何相何境。
>
> 答：相及境不可分別、一體無異。
>
> 問：若爾、云何知有。
>
> 答：由事故知有此識。此識能生一切煩惱業果報事。
>
> 譬如無明，當起此無明，相境可分別不。若可分別，非謂無明，若不可分別，則應非有。而是有非無，亦由有欲瞋等事知有無明。本識亦爾，相境無

差別，但有事故知其有也。

此即《三十頌》的「不可知執受處了」的文意。換言之，第八識是有相迷妄的根本，是能緣所緣不可知的意思。若果如此，第一、第八識的所緣是種、根、器，第二、關於八識自體，應說能緣所緣不可分別，第三、從第八識和餘識的關係看第八識的所緣，第八識是緣十八界，七轉識是第八變似的相貌。以上是第八所緣的三種意義，第一義是依據法相判決之義，第二義說第八識自體能所不分，第三義說第八識以十八界為所緣、七轉識是第八識變異的相貌，這三種意義顯然都以空無相義法門為基調。我們再探討《攝論》的教學，參照真諦譯、世親釋的下段文字，至少可以認為，在《攝論》應知勝相第二的「依他性為相、虛妄分別即得顯現」下，無著明顯繼承其義。

論曰：依他性相者，

釋曰：此下釋三相。

論曰：依他性為相，虛妄分別即得顯現。

釋曰：欲顯虛妄分別，但以依他性為體相。亂識變異，即是虛妄分別。分別即是亂識，虛妄即亂識變異。

虛妄分別若廣說，有十一種識。

若略說，有四種識。一似塵世、二似根識、三似我識、四似識識。一切三界中所有虛妄分別，不出此義。由如此識即得顯現。

文中，亂識是七轉識。亦即，《攝論》所謂的依他性只是第八識，既然它的變現都是分別性，能變識因此被限定為第八識，是自然之勢。公然顯示此義，是因為無需再論證舊譯《中邊分別論》第三頌的「塵根我及識、本識生似彼」。長行和新譯《中邊論》一樣，都以第八是塵、根，第七是我，前六是識，但第二句的釋註記說，「本識者謂阿黎耶，生似我者謂塵等四物」。顯然，能變識還是只限定為第八識。慈恩對照新舊兩譯後，指稱舊譯不正，有偈頌長行不同、違教、違理等三失。這種看法不是出於翻譯的差異，而是源自諸法決判主義和無相主義的不同。《攝論》的「識生變似」思想，即立足於彌勒的《中邊分別論》頌所說的無相主義上。

下、依他所遣義

關於《攝論》應知勝相所顯示的三性問題，新舊兩家一致認為，三性中的虛妄分別若非真實，虛妄所遣即應完全遣捨。至於該遣捨甚麼？這個問題在以依他起性為主而生同時，其說明也波及真實性（即圓成實性）的內容。然而，我們也很容易從上述對照的《中邊分別論》和《辯中邊論》的3、4、5、6四頌中，看出相關意見的不同。

先看舊譯《中邊分別論》第3.偈第四句「彼無故識無」的釋。

彼無故識無者，謂塵既是無，識亦是無。是識所取四種境界，謂塵根我及識所攝實無體相，所取既無，能取亂識亦復是無。

因為所取的四境實體是無，因此，能取的依他亂識亦無而捨遣。但是，亂識為何是依他呢？第5.頌說「分別及依他、真實唯三性、由塵與亂識、及二無故說。」清楚將分別配屬為塵、依他為亂識、真實是能取所取二無。現在對照新譯，新譯第3.頌第四句的「境無故識無」，只是說「謂所取義等四境無故，能取諸識亦非實有」。因此，不是捨遣依他本身，而是捨遣執能取實有的執心。慈恩也在述記上明示其義並批評舊譯，

論：境無故識無，至亦非實有。

述曰：前成境非有，此成心無。舊論文意先遣所執，後遣依他，皆不合理。此中亦是遣所執，如下論言，許滅於此得解脫故。

但如煗頂遣境，忍等遣心，非除依他，依能緣心，執有能執，除此識也。

因此，依據舊義時，不只捨遣依他能執的執心，也捨遣依他本身。於是，圓成實性（即舊譯的真實性）和無相空真如一致。但是新義中，依據修道觀法，所遣的內容雖然和依他有些關聯，大體上還是先捨虛妄。只是，四善根位有「煖頂遣境」、「忍等遣心」觀，五重唯識的第五觀法是「遣相證性識」，明顯必須容許「遣相」，但新義說這些是染分的依他，限定依他所遣的意義只在於所執的心，以此針對舊義，永保依他非遣之義。新義派為何要保持依他非遣之義呢？因為舊義以空無相義教學為基礎，無此顧慮，但新義說立足於有相教學，若許依他捨遣，該派教學自然陷入依他遍計二性無失及後得智無用失的兩難之中。這也是慈恩在《唯識義林章》、《雜集論述記》中揭示兩釋，詳密研究蛇繩二覺和依他

遍計的原因。

以上，考察《攝論》教學的整個基調，或是徵諸如三相等重要教學正所依的引用論述，都明示了《攝論》是以彌勒的《辯中邊論頌》、尤其是相品第一為正所依。

第二節　《瑜伽》第二

《攝大乘論》的第二正依論，我舉傳說同樣是彌勒作的《分別瑜伽論》。

《分別瑜伽論》（唐玄奘譯）又名《觀行差別論》（隋笈多共行矩等譯），或稱《分別觀論》（陳真諦譯），是彌勒的五部大論之一，也是唯識十一部論之一，但《本論》未傳，梵、藏兩處也未發現此論，全部內容如何，只能由其他正依論得知。《本論》因各論的引用，在唯識學上佔有重要位置，是無著教學的正依。無著在《攝大乘論》入所知相分第四、《大乘阿毘達磨集論》法品第二，引用分別《瑜伽論》的下述文章。

唐譯	陳譯
菩薩於定位	菩薩在靜位
觀影唯是心	觀心唯是影
義相既滅除	捨離外塵相
審觀唯自想	唯定觀自想
如是住內心	菩薩住於內
知所取非有	入所取非有
次能取亦無	次觀能取空
後觸無所得	後觸二無得

這是《攝大乘論》入所知相第十「二智差別章」所引用。亦即，如同阿賴耶識是一切雜染法因，能夠入所知相，完全是「多聞熏習」之力，顯示一切清淨法因是「多聞熏習」。《攝論》中，顯示了二智差別（即聲聞現觀與菩薩現觀）的十一種差別，引用此文作為教授二頌。但是，《集論》法品中，對於「瑜伽地云何當知」，舉出持、作、鏡、明、依五種。說「云何明」的「明」是「能取所

取無所得智依」，並以「佛薄伽梵妙善宣說」的方式引用此道理。因此，本文在《分別瑜伽論》中或許是佛語。如果《分別瑜伽論》的源泉是《解深密經》第三、《分別瑜伽品》第六，當作佛語，絕不會錯。安慧在論義下也引用此頌。《成唯識論》第九、說加行位相的順抉擇分部份也有引用。本頌雖然僅有二頌，但以教授之頌而言，是唯識學上最重要的頌。世親對此也有詳細的解釋。

釋曰：為入真觀授以正教，於此義中說其二頌。

「菩薩依定位、觀影唯是心」者、謂觀似法似義影像，唯是其心。誰能觀、謂菩薩在何位，於定位。

「義想既滅除、審觀唯自想」者、謂此位中義想既遣，審觀似法似義之想唯是自心。

「如是住內心」者、如攝自心住於無義，既是令心住於內心。

「知所取非有」者、謂了所取義無所有。

「次能取亦無」者、由所取義既是非有故，能取心能取之性亦不得成。

「後觸無所得」者、謂從此後觸證真如，由此真如無所得，故名無所得。

（唐・玄奘譯）

論曰：「菩薩在靜位、觀心唯是影」。釋曰、唯菩薩人在寂靜位，能作此觀法，義實無所有，心似法義顯現，故說唯是影。

論曰：「捨離外塵相、唯定觀自想」。釋曰、若人在寂靜位中，已了別心唯是影，能除外塵相，是自心似法及義相起，作如是觀。

論曰：「菩薩住於內」。釋曰、若菩薩心如此得住實無有塵，心緣內心起，不緣外塵，故住於內，若住於內，此心定，何所觀。

論曰：「入所取非有」。釋曰、是所取義實無所有，菩薩能見所取境空。

論曰：「次觀能取空」。釋曰、由所取義既實非有，世間所說心是能取，如此道理亦不得成，是故，觀行人亦不見有能取心，前已不見所取，後又不見能取，是時觀行人有何所得。

論曰：「後觸二無得」。釋曰、真如非所取、非能取、以無所得為體，故說真如為二無得。是人先已入無相性，次入無生性，後入真如無性性，觸以入得為義，由入得真如，故名為觸。

前兩偈與後兩偈異相云何。

前兩偈約名義及假說，顯四尋思及四如實智，為方便得入真觀。

後兩偈明三性體及三無性。

又前兩偈顯正教，明入三性及三無性。

後兩偈顯所入三性及三無性。

（陳・真諦譯）

在此正依論上，也可看出唐陳兩譯對同一個世親釋的具略與差異。不論如何，不只《攝論》明確引用《分別瑜伽論》，《大乘阿毘達磨集論》也引用此偈，顯見《分別瑜伽論》確實是《攝論》的正依論之一，並與《攝論》正依經之一的《解深密經》分別瑜伽品有直接關係。

我們在第一正依論已詳述新舊兩家的相異，在第二正依論也提醒了兩譯《釋論》的具略。

第三節　《莊嚴》第三

《攝大乘論》的第三正依論，我舉《大乘莊嚴經論》頌。

自古以來，認為本頌是無著造，列維教授（Sylvain Levi）也認同本書的梵文原典及佛譯，都是無著之作。這個說法大概始於《開元錄》序中的「無著菩薩纂」。但在印度，堅慧在其著作《入大乘論》中以「如彌勒菩薩經中說」引用本論；中國淄州的慧沼在《了義燈》說，頌是彌勒作，釋是世親作；西明寺的圓測在《深密經疏》四，明白道破「舊相傳無著菩薩造者謬也」，也主張彌勒說。最近，宇井伯壽教授也根據這些資料主張彌勒說，而我，徵諸《攝大乘論》，認為本頌是彌勒所作，極有道理。造論時引用其他經論的目的，是欲藉其他經論立證自己的教學，無著作為彌勒的傳承者，已經引用彌勒作的兩論，而且不可能引用自己的頌來立證自己的教學，因此我認為本頌不是無著所作，而是其師彌勒之作。如果真是這樣，那麼，《攝論》依用的三論都是彌勒的述作，這在論系研究上值得注意。而無著在《攝論》中的唯識教學，從引用的正依論來看，也是自證他完全傳承了彌勒的教學。

現在，從《攝論》依用引證本頌哪些文句，以明確顯示其自證。事實上，《攝論》只是在「入所知相分」第四下、以《大乘經莊嚴論》說而引用本頌的五現觀伽陀。詳細對照研究時，本頌及《攝論》頌的關係就如呂澂暗示的一般，單以「頌云」，並未揭示題號，在諸品中，能所依兩論之數多達三十餘處。

△《攝大乘論》本	△《大乘莊嚴經論》
一、所知相分第三	一、述求品第十二
(1)亂相及亂體頌	(22)色識為迷因偈
(12)自然自體無頌	(47)自無及體無偈
(13)由無性故成頌	(48)無自體故成偈
二、入所知相分第四	二、明信品第十一
(1)入趣諸有情頌	(11)人身及方處偈
	三、功德品第二十二
(4)現前自然住頌	(16)安相在心前偈
	四、真實品第七
(10)福德智慧二資糧頌	(7)福智無邊際偈
(11)若知諸義唯是言頌	(8)已知義類性偈
(12)體知離心無別物頌	(9)心外無有物偈
(13)慧者無分別智力頌	(10)無分別智力偈
(14)佛說妙法善成立頌	(11)緣佛善成法偈
三、入因果分第十	五、度攝品第十七
(4)數相及次第頌	(1)數相次第名偈
四、果斷分第十	六、功德品第二十二
(1)諸凡夫覆真頌	(39)覆實見不實偈

(2)應知顯不顯頌	(40)不見見應知偈
五、果智分第十一	七、菩提品第十
(3)種性異非異頌	(71)性別及不虛偈
(28)眾生罪不現頌	(15)譬如水器壞偈
(29)或現正等覺頌	(16)譬如火聚性偈
	八、述求品第十二
(38)為引攝一類頌	(51)引攝諸聲聞偈
(39)法無我解脫頌	(50)法無我解脫偈
	九、敬佛品第二十四
(6)憐愍諸有情頌	(1)合心及離心偈
(7)解脫一切障頌	(2)一切障解脫偈
(8)能滅諸有情頌	(3)能遠彼惑起偈
＊	＊　＊
(21)由三身至得頌	(16)三身大菩提偈
(22)尊成實勝義	(18)成就第一義
(23)無盡無等德	(19)無盡等功德

如上，可以明白《攝論》是如何依據《大乘莊嚴經論》頌。此論頌也是彌勒正依三論中與《攝論》交集最多的一部。

至於《大乘莊嚴經論》頌在彌勒論中的位置如何呢？本頌出自緣起品至敬佛品的二十四品，從品名來看，都和曇無讖漢譯的《菩薩地持經》十卷幾乎一致。該經是《瑜伽師地論》本地分菩薩地種性品至建立品的部份翻譯。因此，《攝大乘論》可說是也繼承了《瑜伽師地論》菩薩地的教說。

回頭再看，正依論第二失傳而不明，但第一不論是真諦譯或玄奘譯，教義都明顯以無相為基調。在真諦譯中再尋同一基調的譯作，最具代表性的可能是《決定藏論》等。如同《菩薩地持經》就是《瑜伽論菩薩地》的另譯，《決定藏論》

也是《瑜伽論》抉擇分五識身相應地意地的另譯，在此，《攝論》的教學也同樣和彌勒的《瑜伽論》有所交集。

第四章　對譯研究

第一節　組織內容

《攝論》有唐、隋、陳、魏、西藏五種譯本，世親及無性的《攝論釋》，則有漢譯三種和西藏譯本，藉由對照研究這些論釋，我們得以通曉《攝論》的真意。《攝論》如其題號所示，或許應該名為大乘教概論。如同《大乘莊嚴經論》、成宗品第二的略述，對於有人質疑大乘非佛說，揭示「不記亦同行、不行亦成就、體非體能治、文異八因成」等八種義，舉出大乘佛說論。無著畢生致力於弘傳大小相違及大乘佛教，《攝大乘論》以十種殊勝語（即十種要目）為目標，正是高倡大乘佛說、大乘殊勝的無著大乘佛教概論。因此，在開卷總標綱要分第一，即舉出第一所依、第二所知相、第三入所知相、乃至第十彼果智等十義，以「顯於大乘真是佛語」（唐譯）「顯於大乘是佛說」（陳譯）作結。著者進而說明十義次第順序，結束總論，正式進入《攝論》的十種各論。

十義的次第順序是境、行、果，前三相是境唯識，迷界凡夫應由十二緣起而知五道流轉依止何物。說此依止是第八阿賴耶識的第一章即是「第一、應知依止相」。我們可藉此脫離印度諸外道的一切我論，免於墮入自在天等的超越神、即不平等因果。其次，我們必須知道其正相，以脫離有無邊執。這是第二章「第二、三性應知相」。此三性相是畢竟唯識，因此我們只能藉由唯識悟入三性相。這是第三章「第三、應知入相」。以上三相，一般名為境唯識。

接下來的五相，是所謂的行唯識，應該悟入前面的唯識，立因果二位。亦即，明示在因位修行不淨品二波羅蜜、至果位修行清淨六度的，是第四章「第四、入因果相」。第五章的「第五、相入因果修」，是顯示因位的修行有十地差別。而十地修行中，另出所修的戒定慧三學，即是「第六、依戒學相」「第七、依心學相」「第八、依慧學相」三章。

藉由上述的五相修行，人人可得有為無為果。無為果是無住處涅槃，第九章的「第九、學果寂滅相」說此。有為果是三種佛身，即是第十章的「第十、智差別相」，相對於前面的因唯識，第九、第十兩相名為果唯識。

總之，《攝論》的十種勝相大略可分前三和後七。後七相只是第三因果位的開展，因此，《攝論》的教學內容，可謂盡在前三相。在各譯本中，陳、隋兩譯的分科相同，研究上極為方便，以下即藉陳譯，詳見前三相的組織及內容。

第一、應知依止勝相。

本章由1.眾名品，2.相品，3.引證品，4.差別品等四品構成。1.眾名品是藉由諸經論舉出阿賴耶識的異名，證明第八阿賴耶的實在。與《成唯識論》的五教證比較，本品只缺《楞伽經》一證。2.相品揭示阿賴耶的三相及種子、現行的關係，說本識如何生起諸法。3.引證品是辨證若無本識、則雜染清淨法不成就、故立本識以供說明的理由，相當於《成唯識論》的十理證。4.差別品是分別差別能薰識及所薰識。可見，第一應知依止相專門在證明第八識的實在，同時說明第七識，眾名品是知道八識的自相，相品及差別品顯示八識的相互關係。

第二、應知勝相。

本相也分為四品。1.相品是顯示三性自相，說萬法唯識。2.差別品說依他法的差別，證成唯識義。3.分別品顯示三性的體緣立名、三性非一非異的關係及三性的品類，種種分別。4.顯了意依品說四意四依，說明大乘教解釋的方規，顯示若人通達此三性時，能明一切法。如此，我們可藉1.相品，2.分別品知道三性的自相，藉3.分別品等明白三性的關係及三無性義。

第三、應知入相。

本相分為十品。其中，1.正入相，2.能入人，3.入境界，這三品是顯示甚麼樣的人藉甚麼原因進入唯識。4.入位，5.入方便，6.入資糧三品顯示悟入唯識是依何階位、又使用何種方便資糧。7.入資糧果，8.二智用，9.二智依止，10.智差別四品是明示悟入唯識的結果，說明已上初地、得根本智和後得智的狀態如何。

我們概觀《攝論》的組織及內容後，進而對照研究各譯。

第二節　對譯研究

關於《攝論》的對譯研究，大致可分為兩類。

一、文相的對譯研究

二、教義的對譯研究

文相的對譯研究是以漢譯、西藏譯各本的文章，逐字研究其譯詞、字句、有無、脫落或譯者篡改、增補等。例如，唐譯的「圓成實相」在隋、魏兩譯是「成就相」，陳譯是「真實性相」、藏譯是「Yons-su-Grubpa」。又、世間淨品的結語「如是世間清淨」，漢譯諸本皆有，藏譯獨無。又如，所知相分引用的般若經文，唐譯不見，陳、藏兩譯皆具備全文。如此，必須耗費時日，做出文相的詳密研究，因為教義的對譯研究，必須根據正確無誤的文相。我們不厭其煩進行漢譯各本的對譯研究，另外附錄山口益君校訂的西藏譯本，目的在於讓眾人可以輕易知曉文句的出沒、有無、相異等。因此，在本章，文相的對譯研究交由讀者自行閱讀，然後以陳譯為主，直接進行教義的對譯研究。以陳譯為主，是因為無著的唯識教學是陳真諦專門傳譯到中國、而有以該譯為主的攝論學派，在新舊唯識教義上，陳譯是最重要的譯本。但是，在《攝論》新舊教義上，需要對照諸譯的問題極多，歸納為下。

第一、關於三性義

第二、關於三無性

第三、關於八識義

第四、關於成佛修

攝論十種勝相中，第一應知依止僅證明第八識的實在，各譯本有關第八識的內容有種種論議，但對第八識的實在，則無任何異論。因此，教義的對譯研究重點在於第二應知相、即三性以後的部份。我們就先明示諸譯、尤其是陳譯的特徵，從三性問題開始研究。

第一、關於三性義

所謂三性，唐譯是遍計所執性、依他起性、圓成實性。陳譯是分別性、依他性、真實性。依據菩提流支譯的《深密解脫經》第二，則是虛妄分別相、因緣相、第一義相。所謂三性義，是論證依止勝相的根本主觀存在證明後產生的所知相狀的三狀態，進入這個問題，唯識教學也進入開顯根本主觀內容、認識客觀的範圍。因此，關於三性義，《攝論》和《釋論》的各譯本皆極詳細。《釋論》有關三性義的說明，唐譯世親釋佔有第四、第五兩卷，唐譯無性釋佔有第四、第五兩卷，隋譯世親釋佔有第四、第五兩卷，陳譯世親釋也佔有第五、第六兩卷。考察各譯，在列舉陳譯的特徵之前，先揭示陳譯的三性定義。

非有虛妄塵顯現依止，是名依他性相。

分別性相者實無有塵，唯有識體顯現為塵，是名分別性相。

真實性相者是依他性，由此塵相永無所有，此實不無，是名真實相。（《陳譯攝論釋》第五）

(A)依他、虛妄分別名為執無為有的分別。

何者依他起，謂阿賴耶識為種子，虛妄分別所攝諸識。（《唐譯攝論釋》第四）

分別無為有，故言虛妄，分別為因，虛妄為果。亂識及亂識變異，即是虛妄分別。分別即是亂識，虛妄即是亂識變異。（《陳譯攝論釋》第五）

唯識學通常說從本識種子生起的虛妄分別識是依他起性，但陳譯說虛妄分別是分別無為有的分別。認為其分別是本來無體處變異生起身識等十一識差別有相的亂識作用，這裡又暗示了無相皆空的基調。

(B)分別性是依他性的變異

《陳譯攝論》第五說依他性是一面分別性，「此依他性為分別因，是所分別故成分別。」本論各譯都同調，但陳譯釋論的「分別因義」建立二義，即「依他性有兩義，若談識體從種子生，自屬依他性。若變異為色等相貌，此屬分別性。」亦即，種子生現行是依他性，識體變異成相見二分時屬於分別性。第二義與唐譯所傳的不同，此處亦藏無相的影子。

(C)本識為依他性，餘識為分別性

竪論本識的變異時，八識的關係是七轉第八，橫論時則是分別所分別的關係。因此，豎論的時候，陳譯以第八識為依他性，餘識為分別性。

於世間中離分別依他二法，更無餘法，阿梨耶識是依他性。餘一切法是分別性。此二法攝一切法皆盡，三界唯有識故，是故，離二法異因不可得。（陳譯《攝論釋》第二、更互為因果章）

依他性若變異為色等相貌，此屬分別性。（同第五）

本識是依他性，即是正因。所生一切識，即是本識所生果。謂七識即是

分別性、相識即是器世界及六塵，亦是本識果，亦是分別性。（同第八、二智用章）

根據這段文章，只有本識是正因所生、是依他性，其餘七轉識及器世界等都是本識依他性變異性的果、是分別性。但只有陳譯有這段文字，不僅其他譯本皆無，也異於唐譯以依他性通諸識、遍計所執（即分別性）是當情現無體法的說法。

(D)分別性境也能作為所緣緣。

唐譯將此分為境與所緣緣，所緣緣常限定為有體有用之法。但陳譯不分境與所緣緣，分別性境也能當作所緣緣。陳譯攝論先定義依他性是「非有虛妄塵顯現依止，是名依他性相」，《釋論》則解釋如下。

非有物、而為六識緣緣，故言虛妄塵。似根塵我識。生住滅等心變異明了言顯現。（陳譯《攝論釋》）

(E)真實真如性也成執依。

唐譯說人人對真如有種種計度，真如是已上初地分證，不能成為執的所依。新唯識學認為，縱使對真如做種種計度，但因為那個真如是識變真如，不是真如自體，即使真如起有無之執，真如自體也不能直接成為執依。但在陳譯、即舊唯識學，是以無相為基調，因此真實性真如也會成為執依。

分別性、實無有體，執言是有，名為增益。實有真實性、執言是無，名為損減。（陳譯《攝論釋》第一）

(F)三性同體、因修道方便而差別

三性是迷界虛妄法。依他、分別二性其體無，是與真實性真如同體，三性絕不該做根本性的區別。真諦等舊學派認為，這是迷執生起的次第，是為轉迷開悟、修行佛道而暫且分為三。因此，陳譯攝論有成依他性、真實性的別義。

論曰：此依他性或成真實，如所分別實不如是有故。

釋曰：依他性變異，為色等所分別塵，此塵實不如所分別是有。約依他性明塵無所有，即以依他性成真實性，為存有道故，不明依他性即是無為真實性。（陳譯《攝論釋》第五）

亦即，所分別法如凡夫的分別，因為無相，故依他性成真實性。這個意思，各譯相同。但陳譯釋論又指出依他變異成色等塵、以及依他性即真實性。依他、真實雖是同體，但差別兩者，是為顯示滅道二諦的差別，是為修道方便而說。唐譯雖說依圓二性是「不一不異」或「不即不離」（參照《成唯識論》第八），但未說三性同體和以此為「為存有道」的方便說。

總之，陳譯與各譯不同，有這些特徵，大概是因為無著的教學傾向無相論的關係。

第二、關於三無性

陳譯攝論雖然詳述三性，但關於三無性，只有下述二頌。蓋三無性是「具遣三性」的大法，是語言的極限思想。

○

由自體非有、自體不住故
如取不有故、三性成無性
由無性故成、前為後依止
無生滅本靜、及自性涅槃
—應知勝相分別章第三

○

名義互為客、菩薩應尋思
應觀二唯量、及彼二假說
從此生實智、離塵分別三
若見其非有、得入三無性
—應知入勝相二智差別章第一

此頌相當於隋譯釋論第六、唐譯釋論的內容。

不過，「得入三無性」這句在隋譯是「即入三無性」，唐譯沒有「無」字，是「是即入三性」。又、隋譯雖然前面提到「三無性」，但釋中完全沒提三無性，只解釋三性。更何況是沒有「無」字的唐譯。如果隋譯的「無」字是後世竄入的，那就只能認為三性和三無性是同一義。隋譯攝論出現兩次三無性這個詞，但隋譯釋論中，第二文釋只說三性，第一文釋只出現一次。唐譯只在本論和釋論各出現一次。陳譯攝論也看到兩次，釋論有關無性的字句多達十餘處。現在根據陳譯《釋論》，略為考察陳譯無相的意義。

(A)大乘佛教是三無性主義

（一）「大乘有三義，一性、二隨、三得。性、即三無性。隨、即福德智慧行、所攝十地十波羅蜜隨順無性。得、所得四果。」（陳譯《釋論》依心學相、大乘光三摩提釋）

（二）「一切佛法以無所得為性。此是正說，由三無性，不可定說有無故。」（同上）

（三）「菩薩所知彼岸即三無性理」（同上）

（四）「大乘甚深威德有三種，一如意、二清淨、三無變異理，即三無性理。」（同上）

（五）「通法有四品，謂下中上上上。下品謂一切有流苦，中品謂一切有為無常，上品謂一切法無我，上上品謂三無性。」（同上、入勝相第三）

徵諸陳譯的攝論，至少，無著的大乘佛教是無性無得主義，大乘的甚深威德當然是一切佛教的上上品，也是三無性。實際上，菩薩所知的彼岸也是三無性。另外，關於十殊勝義，不僅陳譯釋論第七、入勝相第三說「復次、三性名應知，同一無性故名勝相」，也在第十解釋「入因果修差別勝相」，說「唯識智名入三無性為勝相」。因此，不能否定攝論所謂的大乘對小乘之十殊勝，正是三無性。

(B)三無性即是真如。

（一）「三無性真如本無污染」（陳譯第三）

（二）「唯識處即三無性真如」（同上第八）

（三）「三無性所顯人法二空、名非安立諦」（同上第八）

（四）「已入三無性，即無分別智，名無分別般若。」（同上）

（五）「真實是三無性」（同第十三）

如同這些釋文顯示，陳譯攝論雖未說明三無性同一真如義，但在釋論中有進一步的說明。此非唐譯新義等人所想。

(C)三無性是所悟境

依據陳譯，唯識最後的目的是悟入三無性。陳譯釋論第八以蛇繩藤之喻說明藉由四尋伺、四如實觀法悟入三性的狀態，以解釋三無性，值得注意。

分別性……顯現似蛇……蛇智顯現……不聞三無性

依他性……了別是藤……藤智顯現……悟入分別、證無相性

真實性……了此四塵……藤智滅除……入無生性

同譯論第八，解釋「名義互為客」之頌如下。

菩薩見名義互為客，入異名義分別性。若菩薩見名自性假施設差別，假說唯分別為體，得入分別無相性。若菩薩但見亂識無六種相，此亂識體不成故，不可說。因緣不成故不可執有生死。此中分別既無，言說亦不可得，則入依他無生性。若菩薩見此二義，有無無所有，則入三無性非安立諦。

約相似觀說明分別依他，約真實觀說明真實性及三無性。在同釋第八也說，「由此智（四如實智）故菩薩入真義一分，謂無相性，未入無生性及無性性。」根據這些釋文，三無性略有二義，一是三無性有差別，順次差別三無性而得證悟。二是三無性同體，以三無性為非安立諦，於初地證得。新譯唯識家對於悟入三性，立有三說，一、偏依圓次第，二、依遍圓次第，三、圓依偏次第（《了義燈》七本），前二次第是相似觀，後二次第是真實觀，說悟入的順序。因此，說三無性有差別，是新舊兩家相通，但說三無性同體證悟的想法，只在攝論舊義。

第三、關於八識義

(A)關於第八識

阿黎耶識、心、意、阿陀那、第一識、果報識、有分識。（《攝論》）

阿羅耶識、盛識。（《決定藏論》）

緣識（《中邊分別論》）

顯識（《顯識論》）

轉識、果報識、本識、宅識、藏識（《轉識論》）

從諸論考察第八識的內容，知道其有二種法相，一、八識建立的法相，二、九識建立的法相。

關於八識建立的法相，在陳譯攝論的法相中，第八識有真妄兩面，真是解性如來藏，能和合聞熏習，成聖人依，妄是差別諸法之因。九識建立

是《決定藏論》、《無相論》等的法相，第八識只是妄法、是生死流轉因。因此，另外需要成為還滅涅槃種子的東西，如來藏真如就是因為這個需要而立，而建立第九識。嘉祥在《中論疏》第七舉如下二說。

攝大乘論師以八識為妄、九識為真實。

又云、八識有二義，一妄、二真。有解性義是真，有果報識是妄用。

這是併舉以真妄配屬八、九兩識的決定藏論和認為第八識中有真妄二面的攝論之說。承認第八識中有真妄兩個要素，大概是根據陳譯攝論第二熏習章等。該章指出，熏習因同生同滅而成，是欲等習氣的心變異生因，以及是多聞習氣的心明了生因。這兩個生因是流轉還滅之因，陳譯攝論認為後者具有特殊意義。

聖人依者、多聞熏習與解性和合，以此為依，一切聖道皆依此生。（陳譯《攝論》第三）

如果第八識是唯識的根本原理，那麼，第八識必須是流轉的根本，同時也是還滅的依止。彼解性如來藏也必須在第八識上求得，不能在他處求。因此，陳譯攝論釋第一眾名章中，解釋本論引用的《阿毘達磨經》頌「此界無始時、一切法依止、若有諸道有、及有得涅槃」如下。

此界有五義。

一體類義。一切眾生不出此體類，由此體類，眾生不異。

二因義。一切聖人法、四念處等緣此界生故。

三生義。一切聖人所得法身，由信樂此界法門故得成就。

四真實義。在世間不破，出世間亦不盡。

五藏義。若應此法自性善故成內若外。此法雖復相應，則成殼故。

第一釋說「界」是解性如來藏。本識如來藏是無始的依止，也能藉此再說流轉還滅。第二釋有

復次，此界無始時者，即是顯因，若不立因可言有始。一切法依止者，由此識為一切法因故，說一切法依止。

這也是把「界」當做「因」，來解釋本頌。關於第二釋，隋唐譯也相同，但第一釋的解性如來藏，只有陳譯釋論有這段文句，算是一個特徵吧。而這「界」的五義釋，相當於《勝鬘經》、《佛性論》第二的佛性五義、《顯識論》的性五義、陳譯《攝論釋》十五的法身五業法界五義

等，值得注意。總之，解性如來藏在流轉門時，只成自體殼，在還滅門時，可與聞熏習和合，顯現其體用。此即攝論說「聖人依者、聞熏習與解性合以此為依」的理由。

《成唯識論》第三同樣引用這個界頌以證第八的實在，解釋「界」為「界是因義，即種子識，無始時來展轉相續，親生諸法故名因。」此義與隋唐兩譯攝論及陳譯第二釋符合一致。

總之，真諦譯有八識建立和九識建立之別，九識建立是另外分開八識的解性清淨分，這在陳譯攝論的八識說中第八識包含兩個意義可以證明。因此，陳譯攝論釋的三性和染淨的關係如下。

法有三種，一染污分、二清淨分、三染污清淨分。依何義，說此三分。於依他性中，分別性為染污分。真實性為清淨分。依他性為染污清淨分。（陳譯《攝論釋》第六）

陳譯的第八識，因為本識依他，故具有染污清淨二分。此即真妄和合識，也是陳譯的本識有真妄二面的理由。陳譯攝論的二釋及本識具有雜染清淨二面，相當於無著其他著作中、無相論的淨不淨雙重唯識，或十八空論的方便正觀唯識。因此，陳譯攝論的第八識包攝無相論、十八空論所明的亂識及阿摩羅識，若是生起亂識諸法的不淨品唯識時，第八識成「因」義，若諸法體是唯一如如的淨品唯識時，第八識成「解性如來藏」義。[3]

(B)關於三種梨耶

前面論述了第八識包攝真妄二種，現在進而分解其義，第八識中的妄用分為因果二相，成三種梨耶識。西明寺圓測在《解深密經疏》第三介紹真諦的學說。「第八識阿黎耶識自有三種，一解性梨耶，有成佛義。二果報梨耶，緣十八界，故《中邊分別論》偈云，根塵我及識、本識生似彼，依彼論等說，第八識緣十八界。三染污阿梨耶，緣真如境，起四謗，即是法執非人執，依安慧宗作如是說。」看來，三種梨耶的差別似乎依據《攝論》的賴耶三相而立。以下稍明其義。

3 參照西明寺圓測著《解深密經疏》第三及《仁王經疏》第三。兩著的九識說差異大致如下。
第九阿摩羅識（真如）

一、深密經疏	1. 所緣義：真如、實際	2. 能緣義：無垢、本覺
二、仁王經疏	1. 在纏位：如來藏	2. 出纏位：法身

一、解性梨耶大概是約賴耶自相而立。我們可在《陳譯攝論及釋》中找到。

論曰：立自相者、依一切不淨品法習氣，為彼得生，攝持種子，作器是名自相。

釋曰：自相義如何，依一切不淨品法熏習，此識最勝，為彼得生功能。相復云何，謂攝持種子。如何攝持，熏習成一，故言攝持。

這段文字說明梨耶自相為有為或無為，但自持顯然是攝持種子、和種子成為同一體。同時，解性是如來藏真如。因此，解性阿梨耶成立在賴耶三相的自相上，但這自相的意思和唐譯說的不同。

二、果報梨耶大概是約賴耶的果相而立。我們可從《唐譯攝論》第三的異熟差別、《陳譯攝論》第四的果報差別、及《轉識論》「果報識者為煩惱業所引、故名果報」中得證。果報梨耶是緣十八界，如《中邊分別論》上所述：「本識能變似（六）塵、（六）根、我（第七識）、識（六識）四種」。

三、染污梨耶是緣真如境、起四謗。攝論的第八識是真妄和合的梨耶，故該論是只約自相、果相二義而說解性果報梨耶。《顯識論》的「虛妄熏習種子能增長本識」的釋云：「本識緣如如，起四謗，是虛妄熏習種子，同是虛妄。是故熏習能增長本識，譬如甜物能增長淡。淡亦是甜性，同性故能增長。」四謗是有、無、亦有亦無、非有非無。我以為陳譯攝論釋第十二的下述文章，勉強可說是同樣意思。

諸法無言說故，無言說中，強立言說，故名戲論。

言說有四種，即是四謗。若說有、即增益謗。若說無、即損減謗。若說亦有亦無、即相違謗。若說非有非無、即戲論謗。並得無分別智，不可以言說顯示故，稱無戲論無分別。（《陳譯攝論》第十二）

這個意思在唐譯玄奘系統，符合唯識性真如時是能緣見分和所緣真如，兩者的關係是能所緣平等。但在攝論，不能分解有為無為、能緣所緣、與真如契會，從能所平等的方面視無分別智與真如同體。這也是嘉祥在《中論疏》七末說「攝論師云，波若是正體，智是無為」、認為般若是根本無分別智、根本無分別智即無為真如的理由。

(C)本識變異成諸識

龍樹的能緣所緣中觀教學一進展至無著世親的能變所變唯識教學，就需要能變依止了。應此要求而樹立的能變依止，又成為一切說明的根本原理，此即唯識原理。這也是無著和其他唯識教學的人一樣，在攝論開卷先藉教、理二證以立證第八能變本識實在的理由。我們略觀《陳譯攝論》的第八本識特徵，考察能變本識及其他諸識、即攝論八識的要旨。

唯識學中，將八識配屬為心、意、識三法，亦即三個「群」中。八識配屬三法的說法遠在《瑜伽論》第六十三、近在三十頌述記四末中可以找到。第八本識聚集諸法種子故，以「積集」為義的「心」義勝出。第七識恆審思量故，以「思量」為義的「意」義顯著。前六識了別粗境故，了別義勝出。因此，八識之中，第八識配屬為心，第七識配屬為意，前六識配屬為識。這是大致說法，剋實而言，如慈恩所說，八識皆可說是心意識。但陳譯攝論說八識有如下配屬意、心、識之義。

尋第三體離阿梨耶不可得，是故阿梨耶識成就為意。

離第一識，無別識體為第二識因及生起識因，佛說心名，此名目第二識。

佛說識名，此名目第一義。何以故，第二識及生起識，若前已滅，後識欲生，必依第一識，及能生自類，說名意根。（陳譯攝論釋）

只有陳譯將第八本識配屬為意，可能是他認為第八識是有相迷妄的根本及八識體一，八識之別只是粗細而已。因此，第八本識和第七識之間，有自然通局兩意的存在，名為「阿陀那識」，或認為是第八識的異名，或以之為第七識的別名，如釋論第一和所引《解節經》文所述。

論曰：有染污與四煩惱恆相應。

釋曰：此欲釋阿陀那識。

阿陀那識若未滅，變異本識生六識，起四種上心顛倒。

論曰：所餘生起識種種相貌故。

釋曰：所餘即阿陀那識生起，即六識變異為七識。即是本識相貌。

阿陀那識及六識為不淨品因緣故。

《顯識論》、《轉識論》及世親的《佛性論》第三，也都以之為第七識。隋唐兩譯有四處出現阿陀那名，但都是第八識。唯有陳譯，阿陀那通七、八兩識，這是因為無著的教學主張本識變異成七轉識。本識如何變異成七轉識？陳譯的三性論說，依他性七轉識配屬依他變異的分別性故，七轉識自然有第八本識的相貌。

論曰：本、識識。

釋曰：一識，謂一本識。本識變異為諸識，故言識識。今不論變異為根塵故，但言識識。

論曰：所餘生起識、種種相貌故。

釋曰：所餘即阿陀那識生起，即六識變異為七識，即是本識相貌。

論曰：復因此相貌生故。

釋曰：以七識熏習本識為種子，此種子復變異本識為七識，後七識即從前相貌種子生。（陳譯攝論釋第五）

七轉識是第八本識變異的相貌。因此，種子生現行、現行熏種子的教義，不外是其相貌與本識的關係。雖然建立差別八識，其體也只是第八本識這一識。諸識諸法不外是第八本識中的波瀾。

徵諸唐隋兩譯，唐譯的本論和釋論都缺此文，隋譯只有本論有，釋論則無。因此，本識變異為轉識，是陳譯攝論別於其他的重大特徵之一。此義相當於《中邊分別論》的「所謂本識能變異塵、根、我、識」。

第四、關於成佛修行

(A)有一乘皆成佛義

若本識是如來藏、人可藉由多聞熏習而還滅成道，那麼，理該一切眾生悉皆成佛。攝論不說本有種子，而說一乘十義，反以一乘為方便說，承認五性各別。表面上，新舊唯識都同樣承認這點。因此，若徹底探究「多聞熏習」之義，必定是一性皆成，所以陳譯的攝論字面上可看到此思想的萌芽。

如來成立正法有三種，一立小乘、二立大乘、三立一乘。於此三中，第三最勝，故名善成立。（《陳譯攝論釋》第八、二智差別章）

因法美味故生喜，由如來昔時學三乘十二部經。後成佛時各觀一切法，

無不從此法身生，無不還證此法身故，一切法門同一法身為味。（《陳譯攝論釋》第十三）

另外，陳譯攝論解釋佛陀救濟餘乘偏行的菩薩（退墮菩薩）及未定根（不定）性聲聞如下。

若依小乘未得定根性，則可轉小。若得定根性，則不可轉，如此聲聞無有改小為大義。如何一乘。今依大乘，未專修菩薩道，悉名未定根，故一切聲聞皆有可轉為大義。（同、第十五）

依據上述，陳譯的無著教學中，承認五性並且肯定一性皆成佛。唐代的賢首為中國佛教性相兩派進行性相融會，也是唯心教學的復古。

(B)承認在人我有無之上有凡聖區別

佛教在經論上，對人類有三乘五性、佛凡、凡聖等種種分類差別。但在新譯唯識學，我執分為分別俱生，分別是在初地入見時由生空觀而被斷盡，俱生是入修道後漸漸斷證。（《成唯識論》第一）。舊譯唯識則認為凡聖的區域線有二種，一是十解以上為聖者，一是十地以上為聖者。前者是以有無人我為基調，後者是以法我為中心。

菩薩有兩種，一在凡位，二在聖位。從初發心訖十信以還是凡位，從十解以上悉屬聖位。（陳譯攝論釋第三）

菩薩有二種，謂凡夫聖人十信以還是凡夫，十解以上是聖人。（同第四）

先於十解已通達人無我，今於初地又通達法無我。（同第十一）

陳譯以人我有無為基調的凡聖區域考察，可與新譯論者的二乘定性說相對。陳譯攝論第十五、十八圓滿第五「因圓滿」的釋下，更在菩薩十地的八地以上設下區域，「二乘善名出世，從八地以上乃至佛地，名出出世。」區分出世與出出世。這也是不見於新譯諸經論的特徵。

(C)關於十度別地別修其他

大乘經論普遍教知，菩薩常在十地修行十度，但關於修行時間和修行法，各經論多少有些不同。關於修行時間，一般是三僧祇說。三僧祇說在攝論各譯意義都同，只有陳譯列舉了三僧祇說、七僧祇說、三十三僧祇說等三說。其中，三僧祇說是分地前、七地以前、八地以後三阿僧祇，如同《解深密經》第四及《瑜伽論》四八所說。其實，七僧祇說和三十三僧祇說在時間上和三僧祇說一樣，但舉此二說為註記。至於菩薩的修行法，陳譯及其釋論如下。

論曰：於一切地不同時修行。

釋曰：隨別義諸地各修一度，故不同時。（《陳譯攝論釋》第十）

因此，攝論的不同修說，也是我們該注意的部份之一。

另外，陳譯對釋尊的受生，雖有化佛二十年中陰說，但這不是攝論的中心教理，所以省略不談。不過，化身二十年中陰說是出自《婆沙論》的釋尊二十年捨壽說。

以上，是我們對照研究漢譯諸本後，發現不僅文字語句有廣略具缺，教義也有不少差異。也因為此差異，中國的無著教學產生新舊兩義，後來更出現攝論學派和慈恩學派的對立。因此，我們認為，第一，任何譯本都應當作正本，把新舊唯識學都當作正統教學來研究。第二，不只應考察以攝論為正依的攝論學派教學，也應考察其與後來中國教學的關係和交集等，以明示攝論的教義。前者是極其困難的問題之一，新舊兩譯的爭論是譯出當時即發生的問題，因此唐傳第十三、法護傳即說，「太宗初入，別請名德五人，護居其列，自此校角攝論，去取兩端，或者多以新本确削，未足依任，而護獨得於心，及唐論新出，奄然符會，以為默識之有人焉。」

諸譯中何者為正譯，今天依然未解，或許有待將來原典的發現。然而，所謂原典，要看是哪個學派所傳。今天的原典學者都認為，未必只以原典為標準，因此，依據原典批判諸譯，或藉諸譯訂正原典，進行對照研究，在原典及諸譯上、以及同一著者的同一思想述作上尋求標準。這也是（一）我探求記述無著傳及其著作、或同一譯者同系列譯本述作，作為批判攝論教義材料的理由。（二）其次，攝論的引用經論，既然是攝論的源泉、骨架，精查這些傳承教義的源泉，是探索攝論教學正確與否及其內容的唯一管道，因此研究攝論的正依經論及其交集，以明示攝論的正意。（三）最後，全面對照諸譯攝論，一目了然其教義的同異，相同點即是著者的一般教學，相信無人有異論。因此，剩下的重要問題，就是諸譯的相異點。這個差異，是因為原典的差異？還是譯者的差異？是個重要問題。發現原典固然是為這個問題帶來光明的機會，但遲至今日，尚未發現原典，研究方法只能依據前兩項。長泉律院的普寂，對於傳譯不同，說法如下：

傳譯不同者，此中有二，初正明傳譯不同，後因歎疏不傳。初正明傳譯不同者，本末二論各有三論。本論三譯者，謂魏譯、陳譯、唐譯。釋論三譯者，謂陳譯、隋譯、唐譯。事緣出於續高僧傳可尋。世稱三論同本異譯矣。

寂竊謂、此非必同本也。所以知者，前譯有之，而後譯無之者，豈三五數也。

而其此有彼無者多，是從始入終之奇說也。蓋印度已有兩本流行，而傳譯不同乎。然兩譯之所有，無學者爭論云云。印度學人有規規乎始門者，削去從始入終之說，與有好樂終門者，增加從始入終之說，與此不易知也。

然譯本優降不可輒議焉，但所以余尚陳譯加之疏解者頗多矣。一者文義雅古，間有超情風。二者處處含容從始向終之趣。超情乃入理之梯隥，佛門之標幟也，豈可不崇哉。（普寂《攝大乘論釋略疏》卷一）

普寂研究時，四個譯本中，隋譯已逸失，根據其說，陳唐兩譯的不同，遠溯於印度的學者。亦即，印度佛學者的思想已有始終和權實兩個系統，兩譯的差異正是這些人筆下增刪所致。因為他們已先對無著的原典有所增刪，因此陳唐兩譯的原典也有差異。當然，未發現原典以前，這只是一種臆測。如果兩譯的差異真是印度學者的增刪所致，那麼，也有傳譯者增刪的可能性。因此，我們認為，真諦在傳譯之際，大概已知這個情況，努力在釋論中做補充。

不過，《一乘教分記》的冠註者認為兩譯的差異，是基於原典有具本和略本兩種。

但隋唐釋無此文者，梵本具缺，亦有異本，真諦三藏譯有此文。如是前前四方便影似聲聞，列十信等，雖隋唐本無彼文言、梁譯是具三十二祇，具足亦爾，隋唐二本譯闕，略本故無彼文。真諦三藏，豈私加之。

這是關於有無三十三僧祇說的論述，假設原典有具本和略本兩種，就是否定譯者添筆之說。但原典畢竟還未發現，本說也僅是私人想法。

另外還有一說。不對，應該說是真諦增刪說的理由。真諦譯傳當時，唯識十大家的巨頭護法還是年少，當時印度是安慧學說興盛的時代。因此，真諦也受其學說的影響，產生真妄和合的梨耶概念，而致陳唐兩譯的不同。當然，這應也是一種臆測說法。

迄至今天，有關攝論原典，有原典至少有兩種的說法，此說生起的原因，一說是學者增刪，一說是譯者添減。尤其是陳譯，一說真諦受安慧學說影響而有變化，或者自始原典即有具略二本。既然都是臆測之說，我們只能靜待原典的發現，若否，就如我前面的考察，採取內外三種方法，確實理解現今無著的教學正確與否。我們已經依據各譯本，考察了理解無著教學的三方法及其大要，以下即談《攝大乘論》衍生的攝論學派及其他，另顯攝論的教學如何。

貳、婆藪槃豆法師傳

真諦三藏譯　T50- No.2049

婆藪槃豆法師者。北天竺富婁沙富羅國人也。富婁沙譯為丈夫富羅譯為土。毘搜紐天王世傳云。是帝釋弟帝釋遣其出閻浮提作王為伏阿修羅。其生閻浮提為婆藪提婆王之子有修羅。名因陀羅陀摩那。因陀羅是帝釋名。陀摩那譯為伏。此阿修羅恒與帝釋鬥戰。謂能伏帝釋故有此名。毘伽羅論解阿修羅謂非善戲。即應以此名譯之。諸天恒以善為戲樂。其恒以惡為戲樂故有此名。亦得名非天。此阿修羅有妹名波羅頗婆底（知履反）。

波羅頗譯為明。婆底譯為妃。此女甚有形容。阿修羅欲害毘搜紐天。故將此妹誑之。以咒術力變閻浮提一處令陰暗。其自居闇處不令人見。令妹別住明處。語妹云若人欲得汝為婦。可語云我兄有大力。若欲取我必與我兄相違。若能將我兄鬥戰乃可相許。毘搜紐天後於明處見此女。心大悅之。問云汝是何人。答云我阿修羅童女。天云諸阿修羅女由來皆適諸天。我既無婦汝又無夫。今欲相取得見從不。女如其兄先言以答之。天云汝今惜我身故有此言。汝已愛我我豈相置。我有大力能與汝兄鬥戰。女遂許之即為夫妻。阿修羅後往明問毘搜紐天。汝云何輒取我妹為婦。天答云若我非丈夫。取汝妹為婦可致嫌責。我是丈夫無婦汝妹是童女無夫。我今取之正是其理何故見怪。阿修羅云汝有何能自稱丈夫。若是丈夫能將我鬥戰得勝當以妹適汝。天云汝若不信當共決之。即各執仗互相斫刺。毘搜紐天是那羅延身斫刺所不能入。天斫阿修羅頭斷即還復。手臂等餘身分悉爾。隨有斷處即還復。從旦至晚斫刺不息。阿修羅無有死狀。天力稍盡轉就疲困。若至夜阿修羅力則更強。明妃恐其夫不如。取鬱波羅華擘為兩片各擲一邊。明妃於其中行去而復來。天即解其意捉阿修羅身擘為兩片各擲一邊。天於其中得去而復來。阿修羅由此命斷。阿修羅先就仙人乞恩願令我身被斫刺即便還復。仙人施其此恩故後時被斫刺而不失命。仙人欲令諸天殺之故不施其擘身還復之恩。故後時由此失命。毘搜紐天既居此地顯丈夫能。因此立名稱丈夫國。此土有國師婆羅門姓憍尸迦。有三子同名婆藪槃豆。婆藪譯為天。槃豆譯為親。天竺立兒名有此體。雖同一名復立別名以顯之。第三子婆藪槃豆。於薩婆多部出家得阿羅漢果。別名比鄰持（定梨反）。

跋婆。比鄰持是其母名。紱婆譯為子亦曰兒。此名通人畜如牛子亦名紱婆。但此土呼牛子為犢長子。婆藪槃豆是菩薩根性人。亦於薩婆多部出家。後修定得離欲。思惟空義不能得入。欲自殺身。賓頭羅阿羅漢。在東毘提訶觀見此事從彼方來。為說小乘空觀。如教觀之即便得入。雖得小乘空觀意猶未安。謂理不應止爾因此乘神通。往兜率多天諮問彌勒菩薩。彌勒菩薩為說大乘空觀。還閻浮提如說思惟。即便得悟於思惟時地六種動既得大乘空觀。因此為名。名阿僧伽。阿僧伽譯為無著。爾後數上兜率多天諮問彌勒大乘經義。彌勒廣為解說隨有所得。還閻浮提。以己所聞為餘人說。聞者多不生信。無著法師即自發願。我今欲令眾生信解大乘。唯願大師下閻浮提解說大乘令諸眾生皆得信解。彌勒即如其願於夜時下閻浮提。放大光明廣集有緣眾。於說法堂誦出十七地經。隨所誦出隨解其義。經四月夜解十七地經方竟。雖同於一堂聽法。唯無著法師得近彌勒菩薩。餘人但得遙聞夜共聽彌勒說法。晝時無著法師更為餘人解釋彌勒所說。因此眾人聞信大乘彌勒菩薩教。無著法師修日光三摩提。如說修學即得此定從得此定。後昔所未解悉能通達。有所見聞永憶不忘。佛昔所說《華嚴》等諸大乘經悉解義。彌勒於兜率多天。悉為無著法師解說諸大乘經義。法師並悉通達皆能憶持。後於閻浮提造大乘經優波提舍。解釋佛所說一切大教。第二婆藪槃豆。亦於薩婆多部出家。博學多聞遍通墳籍。神才俊朗無可為儔。戒行清高難以相匹。兄弟既有別名故法師但稱婆藪槃豆。佛滅度後五百年中有阿羅漢。名迦旃延子。母姓迦旃延從母為名。先於薩婆多部出家。本是天竺人後往罽賓國。罽賓在天竺之西北。與五百阿羅漢及五百菩薩。共撰集薩婆多部阿毘達磨。製為八伽蘭他。即此間云八乾度。伽蘭他譯為結。亦曰節。謂義類各相結屬故云結。又攝義令不散故云結。義類各有分限故云節。亦稱此文為發慧論以神通力及願力。廣宣告遠近。若先聞說阿毘達磨隨所得多少可悉送來。於是若天諸龍夜叉乃至阿迦尼師吒。諸天有先聞佛說阿毘達磨。若略若廣乃至一句一偈悉送與之。迦旃延子共諸阿羅漢及諸菩薩簡擇其義。若與修多羅毘那耶不相違背。即便撰銘若相違背即便棄捨。是所取文句隨義類相關。若明慧義則安置慧結中。若明定義則安置定結中。餘類悉爾。八結合有五萬偈。造八結竟復欲造毘婆沙釋之。馬鳴菩薩是舍衛國婆枳多土人。通八分毘伽羅論。及四皮陀六論。解十八部。三藏文宗學府允儀所歸。迦旃延子遣人往舍衛國。請馬鳴為表文句。馬鳴既至罽賓。迦旃延子次第解釋八結。諸阿羅漢及諸菩薩。即共研辯義意若定。馬鳴隨即著文。經十二年造毘婆沙方竟。凡百萬偈。毘婆沙譯為廣解。表述既竟。迦旃延子即刻石立表云。今去學此諸人不得出罽賓國。八結文句及毘婆沙文句亦悉不得出國。恐餘部及大乘污壞此正法。以立制事白王。王亦同此意。罽賓國四周有山如城。唯有一門出入。諸聖人以願力攝諸夜叉神令守門。若欲學此法者能來罽賓則不遮礙。諸聖人又以願力令五百夜叉神為檀越。若學此法者資身之具無所短乏。阿緰闍國有一法師。名婆娑須拔陀羅。聰明大智聞即能持。欲學八結毘婆沙義於餘國弘通之。法師託跡為狂癡人往罽賓國。恒在大集中聽法。而威儀乖失言笑舛異。有時於集中論毘婆沙義。乃問羅摩延傳眾人輕之聞不齒錄。於十二年中聽毘婆沙得數遍文義已熟。悉誦持在心欲還本土。去至門側諸夜叉神高聲唱令。大阿毘達摩師今欲出國即執將還於大集中。眾共檢問言語紕繆不相領解。眾咸謂為狂人即便放遣。法師後又出門諸神復唱令執還遂聞徹國王。王又令於大集中更檢問之眾重檢問亦如先。不相領解如此三反。去而復還至第四反。諸神雖送將還眾不復檢問。令諸夜叉放遣出國。法師既達本土即宣示。近遠咸使知聞云我已學得罽賓國毘婆沙文義具足。有能學者可急來取。於是四方雲集。法師年衰老恐出此法不竟。令諸學徒急疾取之隨出隨書遂得究竟。罽賓諸師後聞此法已傳流餘土人各嗟歎。至佛滅後九百年中有外道。名頻闍訶婆娑頻闍訶是山名。婆娑譯為住。此外道住此山因以為名。有龍王名毘梨沙迦那。住在頻闍訶山下池中。此龍王善解僧佉論。此外道知龍王有解欲就受學。龍王變身作仙人狀貌住葉屋中。外道往至龍王所述其欲學意。龍王即許之。外道採華滿一大籃。頭戴華籃至龍王所。繞龍王一匝輒投一華以為供養。投一華作一偈讚歎龍王。隨聞隨破其所立偈義。即取華擲外。其隨施所立偈義既立還投所擲華。如此投一籃華盡。具破教諸偈。悉來就龍王。既嘉其聰明即為解說僧佉論語外道云。汝得論竟慎勿改易。龍王畏其勝己故。有此及其隨所得簡擇之有非次第。或文句不巧義意不如悉改易之。龍王講論竟其著述亦罷。即以所著述論呈龍王。龍王見其所製勝本。大起瞋妒語外道云。我先囑汝不得改易。我論汝云何改易。當令汝所著述不得宣行。外道答云師本囑我論竟後不得改易不囑我於說論中不得改易。我不違師教云何賜責。乞師施我恩我身未壞。願令此論不壞師即許之。外道得此論後心高佷慢。自謂其法最大無復過者。唯釋迦法盛行於世。眾生謂此法為大。我須破之。即入阿緰闍國以顯擊論義鼓云。我欲論義若我墮負當斬我頭。若彼墮負彼宜輸頭。國王祕柯羅摩阿祑多。譯為正勤日。王知此事即呼外道問之。外道曰王為國主。於沙門婆羅門心無偏愛。若有所習行法宜試其是非。

我今欲與釋迦弟子決判勝劣。須以頭為誓。王即聽許王遣人問國內諸法師。誰能當此外道。若有能當可與論義。于時摩㝹羅他諸師。婆藪槃豆法師等。諸大法師悉往餘國不在。摩㝹羅他。譯為心願。唯有婆藪槃豆法師。佛陀蜜多羅法師在。

佛陀蜜多羅。譯為覺親。此法師本雖大解年已老邁。神情昧弱辯說羸微。法師云我法大將悉行在外。外道強梁復不可縱。我今正應自當此事。法師即報國王。王仍剋日廣集大眾於論義堂。令外道與法師論義。外道問云沙門為欲立義為欲破義。法師答云我如大海無所不容。汝如土塊入中便沒。隨汝意所樂。外道云沙門可立義我當破汝。法師即立無常義云。一切有為法剎那剎那滅。何以故。後不見故以種種道理成就之是法師所說。外道一聞悉誦在口。外道次第以道理破之。令法師誦取誦不能得。令法師救之救不能得。法師即墮負。外道云汝是婆羅門種我亦是婆羅門種不容殺。汝今須鞭汝背以顯我得勝。於是遂行其事。王以三洛沙金賞外道。外道取金布散國內施一切人。還頻闍訶山入石窟中。以咒術力召得夜叉神女名稠林。從此神女乞恩願令我死後身變成石。永不毀壞。神女即許之。其自以石塞窟於中捨命身即成石。所以有此願者其先從其師龍王乞恩。願我身未壞之前我所著僧佉論亦不壞滅。故此論于今猶在。婆藪槃豆後還聞如此事歎恨憤結。不得值之。遣人往頻闍訶山覓此外道欲摧伏。其佷慢以雪辱師之恥。外道身已成石。天親彌復憤懣。即造《七十真實論》破外道所造僧佉論。首尾瓦解無一句得立。諸外道憂苦如害己命。雖不值彼師其悉檀既壞枝末。無復所依。報讎雪恥於此為訖。眾人咸聞慶悅。王以三洛沙金賞法師。法師分此金為三分。於阿緰闍國起三寺。一比丘尼寺。二薩婆多部寺。三大乘寺。法師爾後更成立正法先學毘婆沙義已通。後為眾人講毘婆沙義。一日講即造一偈攝一日所說義。刻赤銅葉以書此偈。摽置醉象頭下擊鼓宣令。誰人能破此偈義能破者當出。如此次第造六百餘偈攝毘婆沙義。盡一一皆爾。遂無人能破即是俱舍論偈也。偈訖後以五十斤金并此偈寄與罽賓諸毘婆沙師。彼見聞大歡喜謂我正法已廣弘宣。但偈語玄深不能盡解。又以五十斤金足前五十為百斤金餉法師。乞法師為作長行解此偈義。法師即作長行解偈。立薩婆多義隨有僻處以經部義破之。名為《阿毘達磨俱舍論》。論成後寄與罽賓諸師。彼見其所執義壞各生憂苦。正勒日王太子名婆羅袟底也。婆羅譯為新。袟底也譯為日。王本令太子就法師受戒。王妃出家亦為法師弟子。太子後登王位母子同請留法師住阿緰闍國受其供養。法師即許之。新日王妹夫婆羅門名婆修羅多。是外道法師解毘伽羅論。天親造《俱舍論》。此外道以毘伽羅論義破法師所立文句。謂與毘伽羅論相違令法師救之。若不能救此論則壞。法師云我若不解《毘伽羅論》豈能解其深義。法師仍造論破《毘伽羅論》三十二品始末皆壞。於是《失毘伽羅論》。唯此論在。王以一洛沙金奉法師。王母以兩洛沙金奉法師。法師分此金為三分。於丈夫國罽賓國阿緰闍國各起一寺。此外道慚忿欲伏法師。遣人往天竺請僧伽絨陀羅法師。來阿緰闍國造論破《俱舍論》。此法師至即造兩論。一《光三摩耶論》有一萬偈。止述毘婆沙義。三摩耶譯為義類。二《隨實論》有十二萬偈。救毘婆沙義破《俱舍論》。論成後呼天親更共面論決之。天親知其雖破不能壞俱舍義。不復將彼面共論決。法師云我今已老隨汝意所為我昔造論破毘婆沙義。亦不將汝面共論決。汝今造論何須呼我有智之人。自當知其是非。法師既遍通十八部義。妙解小乘執小乘。為是不信大乘。謂摩訶衍非佛所說。阿僧伽法師既見此弟聰明過人識解深廣該通內外。恐其造論破壞大乘。阿僧伽法師住在丈夫國。遣使往阿緰闍國報婆藪槃豆云。我今疾篤汝可急來。天親即隨使還本國與兄相見諮問疾源。兄答云我今心有重病由汝而生。天親又問云何賜由。兄云汝不信大乘恒生毀謗。以此惡業必永淪惡道。我今愁苦命將不全。天親聞此驚懼即請兄為解說大乘。兄即為略說大乘要義。法師聰明殊有深淺。即於此時悟知大乘理。應過小乘。於是就兄遍學大乘義。後如兄所解悉得通達解意即明思惟。前後悉與理相應無有乖背。始驗小乘為失大乘為得。若無大乘則無三乘道果。昔既毀謗大乘不生信樂。懼此罪業必入惡道。深自咎責欲悔先過。往至兄所陳其過迷今欲懺悔。先愆未知何方得免。云我昔由舌故生毀謗。今當割舌以謝此罪。兄云汝設割千舌亦不能滅此罪。汝若欲滅此罪當更為方便。法師即請兄說滅罪方便。兄云汝舌能善以毀謗大乘。汝若欲滅此罪當善以解說大乘。阿僧伽法師殂歿後。天親方造《大乘論》。解釋諸大乘經。《華嚴》、《涅槃》、《法華》、《般若》、《維摩》、《勝鬘》等。諸大乘經論悉是法師所造。又造《唯識論》。釋攝大乘三寶性甘露門等諸大乘論。凡是法師所造。文義精妙有見聞者靡不信求。故天竺及餘邊土學大小乘人。悉以法師所造為學本。異部及外道論師聞法師名莫不畏伏。於阿緰闍國捨命年終八十。雖跡居凡地。理實難思議也。前來訖此記天親等兄弟此後記三藏闍梨從臺城出入東至廣州重譯大乘諸論并遷化後事傳於後代。

《婆藪槃豆法師傳》

參、真諦三藏傳之研究

節譯自宇井伯壽

一、前言

彌勒、無著與世親系統之佛教，對於中國佛教的影響頗鉅，從而對於傳入此系統者，亦應予以重視，但關於傳入者的事蹟，猶有不少欠缺明瞭。尤其是真諦三藏其人，從種種方面看來，都具有特別重要之意義。真諦在世時，曾面謁梁武帝，亦頗受武帝禮遇，然爾來時運不濟，遭遇坎坷，一直是處於顛沛流離之中。雖然於其示寂之後，因《攝論》研究之盛行，其說得以流行，卻又因玄奘、慈恩系統之沖天勢力，以及不當之誣謗，其效績遂被否定。大抵而言，中國歷代的傳譯者中，如同真諦三藏於生前死後都遭遇悲慘命運的，並不多見。然而隨著學術性研究的發展，有關印度瑜伽行派學說之變遷，特別有必要予以闡明，真諦三藏所傳譯學說及其譯書之真正價值亦逐漸浮現。作為此類研究之一步，在此篇論文中，將對真諦三藏之傳記略作探討。

首先有必要就其傳記中的資料予以考察。就資料而言，傳記的資料並不能完全的傳述，雖然如此，其中還是有值得信賴的資料，亦即由真諦本人所述說的，其次是直接隨從真諦的弟子之撰述。然而諸如傳記之類，由真諦本身所述說的，今皆不得見之，僧僧宗所撰的《真諦行狀》、曹毘所撰之《別歷》（或稱《三藏歷傳》，或稱《三藏傳》），以及智敫所作的《翻譯歷》等，亦已散逸不存。現存之中，最值得珍視的是：

第一種

慧愷……〈大乘唯識論後記〉（五六三年作）

慧愷……〈攝大乘論序〉（五六四年作）

慧愷……〈俱舍論序〉（五六七年作）

慧愷……〈律二十二明了論後記〉（五六八年作）

此上四種都是真諦在世時，由其弟子慧愷所撰就，故可視為是最正確的。此中，「律二十二明了論後記」雖不見特別記為「慧愷所撰」，但從其行文看來，無可懷疑，確是慧愷所撰。然而就此四者的性質而言，對於真諦的傳記，此等不可能有詳細記載，故若就較詳細的資料而言，仍需仰賴後世資料。一般而言，對於後世資料的處理需要慎重，即使看來很確實的資料，仍須予以綿密考察。在這種情況下，上來所揭四種資料可以作為考察研究之根據與標準。記載略見詳細的，如次所揭：

第二種

費長房……《歷代三寶紀》（五九七年）

道宣…………《大唐內典錄》（六六四年）

道宣…………《續高僧傳》（六四五~六六四年）

靖邁…………《古今譯經圖紀》（六四八~六六四年）

此中，《續高僧傳》所載最為完整，就僧傳之性質而言，此自是當然。其他三書雖以翻譯為主，但從其側面仍可獲得若干獨立的資料。當然此等書中猶有應予以批議之處，但若予以相互比較與考證，則可得若干訂正，又關於翻譯等，可依據《法經錄》（五九四年）、《仁壽錄》（六〇二年）、《靜泰錄》（六六三年）、《大周錄》（六九五年）、《開元錄》（七三〇年）等經錄之記述，可依〈金光明經序〉（《現代佛教》第三卷第二十一號所引）、寶貴〈新合金光明經序〉（《歷代三寶紀》卷十二所引）、〈無上依經後記〉（《開元錄》卷六、卷十二所引）、〈廣義法門經後記〉、〈金剛般若經後記〉等所載作取捨，進而再依據隋唐時代學者著述中蒐集材料，即可補其缺陷。關於此等資料之真偽或價值，將在使用到該資料時，再予以論述，今首先擬以《續高僧傳》所載為中心進行考察。

二、續高僧傳

（一）拘羅那陀，陳言親依，或云波羅末陀，譯云真諦，並梵文之名字也。

本西天竺優禪尼國人焉。景行澄明，器宇清肅，風神爽拔，悠然自遠。群藏廣部，罔不[1]厝懷，藝術異[2]能，偏素諳練。雖遵融佛理，而以通道知名。遠涉艱關，無憚夷險，歷遊諸國，隨機利[3]見。梁武皇

1　宋元明三本作「措」。
2　《圖紀》作「解」。
3　《圖紀》作「現」。

> 帝，德加四域，盛昌[4]三寶。大同中，勅直後張氾等，送扶南獻使返國，仍請名德三藏、大乘諸論、雜華經等。真諦遠聞行化儀軌聖賢，搜選名匠，惠益民品。彼國乃屈真諦，并賚經論，恭膺帝旨。既素蓄在心，渙然聞命，以大同十二年八月十五日，達于南海。沿路所經，仍停兩載，以大清二年閏八月，始屆京師。　武皇面申頂禮，於寶雲殿，竭誠供養。諦欲傳翻經教，不羨秦時，更出新文，有逾齊日。

對於拘羅那陀，現存之《續高僧傳》載為「拘那羅陀」，〈明了論後記〉、《歷代三寶紀》、《內典錄》、《譯經圖紀》等所載亦然，其他後世典籍偶而也有載為如此的，但顯然是錯誤。之所以載為如此，可能是其記載者不懂梵語，或是在傳寫之間，將「羅那」顛倒成「那羅」。慧愷的〈唯識論後記〉、〈攝大乘論序〉載為拘羅那他，〈俱舍論序〉載為倶羅那他（〈明了論後記〉採用「陀」字），〈攝大乘論序〉則譯為「親依」。故無可懷疑，似乎是梵語Kulanātha之音譯。kula譯為「親」，nātha譯為「依」，慈恩等屢屢譯為「家依」，是將kula譯為「家」。梵語的kula，譯為「親」或譯為「家」皆可，但若是「拘那」則非如此，而「羅陀」也不可能與「依」相當。〈金剛般若經後記〉所載「拘羅那他，此云真諦」，則完全是誤解，大約是脫落十字，〈起信論序〉的「拘蘭難陀，譯名真諦」之說，更是胡扯，此四字既非意為「真諦」，更無「親依」或「家依」之意，故無須探討其原語。「波羅末陀」是Paramārtha之音譯，通常譯之為「真諦」，此外，作為法相之用語，或被譯為「第一義諦」，或「勝義諦」。不可思議的是，在慧愷現存之四種序中，「波羅末陀」或「真諦」之名不得見，反而詳述真諦三藏是婆羅門出身，其姓為頗羅墮。頗羅墮，確是Bhārata之音譯，意指Bharata之後裔。依據慧愷以來的說法，真諦三藏之母國為西印度優禪尼（Ujjainī）。故若僅只依據「起信論序」所述，將會被誤導。其次的「景行澄明，器宇清肅，風神爽拔，悠然自遠。群藏廣部，罔不厝懷，藝術異能，偏素諳練」等三十二字，以及「歷遊諸國，隨機利見」等八字，與《譯經圖紀》所載幾乎完全相同，不同的是《圖紀》將「厝」記為「措」，「能」記為「解」，「見」記為「現」。《圖紀》所揭此四十字，是在顯示出真諦三藏之性格、才能與遊化等等。故三字之相異應是無妨。賢首大師《起信論義記》中所揭三藏之記事，是取意自〈起信論序〉（從《圖紀》所載取出六十六字），據此看來，「現」似應作「見」。但「現」與「見」是相通的，一如「厝」與「措」。《續

4　麗本作「唱」。

高僧傳》與《譯經圖紀》所載如此一致，顯然必是其中之一根據另一，至於是誰根據誰？恐是後者根據前者。依據《續高僧傳》序文所載，全書所收是從梁初運至唐貞觀十九年（六四五）的一百四十四年間，正傳三百四十人（或三百三十一人），附見一百六十人，若就實際的內容看來，例如對於貞觀十九年歸返長安的玄奘三藏，其之所載即非常詳細，甚至還有麟德元年（六六四）玄奘入寂，以及樊川改葬之記載。關於改葬此事，《慈恩傳》記為是在總章二年（六六九），然而此乃道宣示寂的乾封二年（六六七）的二年之後。故若依據《慈恩傳》所載，至少此一段文句是他人之所添加竄入，雖然如此，但《續高僧傳》的撰述時間相當長。《譯經圖紀》是靖邁題於大慈恩寺翻經院（玄奘三藏之譯場）的壁畫，大體是在貞觀二十二年（六四八）大慈恩寺建立以後，至玄奘移至西明寺的顯慶三年（六五八）之間，開始動筆。從全部揭出玄奘三藏譯書看來，應是完成於玄奘三藏示寂的西元六六四年。智昇對於《圖紀》之評語是「但略費長房錄，續逮皇朝」，又云：「房所錯者，此亦同然」，非難靖邁只是根據《歷代三寶紀》所載，但此一評語顯然過份。其關於真諦三藏的部分，絕非只是依據《歷代三寶紀》所載。其中也載有《仁壽錄》所收之譯書，而且對於真諦三藏的敘述完全異於《歷代三寶紀》。從而也異於幾乎是沿襲《歷代三寶紀》的《內典錄》中有關真諦三藏的記載。故前揭靖邁對於真諦三藏之述說，可視為是取自《續高僧傳》。進而前揭《續高僧傳》之文，如次文所述，完全是取自於寶貴「合部金光明經序」，《圖紀》所載係以譯書為方針，對於合糅、編纂與著述全然不揭，故若不採用寶貴之「序」，則必須根據《續高僧傳》所載。總之，前文所揭之文，若與慧愷〈攝大乘論序〉、〈俱舍論序〉相對照，未必是誇張之言，其所述說有關真諦三藏之事是完全可信的。

梁武帝對於興隆三寶極其用心，史書上的記載非常詳細，故無需更予贅言。但對於「遣人送扶南獻使歸國，並於彼國招請名僧等，基於此一機緣，真諦三藏遂來中國」之事是否事實，學者的看法不一。《續高僧傳》所載的此一記事，絕非由著者道宣首先提出，顯然是有所根據。根據《歷代三寶紀》卷十二所載，前文所言及的寶貴於開皇十七年（五九七）編纂《新合金光明經》八卷，並撰其序，其序文云：「梁武皇帝愍三趣之輪迴，悼四生之漂沒，汎寶舟以救溺，秉慧炬以照迷。大同年中，勅遣直後張記等送扶南獻使反國，仍請名僧及大乘諸論，雜華經等。彼國乃屈西天竺優禪尼國三藏法師波羅末陀，梁言真諦，并賚經論，恭膺帝旨。法師遊歷諸國，故在扶南，風神爽悟，悠然自遠，群藏淵部罔不研究。太清元年始至京邑，引見殿內，武皇躬伸頂禮，於寶雲供養。欲翻經論，寇羯憑陵，大法斯舛，國難夷謐云云」。此中，大同年中以下，字底以曲線作標誌的部分，顯然是《續高僧傳》所載之基礎，風神爽悟以下的十五字也是前節所引《續高僧傳》之根據。開皇十七年（五九七）距大同元年（五三五）為六十三年，可說已經過相當的年月，但就此傳說見之，如此的傳說並非出自真諦三藏在世時，故若就距離真諦之寂年（五六九）而言，則僅只是二十九年。寶貴之師道安寂於周世，周之滅亡是在西元五八一年前後，是真諦三藏示寂的十三年後，此時的寶貴已有相當年歲，同時期的人其之所說絕不能視為是傳說。又開皇十七年費長房撰的《歷代三寶紀》載云：「天竺優禪尼國三藏法師波羅末陀，梁言真諦，遠聞蕭主，菩薩行化，搜選名匠，軌範聖賢，懷寶本邦，來適斯土云云」，至少有真諦三藏名聞於梁武帝而受請來華之說。〈金剛般若經後記〉一文不詳是何時、何人所撰，其中也有可能含藏若干個人之見，然如其所云「梁武皇帝遠遣迎接」，亦傳述「武帝招迎來華」之說。梁代時期，扶南是佛教隆盛之地，與梁的交通頻繁，金陵甚至還設有「扶南館」之機構，「扶南來使」是歷史上的事實，故遣人送其使歸國之事也是不能否定的事實。更且也不能認為真諦三藏不曾到過扶南。可以推定被慧愷讚述為「法師既博綜墳藉，妙達幽微，每欲振玄宗於他域，啟法門於未悟，以身許道無憚遠遊，跨萬里猶比鄰，越四海如咫尺」的真諦三藏，於歷訪印度諸地後，曾來抵扶南國。若依據如此推論，寶貴法師所說的「遊歷諸國故在扶南」，絕非不可信用。更廣泛地就來華的三藏之傳記見之，無論是求法或弘法之三藏，從印度取道扶南來華是極其自然之事。《開元錄》之記載大體是根據《續高僧傳》，但「歷遊諸國，遂止中天，梁武大同中勅直省張氾等，送扶南獻使返國，仍遣聘中天竺摩伽陀國，請名僧三藏云云」之說，顯然是採用「起信論序」所載而造成如此謬誤。如前文所述，寶貴是北周道安之弟子，與舍衛寺慧影、弘善寺榮師等為同門，相對於此二人是「三論」與「大論」之學者，寶貴是「翫閱群典，講律為務」之人。曾經仿傚支敏度合《首楞嚴經》、《維摩經》諸譯，以及僧就合《大集經》各本之舉，將古曇無讖譯《金光明經》合補耶舍崛多譯、真諦譯、闍那崛多譯而成「合部金光明經」。在當時，可說是一名優秀的學者，如此的人不可能只憑風評傳說即予以傳述，故其所述遂成為《續高僧傳》撰述之典據。此與「起信論序」所載「武帝遣使至天竺摩伽陀國」之說，不能相提並論。〈起信論序〉所言不足信。不同的是，將武帝所遣之人說為「張記」，《續高僧傳》等其他等則記為「張氾」，「張記」恐是「張氾」之誤植。此依完全沿襲《歷代三寶紀》的《內典錄》，也是記為「張氾」，即可知之。目下對於此遣使及人名尚無暇參照正史及其他典籍，予以更精密地研究，故關於於扶南國請真諦三藏來華之事也只能作此推定。進而關於《續高僧傳》所載的「大同十二年（五四六）八月十五日達于南海，沿路所經，乃停兩載」，亦不能從他處獲得任何校證，是僅見於此之記載。但此年的四月，已改元為「中大同」，故所說的「八月」，實際上應說為「中大同元年八月十五日」。進而從南海（亦即廣東府）來，是從陸路或是從海路亦不知曉，但從說為「沿路所經」，恐是取道陸路。又，對於是在何處，又停住多少期間，因說為「乃停兩載」，其停留之地可能是指豫章（江西省南昌府南昌縣）。在此地居留二年，如此才能與抵達於金陵是在太清二年（五四八）之說相符。此一段路途費時二年，看似非常奇特，但若以翻譯及弘法作為使命而言，此自是當然，從而亦應予以注意。前記寶貴之〈序〉記為太清元年，此應是誤解或是誤寫，是不正確的記載。無論是慧愷所言，或其他所言，都說為「二年」。此時的真諦三藏正好五十歲，閏八月抵達，接受武帝供養，即將開始進行翻譯，此時應是真諦三藏最為得意的時期。不幸的是，八月的此時，侯景舉起叛旗，十月叛軍進入金陵。〈起信論序〉所說的「未旬便值侯景侵擾」，將舉叛旗與入金陵視為猶如同時，是不正確的說法。

（二）屬道銷梁季，寇羯憑陵，法為時崩，不果宣述，乃步入東土，又往富春。令陸元哲，創奉問津，將事傳譯，招延英秀沙門寶瓊等二十餘人，翻十七地論，適得五卷。而國難未靜，側附通傳。至大[5]寶三年，為侯景請，還在臺供養。于斯時也，兵饑相接，法幾頹焉。會元帝啟祚，承聖清夷，乃止于金陵正觀寺，與願禪師等二十餘人，翻金光明經。三年二月，還返豫章，又往新吳始興。後隨蕭太保度嶺至于南康，並隨方翻譯，栖遑靡託。

本節最前面的部份是根據前揭寶貴所撰之〈序〉，但二者略有差別，亦即寶貴所說的「大法斯舛，國難夷謐」，是指《金光明經》翻譯之時。侯景之叛軍入都，武帝於太清三年五月駕崩，真諦三藏遂離開都城，首先是「步入東土」，進而又往富春（浙江省杭州府富陽縣），受當地的地方長官陸元哲之請，開始進行翻譯。當時所招延的英秀沙門二十餘人中，有名為「寶瓊」的人。《續高僧

5 麗本作「天保」，宋元本作「太寶」。

傳》卷七收有寶瓊（五〇四~五八四年）之別傳，此人作為陳代之大僧正，是一代高僧。真諦與此人等合譯《十七地論》，所說的「適得五卷」，意指僅只譯出五卷。並非全部譯出其原文只有五卷之意。《開元錄》明白的註記為「翻得五卷遇難遂輟」。關於《十七地論》，如後文所將論述，此論是玄奘譯《瑜伽論》五分中第一分之異譯，其之譯出恐以真諦三藏所譯為最早，但不可能只能譯出「五卷」。真諦抵達富春是在太清二年或三年，關於《十七地論》之翻譯，《歷代三寶紀》以來是記為「太清四年」（五五〇）。《瑜伽倫記》卷一（上）云：「傳聞梁武帝時，真諦太清四年歲次庚午十月，往富春令陸元哲宅，為擇瓊等二十名德，翻十七地論，始得五卷，四年十月譯出。」此文看似意指十月往富春，但實際並非如此，而是十月譯出之意。所說的「擇瓊」中的「擇」字，不明其意，恐是誤字，所說的「瓊」，當然是指寶瓊。四年十月譯出五卷，是指其譯事中止之時，中止之原因不明。可能是傳語或筆受等不適當所致。其次大寶三年一月，受侯景招請，還返金陵，從中止以後的太清四年，亦即大寶元年的某個月份，至二年或三年的一月之前，前後大約三年的時間，都滯留在富春。從而此間應有其他佛典之翻譯，因此《歷代三寶紀》所列太清四年的譯書，未必不可信。然而關於來富春之前，以及來到富春而譯出《十七地論》以前，是否有其他翻譯？可能連一本也不得見。太清二年八月抵達金陵，未久，侯景舉叛旗，十月叛軍入都，種種動蕩，翌年五月武帝駕崩，在這種情況下，初來乍到的真諦當然無法進行譯事，其次的「入東土，又往富春」，此一期間亦無暇翻譯，是在抵達富春之後，招集二十餘人，才譯出《十七地論》，故此《十七地論》之譯必是真諦之處女作。

所說的「大寶」，其中的「大」字，或作「太」，此二字之互用，如同「太清」與「太建」。此「大寶三年」，是宋元明三本所載，麗本載為「天保三年」。總之，指的都是同一年，天保是北齊之年號，故稱為大寶較妥。如前文所述，武帝崩於太清三年五月，簡文帝即位，故太清四年即是大寶元年。翌年三月，侯景廢文帝，立豫章王棟，改元天正，進而又弒棟，自立為漢帝，改元太始，此係十一月間之事。翌年的大寶三年，應侯景之請，真諦歸返金陵，嘉祥大師吉藏恐是於此時伴隨其父道諒，面謁真諦，並獲授「吉藏」之名。於此大寶三年，侯景被殺，元帝於十一月即位，改為承聖元年。故大寶三年相當於承聖元年。從此時直至次年，即所謂的「元帝啟祚，承聖清夷」，真諦滯留金陵正觀寺，與願禪師等二十餘人共譯《金光明經》。關於《金光明經》，如前文所述，係以古曇無讖譯的「四卷十八品本」為底本，寶貴從耶舍崛多譯的五卷本，以及真諦譯的七卷本中，擷取不足的部分與缺品而完成其「七卷本」，進而寶暹、道邃、智周、僧曇、智照與僧律等十一人或十人於北齊武平六年（五七四）入西域，苦心搜求梵本，得二百六十部，於七年後的開皇元年（五八一）回歸，此次所攜回之梵本中，含有〈銀主陀羅尼品〉、〈囑累品〉，故請闍那崛多譯出，合先前所譯而成「八卷二十四品本」，此即稱為《合部金光明經》，爾後，耶舍崛多譯的五卷本、真諦譯的七卷本其完本皆佚失，唯僅被收入《合部金光明經》的部分及品傳世。《開元錄》以為耶舍崛多與真諦並無「五卷本」及「七卷本」之譯，而是僅只譯出「合部金光明經」中的一小部分及品，但經錄確實有五卷與七卷之記載，故《開元錄》所載是不正確的。若就彥琮的「合部金光明經序」看來，應是「見有三本」。換言之，在編纂《開元錄》的時期，五卷本與七卷本既已佚失，其編纂者只是從闍那崛多之例作推測，故產生如此誤解。因此《開元錄》以後，在「合部本」中，只有「三身分別品」、「業障滅品」、「陀羅尼最淨地品」、「依空滿願品」等四品，被視為真諦三藏所譯，但最近真諦三藏譯的七卷本其第一卷之寫本已被發見（《現代佛教》三卷二十一號）。雖只是第一卷，卻是真諦曾譯出此經全部之證據，又如後文所將述及，真諦曾有「疏六卷」之撰述，此此經全譯之明證。因為若僅只譯出四品，卻為全經作註釋，絕對是不可能之事。在此寫本之序文中指出：此經係承聖二年（五五三）二月二十五日至三月二十日譯就。《續高僧傳》所載顯然與此毫無矛盾，但恐是《內典錄》載為承聖元年，故著者亦視為是在元年。顯然係基於《歷代三寶紀》所載之「元年」。但從當時的情況看來，《歷代三寶紀》所載是不能首肯的。其前年的十一月，侯景自稱漢帝，都城不平穩，是「兵饑相接，法幾頹焉」的景況，進而侯景被攻，出亡、被殺，孝元帝於江陵即位，可說是多難之秋，故不可能於承聖元年譯出此經，因此應是序文所載的「二年譯出」。恐是始於元年，而終於二年。又《三寶紀》載為「於楊州正觀寺及楊雄宅出」，《內典錄》及《開元錄》都略去「楊州」一語，此地即是金陵，故載或不載皆無妨。在新發見之「序」中，可見「於建康縣長凡里楊雄別閣道場仰請翻文」之記載，但不言及「正觀寺」。恐是起先在正觀寺開始譯事，最後在楊雄別閣道場譯就。若是如此，則「二月二十五日至三月二十日」之說，應是意指在楊雄別閣道場之時日。建康縣與楊州並無矛盾。此時作為翻譯之傳語者，《三寶紀》及「序」都載為慧寶，此人之傳記不詳。又《三寶紀》有「蕭梁（又作桀）筆受」之記載，「序」則是載為「菩薩戒弟子蘭陵蕭〔石＋音〕字純臣筆受」。蘭陵是南齊高帝及梁武帝之出身地，故應是指此處出身之蕭〔石＋音〕。是「〔石＋音〕」，或是「梁」，或是「桀」難以確定。《續高僧傳》所載是「顧禪師等二十餘人」，顧禪師不知是何許人。又依據寶貴之「序」所載，可知與僧隱亦有關係，關於此人亦不得而知。

對於此《金光明經》，真諦撰有其「疏」，此依《歷代三寶紀》、《內典錄》所載，以及圓測《解深密經疏》之引用得以知之。留傳至今的記錄，是《新編諸宗教藏總錄》（《大正藏》第五十七冊，一一七〇頁）所收「金光明經疏六卷，真諦述」。《三寶紀》及《內典錄》之所以載為十三卷，是因為不知「疏」混雜於七卷的經文中，而另外別舉「經七卷」。又其所載之「太清五年」（五五一），是錯誤的。應是承聖二年（五五三）。

其次所說的「三年二月」，是指承聖三年（五五四）二月，真諦於此時還返豫章，此「還返豫章」之語，亦見於次節的永定二年七月之下，此即表示先前曾經居於豫章。據此可知，其首次的居留豫章，是由南海來至金陵之間。真諦於西元五五四年來豫章時，是居於寶田寺，在此地譯出《彌勒下生經》、《仁王般若經》，並撰其「疏」，又在此豫章之地，會見警韶（五〇八~五八三）（致二・一二八右）此人。當時警韶四十七歲，真諦五十六歲。真諦一見警韶，嘆曰：「吾遊國多矣，罕值斯人」，故「為翻新金光明并唯識論及涅槃中百句長解脫十四音等。朝授晚傳，夜聞晨說。世諺瀉瓶重出，知十再生者也」。警韶是當時知名的學者，梁簡文帝、邵陵王、岳陽王等都是其歸依弟子，卻從真諦獲授「新金光明經、唯識論等」。雖是載為「翻」，但未必是指事實上的翻譯。此因至少《金光明經》於前年既已譯出，不可能今更翻之。所說的「唯識論」，就真諦之譯書而言，似乎是《唯識二十論》之異譯的《大乘唯識論》，然而依據慧愷之「後記」所載，《大乘唯識論》是陳天嘉四年（五六三）譯出的，故不可能於西元五五四年有此論之譯出。若是如此，則應視為是為警韶講述解釋「唯識論」的內容。據德川時代的普寂所指出，現存《唯識二十論》之三本異譯以及《成唯識論》以外，被稱為「唯識論」的，恐是真諦三藏所譯，其內容與《成唯識論》中的護法學說未必相同，現存慧遠《大乘義章》卷十九及天台大師《法華玄義》卷八（上），作為「唯識論」所說而引用的，有現存唯識相關典籍所不得見之文句。關於此「唯識論」，擬於後文再予論述，此處且視為是為警韶講述此論。就警韶的傳記見之，警韶於屆耳順之年，將天嘉四年（五六三）以來，十餘年不曾間斷的白馬寺之講筵，改由慧藻繼續，躬住於瓦官寺。當時離開大蘇山的天台大師智顗亦來金陵。其定慧之深與講說之秀，廣受一般尊崇。智顗曾共諸前學頻請講說，但警韶以疾故辭之。爾後因再三殷請，警韶遂為眾講述《維摩經》與《成實論》。智顗對佛法之懇切恐與後者之講說有關。警韶一生中，講述《成實》、《涅槃》、《大品》、《新金光明》各有數十次，《維摩》、《天王》、《仁王》亦有數回。故聽此警韶之講述，且與其有親密關係的智顗，其所引用現存所不得見的「唯識論」之文，應是從警韶得知的，作出如此的想像並非不可能。慧遠也是受真諦三藏影響的人，故若欲將其所引用的「唯識論」，視為與真諦三藏無關並不容易。從此上種種看來，無論是為警韶翻譯或講述的「唯識論」，應有別於《大乘唯識論》，而且確實有此論之譯出。奇怪的是，所有經錄都不記載。雖然如此，關於真諦三藏的翻譯，經錄所載並不是最後的證據。其次的「涅槃中百句長解脫十四音等」，其義不明，此「百句長解脫十四音」可能與《涅槃經》的內容有關。在真諦三藏之譯書中，有「涅槃經本有今無偈論」以及「大般涅槃經論」，以及真諦曾持來《涅槃經》之梵本，故不能否定其與「涅槃經」及「論」的關係，從而有為警韶講述「涅槃經」等之事。此後，承聖四年（紹泰元年，西元五五五年）一月岳陽王詧於江陵即位，建立後梁，相傳曾招請警韶，但警韶不欲前往，據此看來，其與真諦三藏之相逢，應如同前述，是在承聖三年。此後真諦三藏又前往新吳（江西省南昌府奉新縣西），駐錫美業寺，更遠行至東南方之始興（廣東省韶州府曲江縣），恐是居於建興寺，其後又隨蕭太保，再度北越大庾嶺，至南康（江西省贛州府贛縣西南），住於淨土寺，如此的四處流浪。譯事則是隨處進行，不幸的是，亦隨時停筆，無法延續。

（三）逮陳武永定二年七月，還返豫章，又止臨川晉安諸郡。真諦雖傳經論，道缺情離，本意不申，更觀機[6]壞，遂欲汎泊往楞伽修國。道俗虔請，結誓留之，不免物議，遂停南越。便與前梁奮齒，重覈[7]所翻，其有文旨乖競者皆鎔冶成範，始末倫通。〔至文帝一無心寧寄〕。又汎小舶至梁安郡，更裝大舶，欲返西國。學徒追逐，相續留連。太守王方奢，述眾元情，重申邀請。諦又且[8]循人事，權止海

6 恐是「壞」之誤寫。
7 麗本作「覆」。
8 麗本作「脩」。

隅，伺旅束裝，未思安堵。至三年九月，發自梁安，汎船西引，業風賦命，飄還廣州。十二月中上南海岸，刺史歐陽穆公頠，延住制旨寺，請翻新文。諦顧此業緣，西還無[9]指，乃對沙門慧愷等，翻廣義法門經及唯識論等。後穆公薨歿，世子紇重為檀越，開傳經論，時又許焉。

梁孝元帝是武帝第七子，此人與其父武帝及其長兄昭明太子、第三兄簡文帝等都是一代之學者，就王者而言，此一家族頗為罕見。當江陵被西魏宇文泰攻陷時，曾慨嘆「讀書萬卷，猶有今日」，憤而焚書十四萬卷。爾後被土袋悶死。進而西魏立昭明太子之子詧，詧即是後梁宣帝，承聖四年（五五五年）改元大定。然梁之重臣王僧辯、陳霸先另於金陵立孝元帝第九子蕭方智為帝，由於北齊文宣帝釋回貞陽侯蕭淵明，故王僧辯又擁立蕭淵明，改立蕭方智為太子，改元天成。此時是五月，王僧辯與陳霸先生隙被殺，陳霸先廢貞陽侯，立蕭方智為帝。此即敬帝，十月改元，即紹泰元年（五五五）。翌年九月改元，即太平元年，陳霸先勢力漸增，敬帝禪位，遂改為陳氏王朝，故西元五六七年十月，即是陳武帝永定元年。如前文所述，真諦三藏於承聖三年二月歸返豫章，又往新吳，復趨始興，最後回返南康，暫居新吳美業寺。之所以前往始興，恐是因於陳霸先為始興太守。「返豫章，往新吳，趨始興，返南康」是在承聖三年至永定元年，前後共計四年之間進行，故永定元年應已居於南康淨土寺。據《開元錄》所引用「無上依經後記」所載，此經是紹泰三年丁丑九月八日，應平固縣南康內史劉文陀之請而譯出，故應是此時所譯。《歷代三寶紀》謂此經係永定二年譯於南康淨土寺，對於此說，《開元錄》卷十二引用諸家之「年代紀」，指出《三寶紀》的陳代譯之說與「後記」之說相矛盾，應是譯於梁代。但《歷代三寶紀》中所說的年代較通常所說的早一年，亦即通常所說的太平元年（五五六），即是其所認定的永定元年，故其所說的永定二年，其實相當於通常所說的永定元年。「後記」所說的紹泰三年，即是太平二年，亦即永定元年。然若是九月八日譯出，則猶是太平二年，尚未是永定元年。若是如此，當然是梁代譯。《三寶紀》是以此配合自己的年代說，故說為永定二年，從而視為陳代譯。《法經錄》謂《無上依經》於廣州譯出，則是完全不正確之說。進而就《無上依經》造「疏」四卷，此依《歷代三寶紀》、《內典錄》所載得以知之，依圓測《解深密經疏》之引用亦得以確定。同樣是太平二年所造。

9 麗本作「措」。

永定二年（五五八）七月，更歸返豫章，此時係居於栖隱寺，進而南行，前往臨川（江西省撫州府臨川縣西），乃至前往東方之晉安（福建省福州府閩縣東北）等諸郡。在晉安時，是住於佛力寺，此時是與智文同住。智文（五〇九~五九九）（致三・九五右）曾從學於僧辯、寶彖（五一二~五六一），以講行《十誦律》聞名。梁末戰亂時，移居於閩（福建省福州府閩縣）。據說僧宗、法准等曾向智文執卷請益。關於智文，《續高僧傳》載云：「又與真諦同止晉安，故得講譯都會交映法門，邊俗信心於斯風革。酒家毀其柞器，漁者焚其罟網，僧尼什物於是備焉」，可知其感化影響之大。慧愷「攝大乘論序」亦有「後適閩越，敷說不少」之記載。此處所言及之「僧宗、法准」，爾後係從學於真諦三藏，故應是於此時與真諦相遇，至少是仰慕其名，故不難推定其從學因緣萌芽於此時。又智文之所講述，有所謂「金光明、遺教」，前者當然是指《金光明經》，此應是以真諦三藏所譯為依據，後者應是羅什所譯的《遺教經》，或是真諦三藏譯的《遺教論》。真諦三藏為弘道而來，以翻譯經論，戮力弘通為其志，但時運不濟，不能如其本意，又見人心之傷若紛（「壤」恐是「壞」之誤寫），遂欲前往楞伽修（恐是馬來半島之某地）布化，因道俗緇素懇請結誓挽留，遂稍停留於南越。所說的「南越」，不知是何地，恐有別於一般所說的廣東省、廣西省的大部分及安南北部一帶。「金剛般若經後記」所言及的地理資料可作參考。據其所載，真諦「經遊閩越，暫憩梁安。太守王方賒乃勤心正法……請弘茲典」，此與《續高僧傳》所載，在地理上並無矛盾。所說的「閩」，指的是福建省福州府閩縣，「閩越」是指其南方一帶，故所說的「南越」，應是意指此地附近之某處。應是距離晉安不遠，此從其所述真諦三藏在此地所進行之事可以得知。進而關於「梁安郡」，恐是「晉安郡」之誤傳，但無法確知是在何處，大致上兩地距離不是很遠。是小船可以抵達之地。總之，滯留南越的期間，真諦與若干梁代舊知共同檢校先前所譯，文旨若有矛盾，則予以訂正，文句亦更求通順。故不可能是在與晉安距離如此遙遠的廣東省、廣西省等地進行。如此之檢校是在永定三年、天嘉元年與二年（五六一）完成。此中的「覈」字，麗本作「覆」，但應是宋元明等三本所載之「覈」字。進而圓測《解深密經疏》引「真諦翻譯目錄」所載，指出「天嘉二年於建造寺譯解節經一卷，撰義疏四卷」，故經錄皆將《解節經》視為陳代所譯，雖沒有言及時處，但據此可知是天嘉二年之譯。圓測曾引用《解節經疏》所載，《歷代三寶紀》亦載有「四卷之疏」，故有此疏之撰述應無可疑。所說的「建造寺」，不詳是在何處，故譯處不明，恐是在梁安郡之某處。進而括弧內的「至文帝」直至「無心寧寄」等七十二字，應置於本節之次，亦即次節之前首。《開元錄》與《貞元錄》所載，都與《續高僧傳》此處所揭相同，順序之顛倒與文章之不能串聯完全相同，可說是絲毫不加思索的盲從。若就行文的順序而言，文帝的天嘉四年之事跡，不應置於三年九月以前，又從其敘述而言，「無心寧寄」之後應接續「神思幽通量非情測」之文，如此的接續才是自然。更就事蹟見之，據慧愷所說，「唯識論」之譯是在天嘉四年四月十六日至三月五日，《攝大乘論》是同年三月始譯，故現存《續高僧傳》先言及《攝大乘論》之譯，其後才述說「唯識論」之譯，顯然是錯雜的。早先筆者每讀此文，總有其文錯雜之感，現今披見《支那佛教正史》一文，發現著者亦如是述說真諦事蹟。確實應是如此。

在南越檢校先前所譯之後，真諦遂浮小舶至梁安郡，欲從此地乘大船回返印度。其之前往梁安郡並不是從陸路。此時，學徒亦追來，相續挽留，太守王方奢（與「賒」字同音）亦重申邀請，真諦順（相較於「脩」，「循」字亦可）之，暫居海岸，然猶不欲定住，未思安堵。據〈金剛般若經後記〉所載，其譯是依王太守之請，故應是譯於此間，此經之譯是在天嘉三年（五六二）五月一日至九月二十五日。之所以重譯此經，是想確定舊譯《金剛經》有否脫誤，且依婆藪之「論」釋之，偕宗法師與法虔等筆受。據說真諦本身「善解方言，無勞度語」，自真諦初抵廣東以來，至今已經過十七年之歲月，又是巡遊於各地，故確實應是如此。所譯出的是《金剛般若經》一卷，又出「文義十卷」，此即是由真諦講解所成的《金剛般若疏》。既然說是依「婆藪」之「論」而釋，顯然即是以世親《金剛般若經釋》為依據。「婆藪」是「婆藪槃豆」之略稱，從略稱「婆藪」看來，此「後記」之記載似乎略須存疑，顯然不是真諦的直接隨從弟子所筆。但若從道基於《大乘論釋》之序文已作如此略稱，亦非無同此之例，又關於地理及事蹟等的述說亦無任何矛盾或不協調之處，故用以作為資料大抵無妨。對於真諦所撰的此經之「疏」，嘉祥大師於其《金剛經疏》中屢有「真諦三藏述婆藪釋云」、「真諦三藏云」、「三藏云」之文，或予以引用或用以參照，圓測《解深密經疏》中也以「真諦金剛般若記」之名而予以引用，故無可懷疑，真諦確實造有此疏，且曾經流傳於世。《三寶紀》及《內典錄》揭出「金剛般若波羅密經一卷」，又揭「金剛般若疏合十一卷」，又列記「金剛般若論一卷」，所說的「合十一卷」，顯然是在「經」的一卷加上「疏」的十卷，因此應是「疏」十卷。至於《金剛般若論》，因與此處所述無關，擬於後文再予論述。《東城傳燈目錄》及《新編諸宗教藏總錄》所載亦於後文述之。〈後記〉所說的「偺宗」，顯然是「僧宗」之誤寫。從特別尊稱為「法師」看來，可知真諦沒後，僧宗已成重要人士，是備受尊敬的，故此〈後記〉之記載者作如此稱呼，進而亦可知「偺」字是「僧」字之誤。若是如此，僧宗應是在晉安與真諦相遇，且曾有短暫的隨從。此外，所說的「法虔」，不詳是何人。據「後記」所載，此人於此經譯成之日，造一百部流通供養，又講此經十遍。

其次所說的「三年九月」，根據「後記」所載，可知此係二十五日以後。欲從梁安郡浮舶回歸印度，然為業風所牽，不得前進，所乘之船抵達廣州（亦即廣東）。十二月中，在南海岸登陸，從九月底啟航，大約二個半月的時間是在海上度過。在廣東時，刺史歐陽頠（謚號穆）延住制旨寺，請其翻譯。此時真諦覺悟西歸無望，遂止其志，順從其請，並為來集的慧愷等弟子譯《廣義法門經》及「唯識論」等。《法經錄》、《仁壽錄》、《靜泰錄》等謂《廣義法門經》是在晉安佛力寺譯出，此完全是錯誤之說。依據此經之「後記」所載，是天嘉四年（五六三）十一月十日譯出，「唯識論」是同年正月十六日至三月五日譯出，因此，先有「唯識論」之譯，進而三月至十月有《攝大乘論》之譯出。歐陽頠歿於天嘉四年，依據慧愷「攝大乘論序」所載，此歐陽頠尊真諦為菩薩戒師，自執弟子之禮。其人沒後，世子歐陽紇繼其志，自任請主，請真諦譯經，遂有《攝大乘論》之譯，制旨寺主慧智與征南長史袁敬為其檀越。故《續高僧傳》將歐陽紇稱為檀越，只是一般性的稱呼。慧智之傳記不得而知。從上來所述看來，可知歐陽頠在世時，僅只譯出「唯識論」。依據「後記」所載，真諦在翻譯「唯識論」時，是一邊翻譯一邊講述，論文一卷以外，也譯出梵本的《義疏》二卷，又有真諦講述而慧愷予以筆記的「注記」二卷，故總計是「論文」一卷、「義疏」二卷、「注記」二卷。《歷代三寶記》以及繼其後的《內典錄》載為「唯識論文義合一卷，臨川郡譯出」，之所以說為「文義合一卷」，若就現存的《大乘唯識論》看來，卷末的「慧愷後記」以及慧愷所集的序偈及二十偈是添加的，故將此慧愷所集的，稱為文，「偈」與「釋」所成的「大乘唯識論」稱為義，是合此二者而成一卷之意。從而無論是義疏或注記，《歷代三寶紀》、《內典錄》乃至其他經錄都不予記載。此「梵本義疏二卷」，恐是慈恩《唯識二十論述記》所言及的瞿波論師之著作。《東域傳燈目錄》（《大正藏》第五十七冊・一一五七頁）

載有「唯識論疏一卷」，其割註云：「西明疏云二卷，真諦三藏撰。案西明云瞿波論師義疏二卷，真諦譯可入論部但未度歟」，據此可推知真諦之「注記」曾被傳入日本，而「義疏」是瞿波所撰。（此《廣義法門經》及「唯識論」恐是有別於現存《大乘唯識論》的唯識論書。關於「唯識論」的問題，將於後文再予論述。）總之，以上「唯識論」之翻譯，以及歐陽頠之沒世，都是在天嘉四年，故此處所述是天嘉三年十二月登陸至天嘉四年之間。故次節所記之事絕不可能是在天嘉四年，從而此處之文句應接續次節所述。

（四）至文帝天嘉四年，楊都建元寺沙門僧宗法准僧忍律師等，並建業標領，欽聞新教，故使遠浮江表親承勞問。諦欣其來意，乃為翻攝大乘等論，首尾兩載，覆疎宗旨。而飄寓投委無心寧寄。〔又汎小舶……時又許焉。〕而神思幽通，量非情測。嘗居別所四絕水洲，紇往造之，嶺峻濤涌，未敢凌犯。諦乃鋪舒坐具，在[10]於水上，跏坐其內，如乘舟焉，浮波達岸，既登接對，而坐具不濕，依常敷置。有時或以荷葉蹋[11]水，乘之而度。如斯神異其例甚眾。至光大二年六月，諦厭世浮雜情弊形骸，未若佩理資神，早生勝壤，遂入南海北山，將捐身命。時智愷正講俱舍，聞告馳往，道俗奔赴，相繼山川。刺史又遣使人，伺衛防遏，躬自稽顙，致留三日，方紆本情。因爾迎還止于王園寺。時宗愷諸僧，欲延還建業，會楊輦碩望，恐奪時榮，乃奏曰：嶺表所譯眾部，多明無塵唯識，言乖治術，有蔽國風，不隸諸華可流荒服。帝然之，故南海新文有藏陳世。以太建元年遘疾，少時遺訣嚴正，勗[12]示因果，書傳累紙，其文付弟子智休。至正月十一日午時遷化，時年七十有一，明日於潮亭焚身起塔。十三日僧宗法准等各賫經論還返匡山。

如前所述，「至文帝天嘉四年云云」至「無心寧寄」等七十二字之後，應略去括弧內「又汎小舶……時又許焉」之文句。天嘉四年（五六三），僧宗、法准、僧忍等欲聞真諦三藏所傳新教，遂遠來嶺南廣東。如前所述，僧宗與法准在晉安時，已從智文之處知有真諦其人，僧宗還擔任真諦翻譯《金剛般若經》的筆受，是建元寺僧。關於僧忍，先前不曾言及，總之從被稱為律師，可知其人精通

10 三本欠「於」。
11 麗本作「搨」，宋本作「〔蹋－足〕」。
12 三本及麗本作「最」，今據《開元錄》載，取此「勗」字。

律典。此二人在建業（亦即金陵）都是赫赫有名之士。此時亦成為真諦的弟子，此外還有前文所提及的慧愷、法泰、慧曠等等，《續高僧傳》所收真諦三藏傳之次，另收有法泰、慧愷等人之傳記。關於慧愷是於何時來追隨真諦，「攝大乘論序」如次記載：「愷昔嘗受業，已少滌沈蔽，服膺未久，便致睽違，今重奉值，倍懷蹈舞。復欲飡和稟德，訪道陳疑，雖殷懃三請，而不蒙允，遂悅然失圖，心魂靡託」，其次述及歐陽紇為請主，慧智與袁敬為檀越，遂有《攝大乘論》之譯出，慧愷任筆受，慧愷先前何時、何處受業於真諦不得而知，然就其所說「今重奉值」看來，最遲應在天嘉四年正月十六日以前，亦即「唯識論」尚未翻譯之時，故應是天嘉三年十二月中，真諦於廣東南海上岸後不久。關於慧愷，《續高僧傳》是如此予以稱頌：「智愷俗姓曹氏，住楊都寺，初與法泰等前後異發，同往嶺表，奉祈真諦。愷素積道風，詞力殷贍，乃對翻攝論躬受其文」，又如真諦三藏所云：「吾早值子，綴緝經論，紸是前翻，不應缺少。今譯兩論（《攝論》、《俱舍論》），詞理圓備，吾無恨矣」，是受真諦如此知遇之人。其來抵廣東，想必也是住於制旨寺，也住於顯明寺、阿育王寺與智慧寺。此阿育王寺與王園寺恐是同一寺。所說的「智愷」，當然就是慧愷，《續高僧傳》的「道岳傳」中則以「凱師」名之，故「愷」字即「凱」，此應是依據慧愷本人所用之字。在佛教中，智與慧經常是通用，「慧」又作「惠」，而「愷」與「凱」同音等，故有種種寫法。關於「法泰」，是與慧愷「前後異發」，前往嶺南謁見真諦的人，於其人之「傳」中，如是載云：「不知何人，學達釋宗，跨轢淮海，住楊都大寺，與慧愷、僧宗、法忍等知名梁代，並義聲高邈宗匠當時」，真諦受歐陽頠固請，而傳授新文時，「泰遂與宗愷等，不憚艱辛，遠尋三藏，於廣州制旨寺筆受文義」，故與慧愷幾乎是同時，亦即天嘉三年之年末，前往真諦座下。不詳何人先往。在廣東時，法泰是住於制旨寺與定林寺。關於「僧宗」，在「真諦三藏傳」中，言及其與法准、僧忍等，都是於天嘉四年來真諦座下，在「法泰傳」中，則載為與法泰、慧愷、法忍等於天嘉三年末前後，〈慧愷傳〉載為「至陳光大中（五六七~五六八），僧宗、法准、慧忍等，度嶺就諦求學，以未聞攝論，更為講之」。所說的「光大中」，並非意指僧宗等人於此年來，而是於光大年中聽講《攝大乘論》之意，故應是在此之前已來真諦座下。此年係何年？慧愷〈唯識論後記〉載有「天嘉四年三月五日此論譯了云云」，依其所述「末有僧忍法師從晉安齎舊本（菩提流支譯本）達番禺」，可知天嘉四年僧宗、法准與僧忍相携從晉安來廣州。關於「僧忍」，在翻譯《攝大乘論》、《俱舍論》時，他與慧愷等共同稟學，故應是此年三月初抵廣東。此中的法忍與慧忍則不知其詳。又於《續高僧傳》中，另有別傳的慧曠（五三四~六一三・致三・九左），是於此時或稍後就學於真諦。於其「傳」中載云：「乃與宗、愷、准、韻諸師俱值真諦，受攝大乘、唯識等論，金鼓（恐是衍字）光明等經。俄而真諦涅槃，法朋彫徙，乃共同學僧宗俱栖匡岫，分時敷說，法化彌隆。」慧偘（又作慧侃）（五二三~六〇五・致四・頁十六左）之「傳」所載「後往嶺南歸心真諦因授禪法，專精不久，大有深悟」，恐是此時。或是於前往始興之時。所說的「韻」，此人只見於此處言及，此外不得而知。如是，天嘉四年時，諸多優秀弟子齊集真諦座前。故真諦心喜，「乃為翻攝大乘等論，首尾兩載覆疎宗旨」，如前節所述，此一段應附在前節之次。關於《攝大乘論》之翻譯，慧愷所撰之「序」載云：「辰次昭陽歲維協洽，月呂姑洗，神紀句芒，於廣州制旨寺，便就翻譯」，因此應是癸未，亦即天嘉四年三月開始翻譯。是三月五日「唯識論」譯竟之後。如同其他的翻譯，此時的翻譯也是非常勤勉，日以繼夜的進行，其慎重，一如慧愷所云：「隨出隨書，一章一句，備盡研窮，釋義若竟，方乃著文」，且邊講述邊翻譯。「即以其年樹檀之月文義俱竟，本論三卷，釋論十二卷，義疏八卷，合二十三卷」，故於同一年十月終，真諦之講述被撰成「義疏八卷」。在此「序」中，是記為「三月至十月」，〈俱舍論序〉則記為「慧愷因請翻講攝大乘等論經，涉二年文義方畢」，《續高僧傳》亦載為「首尾兩載覆疎宗旨」，因此是「涉二年」。但從書為「攝大乘等論經」看來，《攝大乘論》之外，也應包括「經」，所說的「經」，應是指《廣義法門經》。如前所述，此經是四年十一月十日所出，因加入此經，故說「涉二年」，其差別在此。《續高僧傳》所收的「慧愷傳」云：「乃對翻攝論，躬受其文，七月之中文疏并了，都合二十五卷」，此處所載，無論月份或卷數都不同。關於「樹檀之月」，承蒙瀧川龜太郎氏指教，亦即據《淮南子時則訓》所載：「十月，官司馬，其樹檀」，可知是指十月，但又從說為「七月」，以及「又首尾兩載覆疎宗旨」之說，尤其慧愷所說的「涉二年」看來，故應是四年十月譯竟，進而更作對照校正，直至五年七月始告完成。「覆疎」同於「覆疏」，就道宣之用語而言，是將已譯就的，更與原文讎對校勘之意，因此應是在五年七月完成。亦即慧愷之「序」是十月譯竟時所撰，故不述及次年之事，直至撰述「俱舍論序」時，才指出「涉二年」。然四年十一月有《廣義法門經》之譯出，五年正月至閏十月，是《俱舍論》之始譯，故應與《攝大乘論》之譯出併行。進而「卷數的二十五」，或許在對照校正時，最初的「義疏」的八卷成為十卷，或爾後因僧宗之加筆而有變化，不能直接就認為是錯誤。慧愷之「傳」云：「至陳光大中，僧宗法准慧忍等，度嶺就諦求學，以未聞攝論，更為講之。起四月初，至臘月八日，方訖一遍」，可知真諦為僧宗等於光大元年（五六七）四月至十二月講《攝大乘論》，此與真諦《三藏傳》次節所載「自諦來東夏，雖廣出眾經，偏宗攝論，故討尋教旨，通覽所譯，則彼此相發綺績輔顯，故隨處翻傳親註疏解，依心勝相後疏，並是僧宗所陳。躬對本師重為釋旨，增減或異，大義無虧」有關。《攝大乘論義疏》載云：「依心勝相以下是僧宗所陳」，先前既已成八卷，僧宗不可能是光大元年以前聽講此論，應是元年四月開始聽講，且為「依心勝相」以下作釋旨。所說的「增減或異，大義無虧」，顯然是就真諦本人所作的八卷之《義疏》而言。故應是經由僧宗之手，就此八卷《義疏》中的「依心勝相」以下予以增減而成為十卷。從而總計二十五卷之說不能斷言是錯誤之說。《歷代三寶紀》與《內典錄》都載為「攝大乘論一十五卷，攝大乘論本三卷」，前者之割註又云：「或十二卷」，《三寶紀》的「入藏目」的割註云：「真諦再譯，致有廣略」，《內典錄》之後部，係以十五卷本為二帙，十二卷本為一帙，故兩本皆存。《內典錄》又載云：「十五卷本，三百三十紙；十二（又五）卷本，三百四十五紙」，《靜泰錄》（六六六年出）云：「十二卷本三百四十五紙，十五卷本三百一十紙」，《大周錄》（六九五）云：「十五卷本或十二卷三百三十紙，十二卷本三（或二）百四十五紙」，此上三錄皆云《攝大乘論本》是三卷五十八紙。《內典錄》與《靜泰錄》的紙數顯然有混雜，從《內典錄》之帙數與《大周錄》之紙數看來，十二卷本是二四五紙，十五卷本是三三〇或三一〇紙。可能是將十二卷本加上論本之五十八紙，而別視為十五卷本。前文所揭的唐代攝論學者道基是靖嵩門下，在此人所撰之「序」中，指出「論本釋論十有五卷」。《三寶紀》採取十五卷本之說，另外別出論本之三卷，而將十二卷本視為略本，但並非實際見及此十二卷本。又如《法經錄》（五九四），將十五卷本與十二卷本視為二論同本異譯，又如其所云：「僧眾既未獲盡見三國經本校驗異同，今唯且據諸家目錄，刪簡可否，總標綱紀，位為九錄，區別品類，有四十二分」，所說的「僧眾」，《歷代三寶紀》說為「但法經等」，意指從事目錄編纂之人，此等諸人實際上並非親見經論，故其言不可信用。十二卷與十五卷不能說為同本異譯，《三寶紀》所說的「再譯致有廣略」，係根據先前籠統混雜之說所致。其所說的「再譯」，無非是「覆疎宗旨」，故說為「異譯」，顯然是不正確的。故《攝大乘論釋論》自始至終都是十二卷，並無其他所謂的十五卷本。對於《攝大乘論》，古來即有種種的混雜，在《明藏》中，十五卷本被分為十八卷，更且又有異譯本，極其錯綜難辨。從而《攝大乘論》的翻譯應是天嘉四年（五六三）至五年全部譯畢，二年之後的光大元年（五六七），真諦特予以講述，僧宗、法准、慧忍等諸弟子皆列其講席。可以說凡是真諦的弟子無有不通《攝大乘論》者，都非常熱心聽講。

其次的「而飀寓投委，無心寧寄，而神思幽通，量非情測」，應如此接續，文章才能連貫。又其次述其神異事蹟，《譯經圖紀》所載較略，其文云：「然諦或舖坐具，跏趺水中，若乘舟而濟岸，接對吏君，而坐具無濕。或以荷藉水乘之而度，如斯神異其例甚多」。《起信論義記》完全引用此段，就文字而言，《義記》所載較妥。

《續高僧傳》直接述及光大二年（五六八），但在此之前另有《俱舍論》及《明了論》之翻譯。依據慧愷〈俱舍論序〉所載，慧愷與僧忍等共請翻譯此論，天嘉五年甲申（五六四）正月二十五日於制旨寺始譯，「惑品」未譯竟，因時事而移居南海郡內，其年閏十月十日，文義究竟，「論文二十二卷，論偈一卷，義疏五十三卷」，依刺史之請，於城內講說，更恐譯文有謬，於天嘉六年二月二日，僧忍等與慧愷請真諦再譯論文，再解義意，於光大元年（五六七）十二月二十五日終了。現行之「序」謂前者天嘉四年，其次是天嘉五年，前者的歲次是「閼逢龍集涒灘」，「閼逢」是甲，「涒灘」是申，故四年是五年之誤，後者的歲次是「柔兆」，「柔兆」是丙，故五年是六年之誤，又光大元年歲次強圉，「強圉」是丁，故此說為正。然說為四年及五年，自古已是如此，故《開元錄》亦作此說。《開元錄》僅只揭出數字，不言及干支，故皆應依干支訂正。就《續高僧傳》的「慧愷傳」看來，其文云：「後更對翻俱舍論，十月便了，文疏合數八十三卷，……愷後延諦還廣洲顯明寺，住本房中，請諦重講俱舍，纔得一遍……明年宗等又請愷於智慧寺講俱舍論，成名學士七十餘人同欽諮詢。講至業品疏第九卷，文猶未盡，以八月二十日遘疾，……端坐儼思，奄然而卒，春秋五十有一，即光大二年也。葬於廣州西陰寺南崗，自餘論文，真諦續講，至惑品第三卷，因爾乖豫，便廢法事，明年肇春三藏又化」，引文中所說的「後」，是譯《攝大乘論》之後，即天嘉五年，所說的其年十月終，「文疏八十三卷」，此與「序」所說的「合七十六卷」不一致。關於《攝大乘論》，說為二十五卷，如前所述，是因於《義疏》卷數之變化而有差別，對於「八十三卷」之說，猶須再作考察。《歷代三寶紀》及《內典錄》皆云：「俱舍釋論二十二卷，俱舍論本一十六卷，俱舍論偈一卷，俱舍論疏六十卷」，合為九十八卷，此中所說的「俱舍論本一十六卷」不明。僅只有《俱舍論》之偈文的，是《俱舍論偈》一卷，但通常而言，在說為「論本」時，即是指此偈頌本。此偈加上釋此偈的長行，即成《俱舍釋論》二十二卷，故絕無可能稱此為「俱舍論本」。若略去此十六卷，即成八十三卷，其之所說，恐是此意。《俱舍論疏》是由真諦所譯及解釋所成之疏釋，於其「序」中，明白指出是五十三卷，故說為「六十卷」，是多出七卷。可能是真諦爾後講述時又有增補，或是分卷不同，故有如此差異。總之，今依「序文」所載，故取用七十六卷之說。《東域傳燈目錄》（一一六一頁）謂「俱舍論古譯論記五十卷」，其註云：「真諦俱舍釋論云云」，故在日本是說為「五十卷本」。《續高僧傳》在此之後，又載先前所引用的真諦所言「吾早值子云云」，此處則予以省略。所說的「慧愷爾後請真諦返回廣州顯明寺」，顯然是參照前揭之「序文」所說的「中途移南海郡內」之說。在此顯明寺所進行的《俱舍論》之講述，是指「序文」所說的天嘉六年二月二日開始的「重譯再解」，直至光大元年十二月二十五日，前後三年。此時的「疏」，可能是六十卷。總之，於光大元年四月至十二月八日，真諦另為僧宗、法准與慧忍等講述《攝大乘論》。講述《俱舍論》的顯明寺，是慧愷所居住之寺，爾後道岳（五六八~六三三・致三・二九右）於於此寺得《俱舍疏本》及《十八部記》。此皆是慧愷從真諦聽聞之筆記，故是指「義疏五十三卷」。慧愷又曾住於阿育王寺，此依〈律二十二明了論後記〉所載，即可知之。

光大二年（五六八）正月二十日譯《律二十二明了論》，此依其「後記」得以知之。因此是在光大元年十二月，《俱舍論》之重譯與講述，以及《攝大乘論》之講述結束之後。此論之翻譯是依定林寺法泰之請，於廣州南海郡內進行的，《攝大乘論》與《俱舍論》都是由慧愷筆受，有「論本」一卷及「註記解釋」五卷。《歷代三寶紀》不載此「五卷之疏」，《內典錄》則於論本之下的割註中記之。此疏遠至後世猶存，此依《新編諸宗教藏總錄》（《大正藏》第五十七冊・一一四〇頁）所載「律二十二明了論義記五卷，真諦述」得以知之。「法泰傳」云：「泰雖博通教旨，偏重行猷，至於律儀所及，性無違越。諦又與泰譯明了論，釋律二十二大義，并疏五卷，勒於座右遵奉行之」，可知法泰頗重視戒律，故請真諦譯出，得之，故常為規準。進而前文所引用的「慧愷傳」中的

「明年宗等又請愷云云」，其所說的「明年」是指光大二年，繼《明了論》之譯出後，僧宗等請慧愷講述《俱舍論》，是在智慧寺開講。若參照「真諦三藏傳」之記述，此應是始於六月以前。講席盛大，同門後輩的智敫道尼等二十人及其他成名學士合計七十餘人皆列席聽講，但進行到《俱舍論》九品中之第四品業品，以及「疏」之第九卷，文未盡時，八月二十日染疾，慧愷自知不得再起，求紙書其遺偈，其文云：

千秋[13]本難滿，三時理易傾，石火無恒焱，電光非[14]久明，遺文空滿笥。

徒然[15]昧後生，泉路方幽噎[16]，寒隴向淒清，一[17]朝隨露盡，唯有夜松聲。

此遺偈亦載於《廣弘明集》，如是，與諸名德握手語別，端坐奄然而沒。春秋五十一歲，此時是光大二年，故可知慧愷是西元五一八年至五六八年之人。

在此之前，亦即光大二年六月，真諦厭世，欲入南海北山自殺，恐是有感於時運不濟所致。此時，慧愷正在講述《俱舍論》，「聞之馳往」，道俗亦相繼而至，刺史歐陽紇亦遣人防衛，其本人亦親自入山敬禮，迎請真諦延住王園寺。此時，僧宗與慧愷等欲迎真諦回返金陵，但金陵諸學者等怖懼自己勢力失墜，故向文帝奏問：「嶺南所譯真諦三藏之書講說唯識無塵，有背政道，妨礙國風，不從諸華，應流荒服」，時文帝然之，真諦遂不得還。真諦之譯書遂不得流行於陳代。依據「法泰傳」所載，「梁武帝尊大論，兼翫成實論，至學人一般風靡之」反之，文帝之父武帝特令「大品」流行，是最敦厚「三論」之帝，又因一般風潮變化，不容「攝論、唯識」之說。但「大品、三論」與「攝論、唯識」不可能不相容，而是金陵學者不理解唯識趣意，又對於「大品與三論」之理解也不徹底。此事之後的二個月，慧愷沒，真諦非常感慨，親身來到法准房中，率尼響敫等十二人，供傳香火，誓弘《攝大乘論》與《俱舍論》等二論，不令斷絕，皆共奉旨，仰無墜失。「敫」即是智敫，「尼」是道尼，至於「響」，則不詳其人。三本皆作「嚮」字。《俱舍論》之講述改由真諦接續，直至第五品惑品之第三卷，因罹疾而廢止。其次之續講，是由智敫接續，是在太建九年（五七七）。三藏於太建元年（五六九）正月十一日午時示寂。病時，遺訣予諸弟子，揭示因果，相

13　（廣）作「月」，明本夾註云：一作「秋」。
14　（廣）作「寧」，宋元明三本與宮本作「非」。
15　（續）宋元明三本作「復」，（廣）作「昧」。
16　（廣）明本作「噎」。
17　（續）宋元明三本，（廣）宋元明麗本與宮本作「隨朝」。

傳又書遺文，交付弟子智休，轉予三藏寺之法海，但在智休與法海之傳記不見此事之記載。真諦示寂的年月時、年齡及臨終之狀，係依據曹毗之「三藏歷傳」，此依《歷代三寶紀》所載可以得知，故應是可信。其次十二日，於潮亭荼毘建塔，基於何等理由不得而知，十三日，僧宗與法准等各攜經論歸返廬山。對此，「慧曠傳」載云：「俄而真諦涅槃法朋彫徙，乃共同學僧宗俱栖匡岫，分時敷說法化彌隆」，「智敫傳」云：「至三藏崩後，法侶彫散，宗嗣將虧」。僧宗是撰述真諦行狀的人，然其後行蹤不明。法准亦然，然從此人學《攝大乘論》的，有淨願（五三七？~六〇九・致三・十左）其人，而慧曠之行化頗為盛大。然而就承傳真諦三藏學說的人而言，法泰、曹毗、智敫是重要的人物。

法泰於太建三年（五七一）攜新翻經論回返金陵，講述《攝大乘論》與《俱舍論》，相傳其人「文詞該富，理義凝玄，思越恒情，尠能其趣」，然而受陳武帝影響，學者唯僅用意於「大品、三論」，幾乎不見有聽聞法泰之講演者。唯獨彭城（江蘇省徐州府銅山縣）之靖（又作「靜」）嵩（五三七~六一四・致三・八右），數年間隨其受業，精通《攝大乘論》、《俱舍論》，自總「佛性、中邊、無相、唯識、異執」等四十餘部之綱要，尤特明《攝大乘論》。此人係周武帝滅佛（五七七年）時，來抵金陵，開皇十年（五九〇）回歸彭城，努力講說，由於此人，真諦三藏之學遂得流行，其弟子有法護（五七六~六四三）、智凝（五六二？~六〇九？）、道基（五七七？~六三七）、善慧（五八七~六三五）等人，遂成攝大乘論研究之一系流。靖嵩撰有《攝論疏》六卷、《雜心疏》五卷，又有「九識、三藏、三聚戒、二生死」等之《玄義》。所說的「九識云云」等，恐是指《九識玄義》、《三藏玄義》、《三聚戒玄義》、《二生死玄義》等。道因（五八六~六五七）也是其弟子。

曹毗是慧愷之侄，是清信士，可能曾與慧愷一起從學於真諦，從真諦承受《攝大乘論》，亦精通他論，太建三（或二）年，亦即西元五七一年或五七〇年請建興寺明勇法師講《攝大乘論》後，自移至江都（江蘇省楊州府江都縣），常於安樂寺、白塔寺等講授《攝大乘論》等。受其教者有禪定寺僧榮、日嚴寺法侃（五五一~六二三・致三・十七左），承傳真諦三藏之學。曹毘撰有「三藏別歷」，此「別歷」或作「別曆」，在《歷代三寶紀》中，又稱之為〈三藏歷傳〉，不詳其原先之名。又《歷代三寶紀》在《仁王般若經》之下的割註名之為「真諦傳」，宋元明等三本載為曹毗《真諦傳》，《內典錄》所載「曹毘真諦傳」，亦應是指此「別歷」。若是如此，《續高僧傳》中〈曇遷傳〉所引用的〈真諦傳〉之傳文，恐是出自此「別歷」。

智敫是循州（廣東省惠州府）平等寺之沙門，其「傳」載云：「乃翻攝論，乃為廣州刺史安南將軍陽山公頠請宅安居，不護專習」，歐陽頠在世時，《攝大乘論》尚未譯出，故就其說為「歐陽頠在世」而言，應是指於天嘉三年來到真諦座下。在慧愷的《俱舍論》講筵中，其人與道尼等共綴拾文疏，又於慧愷沒後，誓願弘布二論，太建九年（五七七）續講《俱舍論》而名揚。曾從慧智、璣法師、曉禪師得《涅槃論》，常講之，開皇十二年（五九二），因王仲宣之亂，寺及文疏等皆被燒燬，其年，任廣循二州（廣東廣西兩省之地）之僧正，五年解任，後於道場寺偏講《攝大乘論》十餘遍，達解者有「璣、山、瞰等二十五人」。仁壽元年（六〇一）示寂，撰有〈真諦三藏之翻譯歷〉。此「翻譯歷」被譽為「始末指訂，并卷部時節人世詳備，廣有成敘」，可知優秀之佳作。至於「璣」等諸弟子，其全名不得而知。

道尼原居於九江（江西省九江縣），習學真諦之說，精通《攝大乘論》，開皇十年（五九〇）奉敕偕弟子智光從金陵入京師（致四・三二左），住大興善寺。相傳「自是南中無復講主」，可是當時有數的《攝大乘論》之學者，弟子有道岳、慧休與智光等人。道岳（五六八~六三三）較專注於《俱舍論》，受商人之請，前往廣東，於顯明寺得〈俱舍疏本并十八部記〉，遂以慧愷為師範，戮力研究。真諦三藏珍惜如生命的《攝》、《俱》二論中，其中之一的《俱舍論》即是由此人承繼。至於《攝大乘論》之研學者，則有慧休（五四八~六四五）與智光，慧休亦曾從學於曇遷。

對於《攝大乘論》之研究與傳播，最為重要的人是曇遷。曇遷是西元五四二~六〇七年之人。西元五七七年一月，北周武帝滅北齊，在武帝於其地滅佛之前，曇遷既已精通「華嚴、十地、維摩、楞伽、地持、起信等」，對「唯識論」之研究亦頗熱切。因武帝之滅佛而移至金陵，居道場寺，暢談唯識義，後於桂州刺史蔣君之宅得《攝大乘論》，大喜如同獲得如意珠，以先前所未能明了者，今皆得以了知故。所說的「桂州」，即是廣西省桂林縣，但此處所說「於刺史之宅得」，並非曇遷來到桂州此地，而是其刺史之宅位在金陵之意。西元五八一年，隋興起時，至彭城（江蘇省徐州府銅山縣）慕聖寺，講《攝大乘論》，又講「楞伽、起信、如實等」，更於開皇七年（五八七）上京師，大張講筵，居於大興善寺，當時的名流學者皆侍其講。如慧遠、慧藏、僧休、寶鎮與洪遵等人亦列其席，此五人加上曇遷，被稱為「當時六大德」。據說曇延亦列席曇遷之講筵，但當時曇延已是七十二歲之耆宿，翌年即示寂，故所謂的列席，應只是禮貌性的參與。慧遠等諸大德也不可視為是其弟子，但作為其弟子而研究弘布《攝大乘論》的人甚多，靜藏（五七一~六二六）、道遜（五五六~六三〇）、淨業（五六四~六一六）、辯相（五五五？~六二七？）、法常（五六七~六四五）、慧休（前文已揭）、道哲（五六四~六三五）、靜琳（五五四~六四〇）、玄琬（五六二~六三六）、道英（五六〇……六三六）、明馭（……五八八~六〇四……）、靜凝（……五八六~六〇二……）、淨辯（……五八七~六一六？），此外，雖沒有明言是其弟子，但可確認是其弟子的，也不少，真諦三藏之學遂成一大系統。關於彭城，開皇十年靖（又作靜）嵩歸回此地，講《攝大乘論》，故彭城可說是北方《攝大乘論》研究之發祥地。曇遷之抵達此地，未必是在開皇七年。依據「靜凝傳」所載，其人於開皇六年伴隨靜凝入雍，住於興善寺，據此可知不是開皇七年。又在入京師前，曇遷已在開善寺講《攝大乘論》，又曾前往江都。曇遷的著作，相傳有《攝大乘論疏》十卷及「楞伽、起信、唯識、如實等疏」、「九識、四明（又作四月）等章及華嚴明難品玄解等」二十餘卷。「九識章、四明（又作月）章、華嚴明難品玄解中」的四明章，又作「四月章」，其意義不明。

（五）自諦來東夏，雖廣出眾經，偏宗攝論，故討尋教旨[18]，通覽所譯，則彼此相發，綺繢輔顯。故隨處翻傳，親注疏解，依心勝相後疏並是僧宗所陳，躬對本師，重為釋旨，增減或異，大義無虧。宗公別著行狀，廣行於世。　且諦之梁，時逢喪亂，感竭運終，道津靜濟，流離弘化，隨方卷行。至於部袠，或分譯，人時別，今總歷二代，共通數之。故始梁武之末，至陳宣即位，凡二十三載。所出經論，傳六十四部合二百七十八卷。微附華飾，盛顯隋唐，見曹毗別歷[19]貞觀內典錄。餘有未譯梵本書，並多羅樹葉，凡有二百四十甲[20]。若依陳紙翻之，則列二萬餘卷。今見譯訖，止是數甲之文，並在廣州制旨王園兩寺。是知法寶弘博，定在中天，識量琵瑣，誠歸東夏，何以明之。見

18　麗本作「旨者」。
19　宋元明三本作「曆」。
20　宋元明三本作「夾」。

譯藏經減三千卷，生便棄擲習學全希，用此量情，情可知矣。初諦傳度攝論，宗愷歸心，窮括教源，詮題義旨，遊心既久，懷敞相承。諦又面對闡揚，情理無伏。一日氣屬嚴冬，衣服單疎，忍噤通宵門人側席，愷等終夜靜立，奉侍諮詢，言久情諠。有時眠寐，愷密以衣被覆足[21]，諦潛覺知，便曳之于地，其節儉知足如此。愷如先奉侍，逾久逾親。諦以他日便喟然憤氣衝口者三。愷問其故，答曰：君等款誠正法，實副參傳，但恨弘法非時，有阻來意耳。愷聞之如噎，良久聲淚俱發，跪而啟曰：大法絕塵，遠通赤縣，郡生無感可遂埋耶。諦以手指西北曰：此方有大國，非近非遠，吾等沒後當盛弘之，但不覩其興，以為太息耳。即驗往隔今統數揚有宗，傳者以為神用不同，妄生異執，惟識不識其識，不無慨然。

真諦三藏將《攝大乘論》、《俱舍論》視同如自己之生命，尤其前者，正是其來華本懷，故屢予弘傳。就此二論之翻譯直至真諦晚年才逐漸見其成果看來，真諦的時運不濟，在佛教的發展上是甚為遺憾的。另就身處異地，於當地傳揚新奇未聞之說而言，製作註疏是表達其趣意最適切的方法，故真諦之翻譯常附有註疏。然現今即使一部，亦不見留存。關於《攝大乘論註疏》與僧宗之關係，如前節所述，僧宗之著作中，據說也有「三藏之行狀」。無可懷疑的是，當時曾廣行於世，不幸的是，亦不得留傳後世。其內容所述無法知曉，恐是就智敫之〈翻譯歷〉，再予以整頓。特別加強此一方面的內容。總之，有關〈行狀傳記〉之典籍皆已佚失，故現今的真諦傳記不詳。真諦來華時，梁代已臻末期，由於戰亂，無法如願弘化，又因流離諸所，從而對於翻譯，也只能隨處行之，部帙四散，屢次的筆受、傳語等也都不同。從西元五四八年抵達金陵，直至五六九年示寂，前後二十二年，《續高僧傳》載為「始梁武之末至陳宣即位，凡二十三載」。若是西元五四六年至廣東，至五六九年是二十四年，示寂於正月十一日，實際上此時並不作翻譯，故若扣掉此年，正是二十三年，又若就滿數而言，正是二十三年。「法泰傳」載云：真諦因梁末戰亂，「僑寓流離一十餘年全無陳譯」，又「法泰遠尋三藏，於廣州制旨寺，筆受文義，垂二十年，前後所出五十餘部，並述義記，皆此土所無者」。此二文之中，前者進而接續歐陽頠請翻譯之事，故應是指天嘉三年十二月之前。天嘉三年，距離陳武帝即位只不過六年，故所說的「一十餘年」，不是指陳代，而是僑寓流離十餘年之意，從而是指真諦移至富春以來。

21 麗本作「之」。

所說的「全無陳譯」，是因為《解節經》、《金剛般若經》之譯年不明，故道宣作此說，但此說並非正確。後者所說的「垂二十年」，並不是指法泰筆受文義的期間，此依法泰早在天嘉三年十二月中旬以後即隨從真諦，即可得知，從而「垂二十年」是接續其次的「前後所出五十餘部」之句。因說為「五十餘部」，所以是指天嘉三年法泰隨從之前。在此之後，有前述的數部之譯出，故與前記本文的六十四部之說並不矛盾。此「六十四部二百七十八卷」之說與《歷代三寶紀》所載「梁代譯十六部四十六卷，陳代譯四十八部二百三十二卷」一致，《內典錄》的「陳代錄」實際上是增加四部，但數字上與前揭相同，故在此予以合併述之。《三寶紀》中有「其事多在曹毗三藏傳文」、「並是曹毗三藏傳云」之記載，故應是依據曹毗之「別歷」而撰述的。《內典錄》顯然是依據《歷代三寶紀》，但沒有明言，故與此《內典錄》同一著者的《續高僧傳》亦無任何明言，但應視為同樣是依據《歷代三寶紀》所載而撰。《續高僧傳》特載為「見曹毗別歷及唐貞觀內典錄」，僅顯示其之所據係《內典錄》，而以《歷代三寶紀》為其基底，並不表示它是直接根據曹毗之「別歷」。《續高僧傳》雖言及曹毗之「別歷」，但在〈曹毗傳〉之下，關於「別歷」卻完全沒有言及。沒有特別為僧宗立「傳」，故無從探究，但在述及僧宗為《攝大乘論疏》的「依心勝相」加筆之處，曾言及僧宗又撰有「行狀」，在述及智敫之處，亦指出其撰有「翻譯歷」。但在「曹毗傳」之下沒有言及「別歷」，顯示道宣沒有見過此「別歷」。進而就未譯經論而言，此等皆書於多羅樹葉，有二百四十甲（又作夾），若譯之，則有二萬餘卷，梁代以後，真諦譯出的僅只數甲，其他皆存於「制旨寺王園寺」，據此可見《歷代三寶紀》正是依據「別歷」所述而撰。但《歷代三寶紀》謂真諦所持來梵本皆是書於多羅樹葉，總計二百四十甲（又作「縛」），真諦所譯只是其中數甲，《內典錄》所載相同（《內典錄》載為三百四十甲，顯然「三」是「二」之誤），故《續高僧傳》所載，也應視為此意。進而《三寶紀》載云：「今之所譯止是數縛多羅樹葉書，已得二百餘卷，通及梁代減三百卷。是知佛法大海不可思議，其梵本華嚴涅槃金光明將來，建康以外多在嶺南廣州制旨王園二寺，冀不思議弘法大士，將來共尋，庶令法燈傳照不隱輝於海隅」，《內典錄》所述同此，《續高僧傳》之文意與此稍異。如此之差異即顯示《續高僧傳》此一段敘述不是依據《歷代三寶紀》，也不是基於「別歷」。此二萬餘卷相較於印度所存經論總數，只是極小的部分，據此可知佛法之廣大。然總計歷代譯為中文者，不足三千卷，僅只是其中的少數而已，可以說幾近於無的狀態。真諦所持梵本部數相較於玄奘所攜的六百五十七部，其量之大可以想見。

真諦譯《攝大乘論》時，僧宗、慧愷歸心研究，真諦亦予以詳細說明解釋。師資對坐問答常及於深夜，或於嚴冬之夜，慧愷等幾乎是終夜奉侍諮詢，真諦有時坐睡。慧愷密為被衣，真諦寐醒，即脫去其衣。據此可以看出真諦於困窮之間，亦節約知足，故得弟子心服。真諦自知時運不濟，有時不禁長嘆，愷問其故，答曰：「君等款誠正法，實副參傳，但恨弘法非時，有阻來意耳」，慧愷聞之啼泣不已，現今讀之，豈能不為之落淚。真諦又「指西北曰：北方有大國非近非遠，吾等沒後當盛弘之，但不覩其興，以為太息耳」。相對照於玄奘三藏因高宗之優遇，反而錯失翻譯時間，實是雲泥之別。慈恩常用三車，故被稱為三車法師，縱使此乃誤傳，但相較於如此傳說之產生，真諦三藏之時運不濟，實是千載之憾。此中所載真諦之豫言，恐是引用自《曇遷傳》中的「真諦傳云：不久有大國不近不遠大根性人，能弘斯論」。若是如此，此文應存於曹毗之「別歷」，《續高僧傳》縱使沒見過「別歷」，但應是經由某種方式，而依據曹毗之「別歷」，亦即依據「真諦傳」之記述，而撰此前後之文。

三、翻譯與撰述

梁代			
翻譯		撰述	
十七地論	五卷		
。決定藏論	三卷		
。大乘起信論	一卷	大乘起信論疏	二卷
		大乘起信論玄文	二十卷
		大品玄文	四卷
中論	一卷	中論疏	二卷
。如實論	一卷	如實論疏	三卷
十八部論	一卷		
。本有今無論	一卷		
三世分別論	一卷		
Δ金光明經	七卷	金光明經疏	六卷
彌勒下生經	一卷		
仁王般若經	一卷	仁王般若經疏	六卷
		九識義記	二卷
		轉法輪義記	一卷
		（？）釋大乘論	二十卷

◦無上依經	二卷	無上依經疏	四卷
唯識論（？）			

陳代			
◦佛阿毘曇經	二卷		
金剛般若論	一卷	（？）金剛般若經本記四卷，又文記二卷、七事記、般若疏	
僧澀多律	一卷		
修禪定法	一卷		
禪定義	一卷		
◦四諦論	四卷		
◦僧佉論	三卷	四諦論疏	二卷
即金七十論三卷			
大（般）涅槃經論	一卷		
◦佛性論	四卷	佛性義	三卷
遺教論	一卷		
隨相論	一卷		
◦寶行王正論	一卷	◦隨相論中十六諦疏	二卷
成就三乘論	一卷		
意業論	一卷		
◦部異執論	一卷		
◦思塵論	一卷	十八部論疏	十卷
◦解拳論	一卷		
大空論	三卷		
◦中邊分別論	二卷		
正論道理論	一卷	中邊分別論疏	三卷
反質論	一卷	正論釋義	五卷
墮負論	一卷		
◦立世阿毘曇論	十卷		
◦解節經	一卷		
◦金剛般若經	一卷	解節經疏	四卷
◦唯識論	一卷	金剛般若經疏	十卷
唯識論義疏	二卷		
◦攝大乘論	三卷	唯識論注記	二卷
◦攝大乘論釋	十二卷		
◦廣義法門經	一卷	攝大乘論義疏	八卷
無相論（？）			
◦三無性論	二卷		

◦顯識論	一卷		
◦轉識論	一卷		
◦十八空論	一卷		
俱舍論偈	一卷		
◦俱舍論釋論	二十二卷		
破我論疏	一卷	俱舍論義疏	五十三卷
		翻外國語	七卷
◦婆藪槃豆傳	一卷	眾經通序	二卷
◦律二十二明了論	一卷		
		明了論註記	五卷

以上的翻譯約五十二部（或五十一部），百二十一卷（或百二十卷），撰述約二十九部（三十部），百九十三（或一）卷，或百七十三（或一）卷，現存者，以「。」之記號表示的，是完整無缺的，以「Δ」之記號表示的，是殘卷，二者合計為三十部八十八卷。現藏中將「三十二部」視為真諦三藏所譯，但「十八部論、遺教經論、大宗地玄文本論」被誤為真諦三藏所譯，又不將《金光明經》列入，故與今之所揭有別。且都視之為「譯著」，但至少《隨相論》等並非翻譯。其他典籍中，在譯書中插入真諦三藏所作注釋的並不多。其若干實例將揭於其他論文中。

四、來華年譜

大同十二年（西元五四六），中大同元年（四月改元）。真諦三藏四十八歲。

八月十五日抵達南海，亦即廣東。恐是於此時有豫章之行。

太清元年（西元五四七），四月改元。四十九歲。

恐是滯留豫章。

太清二年（西元五四八）。五十歲。

恐是從豫章出發，閏八月抵達金陵，於寶雲殿謁武帝，接受供養，擬進行譯事。十月因侯景揮軍入京，遂有東土之行。

太清三年（西元五四九）。五十一歲。

前年末至此年初，滯留富春，住陸元哲之宅，招寶瓊等二十餘人，始譯《十七地論》。五月武帝崩，簡文帝立。

太清四年（西元五五〇），大寶元年。五十二歲。

十月譯出《十七地論》五卷，恐是企圖譯出《決定藏論》，又譯出《大乘起信論》一卷、《大乘起信論疏》二卷、《中論》一卷、《中論疏》二卷、《如實論》一卷、《如實論疏》三卷、《十八部論》一卷、《涅槃經本有今無偈論》一卷、《三世分別論》一卷。《起信論玄文》及《大品玄文》恐是撰述於此時。

太清五年（西元五五一），天正元年（八月改元）。五十三歲。

住於富春。恐是譯出《決定藏論》三卷。八月簡文帝被廢，豫章王立，十月簡文帝被弒，豫章王亦被弒，十一月侯景稱帝。

大寶三年（西元五五二），承聖元年（十一月改元）。五十四歲。

應侯景之請，還返金陵，住正觀寺，與願禪師等二十餘人始譯《金光明經》。恐是於此時授道諒之子予吉藏之名。侯景被殺，十一月元帝於江陵即位。

承聖二年（西元五五三）。五十五歲。

三月，在楊雄別閣道場再譯出《金光明經》七卷，慧寶傳語，蕭梁筆受，又有《金光明經疏》六卷之撰述。

承聖三年（西元五五四）。五十六歲。

二月前往豫章，住寶田寺，與慧顯等十餘人共譯出《彌勒下生經》一卷，又譯《仁王般若經》一卷及其「疏」六卷。

於豫章逢警韶，授予「金光明、唯識、涅槃」等。

其次有新吳之行，住美業寺，撰《九識義記》二卷、《轉法輪義記》一卷。

承聖四年（西元五五五），大定元年（一月改元），天成元年（五月改元），紹泰元年（十月改元）。五十七歲。

居新吳，次有始興之行，恐是居於建興寺。此年一月，宣帝即位江陵，立後梁，改元大定，敬帝立於金陵，不久貞陽侯代立，五月改元天成，十月敬帝即位，改元紹泰。

紹泰二年（西元五五六），太平元年（九月改元）。五十八歲。

居始興，其次隨蕭太保前往南康。

紹泰三年（西元五五七）太平二年，陳永定元年（十月改元）。五十九歲。

住南康淨土寺，九月譯出《無上依經》二卷，又撰其「疏」四卷。十月陳霸先立陳朝，稱武帝，改元永定。

永定二年（西元五五八）。六十歲。

七月返還豫章，住栖隱寺，譯出《大空論》三卷。

其次前往臨川郡，譯出《中邊分別論》二卷，又撰其「疏」三卷。

進而前往晉安，住佛力寺，譯出《正論道理論》一卷、《正論釋義》五卷。此時可能又有《反質論》一卷、《墮負論》一卷之譯出。

於此晉安逢智文，若此時是僧宗、法准請智文講說之時，則與真諦三藏亦有相識。

永定三年（西元五五九）。六十一歲。

因時世不符真諦三藏來華本懷，故意欲前往「楞伽修」，因道俗懇請，遂居留南越。或說於前年已來南越，但恐是此年。在南越與梁代舊齒共檢覈所翻經論，訂飾文辭。

此年譯出《立世阿毘曇論》十卷。

天嘉元年（西元五六〇）。六十二歲。

欲從南越西歸，乘小舶至梁安郡。不確定是前年或此年，但恐是於此年居留梁安郡。

天嘉二年（西元五六一）。六十三歲。

此年於建造寺譯出《解節經》一卷，又撰其「義疏」四卷。

從梁安郡欲乘大舶西歸，學徒又追來隨從。太守王方奢懇請留錫，故留止海隅。

天嘉三年（西元五六二）。六十四歲。

依太守王方奢之請，五月一日至九月二十五日之間，譯出《金剛般若經》一卷，又撰其《文義》十卷。偕（恐是僧）宗、法虔等筆受。

九月浮舶，欲從梁安郡西歸，業風所阻，十二月中旬，於南海（廣東）登陸。刺史歐陽頠延住制旨寺，成為菩薩戒弟子，並懇請翻譯。慧愷、法泰、法忍、智敫、曹毘等人來隨從真諦三藏。

天嘉四年（西元五六三）。六十五歲。

於制旨寺，從正月十六日至三月五日譯出《大乘唯識論》一卷，又有《義疏》二卷及《注記》二卷之撰述。慧愷筆受。僧宗、法准、僧忍、慧忍、慧曠等人來隨從。慧侃之隨從恐是亦於此時。又此時歐陽頠去世，其世子歐陽紇繼位。

三月始譯《攝大乘論》，十月終了，「本論」三卷，「釋論」十二卷，「義疏」八卷。恐是更予以重譯校定，次年七月完了。慧愷筆受。

十一月十日，譯出《廣義法門經》一卷。

恐是於此時譯出包含《三無性論》等論的「無相論」。《十八空論》繼其次。

天嘉五年（西元五六四）。六十六歲。

正月二十五日於制旨寺始譯《俱舍論》，中途移居南海郡內，閏十月十日譯事終了。「論偈」一卷，「論文」二十二卷，又撰「義疏」五十三卷，慧愷筆受。依刺史之請，真諦三藏於城內講演。

天嘉六年（西元五六五）。六十七歲。

二月二日，真諦三藏受慧愷、僧忍等之請，恐是於顯明寺重譯校訂並講授《俱舍論》。此一譯事一直進行到兩年後的十二月二十五日。

天康元年（西元五六六）。六十八歲。

在顯明寺致力於《俱舍論》之重譯、校訂與講授。

光大元年（西元五六七）。六十九歲。

重譯、校訂、講授《俱舍論》，於十二月二十五日終了。

四月，為僧宗、法准、慧忍等講《攝大乘論》，十二月八日終了。僧宗於此際就《義疏》的「依心勝相」以下，予以增減。

光大二年（西元五六八）。七十歲。

正月二十日，於南海郡內，依定林寺法泰之請，譯出《律二十二明了論》，故有「論本」一卷，及「註記」五卷。慧愷於阿育王寺筆受。

恐是前揭譯事終了未久，慧愷受僧宗等之請，於智慧寺開講《俱舍論》。道尼、智敫等同門二十人及其他成名學士七十餘人列席聽講。

六月，真諦三藏厭世，欲於南海北山自殺。慧愷聞訊前往守護，道俗多數并歐陽紇亦到場，迎真諦三藏住王園寺。

八月二十日，慧愷得疾，遂寂。《俱舍論》之講演遂於「論文」卷四之業品、「義疏」之卷九中絕。真諦三藏大嘆，入法准之房，道尼、智敫及嚮等十二人立誓弘傳《攝》、《俱》二論。

真諦三藏自己續講《俱舍論》。至惑品之第三卷因病遂廢。

大建元年（西元五六九）。七十一歲。

將遺訣遺文交附智休，正月十一日午時入寂。

十二日，於湖亭荼毘建塔。

十三日，僧宗、法准、慧曠等人攜各經論到匡山。

大建二年（西元五七〇）。

大建三年（西元五七一）。

此年或前年，曹毘受建興寺明勇之請，講《攝大乘論》。曹毘後移居江都，開其講筵。法泰攜新翻經論返還建康（即金陵），講《攝大乘論》、《俱舍論》等，世人大為驚嘆。講席漸次寂寞，唯靖嵩於數年間隨從受學。

大建四、五、六、七、八年（西元五七二、三、四、五、六）。

大建九年（西元五七七）。

曇遷來金陵。此年得《攝大乘論》。

智敫於廣東講《俱舍論》。此係接續慧愷、真諦三藏所講。

大建十、十一、十二年（西元五七八、九、五八〇）。

大建十三年（西元五八一）開皇元年。

曇遷入彭城講《攝大乘論》，亦講「楞伽、起信、如實」等。爾後於廣陵、江都等開啟講筵。豫章郡主呈《攝大乘論》予隋廷。

大建十四年（西元五八二）開皇二年。

至德元年（西元五八三）、開皇三年。

真諦三藏入寂以後，慧曠續於湘郢二州間弘道，特於此年，於遍學道場傳經引化。

開皇四、五年（西元五八四、五）。

開皇六年（西元五八六）。

曇遷入雍，住興善寺。

開皇七年（西元五八七）。

曇遷奉勅於大興殿，與五大德共謁文帝，爾來於京師講《攝大乘論》。

開皇八年（西元五八八）。

開皇九年（西元五八九）。

法侃於江都從曹毘學《攝大乘論》應是於此年。是在平陳之後，陳亡於此年一月。

開皇十年（西元五九〇）。

靖嵩返還彭城，講《攝大乘論》等。

道尼奉勅從金陵入京師，講《攝大乘論》等。弟子道岳得慧愷之書，通曉《俱舍論》，遂大力宣揚。（四、一二、二〇）

五、〔附記〕法泰、智愷、曹毘、智敫、道尼（《續高僧傳》卷一）

釋法泰。不知何人。學達釋宗跨轢淮海。住楊都大寺。與慧愷僧宗法忍等。知名梁代。並義聲高邈宗匠當時。有天竺沙門真諦。挾道孤遊遠化東鄙。會虜冠勍殄。僑寓流離一十餘年。全無陳譯。將旋舊國。途出嶺南。為廣州刺史歐陽頠固留。因欲傳授。周訪義侶。擬閱新文。泰遂與宗愷等。不憚艱辛。遠尋三藏。於廣州制旨寺。筆受文義。垂二十年。前後所出五十餘部。并述義記。皆此土所無者。泰雖博通教旨。偏重行猷。至於律儀所及。性無違越。諦又與泰譯明了論。釋律二十二大義。並疏五卷。勒于座右遵奉行之。至陳太建三年。泰還建業。並齎新翻經論創開義旨。驚異當時。其諸部中。有攝大乘俱舍論。文詞該富理義凝玄。思越恒情尠能其趣。先是梁武宗崇大論。兼翫成實。學人聲望從風歸靡。陳武好異前朝。廣流大品。尤敦三論。故泰雖屢演。道俗無受。使夫法座絕嗣闃爾無聞。會彭城沙門靜嵩。避地金陵。學聲早被獨拔千載。希斯正理。晝談恒講夜請新宗。因循荏苒乃經涼燠。泰振發玄門明衷弘詣。覈其疑義每湊玄極。皆隨機按旨。披釋無遺。事出嵩傳。泰博諳真諦。傳業嵩公。知我者希。浮諺斯及。不測其終。智愷。俗姓曹氏。住楊都寺。初與法泰等前後異發。同往嶺表奉祈真諦。愷素積道風詞力殷贍。乃對翻攝論。躬受其文。七月之中文疏並了。都合二十五卷。後更對翻俱舍論。十月便了。文疏合數八十三卷。諦云。吾早值子。綴緝經論綷是前翻。不應缺少今譯兩論詞理圓備。吾無恨矣。愷後延諦。還廣州顯明寺。住本房中。請諦重講俱舍。纔得一遍。至陳光大中。僧宗法准慧忍等。度嶺就諦求學。以未聞攝論。更為講之。起四月初。至臘月八日方訖一遍。明年宗等又請愷。於智慧寺講俱舍論。成名學士七十餘人。同欽諮謁。講至業品疏第九卷。文猶未盡。以八月二十日遘疾。自省不救。索紙題詩曰。千秋本難滿。三時理易傾。石火無恒焰。電光非久明。遺文空滿笥。徒然昧後生。泉路方幽噎。寒隴向凄清。一朝隨露盡。唯有夜松聲。因放筆。與諸名德握手語別。端坐儼思奄然而卒。春秋五十有一。即光大二年也。葬於廣州西陰寺南崗。自餘論文。真諦續講。至惑品第三卷。因爾乖豫。便廢法事。明年肇春三藏又化。諦有菩薩戒弟子曹毘者。愷之叔子。明敏深沈雅有遠度。少攜至南受學攝論。諮承諸部皆著功勳。太建三年。毘請建興寺僧正明勇法師。續講攝論。成學名僧五十餘人。晚住江都綜習前業。常於白塔等寺開演諸論。冠履裙襦服同賢士。登座談吐每發深致。席端學士並是名賓。禪定僧榮日嚴法侃等皆資其學。時有循州平等寺沙門智敫者。弱年聽延祚寺道緣二師成實。并往北土沙門法明。聽金剛般若論。又往希堅二德。聽婆沙中論。皆洞涉精至研覈宗旨。必得本師臨聽言無浮雜義得明暢者。方始離之。餘例准此。及翻攝論。乃為廣州刺史安南將軍陽山公頠請宅安居。不獲專習。後翻俱舍方預其席。及愷講此論。敫與道尼等二十人。並掇拾文疏。於堂聽受。及愷之云亡。諦撫膺哀慟。遂來法准房中。率尼響敫等十有二人。共傳香火。令弘攝舍兩論誓無斷絕。皆共奉旨仰無墜失。至三藏崩後。法侶彫散宗嗣將虧。太建九年。敫相續敷弘。最多聯類。同聽諦席。未有高者。太建十一年二月。有跋摩利三藏弟子慧智者。本住中原。值周武滅法。避地歸陳。晚隨使劉璋至南海獲涅槃論。敫曾講斯經。欣其本習伏膺請求。便為開說。止得序分種性分前十三章玄義。後返豫章鶴嶺山。敫又與璣法師隨從。因復為說第三分。具得十海十道。及進餘文。智因遘疾不任傳授。乃令敫下都覓海潮法師當窮論旨。以十四年至於建業。所尋不值。乃遇栖玄寺曉禪師。賜與曇林解涅槃疏釋經後分。文兼論意而不整足。便還故寺。常講新文十三章義。近二十遍。開皇十二年。王仲宣起逆。焚燒州境及敫寺房。文疏並盡。其年授敫。令任廣循二州僧任。經五載廢闕法事。後解僧任方於本州道場寺。偏講攝論十有餘遍。坐中達解二十五人。璣山瞰等並堪領匠。仁壽元年。遘疾終於本寺。敫撰諦之翻譯歷。始末指訂。并卷部時節人世詳備。廣有成敘。道尼住本九江。尋宗諦旨。興講攝論騰譽京師。開皇十年下敕追入。既達雍輦開悟弘多。自是南中無復講主。雖云敷說蓋無取矣。

〔別註〕另可參考孫富支《真諦三藏略傳》（獅子吼）

肆、安慧說與護法說之根本分別何在？

取材自上田義文

安慧之《唯識三十頌釋》及護法之《成唯識論》是理解確定世親唯識說之難得資料。單以字面上比對其相異點是不夠的，應從其相異點之根本問題上加以分析。

一、vijñānapariṇāma

安慧：vijñānapariṇāma之所緣是非有（asat），非有之所緣相對的能緣就是vijñānapariṇāma。

《成唯識論》：pariṇāma解釋為「轉變」，變是所謂識體轉似二分，相見俱由自證起故。

此為安慧與護法兩種唯識說體系本身之相異。

《安慧釋》

「非有asat就是所緣，是以vijñānapariṇāma稱為vikalpa。」

此為安慧對頌17之解說。安慧將此頌之vijñānapariṇāma解為能緣。

此思想即是《三十頌》本身之思想。

〔頌17〕

vijñānapariṇāma 'yaṃ vikalpo yad vikalpyate

tena tan nāsti tenedaṃ sarvaṃ vijñaptimātrakam

1.vijñānapariṇāma為能緣

指示代名詞ayam指的是由頌1~16所說之三種vijñānapariṇāma，也即是異熟、思量與了別（八識：阿賴耶識、末那識與六識）〔頌1，2〕，且意謂為識（vijñāna）與識別（vijānati）。故可知此pariṇāma就是能識（即是能緣）。vijñānapariṇāma是vikapla。vikalpa也分為三種，由於是阿賴耶識，染污意與轉識之自性故（頌17釋）。vijñānapariṇāma、vikalpa與八識，一方面各有不同名稱，另方面又不外是完全同一之物，此就是能緣。

2.所緣為非有

此可由三種vijñānapariṇāma（即八識）為vikalpa而得以明瞭。

(1)「在vikalpa（妄分別）中，被妄分別之物是非有」〔頌17，20〕

(2)「此分別性就是parikalpitasvabhāvā」〔頌20〕

與能緣（vijñāna）相對之所緣（vijñeya）為非有之諸法（我與法）。（見頌17，20）

3.能緣與所緣之關係

vikalpa（妄分別）與由此所妄分別之物，是作為能緣與所緣之關係而成立。

所緣之物無論什麼（yad yad vastu vikalpyate）都是分別性，故是非有，而能緣所有之vikalpa（＝vijñānapariṇāma＝八識）就是依他性〔頌21〕。

可知此依他性與分別性，就是能緣與所緣之關係。

以上為安慧就「vijñānapariṇāma是將非有當所緣」一句加以解釋推演之結果，此與世親在《三十頌》之見解毫無相違之處。

二、初期瑜伽行派之依他性說

對於初期瑜伽行派之依他性思想眾說紛紜。

若從梵文《三十頌》中可知依他性說為緣生（pratyaya）。而作為緣生，則非指染淨二分而成之依他性。（宇井博士以後之著名學者，都將《三十頌》中之依他性說成為染淨二分而成者。）

1.依他性有二種

《攝大乘論》（應知勝相品第二）：依他性有兩種。

(1)緣生之依他性

《三十頌》：

①vikalpa即八識之心心所，是緣生，故為依他性。

②vikalpa是從（其種子為因）業煩惱之習氣而生，繫源於種子而為依他。

③此種依他，是只就虛妄之物，即不淨品而言之依他性。

(2)染淨二分而成之依他性

將不淨品與淨品二法結合，此二法不同時成立，由一方成立之時，另一方便不成立。由隨一分不能成就故名依他。

2.以染淨二分依他性說解釋《攝大乘論》

宇井等現代學者全以染淨二分依他性說解釋《攝大乘論》。他們認為此說係源自於《大乘阿毘達磨經》、《大乘莊嚴經論》、《中邊分別論》，而與《解深密經》、《瑜伽師地論》不同。但《三十頌》之三性說與《攝大乘論》同。雖然《攝大乘論》說「依他性有兩種」，但此等學者完全以染淨二分依他性解釋《攝大乘論》，而完全不提緣生義之依他性。

〔頌21〕前半「妄分別為依他性之所有，由緣而生。」

解作在不淨品方面顯現場合中的染淨二分依他性。

〔頌21〕後半「全部，在這裡，常常地，遠離前者便是圓成。」

解作由染淨二分而成之依他性。「遠離前者（分別性）就是圓成（真實性）」表示是以染淨二分依他性為中心之三性說。

此說不合理：

若為染淨二分依他說，則只當遠離分別性時方成真實性（如以金土藏喻，以般若火燒煉時淨品方成立），而非常常地（sadā）遠離分別性。

3.「在依他性中」

〔頌21〕：在依他性中常常地遠離分別性之二取（我，法）者，便是真實性。

《中邊分別論》：分別性為恆無（hityam）。

《中邊》之「恆」與《三十頌》之「常常地」是相同的。《中邊》之恆無只就分別性說，而《三十頌》則「在依他性中所有」來述說分別性之二取（我，法）之恆無。

「在依他性中所有」指的是：

(1)分別性恆無

在依他性中所見的是依他性與分別性之能緣與所緣之關係。

所謂分別性恆無，指的是作為vikalpa（即vijñānapariṇāma，依他性）之所緣「恆」無。

(2)依他性之空

在依他性中，由於所緣之境無，能緣之依他性也是「常常地」無（空）。

這表示分別依他兩性之無（空）是在依他性（緣生）中成立，而依他性之空（無）是與其緣生（有）同時成立的。

4.無所得與無心

所緣境（二取或我法）與能緣識兩方之無（空），在頌29稱為無所得與無心，即是真實性（無分別智與真如，境智不二）。

因為1.分別性恆無2.（基於分別性的）依他性也「常常地」空，因此真實性亦「常常地」成立。在這裡，有為（緣生二有）與無為（基於分別性的依他性之空＝二無性之同一無性＝真實性）都屬於作一個自性的依他性。

5.相性相融

以這樣的「緣生」依他性為中心之三性說，表示了已得無分別智而住於唯識之菩薩所見之世界（包含主客體全體之世界，對立之對象世界乃至自身主體），也即是諸法之實相。而依他性與分別性為得到根本智後，由後得智所見之世界。故頌22說：當此（真實性）不得見之時，彼（依他＝緣生之諸法）亦不得見。

有為之一切法是「依他性作為自體」〔頌25〕，無為之真實性則是它的法性，這一切法（相）與法性（性）無二，而為相性相融之關係。

在根本智（法身）中有為與無為無二，當根本智起分別而成後得智看見有為之世界時，即是有分別同時是無分別。有為之諸法（相）與無為之真如（性）相融通。後得智之有分別，常常地可依無分別來貫通。後得智是無分別之分別，見諸法乃是不見之見。所謂依他性（緣生有）是空（無）就是指這樣的法與法性融通，分別與無分別不二。

三、梵文安慧《唯識三十頌釋》與漢譯（玄奘譯）之不同（第一「二擇一」）

1.〔頌17〕頌文分析

玄奘譯：

「是諸識轉變　　分別　　所分別　　由此彼皆無　故一切唯識。」

vijñānapariṇāma　yad vikalpa　yad vikalpyate　tad

(1)在梵文《安慧釋》十七頌中vijñānapariṇāma是名詞，是vikalpa（即八識之心心所）的意思。玄奘譯把它作動詞（轉變）解，因而非指八識自體，而指識之自體變現為相分及見分。在文字上梵文與漢譯一致，但意義上不同。

(2)玄奘譯之「分別」若指vikalpa，譯語上大致相同。但《成唯識論》將它解釋為八識心心所之見分，而非如上述之八識心心所之全體。

(3)玄奘譯之「所分別」若指yad vikalpyate，譯語上無相違，但《成唯識論》解為相分而為依他性，違背了yad vikalpyate是分別性之我法的意思。

(4)玄奘譯「由此」若指tad，字面上並無相違，但此代名詞指的是yad vikalpyate即是分別性之我與法。但玄奘譯中卻不見「彼」代名詞所指之名詞，此由於yad vikalpyate（所分別）解作為相分之故，並非是「彼」，而於《成唯識論》中指的是第一頌之「我，法」。此tad非指本頌中之yad vikalpyate而指遠在第一頌中，在文章結構上不合理。

(5)玄奘譯「故一切唯識」雖然文字上與梵文一致，但將識之轉變（識體轉似二分）思想說為萬法唯識（此為觀念論），而梵文之唯識說無此思想。

2.思想上之差異

玄奘譯在文字上沒有不同，但在所指之思想上與梵文安慧釋有顯著不同：

(1)依他性之相分

梵文：依他性與分別性是能緣與所緣之關係。

識（vijñānapariṇāma＝vikalpa）之境都是分別性（非有），沒有依他性（緣生，有）。識之內部並無所緣（識之全體都是能緣）。

玄奘譯：能緣與所緣是見分與相分，此二者為依他性與依他性之關係。

所有相分均屬依他性，由於「識體轉似二分」，由識所變於識內之境是依他性。此一說法於梵文中無。

(2)識轉變（vijñānapariṇāma）

梵文：現在剎那之識即能緣，與先前剎那之能緣（識）相異一事就是vijñānapariṇāma，此是指涉及不同剎那中之能緣與能緣之間的相違。

玄奘譯：指於現在一剎那中識之自體變現為見分相分一事（變現），以及於同一現在剎那中阿賴耶識之種子生起八識心心所之自體與見分相分（生變）。

此變現與生變都是在於現在一剎那中出現，不涉及二剎那。

此一轉變說在梵文（世親，安慧）中無，而在《成唯識論》後方有。

(3)一切唯識

梵文或漢譯都說是「一切唯識」。

①梵文唯識說非概念論

識（能緣）是緣生（有，依他性），識之境（所緣）則是非有，是分別性。只有能緣（識）是有，所緣（境）是無，因此是唯識無境。這裡沒有識變現為境之見解，不僅識之外境是無，識之內部境也是無。此非觀念論。

②玄奘譯是一種觀念論之體系

諸識轉變出現了見分相分。在此種所變之見相分上，第六第七二識妄執我法（有的是見分相分，而我法非有。六七二識卻妄分別而執我法為有。）。這些被妄執之我法即遍計所執性。在修行唯識觀中滅去此種妄執，諸識洗落染相成為淨相，見分見相分便是見一切法。識見其內境（依他性之相分）而非見識外之萬法。此識之轉變說即是其識外無萬法之理。

(4)第一之〔二擇一〕

此二思想相違之根本原因在於：

①yadvikalpyate（所分別）全都無（nāsti），

②或此中有依他性之境。

此問題不在於《成唯識論》所說一分說、二分說、三分說或四分說，而在於是否承認有依他性之境。

此二說何者是世親之見解？此為第一之「二擇一」（並無第三說）。

四、Pariṇāma之意義

由於梵文之vijñānapariṇāma無「識變現為見分相分」之意，故假定vijñānapariṇāma之全體就是能緣。但單就vijñāna也是能緣，此vijñāna與vijñānapariṇāma是否無差異？故必須先釐清pariṇāma之意義。

最先使用vijñānapariṇāma作為唯識說用語的是世親，但並未作詳細說明。除了護法釋外，安慧之解說是目前知道的文獻。

1.安慧《唯識三十頌釋》：

(1)pariṇāma就是在前位後發生變異。〔頌18〕

(2)pariṇāma就是變異，即pariṇāma就是在與因剎那滅同時，產生與因剎那不同的果。〔頌1〕

(3)pariṇāma是被區分為因之場合與果之場合。

因之pariṇāma：就是全部在阿賴耶識中之異熟與等流習氣之增長。

果之pariṇāma：是指①由於異熟習氣之作用，在牽引前世業至圓滿時，在其他眾同分中生出阿賴耶識。②由於等流習氣起作用，生出諸轉識與染污意以及阿賴耶識。（頌1釋）

2.pariṇāma之意義

(1)最基本之意義就是「變異」。

(2)「變異」在「同時」之間不見其相違，只有在「異時」相違才成立（由前述(1)及(2)。）

(3)「因剎那」之識滅則「果剎那」之識生。此二剎那之滅與生是「同時」（表示此二剎那之「前面滅」與「後面生」之間無任何間隙）。

此後剎那識與前剎那識不同即是pariṇāma。（前述(1)）

(4)果之場合：果乃是種子所生，即是諸識之變異。

因之場合：種子為生識之因，即指種子之變異。

由於在各現在剎那中種子為諸識所熏習而增長，後剎那之種子與前剎那種子相違，即種子（因）之變異。

此因之相違與果之相違，合起來即是前述(1)「在前位後起變異」。

(5)在果之場合（前述(3)）時，「生阿賴耶識、諸轉識與染汙意」就是pariṇāma。

由於在現在剎那中生了識之後與前剎那識即相違，此即是pariṇāma。（識只在其生出之一剎那（即現在之一剎那）存在，因此「生出」與「有」實質上是同義。）

(6)《安慧釋》說中pariṇāma「就是生出一事」，與《成唯識論》以種子生出諸識之轉變（即生變）義不同。「種子生諸識」並非pariṇāma，而是在生諸識中「與前剎那之識相違」為pariṇāma。

《成唯識論》之諸識轉變而出現見分相分是在同一剎那，種子生諸識（生變）也是在現在一剎那。識之轉變全部都是在現在一剎那。

此二思想相違，何者為世親說？此為第二之「二擇一」。

五、依他性之空不空（第三「二擇一」）

1.《唯識三十頌釋》

安慧：（頌22釋）

「若真實性與依他性相異，則依他不會因分別（性）而為空。」

（故知依他性是由於分別性而為空的）

護法：（頌21釋）

「前之所述，在意義上是表示依他不是空。」

因而「在依他性中常遠離遍計所執性之我法（能取所取）之性就是圓成實性。」

表明「遍計所執性之無，同時依他性並不會變成空」之意思。

《三十頌》中把依他性說成是緣生，「此並非自有（svayanibhāva）」因而沒明言依他是空或不空。

2.龍樹與世親之「識是空」

龍樹與世親都說「識是空」，但空的理由是不同的。

(1)龍樹以緣生即是空，一切法都是緣生同時就是空，其中沒有識與境之區別。

(2)《安慧釋》世親說：「由於所識之境是分別性（恆無），因而能識也是空。」

此中說為緣生的只是識（妄分別）非境，此被妄分別之境為無（分別性）。

由於所識之境是無，因而能識也是空。（此乃假定世親說如同同《安慧三十頌釋》所言）

龍樹只說諸法，世親則區別為識與境（此乃是由於踐行唯識觀所致）。龍樹無由識境而生之依他性（緣生，有）與分別性（無）之概念。安慧依著此中所作識境之區分，而說「依他性（識）之空是由於境就是分別性而來的。」

（如果不是由於分別性的話，依他性只說是緣生（非自有），而沒有理由說是空。）

3.護法說

依他性不會因遍計所執性之二取（即我法）之無而空。

(1)遍計所執之我法（即二取）為在識之所變上所假設的。（玄奘譯三十頌之第二頌）

(2)此遍計所執之諸法，為第六識與第七識在識之所變上所執為有之物。

(3)因遍計所執性之境無（我法之無）而成為無執的依他性者，只有能遍計之第六第七識。（前五識與第八識一直都是無執的。）

(4)（作為所執性之）境之所依的識之所變是依他性，所以並非無，而（與所變相對的）能變之識也是依他性，所以也不是無。

(5)此等能變與所變之依他性，因（遍計所執性之）境為無，雖洗落能執之執，成為清淨之識，但能變所變（後而是能緣所緣）之關係未失。

(6)識（能緣）之所緣的境並非全部都是分別性（無），此境中除了遍計所執性之境外還有依他性之境（識之所變之相分）。

→故不能說依他性因遍計所執性之無而為空。

（若境全是無（遍計所執性），則依他性（有）便只是能緣之識，故可說依他性因遍計所執性之無而為空。）

4.安慧說

(1)「依他性因分別性而為空」

依他性（緣生）之識，其全體就是能緣（能識），所緣（所識，被分別的）則全部是分別性，故因分別性之所識（境）為無，而成為空之能識（依他性），就是依他性（識）之全體。

（同時pariṇāma也沒有如護法所說識之轉變為見分相分之意。）

(2)「若真實性與依他相異，則依他不會因分別（性）而為空。」

由此故知，「依他因分別（性）而為空」即意指依他與真實不異。

當依他因分別（性）而為空之時，此成為空的依他就是真實。

此從「真實以無為自性」文可確定〔頌24〕。此中之無即是分別性之無性（相無性）與依他性之無性（生無性）之同一的無性。（《中邊分別論》以分別性為恆無（vityam asat））

(3)安慧此一無之思想與真諦思想一致：

以分別無相，依他無生之二無性之同一無性作為真實性。

(4)依他性與真實性異不異

由於依他性（vikalpa，緣生）是因分別性而空，因而依他性與真實性不異那是指在空方面（二無性之同一無性）與真實性同，而在緣生（有）方面與真實性不同。

(5)依他性是緣生（有）

此意味有為的諸法（即三界一切法）之成立是以依他性（即vikalpa）作為自體〔頌25〕。此依他性之空，對於諸法而言，就是法性，就是無為、真如。因此依他性與真實性構成了諸法與法性之關係〔頌25〕。

(6)依他性含有「緣生」與「空」之二義

虛妄之有為法（依他性）與真實性之無為法，作為相互不同之二者，在以依他性作為自性中融合為一。

瑜伽行者修唯識觀後達到住於唯識（vijñaptimātratā）之時，他任何之境都看不見（全部境都變為空）。此境之無（分別性），同時就是識之無（即依他性之空），因而住於唯識中之行者是無心（acitta）無得（任何境皆不得知）。此無心〔頌29〕就是依他性之空。

(7)境智不二

無心無所得之智就是出世間之無分別智，此智與其境（真如）平等平等，故境智完全不二。

①此無分別智、真如就是法身，此無分別之根本智因現起分別而成為後得智，法身展開為應化二身。

②法身是以（有無）無二，（有為無為）無二，（多與一無二）作為特質（智差別勝相第十《本論》十三9），所以無分別之根本智變成無分別仍舊有分別。法身並沒失去有與無，有為與無為，多與一之各種差別。

③無分別之根本智之無分別而仍照舊分別，就是無為無分別之真實性與有為虛妄分別之依他性（生死界之一切法）的不異。

同一事由主體面稱為無分別之分別，由客體面而言為無為之真實性與有為之依他性之不異。

→依他性雖有緣生與空二義，但所謂依他性與真實性不異，乃指住於唯識中之無分別智。具有如來三身的菩薩所見到的世界，其能見此的菩薩之智就是無分別之分別。

(8)三性

三性是用以闡明此等無分別智所見之世界（即諸法實相）之邏輯構造。

依他性（vikalpa）指依在此無分別智所見之三界一切法之自體。

分別性指此依他性之vikalpa把實為無卻執為有之我法（一切法）。

真實性指此緣生諸法（其自體為vikalpa）之空（分別依他之無）。

（〔頌21〕中所言「在依他性中」所定義之真實性，表示真實與依他不異。）

→此三性之構造，重點在於萬象之差別有，有為諸法（依他，分別）與平等無差別之真如、無為（真實性）之異而不異，不異而異上。見到如此世界之法身菩薩之智與「無分別而又有分別」仍是不二的。

→虛妄的有為法（其體為依他性）與真實性之無為法不二（融即於以依

他性為自性中），與法身中之各種不二（有無，有為無為，一多）之思想是相同的。

六、安慧思想與護法思想之其他比對

1.真如（真實性）與依他分別之空

安慧：依他性因分別性而為空。分別依他兩性之無（空）為真實性之自性（即是真如）。

空本身就是真如。分別性為無asat，na-vidyate，na-asti，而不言空śūnya。

（śūnya形容詞，śūnyatā名詞，意義上相同。世親、無著、彌勒、龍樹對此點都相通。羅什與真諦都將此二詞譯為空，沒有分別。玄奘譯則將此二詞分開不同使用。）

護法：當遠離遍計所執性之二取時，依他性不為空。

二空（所取能取之空）本身並非就是圓成實性（《成唯識論》8,30b）

真如是由空所顯示出來之實性，非空之本身。

真如與空性意思相同，但與空不同。

2.真實性與依他性非異非不異〔頌22〕

安慧：不異指的是有為諸法（依他性，緣生，有）與無為真如（分別依他之無）無二。

護法：由於「真如為彼（依他）之實性」，所以圓成實與依他是不即不離之關係。依他（有為）與圓成（無為）之區別儼然存在。（此二性之不異指的是不離）

（性相永別，二性非不二，只是不即不離。）

3.性相融通與性相永別

安慧：依他因分別性而為空，其空（無）就是真實性之自性。

行者在完成重重之修行而達到究竟之淨果時，相（有為之法）便於性（無為之真如）中歸滅。法身中有為與無為無二。

就性相融通這點，安慧唯識說與「大乘起信論」及華嚴其他大乘一般相同，也是無著世親之思想。

護法：只有遍計所執性之無，這並不同時就是依他之空。是以此無，並非圓成實性之自性，而圓成實性乃係由此無而顯出者。

行者即使達到究竟之淨界，相（有為）也不會於性中（無為）中歸滅，只是洗落染相變成淨相而與性共同地實在。

七、「二擇一」之選擇

	安　　慧	護　　法
第一種	境全部都是分別性	有內境是境（相分），但為依他性。
第二種	分別依他為所緣能緣之關係（與vijñānapariṇāma有關）。	識體轉似二分（相分、見分）
第三種	依他性因分別性而空（性相融通，有為依他與無為真實不二）	依他性不會空（性相永別，有為與無為分別存在）

1.第一第二兩種「二擇一」是不能互相分離的。

頌17之yad vikalpyate（所分別）：

梵文三十頌及安慧釋看成全部是無（nāsti）

玄奘譯理解為相分（依他性）是有（緣生）

如果世親主張內境是有則有關pariṇāma之解釋應取護法說，因如無「從識現出其境」則無「識與其境都是有（緣生，依他性）」。

與此相反若pariṇāma取安慧之釋，則pariṇāma只表示能識與能識在兩剎那間之相違，完全沒有識與境（能識與所識）之關係。因此一pariṇāma不可能證明識之境在識外為無。

故此二種「二擇一」之選擇是不能互相分離的。

2.世親思想在此三種必是二者擇一。此三論點構成了世親之思想體系。

八、真諦「轉識論」與三種「二擇一」比對

從《轉識論》與三種「二擇一」之比對，亦可了解世親之思想。

1.第一種「二擇一」（境是否全為分別性？）

(1)〔頌18，19〕

識之境全為分別性（無）或承認有依他性（緣生，有）。此點在真諦譯《轉識論》之十八、十九頌之釋中可見其思想與世親一致。

①起種種分別者，一一識中皆具能所，能分別即是識，所分別即是境，能即依他性，所為分別性。

②宿業熏習即是所分別，為分別性。宿業熏習執即是能分別，為依他性。所即為境，能即為識。

(2)〔頌1〕vijñānapariṇāma出現二次，譯為「轉識」及「能緣」。

世親安慧以此為能緣（即vikalpa），即緣生，依他性。

與此相對的所緣為眾生（我）與法。譯文「一切之所緣不出此二」「此二實無」，即表所緣全都是分別性，與世親之說一致。（第一種二擇一）

2第二種「二擇一」（有關parinama）

真諦譯無詳說，不能證明與安慧世親一致。（其他譯著中亦不得見）

3.第三種「二擇一」（有關依他性之空不空）

(1)第十七頌

「所分別既無，能分別亦無，無境可取，識不得生。」

所分別：分別性之我法、為無，即是境。

能分別：即是識，為依他性。能分別無即是依他性之無。

(2)第十八頌

「因境之無（分別性）故識（依他性）亦為無」之思想，在十八頌之解釋中有，此與安慧「依他性因分別性（之無）而為空」之思想相同。

(3)真諦所譯他論

真諦主張「由於分別性之無故依他性也是無」。

如《中邊分別論》相品：「所取既無，能取亂識亦復是無。」

《轉識論》頌17：「識不得生」

真諦譯之說（含《轉識論》），在關於依他性空不空問題上，是與安慧世親說一致，而與護法說不同。

（護法無此「依他性因分別性之無而為無」之思想。玄奘傳護法唯識說，而其弟子慈恩及圓測常因之攻擊真諦所譯為謬誤。如慈恩辨中邊論述記，及圓測解深密經疏。）

故第三種「二擇一」上，《轉識論》與安慧世親一致。

九、世親唯識說體系之基礎

1.世親唯識說

「依他性（緣生，有）與分別性（無）是能緣與所緣之關係」，以及「依他性因分別性而為空」等構成了世親說之基礎。

(1)依他性含有緣生（有）與空二義。此依他性之空即是真實性。

(2)沒有所謂「識之轉變」（識體轉似二分）之思想。

（識體轉似二分思想從護法開始方有。若去除此思想，其唯識說即無法成立。）

2.護法以識轉變之相分為緣生（有），為在識之內部所見之物（所緣）。見分見相分為識見識，非見識外之境。因而不是「唯識」。

3.存在之疑問

在世親唯識說中何以但說識是有，而境非有（無）？

有問[1]：若識之對象全是分別性非有，則識所見為何？

安慧釋中雖有「vijñānapariṇāma是以非有所為緣」之文，但不是以非有（無）（而是以識所顯現）為對象來思惟。在世親唯識說體系中是含有一般世人認知上所不可解者。而在護法說體系雖然複雜，但無任何不可解者，是一種容易理解之觀念論。

世親唯識說中不可解者在《轉識論》，《三無性論》等真諦書中至少有五次出現。自真諦後直至現代，中國及日本對此等都沒有得到解明。

1　長尾雅人《中觀與唯識》P490。

十、

在中國，真諦之後直至玄奘為止，唯識思想主要以攝論宗為代表。然其思想是以《大乘起信論》之方向來理解唯識說。玄奘之後此一思想為華嚴宗系統所接受與繼承。而在日本則歷經普寂戒定而到現代。這種影響，使得現代學者以依他性為染淨二分而成的三性說來理解與護法說不同之無著世親之唯識說。因此變成以如來藏緣起說來解釋無著世親之唯識說。

另外一個妨礙正確理解無著世親唯識說的是護法「識之轉變（識體轉似二分）」之思想。

若要正確理解彌勒無著世親等初期瑜伽行派之唯識說，既不能往《大乘起信論》方向，也不能依護法識轉變之思想。

伍、唯識思想基本三概念的意義

上田義文　摘譯自《佛教思想史研究》

一、顯現ābhāsa, pratibhāsa, etc.

我們對於「顯現」這個詞，認為它是現代用語，而非佛教術語。因此，在佛教書中看到這個詞時，不知不覺想從中讀取我們對這個詞的既有認知意義。尤其是在和我們既有概念相同的意義上思考而獲得大致的理解時，更容易趨於這個傾向。我對顯現這個詞，是如此感覺。但是，顯現和變異（轉變）都是唯識說的重要概念，和「生」的概念相對關連而存在，規定了唯識說的根本構造，與現代用語中的顯現意義有所不同。然而，作為唯識說的術語，它具有什麼意義呢？在唯識思想的文獻中並無說明。因此，為了能夠正確無誤掌握此語的意義，我想採用蒐集許多用語例、從中歸納整理其意義的方法。所用資料以漢譯（玄奘、真諦、瞿曇般若流支）和梵文皆有的《唯識二十論》、《中邊分別論》、《大乘莊嚴經論》為主（《唯識二十頌》未用顯現一詞），沒有漢譯的世親的《三性偈》、安慧的《中邊分別論釋疏》、《唯識二十頌》識則止於參考。

（有關各號碼下的A、B、C、D、E解釋請參照（記要）P.804）[1]

《唯識二十論》

(1) B. vijñaptimātram[1] evedam asadarthāvabhāsanāt/
yadvat taimirikasyāsatkeśondrakādidarśanam //(Viṁśatikā éd. par S.Lévi,p.3,11.5~6)《唯識二十論》（論0）
（真）實無有外塵、似塵識生故、猶如瞖眼人、見毛二月等。（「生」在釋中為「現」。）（論0）
（玄）（內識生時、似外境現。如有眩瞖，見髮蠅等。）
（流）唯識無境界無塵妄見。如人目有瞖見毛月等事。

(2) A. vijñaptimātram idaṁ rūpādidharmapratibhāsam utpadyate na tu rūpādilakṣaṇo dharmaḥko' py astīti viditvā.(ibid, p.6, 11.11-13)
（真）一切法唯識生似色塵等、無有一法色等為相、若知如此。
（玄）若了知唯識現似色等法、此中都無色等相法。
（流）菩薩觀無外六塵、唯有內識，虛妄見有內外根塵、而實無有色 等外塵一法可見。

1　西藏譯為 rnam-par ces-pa。

(3)　A.　yataḥ svabījād vijñaptir yadābhāsā pravartate/.（頌8）
dvividhāyatanatvena te tasyā munir abrabit,/(bid, p.5, 11.25-26).
（真）識自種子生、顯現起似塵、為成內外入、故佛說此二。
（玄）識從自種生、似境相面轉、為成內外處、佛說彼為十。
（流）依彼本心智、識妄取外塵、故如來說、有內外諸入。

(4)　E.　rūpapratibhāsā vijñaptir yataḥ svabījāt pariṇāmaviśesaprāptad utpadyate tac ca bījam yatpratibhāsā ca sā te tasyā vijñapteś cakṣūrūpāyatanatvena yathākramaṁ bhagavān abravit.（論8）
(ibid., p.5.1. 27-p.6,1,1.)
（真）似塵識從自種子勝類變異生、是種子及似塵、顯現為似色識生方便門故、佛世尊次第說、眼入色入。
（玄）似色現識從自種子緣合轉變差別而生、佛依彼種及所現色、如次說為眼處色處。
（流）唯是內心虛妄分別、見有色等外諸境界、依此無始心意識等種子轉變、虛妄見彼色香味等外諸境界、是故如來依此虛妄二種法故、作如是說、何者為二，一者本識種子，二者虛妄外境界等。依此二法、如來說有眼色等入、如是次第。

(5)　E.　evaṁ yāvat spraṣṭavyapratibhāsā vijñaptir yatah......(cf.(4))......tasyā kāyaspraṣṭavyāyatanatvena......(cf.(4))...... (ibid,p.6,11.1-3)（論8）
（真）乃至似觸識、從自種子至變異差別生、是種子及似觸、顯現……以下同（4）……。
（玄）如是乃至似觸現識……以下同（4）……。
（流）乃至身觸、以虛妄心依無始來心意識等種子轉變、虛妄見……與（4）同……有身觸等入……。

(6)　B.　uktaṁ yathā tadābhāsā vijñaptir (ibid.,p.9,1.4)（頌16）
（真）如說似塵識。
（玄）如說似境識。
（流）先說虛妄見。

(7)　A.　vināpy arthena yathārthābhāsā cakṣurvijñānādikā vijñaptir utpadyate. (ibid., p. 9,1. 5)（論16）
（真）離色等六塵眼等六識、似六塵起。
（玄）雖無外境而眼識等似外境現。
（流）內自心識虛妄分別有外境界而無色等外諸境界。

(8)　A.　tato hi vijñapteḥ smṛtisaṁprayuktā tatpratibhāsaiva rūpādivikalpikā manovijñaptir utpadyata iti na smṛtyutpādād arthānubhavaḥ sidhyati. (ibid., p.9, 11. 7-8)（論16）

（真）從此似塵識有分別意識與憶持相應、似前所起之塵後時得生。是故不可執由憶持起、謂先以識證塵。
（玄）從此後位與念相應、分別意識似前境現、即說此為憶曾所受。故以後憶、證先所見實有外境、其理不成。
（流）依彼前時虛妄分別、後時意識思惟憶念、此以何義、依彼前時虛妄分別色等境界、虛妄眼識起心相應、虛妄意識虛妄分別、作是思惟、我分別知青等境界。故不得言眼見境界意識分別。以是義故、眼是見色後時憶念、此義不成。

(9) E. yadi saṁtānapariṇāmaviśeṣād eva sattvānām arthapratibhāsā vijñaptaya utpadyante nārthaviśeṣāt.(ibid.,p.9,11.16-18)（論16）
（真）若由自相續轉異勝故、眾生六識似六塵起、實不從塵生者。
（玄）若諸有情、由自相續轉變差別、似境識起、不由外境為所緣生。
（流）若但自心如是轉變虛妄分別、見外境界彼無實者。

(10) B. yadi vijñānam eva rūpādipratibhāsaṁ syān na rūpādiko'rthas tadā rūpādyāyatanāstitvaṁ bhagavatā noktaṁ syāt t. (ibid.,p.5,11.16-17)
（真）若但識似色等塵生無色等外塵。
（玄）若唯識似色等現無別色等。
（流）若但心識虛妄分別見外境界、不從色等外境界生眼識等。

(11) C. ubhayaṁ na yathārthaṁ vitathapratibhāsatayā grāhyagrāhakavikalpasyāprahīnatvāt.(ibid.,p.10,11,26-28)（論20）
（真）此二境界不如、非是此顯現故、能取所取分別未滅故。
（玄）此二於境不如實知、由似外境虛妄顯現故、所取能取分別未斷故。
（流）以彼世間他心智者於彼二法不如實知、以彼能取可取境界虛妄分別、故彼世間人虛妄分別。

《中邊分別論釋疏》

---

(12) A. arthasattvātmavijñaptipratibhāsaṁ prajāyate.(P.8)
vijñānaṁ nāsti cāsyārthas tadabhāvāt tad apy asat.
(Madhyāntavibhāgatīkā,ed. Par S.Yamaguchi,p,16,11.19-20)
（真）塵根我及識、本識生似彼、但識有無彼、彼無故識無。
（玄）識生變似義、有情我及了、此境實非有、境無故識無。

(13) C arthasattvapratibhāsasyānākāratvāt / ātmavijñaptipratibhāsasya ca vitathapratibhāsatvāt.(ibid., p.18,11.16-17) (P.8)
（真）似塵似根非實形識故。似我似識顯現不如境故。
（玄）似義似根無行相故。似我似了非真現故。

(14) C. abhūtārthapratibhāsatayā tūpalabdhir ity ucyate.(ibid.,p.28,11.10-11)
（真）（此法真實無所有性、而）能顯現似非實塵、故說為識。（P.13）

（玄）（唯識生時）現似種種虛妄境、故名有所得。

(15) B. dvayena pratibhāsatvaṁ tathā cāvidyamānatā.(V,15 c-d).
(ibid., p.219,1.23.)(P.137)
（真）顯現似二種、如顯不實有。
（玄）似二性顯現、如現實非有。

(16) B. dvayena grāhyagrāhakatvena pratibhāsate tadākārotpattita iti.
(ibid.,p.219,1,23.)(P.137)
（真）諸義顯現有二、一顯所執、二顯能執、由二相生故。
（玄）似二性顯現者、謂似所取能取性、亂識似彼行相生故。

(17) C. yathā pratibhāsākāras tathā na vidyate.(ibid.,p.218,1.3.)(P.137)
（真）如是無所有。
（玄）如現實非有。

(18) B. asattvena varjitaḥ (kiṁ kāranaṁ) tatpratibhāsabhrāntisadbhāvāt
(ibid., p. 218,11.8-9)(P.137)
（真）遠離無相、似能似所散亂有故。
（玄）離非有者、謂彼亂識現似有故。

(19) B. ato manaskāraviśeṣaṇārtham āha grāhyagrāhakasaṁprakhyānakāraṇe.(ibid., p. 219,11.4-6)(P.138)
（真）何者思惟、為能執所執虛妄作顯現因。
（玄）此作意是所能取分別依、是能現似二取因故。

(20) C. tathārtho'pi yathā grāhyagrāhakatvena prabhāsate tathā naivāsti.
(tasya traidhātukacittasvarūpasya tathā prakhyāyamānasya)(P.141)
bhrāntimātrāstitvān nāpi nāsti.(ibid.,p.220,11.6-8)
（真）義亦如是不有、如所顯現能執所執故。非不有、唯相似散亂相有故。
（玄）如是諸義無如現似所取能取定實有性。亦非全無、亂識似彼所取能取而顯現故。

《大乘莊嚴經論》

---

(21) B. jalpād arthakhyānasya pradhāraṇāc cintāmayena tallābhaḥ /yadi manojalpād evāyam arthaḥ khyātīti paśyati nānyan manojalpād yathoktaṁ dvayālambanalābhe. (Mahāyāna-Sūtralāṁkāra, éd. Par S.Lévi, p.56, 11. 6-8)（卷四）5
若於三緣了別義光已即得思慧、謂知義及光不異意言、由此得思慧。（中略）如先所說二緣不可得。

(22) C. saṁprakhyānanimittaprativedhataḥ.(ibid.,p.58,1.9.)
通達境光。（卷四）6

(23) B. yathā māyākṛtaṁ tasyāṁ māyāyāṁ hastyaśvasuvarṇādyākṛtis tadbhāvena pratibhāsitā tathā tasminn abhūtaparikalpe dvayabhrāntir grāhyagrāhakatvena pratibhāsitā parikalpitasvabhāvākārā veditavyā. (ibid., p. 59.11. 6-8.)（卷四）7
譬如幻象金等種種相貌顯現、如是所起分別性亦爾、能取所取二迷恒時顯現。

(24) B. tathā dvayābhatātrāsti tadbhāvaś ca na vidyate.
tasmād astitvanāstitvaṁ rūpādiṣu vidhīyate.(XI, 21)
tathā'trābhūtaparikalpe dvayābhāsatāsti dvayabhāvaś ca nāsti /
tasmād astitvanāstitvaṁ rūpādiṣu vidhīyate 'bhūtaparikalpas-vabhāveṣu. (ibid., p. 60, 11. 8-11)（卷四）8
說有二種光、而無二光體、是故說色等、有體即無體。
釋曰、說有二種光而無二光體者、此顯虛妄分別有而非有。
何以故。有者、彼二光顯現故。非有者、彼實體不可得故。
是故說色等有體即無體者、由此義故、故說色等有體即無體。

(25) C. ye 'pi prātipakṣikā dharmā buddhenopadiṣṭā smṛtyupasthānā-dayas te 'py alakṣaṇā māyāś ca. nirdiṣṭāḥ /……evam alakṣaṇā avidya-mānāś ca khyānti tasmād māyopamāḥ. (ibid.,p.61,11.18-21.)（卷四）9
釋曰、應知能治體念處等諸法者、此中應知能治體即是諸法。諸法者、謂佛所說念處等法、如是如是體故。如是體無相如幻亦如是者、彼體亦如幻。（中略）如是無相而光顯現。是故如幻。

(26) C. tatra māyopamā dharmāḥ ṣaḍ ādhyātmikāny āyatanāni / asaty ātmajīvāditve tathā prakhyānāt. (ibid., p. 62, 11. 10-11.)（卷四）10
幻譬內六入、無有我等體、俱光顯現故。

(27) B. svadhātuto dvayābhasāḥ sāvidyākleśavṛttayaḥ /
vikalpāḥ saṁpravartante dvayadravyavivarjitaḥ //(XI, 32)
svadhātuta iti bhāvāngād ālayavijñānataḥ / dvayābhāsā iti grāhyagrāhakābhāsāḥ. (ibid., p.63, 11. 3-6.)（卷四）10
自界及二光、癡共諸惑起、如是諸分別、二實應遠離。
自界謂自阿黎耶識種子。二光謂能光所取光。

(28) B. ta eva hy advayābhāsā vartante carmakāṇḍavat / (XI, 33 c-d)
ta eva vikalpā advayābhāsā vartante parāvṛttāśrayasya
carmavat kāṇṛḍavac ca / parāvṛttāśrayasya ta eva vikalpā na
punar dvayābhāsāḥ pravartante. (ibid., p.63, 11. 9,12,15)（卷四）11
如是二光滅、譬如調箭皮。
如是二光滅、譬如調箭皮者、謂分別二種光息、譬如柔皮熟
鞹令軟、亦如調箭端曲令直、轉依亦爾。

(29) B. cittaṁ dvayaprabhāsaṁ rāgādyābhāsam iṣyate tadvat .
śraddhādyābhāsaṁ na tadanyo dharmaḥ kliṣṭakuśalo'sti.(XI, 34)
citamātrām eva dvayapratibhāsam iṣyāte grāhyapratibhāsaṁ
grāhakapratibhāsaṁ ca tathā rāgādikleśābhāsaṁ tad eveṣyate /
śraddhādikuśaladharmābhāsaṁ vā / na tu tadābhāsād anyaḥ kliṣṭo
dharmo'sti rāgādilakṣaṇaḥ kuśalo vā śraddhādilakṣaṇaḥ.
(ibid., p.63 11. 17-21.)（卷五）1
能取及所取、此二唯心光、貪光及信光、二光無二法。
釋曰、能取及所取此二唯心光者、求唯識人應知、能取所取此之二種唯是心光。貪光及信光二光無二法者、如是貪等煩惱光及信等善法光、如是二光亦無染淨二法。何以故，不離心光別有貪等染淨法故。是故二光亦無二相。

(30) B. yathā dvayapratibhāsād anyo na dvayalakṣaṇaḥ /
iti cittaṁ citrābhāsaṁ citrākāraṁ pravartate // (XI. 35)
tathābhāso bhāvābhāvo na tu dharmāṇaṁ mataḥ / tatra cittam eva
taccitrābhāsaṁ pravartate / paryāyeṇa rāgābhāsaṁ vā dveābhṣāsaṁ
vā tadanyadharmābhāsaṁ vā / citrākaraṁ ca yugapat śraddhādyā-
kāraṁ / bhāso bhāvābhāvaḥ kliṣṭakuśalāvasthe cetasi / na tu
dharmāṇāṁ kuśalānāṁ tatpratibhāsavyatirekena tallakṣaṇābhāvāt.
(ibid., p. 63, 1. 22- p. 64, 1.3.)（卷五）1
種種心光起、如是種種相、光體非體故、不得彼法實。
釋曰、種種心光起如是種種相者、種種心光即是種種事相、或異時起、或同時起、異時起者、謂貪光瞋光等。同時起者信光進光等。光體非體故不得彼法實者、如是染位心數淨位心數、唯有光相而無光體。是故世尊不說彼真實法。

(31) C. tasmād apy atha vikhyānaṁ parikalpitalakṣaṇaṁ /(XI, 38cd)
tasya jalpasya vāsanā tasmāc ca vāsanād yo'rthaḥ khyāti avyavahā-
rakuśalānāṁ vināpi yathājalpārthasaṁjñayā.（卷五）1

(ibid., p.64,1. 14;11. 16-17)
意言與習光、是名分別相。
習光者、習謂意言種子、光謂從彼種子直起義光、未能如是如是起意言解。此是無覺分別相。

(32) C. yathānāmārtham arthasya nāmnaḥ prakhyānatā ca yā /
asaṁkalpanimittaṁ hi parikalpitalakṣaṇaṁ /(XI, 39)
aparaparyāyo yathā nāma cārthaś ca yathānāmārtham arthasya nāmnaś ca prakhyānatā yathānāmārthaprakhyānatā / yadi yathānāmārthaḥ khyāti yathārthaṁ vā nāma ity etad abhūtaparikalpālambanaṁ parikalpitalakṣaṇam etāvad dhi parikalpyate yad uta nāma vā artho veti. (ibid., p. 64, 11. 21-26)（卷五）1
（意言與習光）名義互光起、非真分別故、是名分別相。
名義互光起者、謂依名起義光、依義起名光。境界非真、唯是分別。世間所謂若名若義、此是相因分別相。

(33) B. trividhatrividhābhāso grāhyagrāhakalakṣaṇaḥ /
abhūtaparikalpo hi paratantrasya lakṣaṇam // (XI, 40)
trividhas trividhaś cābhāso'syeti trividhatrividhābhāsaḥ / tatra trividhābhāsaḥ padābhāso'rthābhāso dehābhāsaś ca / punas trividhābhāso manaudgrahavikalpābhāsaḥ / manoyat kliṣṭaṁ sarvadā / udgrahaḥ pañca vijñānakāyaḥ / vikalpo manovijñānāṁ / tatra prathamatrividhābhāso grāhyalakṣaṇaḥ / dvītiyo grāhakalakṣaṇaḥ / ity ayam abhūtaparikalpaḥ paratantrasya lakṣaṇaṁ.
(ibid., p. 64, 1. 28. p.65, 1. 5.)（卷五）2
所取及能取、二相各三光、不真分別故、是說依他相。
釋曰、此偈顯示依他相。此相中自有所取相及能取相。所取相有三光、謂句光義光身光。能取相有三光、謂意光受光分別光。
意謂一切時染污識。受謂五識身。分別謂意識。彼所取相三光及能取相三光、如此諸光、皆是不真分別故是依他相。

(34) B. padārthadehanirbhāsaparāvṛttir anāsravaḥ / (XI, 44 a-b)
padārthadehanirdhāsānāṁ vijñānānāṁ parāvṛttir anāsravo dhātur vimuktiḥ. (ibid., p. 66, 1. 3,11. 5-6)（卷五）3
（如是種子轉）句義身光轉、是名無漏界。
（釋曰、如是種子轉者、阿梨耶識轉故）句義身光轉者、謂餘識轉故。是名無漏界者、由解脫故。

(35) C. tatas tatra sthānān manasa iha na khyāti tad api
tadakhyānaṁ muktiḥ parama upalambhasya vigamaḥ. (XI,47c-d)
tatas tatra tattvavijñaptimātrasthānān manasas tad api tattvaṁ na khyāti vijñaptimātraṁ / tadakhyānaṁ muktiḥ parama upalambhasya yo vigamah pudgaladharmayor anupalambhāt.
(ibid., p.66, 11. 20-21;p.66, 1. 25-p.67, 1.2.)
亦無唯識光、得離名解脫。
亦無唯識光得離名解脫者、菩薩爾時安心唯識、識光亦無即得解脫。何以故、由人法不可得離有所得故。

(36) B. ekena saṁbhṛtasaṁbhāratvaṁ dharmacintāsu viniśritatvaṁ samādhiniśritya bhāvanāt manojalpāc ca teṣāṁ dharmāṇām arthaprakhyānāvagamāt tatpraveśaṁ darśayat i.(ibid.,p.24,11. 7-8)
此偈顯第一集大聚位。（中略）思法決定已者、依止定心而思惟故。通達義類性者、解所思諸法義類悉以意言為自性故。

(37) B. dvitīyena manojalpamātrān arthān viditvā tadābhāse cittamātre ’vasthānam iyaṁ bodhisattvasya nirvedhabhāgīyāvasthā.
(ibid., p.24, 11. 9-11.)
此偈顯第二通達分位。由解一切諸義唯是意言為性、則了一切諸義悉是心光。菩薩爾時名善住唯識。

(38) B. sarvārthapratibhāsatvam tataś cite prapaśyati / (XIV, 25 a-b)
tataścitta eva sarvārthapratibhāsatvaṁ paśyati / na cittād anyam arthaṁ / (ibid., p.93,11. 10,20.)（卷七）3
諸義悉是光、由見唯心故。
此中菩薩若見諸義悉是心光、非心光外別有異見。

(39) B. tathābhūto bodhisattvaḥ samāhitacitto manojalpād vinirmuktān sarvadharmān na paśyati savlakṣaṇasāmānyalakṣaṇākhyān manojalpamātram eva khyāti / (ibid., p.93, 11. 14-16.)（卷七）3
此菩薩初得定心、離於意言不見自相總相一切諸義、唯見意言。

(40) C. kāyasya māyopamatvaparijñayā tathaivābhūtarupasaṁprakhyānāt / (ibid., p.141, 11. 5-6.)
知身如幻、色相似故。

(41) 〔C〕 tattvaṁ saṁcchādya bālānām atattvaṁ khyāti sarvataḥ /
tattvaṁ tu bodhisattvānāṁ sarvataḥ khyāty apāsya tat /(XIX, 53)

etena yathā bālānāṁ svarasena atattvam eva khyāti nimittaṁ na tattvaṁ tathatā evaṁ bodhisattvānāṁ svrasena tattvam eva khyāti nātatvam ity upadarśitaṁ ./(ibid., p.170, 11. 5-8.)（卷十二）9
覆實見不實、應知是凡夫、見實覆不實、如是名菩薩。
釋曰、凡夫無功用不見真如、見不實真相。菩薩無功用見真如、不見不真實相。

(42)〔C〕 akhyānakhyānatā jñeyā asadarthasadarthayoḥ /
āśrayasya parāvrttir mokṣo'sau kāmacārataḥ /(XIX, 54)
asadarthasya nimittasyākhyānatā sadarthasya tathatāyāḥ khyānatā āśrayaparāvrttir veditavyā / tayā hi tadakhyānaṁ khyānaṁ ca saiva ca mokṣo veditavyā. (ibid., p. 170, 11. 9-12.)（卷十二）9
不見見應知、無義有義靜、轉依及解脫、以得自在故。
釋曰、無義境界者、謂諸相、此即不見。有義境界謂真如、此即見。如是說名轉依。見所執境界無體及見真如有體、如是說名解脫。

(43)〔C〕 anyonyaṁ tulyajātīyaḥ khyāty arthaḥ sarvato mahān /
antarāyakaras tasmāt parijñāyainam utsṛjet //(XIX, 51)
idaṁ kṣetrapariśodhanopāye yathābhūtaparijñānam /
bhājanalokārtho mahān anyonyo vartamanas tulyajātīyah khyāti sa evāyam iti / sa caivam khyānād antarāyakaro bhavati budhakṣetrapariśuddhaye / tasmād antarāyakaraṁ parijñāyainam utsṛjed evam khyātam. (ibid., p.70, 11. 15-19.)（卷十二）10
眾生同一種、地境皆普見、此即淨土障、應知亦應捨。
釋曰、眾生同一種地境皆普見者、器世界是大境界、一切眾生同見一種類、皆言此是大地故。此即淨土障者、由作此見即與淨土方便而為障礙。應知亦應捨者、菩薩知此想為障礙已即應勤捨此想。是名對治。

(44)〔C〕 aparicchinnākāraṁ ca sarvato'pramāṇaṁ dharmāvabhāsaṁ saṁjānīte. (ibid., p.181, 11. 17-18.)（卷十三）4
遍知一切種、不做分段故。

〔參　考〕

---

(1) B. dvayena grāhyagrāhakatvena pratibhāsate / kaḥ / paratantrasvabhāvaḥ /....../ kaḥ punar atra pratibhāsārtha ity ata āha / tadākārotpattita iti / (madhyāntavibhāgatikā, p.217, 11. 21-23.)《中邊分別論釋疏》

(2) B. evaṁ cābhūtaparikalpa eva hetupratyayapāratamtryāt paratantraḥ /

sa eva grāhyagrāhakarūpeṇa svātmany avidyamānena prakhyanāt parikalpitaḥ / sa eva grāhyagrāhakarahitatvāt pariniṣpannaḥ.
(ibid., p. 23, 11. 11-14.)

(3) B. yat khyāti māyopādānāvat tad asti / yathā khyāti grāhyagrāhakākāreṇa naitad evam / māyāpuruṣādivat.(ibid., p. 113, 11. 12-14.)

(4) yat khyāti paratantro'sau yathā khyāti sa kalpitaḥ / pratyayādhīnavṛ-ttitvāt kalpanāmātrabhāvataḥ // 2 //
tatra kiṁ khyāty asaṁkalpaḥ kathaṁ khyāti dvayātmanā./
tasya sā nāstitā tena yā tatrādvayadharmatā // 4 //世親《三自性論》（trisvabhāvakārikā，山口益校訂《宗教研究》新第八卷第二號）

(5) B. asatkplas tathā khyāti mūlacittād dvayātmanā./
dvayam atyantato nāsti tatrāsty ākṛtimātrakam // 29 // (ibid)

(6) yadavt taimirikasyāsatkeśoṇḍrakādidarśanam /
yathā taimirikānāṁ saṁtāne keśādyābhāso nānyeṣām /
(Viṁśatikā, p.3, 11. 6, 12.)《唯識二十論》

(7) 於此義中、以何為譬。以金藏土為譬。譬如於金藏土中、見有三法、一地界、二金、三土。於地界中、土非有而顯現、金實有不顯現。此土若以火燒錬、土則不現、金相自顯現、此地界土顯現時由虛妄相顯現、金顯現時由真實相顯現、是故地界有二分。如此、本識未為無分別智火所燒錬時、此識由虛妄分別性顯現、不由真實性顯現。若為無分別智火所燒錬時、此識由成就真實性顯現、不由虛妄分別性顯現。是故虛妄分別性識即依他性有二分、譬如金藏土中所有地界。
（大正藏三一、一九三上中）。（真諦譯《攝大乘論世親釋》）

看到這些用語例，首先想到的，是顯現的原文絕非同一字，有以bhās或khyā為語源的種種用字，且以動詞、名詞、形容詞（bahuvrīhi）等種種型態變化呈現。我們就從作為動詞用的情況來進行考察。

觀察作為動詞用的語例，發現主詞幾乎是塵（境）artha，或是相當於塵的分別性(20)(21)(25)(31)(41)(43)，極少是識或虛妄分別等（即依他性）(16)(39)，這點引起我們的注意。在《攝大乘論》中，也可找到顯現主詞不是識而是塵的明顯例子如下。

論曰：如此諸識成立唯識、云何諸塵眼前顯現、知其非有。（真諦譯、大正藏三一、一八五下｜以下簡寫為大、一八五下）。

論曰：如是等識體已成立為唯識、諸義既現可見、云何得知非有。（達摩笈多譯、大、二八七上。）

〔參考〕論曰：……則有無量種種法相貌顯現。

釋曰：……則有種種相可見。（大、二七六下）

這段文字的意義，明示諸法藉以上諸識而為識，但若諸法是唯識，大概會產生一個疑問，如何知道我們現在眼前所見的種種塵（色、聲、香、味、觸、舍、林、地、山等。大、一八二中）皆非實在？在這裡，顯現清楚意味著萬物在眼前可以看見，不是顯現出來。可以看見，就是物在當下被覺知。達摩笈多譯的「可見」，即明白顯示這點。顯現在廣義上是被看見，是藉六識被見聞覺知。物的顯現，不是對象從潛在狀態變成顯在狀態，而是物被看見。

像這種khyāti「顯現」和paśyati「見」一致的情況，在用例(39)清楚出現。只顯現意言，是得到定心的菩薩只見意言。漢譯把khyāti譯為「見」。菩薩不見離意言的一切法，就是離意言的一切法不顯現於菩薩。同樣的情形在「參考」(6)中、藉ābhāsa和darśana顯示。(39)是意言分別的情況，但顯現這種意義在虛妄分別時也當然無異。用例(32)清楚顯示，物顯現就是物被什麼（即虛妄分別）分別，物成為虛妄分別的所緣。義如名顯現，是義成為虛妄分別的所緣。就是義被妄分別了。名如義顯現時也一樣。如果顯現的意義如上所述，那麼「顯現」的主詞就不是識或虛妄分別，是塵或諸法較為恰當。是塵對識或虛妄分別顯現。

只是，在以塵或相當於塵之物主詞的六個例子中，(41)和(43)又含有和他例旨意略為相異之處。(43)並非顯示唯識無境思想構造的顯現意義，只意味著物被看見。這可以從唯識說術語「顯現」中排除。但在這裡，顯現不是物從潛在變成顯在、而是物被看見，這點仍與其他無異。(41)的「顯現」主詞是非真實的相和真實之如（=真如）。前者對凡夫顯現，後者對菩薩顯現。亦即，凡夫見不真實的諸法之相，菩薩見真實的真如。漢譯把khyāti直接譯為「見」。在這裡，「顯現」明顯意味著「被看見」。不過前者的諸法被虛妄分別（凡夫）分別，與其他情況無異。但是後者的情況，因為被看見的是真如，因此看見它的就不是虛妄分別，而必須是無分別智。菩薩即是無分別智（大、二三九下）。因此，觀者的智和被看見的境是無差別，稱為非心非境，或是無所得・無心・境識俱泯・實性・阿摩羅識等種種名稱（《轉識論》、宇井博士《哲學研究》第六、四二六頁、四一七頁）。引用圓測的《解深密經疏》，真諦三藏說如下述。

第九阿摩羅識、此云無垢識、真如為體。於一真如有其二義、一所緣境名為真如及實際等、二能緣義名無垢識、亦名本覺。（中國版第十一卷五左）

在這裡，能緣的智是無分別，所緣的境也是無分別，能緣和所緣完全平等。

能緣即無分別智、以智無分別、故稱平等。所緣即真如境，境亦無分別，故稱平等。（大、二〇五中）

這就是「真實之如顯現」。因此，「顯現」在這裡，並非如同前述的物被六識見聞覺知。前面所說旨意略有相異之處，即意味著這點。我們必須明確區別塵對識（即虛妄分別、凡夫）顯現和真如對無分別智（菩薩）顯現。在闡明唯識無塵的思想構造時，「顯現」藉著唯識的「識」是虛妄分別，明示其為前者。

若如前述，在真如中是境智無差別、能緣和所緣也是平等，那麼看見和被見的差別即消失，因此不能說有顯現，如果要說有顯現，或許就不是甚麼被看見的意思，而是別的不同意思了。但是，顯現在這個情況下，仍然意味著甚麼被看見。雖然能緣和所緣是平等無差別、是境智不二、是一真如，但並不意味著沒有甚麼在看。就像前面引用的真諦三藏的話，一真如中是有所緣和能緣。無分別而見物，故稱為智。成為境智無差別和成為無心・無所得，並不是成為無意識。如果無分別智是無意識的情況，就不得不說，只要進入離心・心法的滅心定，即能得到無分別智。但是入了滅心定，因為沒有了心・心所，智也不能成立（大、二三九中、宇井博士《攝大乘論研究》六七六頁）。又說無分別智「離非思惟」（大、二三九中）。宇井博士書中的說明為：「（無分別智的自性）要求離非思惟、亦即思惟。思惟因有作意，用現代語來說，就是意識性的意思。」（同上）。在這裡，不是看不見物，反而是看見最明亮無陰之物。虛妄分別看不見物之真相是緣於虛妄之義（境）而起，無分別智則緣於真實之義而起。（大、二三九中）。相對於識是顛倒的分別，無分別智則是沒有顛倒、亦即真實的分別。在此意義上，無分別智也稱為分別（同上）。作為這種無分別智之境的真如，稱為最勝之境parama-artha（勝義）。[2]

2　參照梵文《唯識三十頌》第二十五頌和安慧之釋、以及《中邊分別論安慧疏》（山口本一二五頁）等。勝義諦譯為勝境諦的例子請參看《中邊分別論真實品》。（大、四五六上）虛妄分別境與真如對菩薩顯現，是其境被無分別智看見。這裡，「顯現」的主詞不是能緣之智，而是所緣之智。顯現是物被看見的意思，在此亦為妥當。差別只在虛妄分別之境是非實之塵，無分別智之境是實際的最勝之義。

我們應可理解唯識說中，真如顯現是基於上述的意義。我們再顯示其他例子。

論曰：四果圓滿轉、由已離障人、一切相不顯現、清境真如顯現、至得一切相自在依故。（大、二四八上）

論曰：不顯現顯現、虛妄及真實。

釋曰：虛妄是分別性、分別不起即虛妄不顯現。真實是三無性、虛妄不顯故真實顯現。（大、二四九上）

安慧的《中邊分別論釋疏》說空性顯現（山口益校訂本八二頁），當然也是相同的意思。

顯現當作動詞使用的例子，有兩種情況，一是非有之塵對虛妄分別顯現，一是最勝之境（即真如）對無分別智顯現。然而在前述用語例中，又有與這兩種更不同的例子。(35)(39)(16)即是。在(35)中，khyāti的主詞是「真實的唯識」，在(39)中則是「唯意言分別」。(16)的主詞未出現字面，但安慧的注釋是依他性顯現（參照前述〔參考〕(1)），若依此論，則識又成為虛妄分別了。

第(35)例說，心（菩薩）住於真實的唯識，因此那個稱作唯識的真實亦不顯現。

在這裡，顯現用為否定的形式，如果改成肯定，唯識就能顯現。那只是如同唯識對尚未進入真實之唯識者顯現的情況。恰如唯識三十頌第二十七偈所述。「雖謂此一切不過是唯識，其實因有所得、立某物於面前，故尚未住其中。（宇井博士譯）。」(35)的情況相當於下述之第二十八頌。「不論何時，智完全不得所緣時，則住唯識之中。因為無所取時亦無取之（同上）」。由此可知，「唯識」顯現意味著得到「唯識」、成為所緣。(39)例的顯現意義用法，和第二十七頌說「唯識」成為所緣的意義相同。虛妄分別是未聞覺者教誨的凡夫分別，意言分別是聽聞覺者教誨、理解記憶並努力實修者的分別。那雖然不是尚未到達覺證（見道）的無分別，而是分別，但因為遵循覺者教誨而思惟之故，因此這個分別

無分別智境也區別為 asadartha（nimitta）與 sadartha（tathatā）。見用語例 (42)。

不是有如虛妄分別的邪思惟和偏思惟，而是屬於無顛倒的正思惟（大、一九九上），進而稱為加行無分別，也可列入無分別智之內（大、二四一中）。雖然說是無分別智，但還不是真正的無分別智（根本智），而是有分別，但遵從覺者教誨，認為識（即意言）之外無諸法，進而修定，視諸法為意言分別。這種行者不見諸法，只見意言分別，就是意言分別只對他顯現。梵文的「只有意言分別顯現」manojalpa-mātram eva khyāti漢譯為「唯見意言」。這些情況都意味著「顯現」成為所緣、被看見。因此，只要是關於「顯現」的意義，這些情況都和前述之虛妄分別、無分別智的情況無異。不同之處只在，前者是非有之塵對虛妄分別顯現、真實之境的真如對無分別智顯現，後者是唯識或唯意言分別對意言分別顯現。（至此，讀者大概可以理解，唯識說中屬於廣義主觀〔用佛教術語來說是能緣〕的有虛妄分別、意言分別、無分別智這三種吧。在意識上，這三階段的區別非常有趣。虛妄分別是自然立場的意識，在這裡，意識不會反省也無自覺自己是最低的自然立場意識。意言分別是跟隨覺者、進步至反省自然立場意識的意識，無分別智是清楚自覺（覺證）自然立場意識是虛妄分別的立場意識。）

透過以上種種情況，可以說顯現是一義性的意義。物因識或智被看見、物對能緣成為其所緣，動詞「顯現」的主詞是塵（境）、亦即分別性。

這個顯現的意義大概也適合(16)吧。如果照安慧所說，這裡的顯現主詞是依他性。依他性是識或虛妄分別。這是能緣，不是所緣。但就目前所看到的，顯現是被見聞覺知，亦即成為所緣，因此，若(16)的顯現與上述意義相同，則能緣被見聞覺知。關於此處的「顯現」，安慧問：「此處之顯現意義為何」，世親釋的「因依彼相而生」可作為答案。識（依他性）不單作為識（依他性）而顯現，（亦即識不成為他識之境），也作為所取・能取之二相而顯現。識不是成為所緣，而是作為所取・能取而成為所緣。這時，能緣對此所緣是識，但因為作為所取・能取的識外無識，因此所緣和能緣合而為一。換句話說，所取・能取是三界一切法，因此，說識顯現是塵（一切法）顯現亦可。(16)的真諦譯顯示「諸義（諸塵）顯現」。而說這是依他性（識）顯現的原因，是因為此塵（即識）、換言之是能緣成為所緣。但如果能緣成為所緣，則必須說那已不是能緣。依他性若成為所緣，那也不能再說是依他性。因為能分別是依他性，成為所分別的話，也就是分別性了。於是，依他性顯現時的「顯現」和塵（分別性）顯現時是完全不同的意義。雖說是識顯現，但被見之物不是識，因此不能單純說是「識顯現」，而必須說是識作為二取而顯現。如此這般，顯現是甚麼被看見、是能緣成為其所緣的意義，在這情況中也存在。但這時，顯現的概念因為主詞不是塵（二取）而是識，在被看見的意義之外，又帶有別的意義。也就是說，顯現在單純是物被看見之外，又附加上被見之物就是觀者的意義。識的所緣的二取，沒有了自體，而以能緣之識做為自己之體。二取不是以二取的立場而有自體，而是識。二取其實不是二取，只是類似二取的識。似塵識、似根識等的「似」，就是這種意義的顯現。那也稱為「顯現似」乃至「似現」。似現意味著藉二取（即識）被看見之一切法就是識。識顯現似塵，並非如護法說的識體轉變、現見相二分，也不是諸法從作為根本識潛在的東西中現出，而是被識看見的諸法（塵）就是識本身。識見塵就是看見自己自身，是識變成無時而成為境。

以上所述可知，顯現當作動詞使用的例子中，只有(16)和(39)與其他不同。這兩例，「顯現」的主詞在能緣，其他例子則在所緣。而以能緣為主詞時，不是只以能緣為主詞，也含有所緣亦為主詞的意思。在(16)例中，識顯現就是塵顯現。在(39)例中，意言分別顯現不單只是意言分別被看見，也意味著意言分別被見是一切法被見、一切法被見是意言被見。被看見之一切法就是見一切法之意言分別本身，故說意言分別顯現。

像這樣，顯現大致有兩個意義。（一）、所緣為主詞時顯現意味著被看見，（二）、能緣為主詞時意味著被看見者即是觀者。而能緣是虛妄分別或意言分別時，這兩個意義可以合而為一。因為此時顯現的主詞即使在所緣這邊，那也是有如「非有虛妄之塵」的無自體物。這時，顯現不單只是物被看見，也有雖然是無、仍被看見的意思。（關於顯現的「無」的意思。）在這裡，物是具有假象的意義，它之所以成為無，是因為以作為被識分別之物的識作為自體，因此，那個似現稱為識的似現。那有如說識顯現似塵，並非和顯現主詞是能緣時有不同意義。識顯現不是只作為識而顯現，也作為塵或二取而顯現，塵顯現也不是塵在自己或藉自己而顯現，而是藉意言分別、作為無自體物而顯現，或是作為被妄分別之無自體物而顯現。像這樣，「顯現」是「似現」，進而是「似」。「似」是如它而非它。因明中的似因hetv-ābhāsa是顯現的原文。這是顯示ābhāsa具有似它而非它意思的一例。我們接著說明《顯識論》中的「似」。

所言似者、如所執身相貌似身而非真實，故名似身。此識能作相似身，名為身識，即是五根。

考察顯現作為動詞使用的結果，也可直接適用於作名詞使用的場合。(1)(14)(17)(21)(26)(31)(32)(36)(38)(40)相當於塵顯現時，(15)(19)相當於識顯現時，(11)(13)(18)(20)(22)(24)(30)(33)(44)兩皆符合。而(42)可以認為是(41)的名詞形。

至於如(4)用做形容詞（bahuvrihi）時，雖然兩方都可做為主詞，但在能緣這邊的識清楚出現的意義上，能緣這邊是主詞的看法較為妥當。如果是動詞時，相當於(16)。除(4)以外，(2)(3)(5)(6)(7)(8)(9)(10)(12)(17)(28)(29)(34)(37)都屬於此。

如上所述，除了站在修的立場說明轉依的(35)、站在性的立場說明轉依的(41)和(42)之外，可以說，作為唯識說術語的顯現，就是被見之物即是觀者，意味著境與識的矛盾性同一。被見之物即是觀者，顯示了被見之物和觀者的同一性。如果只是被見之物和觀者同一，那麼觀者是看見自己本身，這和「指」是指自己本身相同。那樣就沒有「看見」的作用。被見之物即是觀者，意味著被見之物和觀者的同一性，在此限制下，必須具有觀者是看見自己本身同時、觀者又不是被見之物的反對性。因為被見之物即是觀者，意味著被見之物和觀者的同一性和反對性，因此得以說被見之物即是觀者。在這裡，被見之物和觀者的關係必須是矛盾的同一。在古唯識說中，顯現是表現這種被見之物和觀者關係的概念，和表現種子與識的關係的概念（這是生與熏）不同。護法說把種子生識及其識現相見二分都稱為轉變，區別這兩種轉變時，前者為生變，後者為變現。這個變現是能變和所變的關係，而能變和所變的關係不一定是能緣和所緣的關係。但在古說中，顯現經常是能緣和所緣的關係。

二、變異（轉變）pariṇāma

變異的原文pariṇāma，出現在世親的《唯識三十頌》第一頌（兩次）、第八頌、第十七頌、第十八頌，但在玄奘的漢譯中，這五次並非都譯為轉變。在第一頌中，翻譯成所變與能變，在第五頌和第八頌中，翻譯成能變。在第十七頌中譯為轉變，第十八頌中則單譯成「變」。像這樣，同一原文在五次翻譯中四次譯得不同，一方面是因為是頌的緣故（如第十八頌），使pariṇāma的意義複雜，另方面則讓人不禁懷疑，同一個pariṇāma真的有如譯語多歧般可用於種種意義嗎？

第十八頌的「變」，從前後的關係來看，任何人都會認為是轉變之略，但因為《成唯識論》中清楚記載這個是轉變，因此可視為和第十七頌及第十八頌相同。但這只是文字表面。如果依照《成唯識論》的解釋，必須說兩者意義內容是不同的。以下是第十七頌的玄奘譯、《成唯識論》的註解，以及梵文日譯。

是諸識轉變、分別所分別、由此彼皆無、故一切唯識。

此識之轉變是妄分別。凡依此被妄分別者皆是無。故此一切是唯識。（宇井博士翻譯）

論曰：是諸識者謂前所說三能變識及彼心所，皆能變似見相二分立轉變名。所變見分說名分別、能取相故。所變相分名所分別、見所取故。（卷七、十九左）

這裡，變的意義和第一頌釋的意義相同。

變，謂識體轉似二分、相見俱依自證起故。（卷一、二左）

但在第十八頌中，變不是見相二分從識體變現，而是種子在阿賴耶識中增長成熟。

此識中種餘緣助、故即便如是如是轉變、謂從生位轉至熟時、顯變種多重言如是。（卷七、二十六右）

慈恩《述記》對此說明如下。

述曰：即解第二句頌也。謂前所明本識中種由餘三緣助、故即便如是如是轉變。謂先未熟名生。如在牽引因位。從此轉變至熟時，如在生起因中，為愛水潤有轉易變熟之相、名為轉變。（七末、四十四）

關於本識中的種子，說未熟者還在生位，從此生位到變熟、完成作為生諸法之因的資格時，稱為轉變。這是種子在阿梨耶識中從未熟轉易至成熟而變熟。在此意義上，轉變不是種子生現行的識，也不是種子被現行的識熏習。在這時，轉變不是種子與現行之間成立的關係，而是阿梨耶識中的種子本身之間成立的前後關係。唯識二十論的「得某種轉變之自己種子生色乃至似觸識」（前述顯現用語例(4)(5)，拿來思考此種意義的轉變時，可以清楚理解。色乃至似觸識的種子已在本識之中得到轉變，如此轉易而充分熟成的種子生似色等之識。轉變在此只與種子的領域有關，與現行之識的領域無關。「轉變」與「生」是完全不同關係的概念。

如上所述，若按照《成唯識論》和述記，「轉變」用於兩個意義。一個是識體轉似見相二分，另一個是種子在阿梨耶識中從未熟位轉至成熟位而變。第一頌的「變」和第十七頌的「轉變」是前者意義，第十八頌的「變」是後者意義。只是在第一頌中，一個變冠上「能」，另一個變冠上「所」，「變」用於有關能所相對之物。能和所是翻譯的人添加的詞，和pariṇāma的意義無關。不管pariṇāma的翻譯為何，我們應該採用《成唯識論》的解釋：「變謂識體轉似二分」。也就是說，既非能變的識體，亦非所變的見分相分，而是意味著識體轉生相見二分。如果「能變」也照第一頌的解釋，那麼，姑且不論梵文的原意，只要依照《成唯識論》的解釋，轉變的意義就可以歸納為「識體轉似二分」及「種子在阿梨耶識中從未熟位至熟位」兩個。慈恩述記對第一頌的「變」，說不只是識體轉似二分，也意味著種子生現行以及現行變為種子。在針對《成唯識論》對頌的「彼依識所變」所說的彼相皆依識所轉變而假施設。

解釋說法如下：

彼世間聖教所說我法相、雖無於真方可假說、然依內識之所轉變。謂種子識變為現行、現行識變為種子及見相分、故名為變。（一本、五十五）

但《成唯識論》說：

變謂識體轉似二分、相見俱依自證起故。依斯二分施設我法。

清楚顯示我・法被施設的識之所變是見相二分。因此，頌中所說的我和法種種相被施設的識之所變，應視為見相二分，轉變在此做識體轉似二分的意義解釋即可。慈恩把種子和現行的關係都包含在轉變的意義內，這已超出《成唯識論》的說法。

如果第一頌中轉變的意義如上所述，那麼，第五頌和第八頌的能變也可認為和第一頌的能變相同。如此這般，《三十頌》中轉變的意義，姑且不論梵文原意，僅就漢譯而言，依照《成唯識論》，可以歸為「識體轉似二分」及「種子在阿梨耶識中從未熟位轉至熟位」兩個意義。前者的轉變是在現行識的領域內，後者是在種子的領域內，種子和現行的關係並不包含在內。

但是按照既有的理解，轉變的意義不盡於此兩者。如果前者相當於果能變的變、亦即變現，後者相當於種子生種子，那就必須另有種子生現行的意義。這在慈恩述記中有明白記述。

因即能變名因能變。謂此二因能轉變生後自類種・同類現行及異熟果故。

（二末、七十三）

「此二因」意味著等流和異熟兩種習氣（種子）。不僅後剎那的種子，現行的識也是對比這兩種種子的所變。述記的這個解釋雖然基於《成唯識論》，但果真如此嗎？《成唯識論》對於因能變・果能變的說法如下。

能變有二種、一因能變、謂第八識中等流・異熟二因習氣。等流習氣由七識中善・惡・無記熏令生長。異熟習氣由六識中有漏善・惡熏令生長。二果能變、謂前二種習氣力故有八識生現種種相（卷二、十一左）。

由此看來，因能變是兩種習氣。這與慈恩《述記》無異。但在因能變的說明中，沒有說種子生現行之識，而說種子受現行識熏習生長。種子生現行識卻出現在果能變的說明中。虛心觀看這段《成唯識論》文句時，我們仍然認為種子生現行屬於果能變、現行熏種子屬於因能變。因此在現代學界，普遍將因轉變解釋為種子的生長，換言之，就是現行熏種子，果轉變則是種子的現行，亦即種子生現行。這與慈恩的說法正好相反。我們也認為「種子生現行的意思不是因能變之變」的看法正確。但這並不意味著種子生現行就是果轉變、現行熏種子就是因轉變。

看過《成唯識論》有關因能變的說法，似乎認為現行的七識熏習氣而生長，現行熏種子就是因轉變的意思。但我們已知轉變意味著種子從未熟位至成熟位。這就是種子在本識中生長。種子的生長雖然藉著現行識的熏習，但熏習與生長是別種關係。前者是現行識對種子，是同時性的關係，後者是種子彼此的前後關係。熏習雖是生長的原因，但熏習不是生長。如果能這樣想，那麼安慧的《三十頌釋》對因轉變的說明就和《成唯識論》中因轉變的說明完全一致。

此中因轉變是在阿梨耶識中、異熟習氣及等流習氣生長。（李維氏刊本、十八頁六行）。

《成唯識論》不是為因轉變、而是為因能變舉出習氣，但這個「變」字的意義，可以說與安慧的無異。是種子在本識中從未熟位轉易至熟位、亦即種子的生長。這雖是種子與種子的前後關係，但未必可說是種子生種子。種子生種子雖是因果的關係，但因果關係須在同一律的支配下。不允許不存於原因的東西在結果中新生出來。種子的轉變是就前後種子的不同這點而說。不單純是前者生後者。因此，即使因轉變是種子的生長，也不能直接說是種子生種子。如是所述，意味種子在本識中從未熟位轉易至熟位的轉變，在有關種子（即對識之因）的領域，稱為因轉變。那不是種子生現行，也不是現行熏種子。

我們前面理解到，轉變的另一個意義是「識體轉似二分」，但這可以稱為果轉變嗎？依照慈恩的述記，正確意義如下。

此果能變即自證分能變現生見相分果。此言變者與前不同、是有緣變、變現為義。（《述記》、二末、七十六）

然而，依據現代學者的說法，果轉變是種子生現行之識。即使看過《成唯識論》的果能變敘述，仍然認為是種子生現行八識、現種種相。安慧的《三十頌釋》也說，果轉變是阿梨耶識藉異熟習氣現行、以及轉識和染污意藉等流習氣從阿梨耶識現行，看起來似乎顯示了種子生現行的關係。如果這樣想，那麼，《成唯識論》中果轉變（即果能變）的「變」字意義，就必須是識體轉似二分和種子生八識現行這兩個。如果成唯識論說明果能變的「現種種相」就是識體轉似二分，則「前二種習氣力故有八識生」可解釋為種子生現行，慈恩的「果能變即自證分能變現生見相分果」解釋，也和現代學者說果轉變是種子生現行的見解一起被承認，但兩者都不是完整的解釋，兩者合併，方為充分。可是，安慧的見解是阿梨耶識和轉識藉種子的作用而現行。用護法說的話來講，就是種子生現行之識。因此，這是安慧未說所生之識「現種種相」的原因。但如果安慧的解釋意味著諸識現行同時現種種相，那麼安慧的見解也和護法說無異。為了確認這點，我覺得有必要進一步探討安慧說中轉變的意義。

以下摘錄安慧《三十頌釋》中理解轉變意義的必要部分。

（一）此轉變究竟為何？（其）為異。轉變係因滅於剎那同時、生與因之剎那異相之果。此中、因我等分別習氣成熟之故，及色等分別成熟之故，阿梨耶識生似我等分別及似色等分別。（李維氏刊本、十六頁、一行｜四行）

（二）識為緣生藉轉變之語而知（同書、十六頁、十六行｜十七行）。

（三）此中、因轉變係阿梨耶識中異熟及等流習氣成熟。

果轉變係(1)異熟習氣得作用故、阿梨耶識藉過去業之牽引與圓滿、於他眾同分中現行，及(2)等流習氣得作用故、轉識及染污意從阿梨

耶識現行。（同書、十八頁、六行｜九行）

（四）轉變係前狀態有異（同書、三十六頁、十一行）。

在（三）中，看到前面提到的因轉變果轉變。果轉變中阿梨耶識生諸識同時現種 種相的說法，藉著（一）的生似我等分別及似色等分別得到確認。識不是只作為識而生，而是作為似我或法之識而生。識生經常就是我・法之生。如前所述，似即顯現。在我・法被見（似我法）之外，不能有識。識生即是物被看見。像這樣，在安慧說中，是諸識現行同時是現種種相。在此意義上，《成唯識論》的果能變說與安慧的果轉變說無異。因此，慈恩認為果轉變是自證分變現、生見相分之果的見解，不過是指出果轉變的一面而已。

然而，慈恩的解釋是根據《成唯識論》本身的語句。屢屢述及，《成唯識論》解釋三十頌的「變」為「變謂識體轉似二分」。如果這個轉變是關於果甚於關於因，那就必須說，慈恩解釋此為果轉變的見解是有道理的。如果是這樣，那麼《成唯識論》說果能變「現種種相」時就有「變」的意義，說「二種習氣力故有八識生」時就不太有此意義。若果如此，安慧說果轉變的意義可能就是以識似我法而現這點為主。諸識因種子作用而生這點，也可能不包含在轉變的概念中。這麼一來，現代學者認為果轉變是諸識自種子現行的見解就不成立了。安慧的轉變又做何種意義思考呢？

根據安慧的解釋，轉變先是「異」（前述（一））。而此相異不是同時間的相異，而是前後之間的相異。（四）說是與前狀態不同，（一）說是因滅於剎那同時生與因之剎那異相之果，顯然轉變是跨及異剎那的不同。依此，安慧說轉變只是識似我法，若用護法說的話來講，明顯不意味著識體轉似二分。因為，指摘識與我法、識體與見相分的關係是同時性而非異時性、兩者之間不同，是毫無意義的事。而且，轉變是種子與現行關係的見解也無法成立。因為這個種生現、現熏種的關係必須是在同一剎那，而轉變，卻是異剎那之間的相異。

但如果是這樣，為甚麼說果轉變是種子得作用故諸識現行呢？如果這是果轉變概念的內容，又是基於甚麼意義呢？換句話說，種子生現行諸識和前後相異，是甚麼樣的關係呢？

來到這裡，我們觸及了果轉變的核心意義。如同真諦將轉變譯為變異一樣，轉變是與前狀態有變而不同，但這前後的相異是藉「因滅於剎那同時生與因之剎那異相之果」而成立。識在現在一剎那中似某種我或法而生，前後相異即藉著現在剎那在剎那剎那中從現在移往現在而成立。識在現在剎那似某種我或法而生，是藉成熟種子得到作用，而此種子是藉前識的熏習。也就是說，現在的識藉著種子媒介，成為過去的識的果。現在被規定為過去的因果性。識的前後變異是過去與現在的相異，而且是成立在因果關係上的相異。如（一）所說，前者為因，後者為果。在此意義上，識在現在從因緣（種子）而生，具有轉變的意義（前述（二））。單純的「種子生現行」的種子與識的關係不是果轉變，單純的「識是因緣生」也不是果轉變，現在的識是緣生，意味著它是過去的識的果，前後的相異藉此成立，因此稱為變異。《成唯識論》對果能變的說明中，也可看到這種轉變的意思。但識體轉生見相二分之果是轉變，這個解釋又與前後因果轉變的意義相去太遠。因此，《成唯識論》說果能變的文句，雖然字面上看似與我們的解釋一致，但對玄奘和慈恩而言，並不做那種意義解釋。《成唯識論》對果能變的說法和安慧的果轉變說看似幾乎一致，似乎暗示在印度，果轉變的說明是以這種說法傳承。

我們前面解釋因能變的變，是種子在本識中從未熟位到成熟位，亦即種子的生長，安慧說轉變是與前狀態不同，這個解釋也適用此處。應生某法的種子在生果的剎那完整具備作為其因的資格，即為成熟，與之前未熟時的狀態不同。變異是前後的不同，不是識熏種子。但種子的相異是藉現在剎那被識熏習而成立。種子只在現在剎那為有，在過去和未來皆是無。種子的生長離開現在識的熏習，即無法成立。就像在果轉變中，識於現在藉種子生、其變異即成立一樣，種子也在現在被識熏習而生長（變異）。在此意義上，可以說種子生現行的關係包含在果轉變內甚於因轉變，現行熏種子的關係包含在因轉變內甚於果轉變。就這個意義而言，現代學者的見解比慈恩等人的解釋更能掌握原意。

如果唯識說的轉變是指識相續上的前後不同，可以說還是繼承了轉變這個詞的原來意思。在印度哲學史中，轉變一詞最具代表性的用例，可以在轉變說中看到。但根據宇井博士的著述，轉變說「是倡言時間上第一最初且唯一的精神太原自我變化成為雜多的說法，藉時間的因果關係範疇來解決一多的關係。」（《印度哲學史》、岩波版二九頁）。邏輯性看待轉變意味著時間的變化以及它是因果關係，本質上認為這是轉變的概念，這一點，是承繼了唯識說。不同之點是，轉變說中，在前後轉變底處的是自己同一實體，唯識說則不認為在前後識的變異底處有實體的自己同一者，而是識藉著在各個現在剎那生、從現在移到現在，而成立前後的相續。人們常常認為阿梨耶識就是在剎那滅的識相續底處保有自己同一，但阿梨耶識也和其他的識一樣，是剎那滅之物，並非有如變化之底的不變者。因此，在唯識說中，不是前後相續以單純的連續而成立，是現在剎那的前後以被無截斷之物而呈跳躍性連續。就是所謂的非連續的連續。（有關阿梨耶識的相續請參照（記要）P.858）

從以上所述可知，護法和安慧對轉變的解釋，在字面上幾乎一致，但意義上未必完全相同。《成唯識論》的「變謂識體轉似二分」思想，在安慧的解釋中，「似」即「顯現」，是同時的識與境（諸法）的關係，不是前後的相異（變異）。當然，識的前後相異在識作為諸法顯現方為可能的意義上，顯現和變異是重疊的概念。但不能說顯現就是變異。在護法說中，顯現和變異（轉變）的區別模糊，認為轉變與顯現不是互異的兩個概念，顯現只是轉變之一（這時稱為變現）。顯現可以說就是轉變。在這裡，轉變未必是前後不同。而變現，不是識與其境的認識論關係，是識體與其相貌的實體論關係，因此，和我們解釋的顯現在本質上不同。我們必須區別它和古說中的顯現，再加以理解。如是所述，因轉變和果轉變也都是不適用於護法說「種生現」、「現熏種」、「識體轉似二分」等任一思想的概念。

一般認為安慧的說法比較忠於古老的傳統，從這點來看，前述的變異解釋可視為稍稍表達了古說，但我要提出若干更支持此一見解的資料，供讀者參考。

安慧在前述的（一）中說「變異是異」，在世親對彌勒的《大乘莊嚴經論》釋中，出現同樣的文句。

pariṇāmo hi nāma anyathātvaṁ(p.150, 1. 23)

文中的轉變並不意味著唯識說基本概念的因轉變或果轉變，只單純意味著物的時間性變化，但與轉變意味著與前狀態不同這點則沒變。並舉牛乳變成酪的例子做比喻。

以下是世親在《俱舍論》中對變異的說明：

一、

（真諦譯）何法名種子、是名色於生果有能或現時或當時、由相續轉異勝類故。何法名轉異、是相續差別謂前後不同。何法名相續、生成因果三世有為法。何者為勝類、與果無間有生果能。（《阿毘達磨俱舍釋論》第三、大正二九、一八一中）

（玄奘譯）此中何法名為種子、謂名與色於生自果所有展轉鄰近功能、此由相續轉變差別。何法明轉變、謂相續中前後異性。何名相續、謂因果生三世諸行。何名差別，謂有無間生果功能。（《阿毘達磨俱舍釋論》卷四、大正二九、二二下）

二、

（真諦譯）此中相續是何法、轉異是何法、勝類是何法、以業為先後後心生說名相續。此相續後後異前說名轉異。於此轉異中若有轉異無間最能生果說名勝類。此於餘轉異最勝故（同上第二十二、大正二九、三一〇中）。

（玄奘譯）何名相續轉異差別。謂業為先後色心起、中無間斷、名為相續。即此相續後後剎那異前前生、名為轉變。及此轉變於最後時有勝功能無間生果勝餘轉變、故名差別（同卷三十、大正二九、一五九上）。

從玄奘譯和稱友的釋知道，真諦譯的轉異原文是parinama。真諦在《俱舍論》中，譯語除了轉異外，也用變異。在同一著作中同一原文並用轉異和變異兩個譯語的例子，在《大乘唯識論》（玄奘譯《唯識二十論》）中也出現。

如前所述，轉異是相續的差別、亦即前後的不同。因為相續是有為法跨及三世、具有因果關係，因此，這前後的不同藉因果性貫穿。從第二段文可知，這種因果意味著惑・業・果報的因果。在此因果中，後後剎那異於前前剎那而生，就是轉變。轉變是相續中的不同、以異而生。ko 'yam pariṇāmo nāmeti saṁtater

anyathātvam iti anyathotpādaḥ (Abhidharmakośavyākhyā ed . by U.Wogihara, P.148,1.4)

這種轉變的意義與安慧《三十頌釋》得到的理解無異。只有一點與唯識說的轉變有重要的差異。就是在《俱舍論》中，相續是色心或諸行，相對於此，在唯識說中，則生出作為承擔相續之物的阿梨耶識新概念。除了這一點，唯識說的變異和《俱舍論》的變異沒有不同。在唯識說中，變異不是新生的思想，是已在小乘部派進行的東西。世親在《俱舍論》的分別惑品（玄奘、隨眠品）中記述如下。

（真諦譯）諸經部師不說從過去業果報得生。此云何。從昔相續轉異勝類生。此義於彼我品中當顯示（大正二九、二二五九中）。

（玄奘譯）非經部師作如是說、即過去業能生當果。然業為先所隱相續轉變差別令當果生。破我品中當廣顯示（大正二一、一〇六上）。

經部師不承認現在的果從過去的業而生，他們倡言現在的果從業的相續轉異差別而生，關於這點，在後面的破我品中會討論。我引用的是破我品中敘述的以業為先的相續轉異差別。因此，一般認為這種轉變的思想是經部師的。但是經部師並沒有充分說明這種前後的相續如何成為可能。只主張以業為先的色心或心在後後生而不間斷，至於如何不間斷生得後後之物？沒有明說。能夠充分說明這點的，只有唯識說。這意味著唯有來到唯識說，業的問題才能在完整的意義下得到解決。如果把這看成是一般的哲學問題，佛教中的時間問題應該可說是對歷史哲學問題的一個貢獻吧。龍樹指出時間具有辯證法的構造，但沒有積極顯示此構造如何。完成這個理論的是無着・世親等唯識佛教家。因此，不用說直接承襲般若經和龍樹的中國三論宗，就連被認為是其發展的天臺、華嚴，都沒有明示真正意義裡的時間。龍樹說業不是消失不見、而是存續的東西，但沒有明示在諸法無自性的立場上，業的前後相續如何成立。而天臺和華嚴，把業的思想視為低級問題，不從正式的立場討論。換句話說，就是不從真正面探討時間的問題。但在大乘佛教中，業的思想不是因果報應這種勸善懲惡式的俗信思想，而是在諸法無自性、無我的立場上，時間的連續如何成立的最根本哲學問題。一般認為業單純是個人的東西，事實上並非如此，它的本質在於包含他人與環境的世界性時間問題中。關於這個問題，將在本論第三節討論，現在請參照拙著《佛教中的業的思想》第二章。

以上有關變異的理解，當然於《攝大乘論》也通用無礙，以下列舉一、二明示該論之處。

此阿梨耶識為種子生因。若無此識、三業生滅無可依處、如體謝滅功能亦爾故。由此識諸法體生功能亦立、是故本識為彼生因。彼法亦爾、若彼法無此識起在現在無有道理、轉後異前、此變異是彼法果（《真諦譯世親釋》、大、一六三中）。

「轉後異前」意味著阿梨耶識在其相續中、後後剎那異於前前剎那。這個阿梨耶識的轉異稱為「此變異」。如果在此想起《俱舍論》的變異思想，即可知道這個轉異（即變異）應做同義理解。而下列敘述也顯示出變異是識的前後不同。

論曰：若此意識已變異

釋曰：若已受生意識與赤白和合變、前識作後識、後識異前識（同上、一七〇）。

在其他翻譯包括西藏譯中，相當此論文的部分都無變異之語。但可從這裡的釋知道，變異的意義是識的前後相異。當然，這樣想時，須限定在漢語的變異意思內。但變異通常限用於真諦的pariṇāma譯語，可以認為其意義也適合pariṇāma。

三、生utpadyate, prajāyate, etc.

慈恩認為種子生現行屬於因能變，但現代某些學者認為屬於果轉變。不論哪一種說法，認為「生」是「轉變」這一點，彼此見解無異。在這裡，生和轉變這兩個概念彼此完全相覆。不論是慈恩還是現代學者，都認為轉變在種子生識體以外，還有其他幾個意義。現代學者認為現行熏種子是因轉變，慈恩也認為現行熏種子關係中的現行是因能變（《述記》二末、七十五、又如前所引用的一本、五十五左、把現行變為種子解釋為轉變）。慈恩認為種子生種子的「生」也是轉變，進而在《成唯識論》中，轉變的「變謂識體轉似二分」解釋，是有關唯識說的最普遍理解，甚至可說是常識。像這樣，轉變具有廣泛的意義，這一點就和生不同。但在說種子生現行關係中的種子是因能變時的轉變，就是生。

然而，在古說中，轉變並不單單意味著種子生現行。雖然轉變在緣生的意義上與生有關係，但那意味著藉著生與前狀態出現變異，甚於只是生的意思。我們必須明確區別，意味著前後剎那不同的變異（即轉變），和現在同一剎那中兩者之間關係的生。生是現在剎那種子與識的關係，絕不允許跨及二剎那。種子與其生的果（即識），必須是同一剎那、即現在剎那（種子六義之一、俱有）。因此，在一般意義上，必須說種子不能生識。雖然如此，為甚麼還說生呢？蓋在唯識說中，說有的東西（那些都是識），是只在現在一剎那的有，在一剎那之前必須是無，在次剎那也再度歸無。這種只在現在剎那的有才能夠生。如果採用教相的說明，有為法之識必須藉因緣而有。藉因緣而有的不是常住的事物，是曾經生出、又藉因緣消失而滅。因緣有是因緣生。意味著因緣有的依他性以bhūta顯示，這個字譯成有，也譯成生。（宇井博士、《攝大乘論研究》四五九頁）。如上所述，識是種子生，意味著它是因緣生、亦即因緣有。佛教中的有，都必須藉因緣支撐，因此，因緣有就只稱為有。生和這種有是同義的。識自種子生，就是識作為現在的有、藉因緣支撐。種子作為支撐現在識的因緣，是現在剎那的有，自不待言。前剎那的種子在現在剎那滅已（種子和識同樣是剎那滅），因此不能生現在剎那的識。生必須完全在現在剎那。護法說的種子生種子，至少跨及二剎那，即使稱之為生，其本質也和種子生現行時的生不同。古說說種子「隨逐至治際」，雖說種子從過去到現在、從現在到未來而相續，但沒有說種子生種子。種子不是在本識中前者生後者而保有自己同一，而是前者轉易變熟為後者。如果站在剎那滅的立場，理論上也不能種子生種子。

像這樣，現在種子生的識，不是單純的識，而是類似我或法的識，換言之，就是作為三界十八界中某法的識。必須是似塵識、似根識、似我識、似識識等四識或身識、身者識等十一識中的一個。那是有如「是識同時是諸法（境）、是諸法（境）同時是識」的識，是有如「三界之外無識、識之外無三界」的識（這部份的詳細敘述請參照第一節）。雖然種子生的是識，不是三界諸法（只有識是因緣有），也不說種子是識的種子，而說是一切諸法的種子，原因在此。不用說，規定識與三界一切法關係的概念是「似」、亦即「顯現」。生是意味現在剎那有的時間性，顯現是意味現在識與境關係的空間性。識似塵顯現，不是識生。在梵文中，生與顯現的區別極其明瞭。例如在(4)中，有生似色識字句，生是識，此識似色、即顯現。看過顯現的用語例可知，稱為生utpadyate, prajāyate, pravartate的必定是識或相當於識的詞（虛妄分別、亂識、意言分別、一般來說是依他性），而那個識類似某法。

在前述的顯現用語例中，A、B、C、D、E是用於明確區別顯現、變異與生，以助理解的符號。

A、顯現與塵．識．生三概念同時使用。

B、欠缺其中的生。

C、欠缺生・識。

D、欠缺生・塵。

E、A加上變異。

如同「顯現」與「生」必須這樣區別般，「變異」相對於這些，也必須明白區別。似塵識在現在生時，和過去生的似塵識不同。現在的識是作為過去識之果、被過去識規定之物同時，又必須和作為新行為在此完成之物的過去識不同。而這個識，是作為有如「三界之外無識」的識，是「識相異同時是諸法相異」的識。這種諸法與識的相即，是以諸法（境）是無、以識為體而成立。因此，對於以識為體，稱為相貌（大、一八八上、其他）。識的前後相異藉相貌的相異而語。在此意義上，分別性（境）可說是依他性（識）的變異相貌。變異是似現在某法的識在和過去識的關係上被看見時成立的概念。那不是種子「生」現行，也不是識體「變現」見相二分，更不是現行識熏種子或種子生種子。

如果顯現、變異與生這三概念意義如上所述，就必須說它們是規定唯識說根本構造的重要概念。顯現是出現境與識的矛盾性同一（顯現用語例中屬於B的部份，C、D是其抽象的部份），這種矛盾性同一在現在成立，藉著生顯示出來（同樣屬於A的部份），而這種識即境、境即識的識（即諸法）成立，是作為過去的果、被過去決定之物同時，藉著現在的行為新造出某物，在此意義上，現在異於過去，因此是變異（屬於E的部份）。因為變異關係到識與境、以及過去和現在全體，因此，「顯現」和「生」可以包含在「變異」之中。但變異並不意味著顯現，也不意味著生，我們理解這三個概念後，就能更深一層理解唯識說的根本構造。

雖然，表現唯識說根本構造的顯現、變異與生三概念的意義如前所述，但唯識說文獻中出現的顯現及變異等詞，往往不具前述的意義。我們多少需要談一下這種不同意義的顯現與變異。

漢譯的顯現不只是ābhāsa, pratibhāsa, etc, khyāna, prakhyāna, etc.的譯語，也用作其他詞的翻譯。例如，

> 論曰：於一切世界現身、謂於一切世界中顯現應化身功德（大、一九六上）。

這時，從其他三個不同的翻譯都是「示現」以及西藏譯也有ston-pa可知，顯現是示現saṁdarśana的意思。又如，

論曰：由此阿含及所成道理、唯識義顯現（大、一八三上）。

玄奘譯和達磨笈多譯都是顯現，但從西藏譯的bstan-pa及從前後關係來看，明顯和前述的顯現不同。另外，如《大乘莊嚴經論》的「此偈義如文顯現」的原文是gatārtham（P.97,1.16），又是原文不同的顯現一例。

與此相反，也有顯現原文相同但譯語不同的情況。以《大乘莊嚴經論》的例子來看，就有prabhāsa照（39.17），prtaibhāsa影（62.14），ākhyāti開演（81.5），bhāsate照朗（92.29）。雖然漢譯與梵文對同一字不是只用我們詳細考察的意義，但我們還是可以容易識別用於其他意義時。

變異與顯現相同，也不是只限於我們考察的意義。以其他意義最常使用的是有關無分別智．真如的非變異。

釋曰：虛空水不能濕、火不能然、風不能動。無分別智亦爾。無變異故說無染（大、二四二上）。

無異（ananyathā）為義故、是故名如如《中邊分別論》。

在這裡，變異不是意味著識在相續中相異、識的緣生性。但安慧的「與前狀態相異」是變異的解釋，這裡可以適用。安慧在《中邊分別論釋疏》中說法如下。

若（空性先）有垢（而後無垢），（則空性須云變異。）何故，因無變異不見（前後）位之不同、而變異係隨生與滅故。若空性係如斯變異性質，何以其不 為無常？（梵文、五二頁）

若空性（真如）是先有垢、後為無垢那樣前後不同，那就必須是變異。而變異，與生滅密切相關。因此，認為空性是無常。但空性不是無常。如果是無常，那麼空性的前後不同如何成為可能呢？要說明這一點，舉出水界、金和虛空的譬喻。譬如，虛空雖然自性清淨，不被雲等五障污染，但有雲等時謂染，雲等滅後謂淨，如同這個說法，空性雖也說有垢變無垢，但自性不是因為有垢與無垢而異（svabhāva-antar-pratipattim antarena），雖然自性是清淨，沒有變異，但有客塵時謂有垢，客塵去時變為清淨。

由這些敘述可知，變異意味著物的前後變化。但看原文時，講空性・真如的非變異時多用avikāra，談識的變異時則用pariṇāma。世親和安慧都說pariṇāma是anyathātva。但是《中邊分別論疏》中，也有說真如的不變異是ananyathātva（P.133, 1.17,50；P.136,1.8）的地方。作為空性異名的非變異是ananyathā。安慧以avikāra解釋這個（P.50, 1.7）。就此看來，時間性變化的意義在pariṇāma, anyathātva, vikāra皆可通用。《中論》裡面使用anyathābhāva，對此，漢譯為「異」（羅什）、「變異」或「異」（波羅頗密多羅）、「異性」或「異」（惟淨）（觀行品第十三）。anyathābhāva是anyathātva。這在月稱的註中說得很清楚。在這裡，「異」也意味著在前後相續的不同。例如，青目的釋說，「如嬰兒定住自性者，終不作匍匐乃至老年。而嬰兒次第相續有異相現匍匐乃至老年。」又舉牛乳與酪的譬喻，說乳雖變成酪，但「乳與酪有種種之異」。讀者當記得前面提過，乳與酪的比喻在《大乘莊嚴經論》的《世親釋》中說pariṇāma是相異（anyathātva）時用過。變異意味著物的前後性相異，在這裡也不變。這種變異和唯識說變異的根本不同之處，是唯識說的變異是切合識的相續而說。真實意義中的時間連續不是就對象物而成立，是只有以意識作為媒介時才開始明顯。作為明示以意識為媒介的時間構造之物、作為唯識說基本概念的變異，與其它變異不同。在《攝大乘論》中，說老是「身四大前後變異」，把地獄等「諸道前後變異」名為道變異，或是說寒熱等「時節前後變異」時，都藉vikāra來說，不以pariṇāma來說（大、一八九上中）。縱使這些變異終究是成立於識的變異之上，也不能直接說識的變異與這些變異相同。這些變異不僅在覺者的立場、在未覺者的立場也被知覺，但是識的變異，在未覺者的立場即不得而知，只有在覺者的立場（也包括信受覺者的立場之說，如其思惟之立場）方能清楚知覺。

陸、關於古唯識說與新唯識說的不同

上田義文　摘譯自《佛教思想史研究》

前言

這本書和玄奘傳於中國的唯識思想不同，是企圖解明古唯識思想基本面的論述。書中許多繁瑣的論證，讓人覺得在理解唯識思想為何時有繞路之處，但因為古唯識思想和目前一般所知的玄奘傳譯在根本上想法不同，因此稍微談談兩者的不同點，以助讀者理解本論。

一

玄奘譯傳的唯識思想基本想法，先承認阿賴耶識的存在，以此為根源，認為其他一切法從此識轉變而現。因此，這是說一切法無非是阿賴耶識的原因。在此意義上，說萬法是唯識。以此意義來思考「唯識無境」。

但古唯識思想與此不同，是從能緣和所緣的關係來思考識。一切的識都是能緣（思考、認識甚麼），因此，永遠相對於所緣而存在。這個能緣之識是現在一剎那的存在，一剎那前已滅，一剎那後未生。這個現在剎那識是屬於不同個人的有情，概念性地分析某一人的識，會有諸八識（最少時是四識），這些具體地和身體共同形成一個主體，成為一個統一體。這個統一體稱為唯一識、唯識體或一本識。阿賴耶識就是這個統一體的中心。因此，阿賴耶識要成立，必須先有能緣識相對於所緣成立。這種能緣與所緣的關係成立後，作為能緣中心的阿賴耶識即被承認。因此，能緣和所緣關係的成立，是一切的基本，阿賴耶識種子生諸識的轉變關係，成立在這個能緣和所緣的關係上。這在倡言種子是識的假說一事中清楚顯現。從安慧的《三十頌釋》可知，轉變雖在識上成立，但因為此識永遠是能緣，識也以所緣的相關者立場而成立。

玄奘傳譯的唯識思想，是以阿賴耶識生諸識的關係為基本，能緣與所緣的關係在這個基本關係上成立。亦即，種子生的識本身進一步變現為相分和見分，能緣和所緣在此成立。諸識的所緣是相分，其見分是能緣，自不待言。

在古唯識思想中，諸識自阿賴耶識種子生這點，與玄奘傳的無異，不同之點是認為此種子於識，是被假說之物。相對於識是「實有體」，種子是「假無體」，識之因是種子為「假說」（（記要）P.62，P.861）。但玄奘譯不認為種子是假說，認為種子和識是相同意義的實有。說種子「為實有，假法如無非因緣故」（（記要）P.861）。玄奘譯中，識的存在完全藉種子支撐。認為識是實有、因此種子也必須是實有。不過，在舊譯中，認為種子是假。這顯示識的有（存在）不只藉種子支撐。假不出實。實有的識具有超越假有的種子的東西。這來自何處呢？

這是藉著「識之為識」而具有。是識就是能緣。識vijñāna和vijñeya是相關語，和lakṣaṇa及lakṣya（能相及所相）的能相只單單說是相的情況相同，本來是「能識」。從安慧的《三十頌釋》知道，vijñāna在唯識思想中也是vijñeya的相關語。「如此，一切所識vijñeya皆是分別性，故作為實有不存在。然識為緣起之物，應認其為實有而存在。」雖然識是緣生、是依他性、是有，但識之外的一切法是分別性、是非有。如果這個分別性的一切法是所識，則相對於此的識顯然是能識。識作為識而成立，是識作為相對於所緣的能緣，進一步說，識作為相對於所緣的能緣而成立，是在分別性（所緣）和依他性（能緣）的關係上，作為分別性、依他性和真實性的性而成立。

古說說識經常是能緣，這必然成為一分說。當然不像三分說那樣把是所緣的相分都包括在識（類似唯識無境時的廣義的識）裡面，像自體分一樣，在自己之外有見分（能緣的作用），不認為自己自身以非見分之物作為識的自體。認為識總是作為見的作用。識永遠是能緣，因此，非識之物（除了無為的真如）都是所緣。這個識是依他性，所識是分別性。因此，依他性經常是能緣或能分別。本書最初引用的真諦譯「能為依他性、所為分別性」說法即此。因為在此意義上，古說是一分說，因此，「自體分變現相分見分、能緣與所緣關係於此成立」的轉變意義，在古說中沒有。

古說中的轉變意義，和玄奘譯的思想大相逕庭。如同前述，古說的「轉變」中沒有相見二分從自體分「變現」的意義。因此，這句解釋成唯識論的名言「變謂識體轉似二分」，是玄奘新譯中的特有思想。「變現」的現雖被認為是顯現的意思，但ābhāsa或pratibhāsa翻譯過來的顯現，和舊譯裡面識體現作用（見分與相分）的意思完全不同。不是識體先存在而後生出相分（境）或見分（見的作用），而是確實被識（能緣）看見的東西（所緣）其實就是識。不是識出現境，是確實被看見的境就是識。是境的色雖然似色，其實不是色，而是識。因此，稱為似現。不只說似此，還說確實，是色在眼前顯現，不是從識而出。另外，玄奘譯的轉變的另一個重要意義、阿賴耶識種子生諸識的「生變」，也與舊譯的思想不同。從安慧的說法（（記要）P.797）知道，舊譯的思想中，變異是前後（時間性的）的異，因此加上變字，稱為變異。是甚麼在時間上前後相異呢？就是識與種子。阿賴耶識的種子在剎那剎那受到新的熏習而增長，因此種子隨著時間流逝在每剎那都不同（因轉變）。又因為識是從這每剎那不同的種子剎那剎那而生，因此，前剎那的識和現在剎那的識不同，現在剎那的識又和次剎那的識相異。這種識的相異，藉著識作為能緣去所緣某物而表現。如果識緣色，那個色就是所緣、是所分別、是分別性，這不是識之外的有，而是以識為體，說色是識體的相貌。現在剎那識和前剎那識的相異，就以這種相貌的相異而顯現。這種相異是變異（果變異）。關於果變異，安慧認為種子生阿賴耶識、轉識和染污意是變異，但是，種子生諸識（即種子生現行）不是變異（比較種子和從它所生的現行諸識，後者不是來自前者的變異），是藉著從種子生、識的前後相異成立後才是變異。種子和它所生的諸識是同一剎那的關係，不是前後的關係。但變異是與前狀態不同，是跨及異剎那的關係。（（記要）P.797）。因此，不能說種子生現行的關係是變異。成唯識論中轉變的兩個基本意義、「生變」與「變現」，都是新譯的獨特思想，與古說不同。在新說中，變現是轉變，是轉變的一個意思，但在古說中，顯現和變異是明顯不同的概念，前者是同一剎那能緣與所緣的關係，後者是異剎那之間識與識或種子與種子的關係。新說和古說共通的，只有「種子在阿賴耶識中成熟」的變異意思（（記要）P.793和P.797）。

二

古說中沒有「種子生諸識、諸識轉變顯現相分見分」的轉變思想，因為一切從阿賴耶識生出展開，因此不能說一切就是阿賴耶識。也因此，萬法唯識和唯識無境的主張不能成為古說的基礎。古說如何看待唯識無境，有必要解說一下。

古說認為，識永遠是能緣，因此，所緣不是識，而是境。識是緣生，以此為依他性，所識不是識，因此所識不是依他性，這就作為所識（即所分別）而為分別性（被分別之物parikalpita-svabhāva）。緣生之物是有，非緣生之物是非有。此分別性的所識就是境。「唯識」的「識」與「無境」的「境」是在能緣和所緣的關係上。能緣是有，所緣是無，這就是「唯識無境」。

在新說中，「唯識無境」的意義更複雜。因為這裡的「識」不像古說那樣限定為能緣。不只是唯識思想，一般佛教中能說「有」的東西，可說是一切皆依因緣才有。因此，為了讓相分見分等是有，就必須是緣生。必須是依他性。而在「唯識」與「無境」中，是有之物屬於前者，是無之物屬於後者。因此，相分見分也必須包含在「唯識」之中。因為見分是識的本來作用，包含在識中也無不自然，但相分明明是所緣，包含在識中就很奇怪。於是，在新說中，認為相分也以「識之所變、故非離識之存在」的理由，包含在說「唯識」時的「識」中。「唯識無境」時的「識」不一定只是能緣，也包含所緣，而稱為「無境」的「境」，不是境的一切，只意味著分別性的境。雖然同樣是境，但因為相分是依他性，所以列入「唯識」這邊。如此這般，很明顯的，「唯識無境」時的「識」與「境」不是新說中能緣與所緣的關係，而是表現依他性的因緣有和分別性的無。本來，識與境兩字並用時，從字面的原本意義來看，應該意味著是能識和所識的關係。古說是這個意思，這也可以說顯示了「唯識無境」時的「識與境」本來是這個意思。因此，新說闡釋的並非原有的意義，而是經過變化的後代思想。對照以相分見分為依他性的思想不是世親和安慧時代所有，而是護法以後的新東西來看，即可理解。如果相分永遠是分別性，相分就不包含在「唯識」中，而包含「無境」中，因此，「識」永遠意味著能緣。

進一步說，新說的轉變意義是護法以後的東西，也就意味著安慧以前的大師眼中，轉變不是這種意義。一分說和三分說的差別不僅止於此，必然也形成「唯識無境」意義的不同，「轉變」意義的不同。如果採用一分說，能緣和所緣的關係（換言之，是三性）是一切基礎，如果採用三分說，阿賴耶識緣起說就是一切的基礎。亦即，一分說和三分說的差異、轉變意義不同，都顯示出唯識說的部分不同，這些不同不單只是部份相異，也顯示出唯識思想體系構造的不同。

三

前曾述及，在古說中，能緣與所緣的關係比阿賴耶識中種子生一切的識轉變關係更基本，而此能緣與所緣的關係就是三性。關於這一點，我們進一步思考。

能緣與所緣的關係是基本，但能緣是識，是藉種子生而初有，此外，沒有支撐「識之有」的根據。這個論點，古說和新說無異。不同的是，古說以此種子為假，以識為實。這是甚麼緣故？前面說過，識藉著識是能緣做為超越種子之物、作為具有多出種子之物的物而成立，這就是識作為三性而成立。但這是甚麼意思呢？識不是單作為識、而是作為三性中的依他性而成立，是甚麼緣故讓識作為超出種子之物而成立呢？雖然古說和新說同樣認為識是依他性，為甚麼新說中，說種子和識一樣是實而非假，而古說中不是這樣呢？

我們先討論後面的問題。雖然在新說中，識是依他性，這和古說沒有不同，但依他性不一定是能緣，這就是新說和古說不同之點。在古說中，依他性都是能緣，所緣都是分別性，因此，能緣和所緣的關係必定是依他性和分別性的關係。這個分別性是無，依他性是有。所緣與能緣的關係就是無與有的關係。如果所緣與能緣是相關的，那麼，所緣是無、只有能緣是有的情況如何成為可能？這就是「所緣是依他性」的新譯說的成立根據。在新說中，能緣是能遍計，所緣是所遍計，兩者都是依他性，亦即緣生。這些能遍計和所遍計之間有遍計所執之境，稱為中間存境，這個是無。這個中間存境雖說是實我・實法，但這實中明明是無卻妄想實中是有，因此有如見繩（所遍計=相分）思蛇。我和法就相當於蛇。知覺蛇（我・法）不是實有，只是被妄分別之物時，蛇即消失，而認出繩。即使知道遍計所執性（分別性）是無，相分（繩）還是存在。沒有古說那種從遍計執性（境）的無變成依他性（能緣的識）的無。只是以為是蛇的能遍計妄執（依他性的一部份）沒有了。然而，古說不思考所遍計的境，只思考分別性的境，因此，當分別性變成無時，也沒有能成為所緣的東西，所緣也完全沒有了。所緣完全不存，能緣就無法成立，因此依他性也都不能成立。於是，在古說中，分別性是無，這同時也意味著依他性是無。這個分別性的無同時意味著依他性的無，就是承認和分別性的無之間的同一性乃至連續性，認為相無性和生無性此二無性的同一無性是真實性的思想。此二無性的同一無性是真實性，而真實性和依他性及分別性共以三性而成立，因此，做為二無性同一無性的真實性之外，依他性同時成立。這個依他性是緣生之識，不是無，是有。因此，依他性具備無與有的雙重構造（分別性只是無）。另方面來說，依他性因和分別性的無的同一性，就是真實性。真實性在依他性的否定上成立，因此那裡只有真實性，沒有依他性，但此真實性中含有依他性[1]。二無性的同一無性是真實性，這可藉由根本智起、證真如時變成境識俱泯一事清楚知道。二無性的同一無性是境智兩空。而此真如・無分別智就是具有「生死之外無涅盤」構造的涅槃（無住處涅盤），因此，被否定的依

1 關於這個構造，參考上田義文《大乘佛教思想的根本構造》三一頁前後。

他性納入此中。這個真實性（無分別智・真如）本身具有和涅盤無差別的生死。這個生死是稱為依他性或緣生的識、即虛妄分別。緣生的識是虛妄，這用《大乘起信論》的思想來說，真如是舉體隨緣之物，用《攝大乘論》的思想來說，是根本智做為後得智進入世間之物。識非真如以外之物，意思就是無分別智具有和「生死之外無涅盤」的無住處涅盤相同的構造，這個構造在後得智中比在根本智中更清楚顯現[2]。後得智被喻為清淨的世間智，是存於世間（虛妄）裡的清淨（真實）。這就是虛妄與真實、染污與清淨的相反的統一。依他性的識就是這個虛妄與真實的統一的虛妄面。是貫穿無分別智的識。這在識被稱為虛妄分別時顯現。看見識是虛妄的不是識本身，是清淨真實的智。識本身不認為自己是虛妄。識本身認為自己正確認識境，不知道自己顛倒了。說有情輪迴惑・業・苦是緣生（依他性），說有情的有情本質是虛妄分別，都是因為無分別智進入有情（生死）之中。在清淨的世間智裡，生死才是虛妄分別的緣起。無分別智進入生死之中時，此生死是虛妄分別即成立。真如舉體隨緣成為妄法，從智的一面來說，是根本智作為後得智而展開。真如舉體隨緣，成為「真之外無妄、妄之外無真」的構造，是無分別智作為虛妄分別顯現，無分別智進入識本身，貫穿它，顯示識是顛倒的分別，以識為識，亦即作為被顛倒之物而使之成立。於是，「虛妄分別之外無無分別智，無分別智外無虛妄分別」，虛妄分別和無分別智的同一性成立。這個同一性同時在另一面伴有「虛妄非真實、真實非虛妄」的相互否定性。在這裡，可以看到龍樹說的「生死邊際和涅盤邊際絲毫無異」[3]。

如前所述，三性不是三者並存，而是處在真妄交徹的關係上。因為真實性成立於妄（依他性的識）的否定上，因此，妄與真是否定對立的關係。而且，妄作為此真之外的無，包含在真之中。依他性具有是有且是無的雙重構造。它是有時就是妄非真、是真妄相反；它是無時就是真之外無妄、妄其實是真、是兩者同一性。古說的三性說是這種真妄交徹的思想，是分別性和依他性作為所緣和能緣而形成的相關關係。亦即，把能緣和所緣的關係當做一切的基本，認為種子是此識（能緣）上的假說，就是不認為識單純藉種子（=因緣）支撐而成立，而是藉真如的隨緣而成立。法藏說，始教是「故就緣起生滅事中、建立賴耶、從業等種辨體而生」，終教是「真如隨熏和合許成此本識」和從業等種生不同。新說的想法相當於始教，古說的想法符合終教。不過，真如受熏的思想只限於大乘起信論，

2 同書，一四五~一四八頁。
3 同書，一四九頁。

古唯識思想中沒有。《攝大乘論》等認為熏習是剎那剎那生滅之物，只在有為法彼此之間是可能，在不生滅的真如中不可能有熏習。即使不說真如受熏，也顯示真如藉三性說與妄法交徹。說真如與妄法和合之物是賴耶，這是《大乘起信論》的思想，不是《攝大乘論》等的說法。《攝大乘論》以三性說顯示真妄的關係，是以阿賴耶識為依他性的中心，這個依他性全體是緣生、是剎那滅的有為法，是虛妄分別，因此，作為依他性一部份的阿賴耶識當然只是妄。相對於此，真如屬於真實性。阿賴耶識的概念只屬於依他性，不包含真實性。《攝大乘論》在此三性說外，另有一個三性說，說依他性是分別性和真實性兩者合併之物，因此，本識是依他性時的依他性做為這個依他性的意義時，本識因為包含真實性，成為真妄和合，這個依他性有二分的思想意義，和做為《大乘起信論》不生滅與生滅和合體的阿賴耶識，是不同的意義。

四

第三節概略提到古說以依他性（即緣生）的識之因種子為假，識不只是從此種子生，而是從更根源的真如成立，並用三性說顯示這點。本節則探討種子是假的意義。

雖然種子生的識是實、是有體，識之因的種子卻是假、是無體，這究竟意味著甚麼？為甚麼在假法與實法之間，因果關係得以成立？假法是無體，它本身並不存在。它在有體之法中被假說，才能存在。如果是這樣，顯然在存在的次元裡，實有的識是根源的，被假說的種子是枝末的。雖然實有的識已經做為實有而存在，為甚麼是為假法的種子必須做為因而被假說呢？

識雖然根本性地從真如成立，但同時識又作為虛妄之物而與真如相反，妄作為「違真」之物存在於真之外。作為這個違真之妄的識，無法藉真如而成立。法藏說「妄違真故、反藉真成立」，但說妄違真故，只是單純意味著妄與真是相關的。存在上非真的妄不能從真出來，這個非真之妄的成立根據是種子。在此意義上，識是種子之果，種子是識之因。

如果，識只藉這種因果關係而成立，識就只是有為的妄法了。它無法具有「真如的隨緣」的意義。種子雖然是識的因、卻是假法，意味著識不是只藉著從種子生、作為識而成立，是進一步藉其他根據而成立。其他根據就是真如的隨緣。種子必須在實法的識中被假說，顯示出識並非如同《大乘起信論》所說的只藉真如的隨緣而成立，以及，妄絕對無法出自真，妄只由妄生得。

如果識只是藉種子生而成立，那麼現在就只是從過去而生。新的東西在現在不能成立。如果現在只是過去的果，那麼，未來也是過去的果。本質上就沒有過去、現在和未來諸法的相異了，同一性貫穿過去・現在・未來。這最清楚顯現「法體貫穿三世、恆為實有」的有部想法。在這個想法中，過去、現在和未來這三時本質無異，因此有部對於三時如何區別，出現種種異說，沒有清晰的想法。本質上現在與過去不同，新的東西只能在現在創出，換言之，在於身口意三業的更新。現在不是有過去沒有之物，不能說現在異於過去。曾經有情但還未起無漏心，開始生無漏心的是現在。新譯想用本有無漏種子解答這個問題，貫徹「識只做為種子之果而生」成立的想法。但是《攝大乘論》等古唯識思想中沒有本有無漏種子的思想。這與種子是假的想法本質上有關。現在的識不只是從種子生，換言之，現在不只是過去的果，也有作為新的現在而成立之物。種子是識之因同時種子在識中是假說，意味著現在不只從過去而生，過去也從現在而成立。過去・現在・未來的時間是在現在、或從現在而成立。為甚麼時間從現在成立呢？是因為諸法藉真如成立，而此諸法與真如的交徹融即在現在成立。時間從超越時間之物而成立。基督教認為歷史的開始是靠上帝創造、歷史的最後是靠上帝審判。歷史始於上帝，終於上帝。時間出自上帝，歸於上帝。這大概就是時間藉超越時間之物而成立的神話式表現吧。在佛教，超越時間的是真如・法身。時間從真如出，歸於真如，那個時間與真如的接點是現在。諸識（即諸法）與真如的融即，就是時間與常住（超時間）的融即。諸識是只存於現在一剎那的有。只存於一剎那而滅於剎那剎那的識，如何能夠前相續呢？剎那滅後次剎那生出的識是新生的緣故，與前識不連續。如果與前剎那的識連續，前剎那的識就沒有真正滅去。剎那滅和連續，兩者是矛盾的，但相續還是能夠成立，是因為識與真如融即。真如與空同義，空是時間性的非連續的連續[4]。新譯認為藉種子生種子而相續，古說中沒有種子生種子的說法（（記要）P.860）。如果這樣思考時間，不能說現在（即識）只是從過去（即種子）而生，反而必須說是過去在現在成立、亦即種子在識中被假說。像新譯那種認為識只是從種子生的想法，本質上和有部的時間思想相同。那不是立足於空的思想。如果是立足於空的思想，諸法與真如會融即，時間從現在成立而變成剎那即永遠，時間是非連續也是連續。

4　上田義文《大乘佛教思想的根本構造》十五頁。六四頁。五八頁等。

柒、pratibhāsa與pariṇāma

取材自　上田義文

一、顯現pratibhāsa

1.諸論用例

《法法性分別論》世親釋

顯現：「指可得知的東西」或「可見的東西」。

(1)是無卻顯現變成如幻夢等可得知，但實非有。

（虛妄分別亦是在無中所顯現的。）

(2)顯現之物雖無但可見，乃至可得知。

《攝大乘論》法無顯似有是故譬幻事。

顯現：可得知的東西，雖可被得知，卻是無的東西。

《中邊分別論》

arthasattvātmavijñaptipratibhāsaṁ prajāyate ／

vijñānaṁ nāsti cāsyārthas tadabhāvāt tad apy asat. ／／

〔塵根我及識　本識生似彼　但識有無彼　彼無故識無〕

當顯現為塵根我識時：識不是無。

當作不顯現時：識是無。

此識指的是全部作為顯現之識（除此外無緣生之識），

生出顯現之識的就是能識。

故作為顯現之識者，不外就是能識。

2.境識俱泯

(1)由「境之無」→「識之無」

(2)「境之無」乃在「識之有」上成立。

3.得與不得「平等」samatā

得以不得為自性。（得與不得無差別。唯識之得與境之不得都是無，故無差別。）

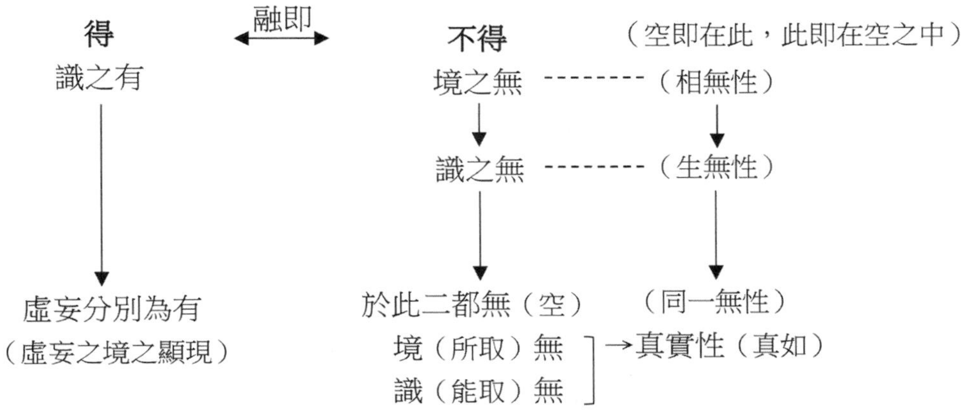

4.所得能得融即（所識以能識為體）

(1)得（識）arthapratibhāsaṃ projāyaye

(2)不得（二取之無）arthābhāvādtad （vijñānam）apyasat

(3)所得能得融即arthapratibhāsaṃ vijñānam

所得知者能得知者融即為一而成。

①能識：arthapratibhāsaṃ vijñānam

②所識：由於作為顯現而為有。

識以不識為自性，同時作所識，而以能識為其體（境就是識）。

（若只有所得者義為所取arthasattvātmavijñapti；只有能得者義為能取vijñatṇtva）

5.諸法如幻雖無，而可被得知。

識雖自體空，而得知諸法。

得與不得之平等

(1)就所知諸法言：即諸法如幻於自體空中卻是為有之物（色即空，空即色。）。

(2)就能知識言：即識自體空卻得知諸法，自體空然得知諸法之識，即是般若。

6.當它諸法之自體空（無相），而單單具諸法之差別時就是識，而當它即差別而見諸法之無相時就是般若。

(1)只見諸法之差別的識，是不可能見諸法之無差別（即無相，空）的，這就是作為能取之識，由它所見的差別之諸法就是所取。

(2)當此識由所取之無而見無相時，自己（即能取）也變成無而成為般若。這裡破能所之對立，而變成所緣之平等，此根本智則立刻變成後得智。

(3)所知：是能知所顯示的所知諸法，可視作差別即無差別（色即空）。

能知：即般若也起差別即無差別（識即般若）之作用。（此識以般若為體，所以作為識是自體空的。）

所知能知之關係即arthapratibhāsaṃ vijñānam。（融即為一體）

若加以分析則為虛妄分別（即識）。

7.此等構造為：(1)二取為無，(2)空之中有虛妄分別。

附註：

（幻象喻）幻象被識。

1.一分說：此識看成能識自身，不認為此識之外還有一見識。
（境為分別性，不分內境外境。識中不分所識能識或所變能變，識只限於能識vijñāna，所識vijñeya非識而係分別性。）

2.二分說：此識看成作相識（乃至相分，為內境，依他），見識（依他）看成識之自體。（另有外境為分別性）

3.三分說：此識即似我、似法，其實體即識所變之相分（所識）及見分（所識）。（所識為相分（內境），能識為自分，此二皆依他性。）所變外另有能變之識自體。（自體分，依他性。）
（成唯識論以安慧為一分說，難陀為二分說，陳那為三分說。）

一分 象＝境artha＝分別性vijñeya ←——（artha）pratibhāsa
　幻夢＝識vijñāna＝依他（能識）vijñāna ——↑

二分 象＝外境artha＝分別
　幻夢＝所識vijñeya＝相識（內境）＝依他 ←—pratibhāsa
　　＝能識vijñāna＝見識＝依他 ——↑

三分 象＝外境artha

幻夢＝所變＝所識＝相分（內境）＝依他 ←

＝能識＝自分＝依他 ← pratibhāsa

能變＝自體分vijñāna＝依他 →

二、關於pariṇāma　摘自（唯識思想入門）

1.最初使用者是誰？

最初使用者是世親（Vasubandhu）

無著之《攝大乘論》Mahāyānasaṃgraha，是印度大乘佛教典籍中，組織最為完整者。在有關唯識說中是最具組織性及含括性，而其著作年代又最接近世親。然於《攝大乘論》中只見pariṇāma，不見vijñānapariṇāma之用語。

無著之師長Maitreya（彌勒）其諸多有關唯識之著作，如《中邊分別論》，《大乘莊嚴經論》，《瑜伽師地論》中，可見pariṇāma，亦不見vijñānapariṇāma。

(1)《中邊分別論》mādhyāntavibhāga

依山口益博士文中之索引，不僅彌勒頌中，而且世親之釋中都找不到，只有安慧之註中有。

(2)《大乘莊嚴經論》mahāyānasūtrālaṃkāra

有pariṇāma（漢譯為變異），但非vijñānapariṇāma。

說明依他相諸法無常之刹那滅義，其刹那滅十五義中第九義有pariṇāma，但非「識轉變」。內法刹那有十四種起之第五及外法四大及六種造色是刹那滅中十四因，有關土地六因中之四變有pariṇāma，但此等皆非視為vijñānapariṇāma。

對於萬法唯識之說明是依prabhāsa，ābhāsa，pratibhāsa而論述。

（依據pratibhāsa之唯識說，與依據vijñānapariṇāma識體轉似二分之唯識說是全然不同之二種思想體系。）

(3)《瑜伽師地論》

菩薩地中可見名詞形的pariṇāma，動詞形的pariṇāmati，形容詞形的pāriṇāmika，但皆與vijñānapariṇāma無關。攝決擇分中，述及阿賴耶識與種子及阿賴耶識與轉識之更互因果等，仍不見「轉變」之思想。

(4)《解深密經》

藏譯本有yoṅs su gyur ba （pariṇāma），但非vijñānapariṇāma之義。

在鏡面譬中，鏡面生出一至多影，非由鏡面轉變成影（非指識顯現見分相分）。此與彌勒無著所使用者相同。

從上所述，可見世親之前唯識論書中，不見vijñānapariṇāma之概念。

然在世親之《三十頌》中，vijñānapariṇāma出現二次，與此同義的pariṇāma出現三次。《二十頌》沒出現，但有動詞形的pariṇamanti。

故無著之前之唯識說中，並無vijñānapariṇāma之概念。

（問1）若抽離

①「識轉變」思想，

②「能變」「所變」思想

③「因能變」「果能變」思想

④「變謂識體轉似二分」思想

吾人是否可探究唯識說？

（問2）無著之前唯識說，若無vijñānapariṇāma概念，究竟用什麼組織唯識說？

（問3）世親為何將此概念納入唯識說中？

（問4）此概念導入後，古來之唯識說是否有變化？若有，其變化如何？

（問5）若無變化，則對世親（無著之前亦同），縱使拔除此概念唯識說大致得以成立。

但對於《成唯識論》識轉變之概念若拔除，則其唯識說不能成立。

心法 — 識自性故		
心所法 — 識相應故		
色法 — 二所變故	}	諸法皆不離識，總立識名（卷七）
不相應法 — 三分位故		
無為法 — 四實性故		

反過來說，是否世親之說由於此概念之導入而產生變化，遂與《成唯識

論》之思想一致？

2.《成唯識論》中之「轉變」

pariṇāma在《三十頌》中出現五次，《成唯識論》之解說如下：

第一頌（Aa） 「彼依識所變」 vijñānapariṇāme śau	「變謂識體轉似二分，相見俱依自證起故」（卷一）
第十七頌（Ab） 「是諸識轉變」 vijñānapariṇāmo 'yaṃ	「是諸識……皆能變似見相二分立轉變名」（卷七）
第十八頌（B） 「如是如是變」 pariñāmas tathā tathā	「此識中種餘緣助故即便如是如是轉變，謂從生位轉至熟位時，顯變種多重言如是」（卷七）

(1)有二義：

(A)《成唯識論》中「變」、「轉似」、「變似」與「轉變」同意，此乃轉變之一義。（Aa，Ab）

(B)轉變的另一義，可見於第十八頌之釋，此即在阿賴耶識之中，種子由生位（藉由諸法熏習阿賴耶識）轉變至熟時（先前受熏習之習氣完成作為生起諸法之因的資格時）。（B）

(A)之意義是顯示現行之識的自體分與相見分的關係。換言之，是顯示同一剎那之關係。

(B)之意義是顯示阿賴耶識中的種子的時間性前後之關係。換言之，是顯示異剎那之關係。

(2)此二義中

(B)表示阿賴耶識中，藉由諸法之反覆熏習，此習氣成為以後生起諸法之因。此為《大乘阿毗達磨經》所見阿賴耶識與諸法同時更互因果之思想，將此種子生長成熟稱為pariṇāma，並非新思想。

(A)《成唯識論》以「識體轉似二分」作為pariṇāma，以此為萬法唯識說之基礎。其基本概念為「能變，所變」。

依此說明諸法不外於識。在識之「所變」，我與法被假說，因此諸法不外於識。

一切我與法不外於如此的能變其之所變。此為諸法唯識說之中心。

《三十頌》

〈第一頌〉「由假說我法，有種種相轉，彼依識所變，此能變唯三。」依此能變之識的「所變」具種種相，而有我與法之假說。

〈第二頌〉至〈第十六頌〉，說明此三能變。

〈第十七頌〉「是諸識轉變，分別（見分）所分別（相分），由此彼皆無，故一切唯識。」此依第一頌「能變」「所變」之關係，揭示諸法唯識。

(3)五位

心為識之自性，心所為心之伙伴，不相應法是於心心所及色上假安立，此三非離心（識）得以獨立之實在。無為指心等四法之實性，故亦不能離識。但色被視為心外之實在，故闡明色不外於識為唯識說之關鍵。作為此色不外於識之基礎概念是「識轉變」。色離識不得存在之理由是「心心所二所變故」。若除去所變（轉變）之概念，則色不外於識之說不得成立。

(4)

依據窺基之解釋，《成唯識論》中之轉變，除此義外，另有由種子生現行之識，以及現行之識熏習氣於阿賴耶識。而此種子（習氣）與現行之識之關係，與前述（B）之義有不可分之關係。

(5)

除去轉變之概念，即意味著除去全部能變所變思想，因此《成唯識論》中，若無轉變之概念，則唯識說不得成立。

3.無著之前的唯識說

問：無著之前，沒有vijñānapariṇāma之概念，如何成其唯識說？

答：以pratibhāsa（ābhāsa, avabhāsa, etc.）

<u>《唯識二十頌》</u>（世親）

〔1〕vijñaptimātramidaṃ rūpādidarmapratibhāsamutpadyate na tu

rūpādilakṣaṇa dharmaḥ ko ’pyastīti

〔2〕vināpy arthena yathārthābhāsā cakṣur vijñānādikā vijñaptirutpadyate

《中邊分別論》（彌勒）

〔3〕arthasattvātmavijñaptipratibhāsaṃ prajāyate vijñānaṃ nāsti cāsyārthas tad abhāvāt tad apy asat

《大乘莊嚴經論》（彌勒）

〔4〕vijñaptimātratāparyeṣṭau dvau ślokau

(1)cittaṃ dvayaprabhāsaṃ rāgādiprabhāsamiṣyate tad vat śraddhādiprabhāsaṃ na tadanyo dharma kliṣṭakuśalo ’sti

(2)iti cittaṃ citrābhāsaṃ citrākāraṃ pravartate tatrābhāso bhāvābhāvo na tu dharmāṇāṃtata

→世親所言dharmapratibhāsaṃ vijñānam或arthābhāsā vijñaptir與古說共通。可說世親之見解係繼承古說。

無著之前

無一、vijñānapariṇāma

二、能變、所變

三、變謂識體轉似二分

四、依識之所變，我法被假說。

(1)識生似境之同義語

①境：即色等諸法（rūpādidharmā），是無（nāsti）

②似：pratibhāsam, ābhāsā

③識：vijñānam〔3〕, vijñaptir〔1〕〔2〕, cittam〔4〕

指眼識等八識及其心所。

世親有以cittam mano vijñānam vijñapti為同義語（paryāya），其中也有不同的意義在。

artha與dharma同義。

（artha含諸法〔3〕六境五根染污意及六識，或言〔4〕貪等染法，信等善法。）

pratibhāsa, prabhāsa, ābhāsa同義。

(2)境之廣狹二義

廣義：指artha, sattva, ātman, vijñapti全體，指一切法。指唯識無境之境，含六境六根六識全部。

狹義：指vijñapti相對之境（六境）

①能分別之識：現在剎那之識，為能分別而作用之識。

指八識，arthapratibhāsaṃ vijñānam中之vijñāna。

所分別之識：不是現在之識，而是過去未來之識，為所分別，識完全將自己對象化。指六識 （vijñapti）。（成為artha之染污意ātman，含於此中所說之artha，故只說六識。此六識為無（nāsti）。）

②vijñāna可稱為生prajāyate，是緣生，亦即是依他性。

③不對象化之識

任何現在剎那，能分別之識無非是阿梨耶識，此識在任何情況下，都不是artha（所分別）。八識中只有阿梨耶識不含於artha中。此即意味著阿梨耶識常是能緣（依他性），不是所緣（分別性）。

（常是依他性，即是絕非所緣之境（artha），若成為所分別之artha，則已不能稱為阿梨耶識。）

(3)識之二義

識有二義：①將自己對象化成為artha，此為分別性。

②作為能緣，此為依他性。

(4)所取能取廣狹二義

作為artha的所取（grāhya）與作為vijñāna的能取（grāhaka），有廣狹二義：

①狹義：所取：artha, sattva

能取：ātman（染污意），vijñapti（六識）

②廣義：所取：上述之能取ātman與vijñapti包含於廣義之artha中，

故artha, sattva, ātman, vijñapti四境皆所取，皆分別性。

能取：與此相對之vijñāna（可稱為prajāyate）為能取。此為依他性。

→所取：常是分別性

能取：有分別性與依他性二種。

（「虛妄分別有，二取是無。」中，虛妄分別是依他性之能取。）

(5)pratibhāsa有二義

①玄奘譯：譯為「變似」，有「轉變」之意。

但轉變常被用於pariṇāma,pratibhāsa並不被譯為轉變。vijñānapariṇāma始用於世親，無著之前並無此概念。

②真諦譯：譯為「似」，沒有「轉變」之意。

artha pratibhāsaṃ vijñānam譯為（現在剎那出生之）識似境。不是能變所變，也不是「識體轉似二分」。能緣之識無所變之相分見分（此為依他性），直接似分別性之境（所緣一切法）。

(6)不含pariṇāma（轉變）意義之pratibhāsa

就artha（dharma）pratibhāsaṃ vijñānam而言，識無所變之相分見分，而直接相對分別性的artha（我與法）。此識不含所變，識之全體是能識、能緣。第〔3〕項的vijñāna其全體是能緣。此可由安慧釋中得到證實。

安慧所說「識故為識」（vijānāti iti vijñānam），即「識」就是「能識」。相對於此能識之所識（vijñeya）即artha等四物，此四物全體又稱為artha為vijñāna（能識）之境，此artha非有。此依他性（緣生）之識無所變（依他性），而是與分別性之境（我、法）直接相對。（此說與彌勒古說一致）

《三十頌》第一頌安慧釋

> sarvaṃ vijñeyaṃ parikalpitasvabhāvatvād vastuto na vidyate vijñānaṃ punaḥ pratītyasamutpannatvād dravyato śti

此中vijñeyam與vijñānam是相對的，前者分別性，是無；後者是緣生，是有。識是能識（能緣），從而是與所識相對，此能識是有，所識是無。

arthapratibhāsaṃ vijñānam中artha（境）是與vijñāna（識）相對的

vijñeya。pratibhāsa將vijñeyam（分別性）與vijñānam（依他性）結合，顯示所識（境）與能識之關係。

（《成唯識論》之變現是能變與所變之關係，依他性與依他性之關係。非能識（能緣）與所識（所緣）之關係。）

安慧以前的古說中，所說的境是外境，是非有之我與法（被分別之蘊界處色聲等物（vastu）），而無成唯識論所說的實我實法之內境。所說的內是所有的識（能緣，能分別），所說的外是一切境（所緣，所分別）。

(7)

〔3〕中nāsti cāsya artha[1]之asya是vijñāna，所說的「其artha非有」之「其」不在vijñāna之外。《安慧釋》解為：

nāsti cāsyārtha iti catuṣṭayasya ākārasyeti[1]。

此中所說之ākārasya artha，其ākāra是與artha相對的（因能識與所識是依他性與分別性之關係，境都是分別性。）因此ākāra無非是vijñāna.

（問）ākāra不是與所變之相分相當嗎？為何是vijñāna？

（答）安慧：「所謂ākāra是以依無常等相而執取所緣為相。如此之二者（作為六境artha與五根sattva之顯現）中無彼（ākāra），因為如此之二者是作為所取之相而顯現。」

「另者ākāra即是見覺知所緣之saṃvedanam[1]。彼二者中，無此saṃvedanam。」

據此可知，ākāra不屬於所識vijñeya，而屬於能識vijñāna。

（再問）ākāra雖不屬於artha與sattva二者，但屬於ātman與vijñapti，則仍屬於廣義的artha，從而為分別性。而vijñāna為依他性，故ākāra應不是vijñāna。

（答）catuṣṭayasya ākārasya，此中之ākāra指的是四者全部。為明所取

1 1. nāsti ca asya artha
asya：idam（這個，this） m, Sg, G。
2. nāsti ca asya artha iti catuṣṭayasya ākārasya iti
catuṣṭaya（m，四種，四個一組）
ākāra（m，相貌形相，行相）ākārasya（m, sg, G）。
3. saṃvedana（n，知識，感覺，知覺）。
4. upalabdhi（f，得，取得，有所得，能得，取境）。

能取之區別，故以artha，sattva為所取，而視ātman，vijñapti為能取。方便說前二者無ākāra，後二者有ākāra。

ākāra之意為「得所緣」，此所緣實為四者全部，而其能緣為vijñāna得此所緣。

如同所取能取有二重意義，識有所分別識及能分別識二重意義，識之作用的ākāra也有二重意義：

說為catuṣṭayasya ākārasya時，顯然是指依他性的vijñāna之ākāra。ākāra不屬於所緣，而是得所緣的upalabdhi[1]，屬於能緣。

若是如此，則asya artha可解為vijñānasya artha。依〔3〕可知artha（包含四者廣義之artha）以外無所緣（所識，所分別）。

（8）

若asya是vijñānasya，何以安慧不將asya釋為vijñānasya，而是解為ākārasya？

①ākāra如安慧說，是覺知感受所緣的ālambanasaṃvedanam，或得此ālambanasaṃvedanam[2]的upalabdhi，此saṃvedana或upalabdhi，正是識之特性，除去此特性，不得稱為識。

所說之「識」是指識之所似（vijānātīti vijñānam），就此意義言，雖稱為vijñānasya，但與ākārasya相同。

②安慧云：

vijānātīti vijñānam｜〔tac ca〕grāhyābhāve vijñātṛtāpy ayuktam｜tasmād arthābhā vād vijñatṛtvena vijñānam asat｜na tv arthasattvātmavijñaptiprati bhāsatayā[2]

指出：無所取時，亦無能取。

2　1. ālamba（m，緣，能緣）。
2. vijānāti iti vijñānam 被稱為識的是因為它能認識。
vijānāti（能認識）（vijānāt，m，有識者。+ ti 表抽象名詞）。
3. vijñātṛ（m，智者，識者）。
\+ tā（表狀態，性質）。
4. abhāva（m，無，不存在）。
abhāvāt（Ab）。
5. grāhya（fpp，可取，取，所執）。
6. ayukta（ppp，不如理，不相應）。
7. tayā（tat，f，sg，I）。

此處之所取是artha，能取是vijñātṛ的識，此二者皆無，但artha, sattva等似現之識非無。

③〔3〕asya被對象化的不是所分別之識（vijñātṛtā），而是能分別之識（arthapratibhāsaṃ vijñānam之vijñānam），因此不說為vijñānasya，而說為ākārasya。

（vijñāna不是所取之識，而是能緣之識，故不說，而說為catuṣṭayasya ākārasya。）

④catuṣṭayasya ākārasya是表示「（識）作為塵根我識之似現，非無。」

1.作為四物而似現的之外無有他識。（似現指「可見」，是所識。）此意指能識無非所識。

2.此似現（pratibhāsatā）非識之無，此即ākāra是得所緣。

（《成唯識論》以識之自體及其所變之相分見分而言，所說的似塵相之識，是指識似塵根而顯現，此係識之所變，非識之自體，故似塵識及似根識等之外，有識之自體。）

似塵識等四種似現之識是能識，而非所識。如是，顯示所識與能識二而不二。

（安慧不是將asya視為vijñānasya，而是釋為cautṣṭayasya ākārasya。）

(9)

似塵識，似根識，似我識，似識識，如此四識（arthasattvātmavijñaptipratibhāsaṃ vijñānam）具有所識及能識二義。

①似塵識中的「似塵」意指所識。

就識是似塵而言，所識（顯現，被得知之物）之外，無有他識，就此而言，能識是無，此為否定識。

②「識」意指能識。

將此稱為識，是指此為能緣（此等都是識），是否定所識。

若識作為塵（artha）而被得知，則其中所存在的，完全是能識。若此等皆為識，則其全體是能緣，而非所緣（所識）。此似塵等四識有此矛盾之構造。

《攝大乘論》中此四識作為十一識而予詳述。一切虛妄分別盡攝於此十一識之中。

(10)顯示境識關係的是pratibhāsa

artha：境，所識，分別性，是無nāsti。

vijñāna：能識，依他性，緣生，是有。

arthapratibhāsaṃ vijñānam

古說：結合分別性（無）與依他性（有）說識有境無，有無之間無連續性。境完全是分別性，外境外無有內境。不說從識出境。

《成唯識論》：以「轉變」思想為中心，識體變現為相分見分。從依他性（識體）出依他性（所變之相分見分），由有出有，此中有連續性。

將pratibhāsa與pariṇāma相混，說「識顯現似塵」時，解為「識所變之相分見分似塵」。轉變（pariṇāma）被視為與顯現、似（pratibhāsa）同義。

①能變之識體顯現出所變之境一「果能變」之轉變。

②從阿賴耶識之種子中，生起諸識及其相分見分一「因能變」之轉變。

一般將從根源性之識現出依他性之諸法也說為pratibhāsa（顯現）。

(11)pratibhāsa之意義

若將pratibhāsa從pariṇāma抽離而獨立理解時，其意義為何？

①pratibhāsa之意義

1.第一義

不是存在論：不是在論述何者從何處而出的存在的現象。

而是認識論：而是論述何者為我人所見、所聞、所知等。

「塵顯現於眼前」與「塵於眼前可見」同義。

何者對（prati）我人而顯（bhāsate），亦即藉由我人（識）何者被見、被認識。

2.第二義

如此被見被識知的，無非是能見之識本身。

不是識之所變似塵（無著彌勒不見有能變所變之概念），而是識本身直接似塵。

1.能見所見同一性

吾人眼前之色等塵不外是識，能識所識雖能所相反，卻合而為一。

（此為非色而是識本身，非識本身而是色。）

2.識所變與塵一致（《成唯識論》）

識之所變似塵而不外於識。塵不外於識之所變，所變與塵一致，而非所見與能見同一。

若將pratibhāsa從pariṇāma抽離，除去能變所變之思想而作理解，此中無識之所變，而認為識之本身似塵，則塵不外於識，此即所見（塵）與能見（識）同一性之意。

②初期唯識說

arthapratibhāsaṃ vijñānam於現在剎那生起。

artha：一切法於其中具體存在的，是現在剎那被分別的，是剎那異的。

vijñāna：眼識於現在剎那生起，耳識生起，舌識生起等等。

1.現在剎那生起（prajāyate）如何的vijñāna，如何的artha？

由阿梨耶識中何等種子成熟而決定。

2.種子成熟方式是依據現在生起的vijñāna之熏習。

阿梨耶識（種子）與vijñāna之相互之關係。識之生（prajāyate）與熏習之更互關係，在各各現在剎那一再重覆，因而剎那相續成立，有情之輪迴成立。

初期唯識說藉由pratibhāsa（似），prajāyate（生），vāsanā（熏習）（或bīja種子）三概念而成。（此中無pariṇāma）

4.世親的pariṇāma

無著之前以pratibhāsa, prajāyate與vāsanā（bīja）構成唯識說，此中無能變所變思想。

世親在此加上vijñānapariṇāma其意為何？

是否改變了古來之唯識說？

(1)《三十頌》世親只用pariṇāma之同形。（不說能變所變。）

（動詞形pariṇāmanti用於〈二十論〉。）

《成唯識論》用「能變」「所變」，也說「轉變」「變」。[3]

①能變：指八識心心所自體。

②所變：指相分見分。

③轉變：指從能變之識變現相分見分。

《成唯識論》玄奘對於pariṇāma配予能變、所變、轉變之概念。已與世親用pariṇāma之意義有所不同。

(2)《三十頌》

〈第一頌〉二個pariṇāma

①後面的pariṇāma指三種識（阿梨耶識、染污意、六識）（玄奘譯：能變）

②前面的vijñānapariṇāma（玄奘譯：識所變）

1. 但因後面的pariṇāma之後有sa（指示代名詞），可知此vijñānapariṇāma與後面的pariṇāma同義。
2. 《調伏天・釋疏》：「我之假說與法之假說，所依識之轉變有三種。」

故知此二pariṇāma同義。

〈十七頌〉vijñānapariṇāma，是承接第二頌至十六頌所述之三種識。

〈十七頌〉「識轉變是妄分別」。此pariṇāma指妄分別。

妄分別（vikalpa）同於abhūtaparikalpa（虛妄分別），即是〔3〕的vijñāna，因此pariṇāma是指識。

3 Louis de la VelléePoussin 在成唯識論法文譯本中，將能變譯為 pariṇāmi vijñāna，將所變譯為 vijñānasya pariṇāma. 前者是 vijñāna, 後者是 pariṇāma。

〈八頌〉pariṇāma是此三種之一，同樣是指識。

→〈十七頌〉之前的pariṇāma，其梵文原義是相同的，都是指識。

〈十八頌〉只說pariṇāma，因此與〈十七頌〉之前之pariṇāma同義。

(3)若譯pariṇāma為「能變」

pariṇāma指識，若譯pariṇāma為「能變」，則識成為「能變」：

①《三十頌》第一頌

1.有違《成唯識論》之說

若pariṇāma為能變，則〈第一頌〉應為「在能變之識，我與法被假說。」

則否定了《成唯識論》之說：「於所變之相分見分，我與法被假說。」

2.與無著前之說無異

識之自體（不經過所變）直接似諸法。

以我與法之假說必以識之所變為所依之三分說不成立。

識不能說是能變，而是識為能緣。此顯世親之思想與古說相同。

②《三十頌》第十七頌

vijñānapariṇāma玄奘譯為：諸識「轉變」，其後接「分別所分別」，解釋為見分相分，為「諸識」之「所變」。

故此處之pariṇāma譯為「轉變」，若譯為「能變」則前後不能相接。

但就梵文言，此處非所變之相分見分，從而此pariṇāma不是「轉變」，而是如同其他，解為「識」。

1.分別所分別

「分別」相當之梵文為vikalpa，「所分別」為yadvikalpyate。

此二者不解釋為vijñāna之所變。如《二十頌》[4]所述，yadvikalpyate是依vikalpa而被妄分別，而將此說為分別性（parikalpitasvabhāva），是非有。vikalpa為能緣，yadvikalpyate為所緣。

---

4 （頌二〇）
yena yena vikalpena yad yad vastu vikalpyate
parikalpita evāsau svabhāvo na sa vidyate

vikalpa與abhūtaparikalpa（虛妄分別）同義，指三界所屬心心所，同於一般稱為識或諸識者。vikalpa不是識所變之見分，而是識本身。

〈十七頌〉之vikalpa與yadvikalpyate不是見分與相分，而是前者指識自身，後者是分別性的我與法，非是識之「所變」。此處之識與諸法（外境）之關係與前揭〔3〕同。

2.pariṇāma無「所變」義，亦無「轉變」義

pariṇāma無「所變」及「轉變」義，而是指識。

是否為成唯識論所言之能變？

梵文《三十頌》無「所變」之見分相分之思想。pariṇāma雖是指識，但無所變，就不能有能變。亦不是某物轉變成其他之某物。成唯識論所指識變似我法所提及之轉變，實為pratibhāsa，而非pariṇāma。成唯識論之解釋與《三十頌》之梵文原義不符。

(4)世親為何納入vijñānapariṇāma概念於唯識說中？

世親雖納入vijñānapariṇāma但未說明，而由安慧之解說可了解其義：

①〈第一頌〉pariṇāma是異（anythatātvam）。

是如何異？

1.是指異於先前的狀態（pūrvāvasthāto 'nyathābhāva）（十八頌釋）。

（此指前後時間上的差異）

2.此前後相異是，

「因之剎那滅的同時，果異於因之剎那而生。」

此言因之剎那的無（滅）與果之剎那的有（生）同時，此一剎那存在的只是果，而此果與前已滅去之因相異。此因滅果生指橫跨二剎那之關係，非是同時之因果，而是顯示因滅與果生二者之間是無間的。

3.安慧所理解之pariṇāma沒有「識體轉似二分」或「能變所變」之思想，而是前後之識與識之差異。（識體轉似二分為同一剎那識及其所變之關係。）

②pratibhāsa是同時

pratibhāsa是顯示現在剎那之識似外境，此為能緣之識與所緣之境的關係，是vikalpa與yadvikalpyate，依他性與分別性，vijñāna與vijñeya之關係，因此顯然是同時之關係。

③pariṇāma是前後之相異

pariṇāma指似此境之識（arthapratibhāsaṃvijñāna）於過去現在的前後剎那之異。識前後之相異，不離阿梨耶識中種子前後之相異，因此pariṇāma是識與種子等兩方面的前後之相異。

1.因之轉變（hetupariṇāma）

「阿梨耶識中增長一切異熟與等流之習氣」。

習氣之增長是依據熏習，但如此現行熏習種子之同時關係非pariṇāma。而是經由熏習，種子於阿梨耶識中前後相異是pariṇāma。

2.果之轉變（phalapariṇāma）

(1)異熟習氣之作用，

故前世之業牽引圓滿，阿梨耶識於其他眾同分中現行abhinirvṛtti。

(2)等流習氣之作用，

故諸轉識與染污意依阿梨耶識現行。

識前後之相異為pariṇāma，此相異乃藉由習氣而諸識起現行成立。

現行本身不是pariṇāma，而現行結果異於前位才是pariṇāma。（阿梨耶識異於其前位，染污意異於其前位。）

（由於《成唯識論》「轉變」之思想，而認為現行熏習種子與種子生現行為因轉變與果轉變。）

④安慧對於pariṇāma之說明：

1.不作能變與所變之區別

2.無識體轉似二分之思想

3.無所變相分見分之觀念

此等皆與《三十頌》一致。

(1)〈十七頌〉vikalpa與yadvikalpyate非見分相分。而是與《二十頌》相同，視yadvikalpyate為分別性之我與法，vikalpa為依他性之虛妄分別，妄分別此分別性之我與法。

（頌中之tad承受其前之yad（含第一頌之我與法））

(2)〈第一頌〉vijñānapariṇāma為識（非識所變），pariṇāma sa ca則成為「而其轉變」（sa其，指前之vijñājapariṇāma，即識本身。）

vijñānapariṇāma是識本身，在識本身，我與法被假設。此與彌勒對arthapratibhāsaṃ vijñānam之解釋（vijñāna非所變，只是能緣）相同。

由此可見世親繼承彌勒等思想，而不同於成唯識論。

⑤無著前之古說，並無pariṇāma之觀念，只是藉由pratibhāsa, prajāyate, vāsanā來揭示諸法唯識。由世親引進vijñānapariṇāma，而由安慧解釋，不僅未改arthapratibhāsaṃ vijñānam之古說，而且對於vijñāna前後剎那之關係加以闡明。

所說的似外境之識（arthapratibhāsaṃ vijñānam），不只是似外境，而且是前後剎那之相異，更且此相異係依因果關係而定，此即是pariṇāma。

此前後之相異，成立於識之剎那滅之相續之上。識之相續同時與阿梨耶識中的種子相續有不可分之關係。

識之前後相異與種子前後之相異互為因果，如是pariṇāma可區分為因（種子前後相異）與果（識前後相異）。

《大乘阿毗達磨經》以來的阿梨耶識與諸法互為因果之說，經由轉變之概念，不只是剎那的關係，而且也有剎那剎那相續的層面，此亦可就支撐互為因果的熏習思想而明。

⑥古說中所暗含的，但沒有明白揭示的「諸法唯識」之前後關係，可藉由pariṇāma明白說明其時間性的側面。就此而言，世親導入pariṇāma之概念具有意義。

《三十頌》第一頌之vijñānapariṇāma雖與vijñāna無太大的不同，但可對於識之前後相異予以明白的表示。

識之相異，藉由任何之外境（諸法），似識而呈現。因此，與其說在識之中行我與法之假說，不如說是在識之pariṇāma中行我與法之假說。

《唯識二十論》第八論中有無pariṇāmaviśeṣaprāptād，其文意變化不大，但有此則明示「於阿梨耶識中，種子得以變異。」。

⑦世親唯識說之根本構造為四種概念所構成。

1.依據顯示識與境關係之pratibhāsa（似）

2.顯示識是現在剎那的有（即是緣起的生prajāyate）

3.支撐此識之生的因的熏習vāsānā（種子bīja）

4.此種子前後相異，識異於其前之識的「變異」pariṇāma

無著之前，無此中之變異，僅依前三種概念。雖有熏習，類似變異義，但不如「變異」來的清楚，此即世親加上變異之理由。

⑧世親所說之pariṇāma，其義由安慧充分註解，安慧說之基本為「異」，是在「變異」或「轉異」，而非「轉變」。

真諦將pariṇāma全譯為「變異」，玄奘則譯為「變」「轉似」「變似」「轉變」，此中但有「轉」，而無「異」。

成唯識論之「轉變」思想，為某物（識或種子）變成他者（相分見分或種子或識）是其基本，而有能變所變之概念成立。

安慧則是比較異時的二者，而將之稱為異，不是其中一方變成另一方稱為pariṇāma，能變所變概念不成立。

《三十頌》的pariṇāma雖是指識本身，然而此係就識異於其前位之識而言 ，並不是認為識變成他者（相分見分或種子）。

5.世親以後之變化

世親完整無變的斷承無著彌勒之唯識說，但導入vijñānapariṇāma使唯識說之體系更完整更清晰。

自古以來之說法改變，是在世親之後。究竟出於何人之手（無性或陳那或護法或其他人）？無法確認，但顯然在《成唯識論》中已有變化。

(1)《成唯識論》所用之概念與世親之前所說相同，但概念內含之意義不同。因此思想上產生很大之差異，其根本在於「轉變」之意義不同。

世親／安慧：認為pariṇāma是前後異剎那識與識之相異，又是種與種之相異。

《成唯識論》：無論因轉變或果轉變，轉變成為同一剎那能變與所變之間的關係。據此成立從阿梨耶識顯現諸識，又從諸識之自體分顯現相分見分之思想。後者又稱為「變現」，被視為是轉變之一義。原本不同之pariṇāma（轉變）與pratibhāsa（顯現）之概念，合而為一。以識之能變所變的思想為骨幹，於其上成立一切。以識為能變，為此論最大之特色。

(2)世親安慧與真諦之唯識說，pariṇāma是異剎那之關係。識是能識，是能緣，不是能變。識是能緣，故不能從識現出境。能識不能從自己現出所識，不能從能緣現出所緣。而能分別（能緣＝能識）必依從所分別生。成唯識論所說從識體出見分相分，而非從見分出相分，古說中雖有pariṇāma之概念，但「境由識現出」之思想不成立。成唯識論以從識體現出所變之相分見分，此為變現。此相分見分是依他性是有。

(3)古說（如《中邊分別論》），能分別的vijñāna（依他性）直接與非有（分別性）的artha（所分別）的關係是pratibhāsa，不可能從有（vijñāna）出無（artha）。

pratibhāsa，在古說也譯為顯現，但此非由識現出境，而是指所見所聞所思惟者（境）是識。

①此所見所聞者無非是識，有二種解釋：

1.所見所聞是識，此非識之本身，而是其所變之相分。（此與古說不符）

2.所見無非是識之本身。

（此與將arthapratibhāsaṃ vijñānam的vijñānam全體視為能分別之見解一致。）

則所見與能見同一性。

②所見能見之同一性，有二種解釋：

1.所見能見本身就是同一：唯識說不許此說，若許則如同指頭能指自己。

2.在所見能見對立下之同一性：所見能見之對立性及同一性同時成立。

③artha（境）與vijñāna（識）之對立，不僅是所見所識與能見能識之對立，由於artha為無（nāsti），vijñāna為有（prajāyate），因此也是無與有之對立。

但成唯識論承認識之所變為相分（依他性），故其所見與能見是有與有對立之關係。

④古說中pratibhāsa是指所見與能見之對立性，同時也指其同一性，指無與有之對立性，同時也指其同一性。因此境與識之間有連續性與斷絕性，因其斷絕性，故不能從識出境。

(4)《成唯識論》：從識變現相分見分（此為顯現），其所顯現者似外境（實我實法）。以繩蛇喻言，所變之相分見分是繩，外境（分別性之我法）是蛇，從識（麻）顯現之繩相似蛇。「顯現」或「變」是表現識與外境之關係，「似」是所變與外境之關係。

古說：不說「所變」，因此「顯現」或「似」是表現識與外境之關係。「顯現」是現出而被見聞覺知，「似」是非實有而與它相似，雖有別，但不外於arthapratibhāsaṃvijñāna的vijñāna與artha之關係，應解為同義。

(5)古說：arthapratibhāsaṃvijñāna的vijñāna是能分別，是能緣，此中不含所分別與所緣之意，如此之古說認為識本身不經由所變，是直接對外境（無）。世親在《三十頌》第一頌指出「在vinñānapariñāma，行我與法之假說。」此pariñāma指識本身，而非識所變。

《成唯識論》：〈第一頌〉「依識所變而假說我與法」。此「所變」一語顯示思想上根本之變化。

在《成唯識論》中，稱安慧為一分說，在無「所變」之思想，不說從識體變現之相分見分是非有之分別性。是與〈第一頌〉所揭示之世親思想相同。此依「安慧所理解的pariṇāma是異剎那之識與識之相異，而能變所變之關係則是同一剎那。」可以知之。

《成唯識論》是以「能變與所變」之思想為基本，相對於此，安慧以前之古說完全無此觀念。《成唯識論》以一分說所理解之思想與本來安慧等之說法是不同的，稱安慧與世親之思想為一分說並不妥當。

結：「能變所變」的思想不見於本來之唯識說。非「從識變現境」，而是識（有）境（無）的直接對立且同一之關係。此不外於是「色即空，空即色」思想之繼承。從而此亦意味著「所變」之思想並不是繼承本來「空」意義之思想。

〔附註〕：pratibhāsa與pariṇāma之用例

一、《中邊分別論》（相品）

evam abhūtaparikalpasya sallakṣaṇam asallakṣaṇaṃ ca khyāpayitvā /
svalakṣaṇaṃ khyāpayati /
arthasattvātmavijñaptipratibhāsam prajāyate
vijñānaṃ / nāsti cāsyārthas tadabhāvāt tad apy asat //
〔塵根我及識，本識生似彼〕
〔但識有無彼，彼無故識無〕

tatr ā rthapratibh ā saṃ yad r ū p ā dibh ā vena pratibh ā sate /
sattvapratibhāsaṃ yat pañcendriyatvena svaparasantānayor〔/〕
ātmapratibhāsaṃ kliṣṭaṃ manaḥ / ātmamohādisaṃprayogāt /
vijñaptipratibhāsaṃ ṣaḍ vijñānāni〔/〕nāsti cāsyārtha iti / arthasattvapratibhāsasyānākāratvāt / ātmavijñaptipratibhāsasya ca vitathapratibhāsattvāt / tadabhāvāt tad apy asad iti, yat
tadgr ā hyaṃ r ū p ā dipañcendriyaṃ manaḥ ṣaḍvijñ ā nasaṃjñakaṃ
caturvidhaṃ tasya gr ā hyasy ā rthasy ā bh ā v ā t tad api gr ā hakaṃ

vijñ ā nam

asat /

二、《唯識三十頌》

(1)ātmadharmopacāro hi vividho yaḥ pravartate | 1ab

vijñānapariṇāme 'sau | 1c

pariṇāmaḥ sa ca tridhā || 1d

(2)dvitīyaḥ pariṇāmo 'yam 8a

tṛtīyaḥ ṣaḍvidhasya yā |

viṣayasyopalabdhiḥ sā 8bc

kuśalākuśalādvayā || 8d

(3)vijñānapariṇāmo 'yaṃ vikalpo yad vikalpyate |

tena tan nāsti tenedaṃ sarvaṃ vijñaptimātrakam || 17

(4)sarvabījaṃ hi vijñānaṃ pariṇāmas tathā tathā |

yāty anyonyavaśād yena vikalpaḥ sa sa jāyate || 18

捌、唯識說與唯識觀

取材自上田義文

一、唯識說體系　摘譯自《唯識思想入門》

1.問題之所在

idealism（唯心論）一語，被賦予種種意義，因此，要回答「何謂idealism」此一問題並不容易。尤其所謂的「佛教哲學中的idealism」，其問題更為複雜。以西洋哲學的idealism之概念來處理佛教哲學的任何部分，都是相當的困難。就歐美及印度的學者之著作，或以英文撰寫的日本人的著作觀之，通常瑜伽行派的唯識思想及《大乘起信論》、《楞伽經》之思想，或《十地經》的三界唯心之思想等，是被稱為idealism。此等思想是否果真可以稱之為idealism，確實有必要予以詳細探究。但在此無法處理此一問題。因為這是個重大的問題。本文僅只擬就被稱為idealism的諸多思想中，針對最具代表性的唯識思想予以考察。

為了回答唯識說是idealism與否的問題，首先對於唯識說是何等的思想，必須有充分的了解。然而直至今日，藉由研究所能了解的是，我人現今對於唯識說很難說是完全的理解。從而在了解唯識說是否是idealism之前，首先對於唯識說是何等思想必須有正確的理解。

在努力理解唯識說之際，所面臨的困難之一是，被稱為唯識說的思想體系，絕非僅此唯一，就目前所知，至少看似相似，但實際上，本質性差異的二個思想體系都是以唯識說之名稱之，從而欲正確地理解唯識說，對於此二種體系之差異必須予以精密地識別。如此的二種思想體系，其中之一是經由玄奘傳入中國，由其弟子窺基所開創的法相宗，爾後此宗派流傳於中國、朝鮮、日本等地。在日本，其學問的傳統還存續至今日。從而對於此一思想體系，我人幾乎可以毫無差錯地了解玄奘其所傳之解釋。若依據此一傳統所述，玄奘所傳之思想體系是忠實繼承世親之思想的。

但從明治時代以降，伴隨歐洲的研究方法之輸入，梵文及藏譯等新文獻也被發見及介紹入日本，透過如此的新方法與資糧的研究成果，我人逐漸了解玄奘所傳唯識說之體系其實有別於彌勒、無著、世親之唯識說，如今已可確定在被視為相異的如此二種思想體系中，是有相當大的差異。

玄奘所傳的唯識說體系，在《成唯識論》中已給予最體系的且詳盡的論述。此書並不是獨立的一本著作，而是世親《三十頌》之註釋。依據窺基的《成唯識論掌中樞要》』所載，世親的《三十頌》有十大論師為之註釋[1]，玄奘接受窺基之請求，將此十種註釋書糅譯為一本。然而在進行翻譯時，是以Dharmapāla（護法）之註釋為根本，是依其見解作為標準，是依其見解而判定其他註釋之「真謬」。故依據窺基所言，《成唯識論》所傳的《三十頌》之解釋是護法之見解。

此唯識說之體系中，最基本之概念是轉變（pariṇāma）。因為是唯識說，所以識（vijñāna=vijñapti）是最為基本的概念，識在彌勒等的唯識說體系中，也同是基本的概念。因此若欲論及兩種體系之間的差異，則轉變應是此一體系之基本概念。而相對於此，彌勒等所說，應是以pratibhāsa為基本概念。

無庸贅言，唯識說即是在論述萬法不外於識，亦即是在論述外界雖被視為實在，但實際上，識之外，沒有其他的實在。從而此一思想之眼目是在說明常識上被認為從意識獨立的實在的物質——山、川、木、房子等——不外於識。此一說明之中心概念，就護法之體系而言，即是轉變。被視為心外之實在的色（rūpa），不外於識之「所（轉）變」，以此為根據而主張萬法於識之外非實在。因此若從識之中去除轉變此一性格，縱使識還存在，但萬法唯識說則不能成立。唯識說中特有之概念的有名的阿賴耶識（ālayavijñāna），也是能令轉變成立的基本原理之一。基於如此意義，此一體系最為重要的基本概念是轉變。若將此與另一種唯識說之體系，如後文所將論述，亦即將此與不以轉變之概念而成立唯識說的思想體系一併予以探討，將更為清楚。此一方由於使用「轉變」之概念，其唯識說體系才得以成立，反之，另一方則是不依據「轉變」之概念而成立其唯識說體系。

最初提出「轉變」，亦即「識（vijñāna）轉變而顯現相分與見分」的思想之著作，是護法（A.D 530~561）傳承的《成唯識論》，直至目前的研究，是如此認定。世親（A.D 320~400）的《三十頌》與《二十論》中有vijñānapariṇāma一語，如後文所述，然其意義完全異於護法之所主張。vijñāna原具有識知

1 護法、親勝、火辨、德慧、難陀、勝友、勝子、智月、安慧、淨月。此中，經由《成唯識論》的學說所介紹，而被視為重要的，護法之外，還有難陀與安慧。

（vijānāti）事物（境）之特性。原始佛教[2]以來，對於vijñāna之見解，至少直至安慧、真諦[3]等人，都是一貫的，可以視為此乃佛教中一般的概念。所謂識，是指「識知」事物（＝能緣＝能識）。

護法將識解為「能變」，將轉變（pariṇāma）當作是識的最基本性格。而vijānāti（緣）的作用，也必須是在此轉變之上才得以成立。換言之，識為了vijānāti（識知），首先必須轉變。護法將原始佛教以來所傳承的vijānātīti vijñānam（識知故為識）的識的概念，給予根本性的變更。

我人所作的論述若欲獲得承認，必須能論證世親所說的vijñānapariṇāma，並不是如護法所解釋那般。若非如此，既然《成唯識論》是《三十頌》之註釋，當然護法之見解是在解說《三十頌》之意義，從而護法對pariṇāma的解釋不外於也是世親思想之闡明。

2.關於pariṇāma，護法與世親見解之差異

護法對於pariṇāma之解釋異於世親之見解。作此說之根據是在第十七頌。梵本第十七頌的pariṇāma，玄奘譯為「轉變」，對於「轉變」，護法作如次之論述：

> 是諸識者前所說三能變識及心所，皆能變似見相二分立轉變名。所變見分說名分別，能取相故。所變相分名所分別，見所取故（卷七19a）。

所謂轉變，據護法所述，是識（心）及心所取相分與見分之形而現，第十七頌的「分別」（vikalpa）是見分，「所分別」（yadvikalpyate）是相分。但護法對此第十七頌所作之解釋與梵本原意不符。

vijñānapariṇāmo ’yaṃ vikalpo

yad vikalpyate tena tan nāsti

tenedaṃ sarvaṃ vijñaptimātrakam

首先，第一點，「此」（ayam），在梵本是一個與pariṇāma有關的陽性指示

2 Kiñca bhikkhave vijññāṇaṃ vadetha vijānātīti kho bhikkhave tasmā viññāṇan ti vuccati (SN. III. p. 87) Kithāvatā nu kho āvuso vijññāṇanti vuccatīti vijānāti vijā nātīti kho āvuso tasmā viññāṇan ti vuccati(MN. I. p. 292)

3 真諦通常將識當作能緣，亦即當作「能識（vijānāti）」處理。作為如此解釋的例子，是《三十頌》第一頌的 pariṇāmaḥ sa，玄奘譯為「此能變」，相對於此，真諦譯為「能緣」。

代名詞，但在漢譯則是與「識」（中性名詞）有關，被譯為「是諸識」。梵本所說的「此pariṇāma」，是指第二頌至第十六頌所說的ālayavijñāna（阿賴耶識）、kliṣṭamanas（染污意）、viṣayasya vijñapti（六識）等諸識，因此，pariṇāma是指vijñāna（識）。在第二頌至第十六頌之中，是將如此的三種識，分別以第一pariṇāma、第二pariṇāma、第三pariṇāma稱之。完全沒有從識而變現相分與見分的說法。

就漢譯而言，識與轉變意指不同之事物，因此，承受第二頌至第十六頌之敘述——此猶如現今所述，是識之說明——的第十七頌，不能是「此轉變」。因此，漢譯譯為「是諸識」，「是」（ayam）與「諸識」有關。從而引領第二頌以下的第一頌，其所揭的「此pariṇāma有三種」中的pariṇāma，也不能譯為「轉變」，而應譯為「能變」，藉以表現其所具的「識」之義，據此可知，意為識的世親的pariṇāma，以及不是意為識的護法的「轉變」，二者的概念有別。

其次，第二點，世親認為第十七頌的頌文是由vikalpa斷開。因為全部的pariṇāma都意為識。此第十七頌述及第十六頌之前所說明的諸識，亦即三種的pariṇāma，都是vikalpa（妄分別＝vijñāna）。之所以認為由vikalpa斷開頌文的另一理由，是依據其次的yadvikalpyate是與其次的tad有關（correlative）。若將此與不是以此vikalpa，而是以yadvikalpyate斷開頌文的護法所作的解釋相比較，其意義就很清楚。就護法而言，首先，轉變（pariṇāma）不是意為識，因此，不能是「是諸識轉變是分別（vikalpa=vijñāna）」，其次，轉變是指見分與相分之生起，因此「是諸識轉變」不只是分別（vikalpa），也含所分別（yadvikalpyate）。因此，漢譯將此譯為「是諸識轉變，分別所分別」。

但是，護法如此的解釋之中，有二重的不合理。首先，將vikalpa解釋為見分，是相當的狹隘。vikalpa，在yogācāra哲學中，是與parikalpa、saṃkalpa、kalpa、kapanā同義，此等皆為虛妄（abhūta）。如此之虛妄分別（abhūta-parikalpa），含三界所屬一切心與心所，此乃彌勒所述[4]，此一思想是所有瑜伽行者（yogācāra）都承認的。因此，vikalpa不是識之「見分」，而是等同於識（伴隨心所）。僅將第十七頌的vikalpa，特定的解釋為識之「見分」，其根據無從見之。《成唯識論》對於唯只vikalpa，必須是見分的理由亦無說明。vikalpa是三界的心與心所，因此，在說為見分之前，首先必須注目到的，是識。就梵本之意義

4 Madhyāntavibhāga: Kārikā I. 8a-b

而言，此vikalpa即是第二頌以下至第十六頌所述的諸識。護法將之限定為見分，其見解顯然有所偏。

其次，yadvikalpyate是相分之解釋，可以說是當面的違反世親之見解。yad vikalpyate是指依vikalpa而被妄分別（vikalpyate）的，此為parikalpita（=vikalpita）-svabhāva（遍計所執性），是無，世親在第二十頌已明白地揭示。若依據護法所說，相分將是依他起性（paratantra-svabhāva）[5]。遍計執性是無，依他起性則意為有，因此將yadvikalpyate解為相分，顯然與世親之見解相反。

第三點是有關其次的tannāsti的tad之問題。若將yadvikalpyate與其後的諸語結合而解釋，則此tad是與yad有關，意指依vikalpa而被妄分別的。若將yadvi kalpyte與其前的諸語結合而解釋，則tad與yad分別獨立，不明係承受何等名詞。若依據護法的註釋，tad（彼）是「彼實我實法」。若是如此，則其所說的「我」與「法」，並沒有出現在第十七頌，除了溯及於第一頌，此外不得見之。相較於將tad解為與yad有關的解釋，顯然將tad解為是承受第一頌的ātmadharma的解釋，是極其不自然。

依據上來所述，護法對第十七頌的解釋顯然異於世親之原意。與世親之差異，完全因於將pariṇāma解為從識生起見分與相分。若不將pariṇāma作如此解釋，就不會將意為三界的心與心所的vikalpa，特別解為見分，也就不會無視於第二十頌已明白指出yadvikalpyate是遍計所執性，而是將它視為是依他性之相分，亦即沒有必要作如此不合理之解釋。若老老實實地承認pariṇāma意為識，就能承認tad與yad是有關聯，如此也能極為自然的解識第十七頌。因此，毫無疑問的，第十七頌的pariṇāma，其義非如護法之所解釋。

第十七頌的vikalpa與yadvikalpyate，就世親而言，不是意指見分與相分，除此之外，見分與相分之語在《三十頌》任何處所也不得見。第十七頌以外的偈頌中的pariṇāma，都不是從識起相分與見分之意。《成唯識論》在解釋第一頌的vijñānapariṇāme（漢譯「識所變」）的「變」時，說是「變謂識體轉似二分，相見俱依自證起故」。但第十七頌的vijñānapariṇāma既然完全不具此義，當然也不能將第一頌的vijñānapariṇāme譯為「識所變」，更不能據此而說為「識體轉似二分云云」[6]。《成唯識論》僅將第十七頌與第一頌的pariṇāma解為轉變之義，對於

5　所變二分（相、見分）從緣出故依他起（《成唯識論》卷八 29a）
6　詳見拙論〈關於識的二種見解——能變與能緣〉（《結城教授頌壽記念論文集》所收）。

他處的pariṇāma，並沒有指出也具此義。此因如此的轉變之義，除此二處之外，更不得見之。

《三十頌》所不見的護法所說的轉變之義，《二十論》當然亦不得見。其他世親之著作中，亦無從識起相分與見分之思想。因此，以《三十頌》的第一頌與第十七頌作為根據而論述的轉變，並非承繼自世親之見解，而是護法將自己創造（original）的思想結合《三十頌》中世親所說之語，以註釋的形態而作論述。關於這一點，若將護法所說與安慧（Sthiramati）對《三十頌》所作之註釋相比較，即可獲得更為清楚的理解。如上來所見，護法的解釋多處與頌文不一致，反之，安慧的解釋完全與頌文相符[7]。而安慧對於「pariṇāma」的解釋，完全異於護法之所說。因此，我人必須指出：安慧的解釋是繼承世親之見解的。

3.安慧對於pariṇāma的解釋

世親將pariṇāma之概念與vijñāna相結合，而形成vijñānapariṇāma此一複合語。pariṇāma一語，早已見於《解深密經》，到了彌勒，更是屢屢見之，但vijñānapariṇāma此語，則是彌勒與無著[8]不曾言及。是經由世親，pariṇāma才成為唯識說特有之術語，且以vijñānapariṇāma之方式使用。因此，安慧認為有必要特為此語作說明。在《唯識三十頌釋》（Triṃśikābhāṣya）中，安慧在注釋第一頌的vijñānapariṇāma時，自設「何謂pariṇāma[9]」之問，又以「異也[10]」作為回答。而且在說明此「異也」之意義時，是以「異於先前之狀態」作為解說[11]。對於pariṇāma，我人僅依據安慧如此之說明，即可了解其見解是異於護法的。依據安慧之見解，所謂vijñānanapariṇāma，是指現在剎那之識其狀態異於前一剎那之識。pariṇāma是指識與識之相異，是時間性的前後關係。但護法所解釋的轉變，是在現在一剎那，從識生起相分與見分。這是現在剎那的識（能變）與相分、見分（所變）的關係。

安慧對pariṇāma所作的如此解釋，是與世親將pariṇāma解為識的見解一致。

7　關於相較於護法，安慧對《三十頌》之見解與《三十頌》較為一致、請參照如次所揭之文。Vasubandhu was an Eka-bhāga (Aṃśa)-vādin (Proceedings of the IXth International Congress for the History of Religions, Tokyo, 1958, pp. 201~205)

8　「關於“parināma”」。參考資料7，（記要）P. 819

9　ko 'yam pariṇāmo nāma (S. Lévi, Triṃśikābhāṣya, p. 16, 1. 1)

10　anyathātvam (ibid., p. 16, 1. 1)

11　pūrvāvasthāto 'nyathātvam (ibid., p. 36, 1. 11)

識是剎那滅，剎那剎那生起之識，未必能與其前一剎那之識全然相同。時時刻刻變化不止的，是識之流。現在剎那之識必異於前一剎那之識。vijñānapariṇāma（變化狀態之識）是識的具體相狀。從而只是說為「在vijñāna之中，我與法被假說」，或說為「在vijñānaparināma之中，我與法被假說」，其結果是相同的。ālayavijñāna（阿賴耶識）、kliṣṭamanas（染污意）、viṣayasya vijñapti（六識），是不同的vijñāna，但此中，因時間而變異的，是pariṇāma。作為識而存在的，必然是在現在的一剎那，此一剎那過去，其識已滅。而作認知事物之作用的，是在現在的剎那，因此，種種的識其差異之所以成立，具體而言，是由於前後剎那的關係。如是，若依據安慧之解釋，可以了解pariṇāma是意為識。

對於同樣的vijñānapariṇāma一語，護法與安慧的解釋完全不同。護法對轉變所作的解釋，異於《三十頌》之所說，此依上來所見可以了知，因此可以認為安慧之見解是承自世親。此因護法與安慧的二種解釋之外，我人不知另有第三種的pariṇāma的解釋。[12]

4.以pratibhāsa為基本概念的唯識說

《成唯識論》所開展的唯識說，其體系是以轉變的思想（由識生起相分、見分）為根本而建立。然而如此的轉變思想，如前文所揭，非世親所有。若是如此，世親之唯識說是以何等概念為基本所構成？可以說此一概念即是pratibhāsa。

pratibhāsa異於所謂的vijñānapariṇāma之概念，此一概念常見於彌勒與無著。從而對於pratibhāsa，安慧認為無需特加說明之必要。此一語詞，時而以動詞形態的pratibhāsate表現，但最常見的是名詞形態的pratibhāsa，大抵是與其他名詞結合而成為複合語。又如avabhāsa、ābhāsa等，其字首（prefix）有各種形態。但意義上並無差別。

pratibhāsa此一概念被用於顯示artha（境）與vijñāna（識）之關係。在此情況下，所說的境是the seen or what is known[13]，所說的識是the seer or what knows。在識別世親等與護法唯識說之差異時，如此的境與識之關係必須予以注意。就護法而言，「唯識無境」中的「境」與「識」之關係，未必是the seen 與the seer之間

12　關於相較於護法對《三十頌》之解釋，安慧的解釋多處較相近《三十頌》，請參照上田義文文「Vasubandhu was an Eka-bhāga (=Aṃśa)-vādin」。

13　以「見」代表識「緣」事物的一切作用，此依彌勒「識者，見境（artha- mātra-dṛṣṭir vijñānam, Madhyāntavibhāga I. 8c）」之說得以了知。護法的見分（darśana-bhāga）之思想也顯示相同之見解。

的關係。因為在「識」之中，含有「所見」，亦即相分。護法之說中，「唯識無境」中的「識」與「境」，前者意為「有」，後者意為「無」，並不是the seer與the seen的關係。但就世親而言，識與境不僅是the seer與 the seen，同時也是有與無。因此，如世親所說，「唯識無境」是指僅只the seer是有，而the seen是無（另一方面，同時亦含the seer是無，而the seen是有之意，關於這一點，擬於後文再作論述。）

pratibhāsa即是在顯示如此的境與識之關係。從而如前所述，顯然與意為含括前後剎那之識（the seer）與識（the seer）之關係的pariṇāma有別。顯示含括前後剎那之識與識之關係的pariṇāma，其意義雖被某種程度的釐清，但唯識說不能據此得以建立。此因顯示識與識之關係的pariṇāma，對於識與境之關係完全沒有言及。反之，pratibhāsa是在顯示境與識之關係，據此才得以顯示識之外無境，亦即境不外於識。

pratibhāsa的漢譯，有顯現、顯現似、現似、似現、似、變似等種種譯語[14]。就其意義而言，其第一義是「被得知（被見、聞、覺、知）」，「顯現」此一譯語即是表現此義。第二義是雖被得知，然非實在，故其義為「無」。諸法藉由識而被得知，雖然如此，然非實在，故以幻或夢喻之。「似」此一譯語，即是表現此義。作為唯識說之術語的pratibhāsa，向來都是二義併用。因此，「顯現」之中含有「似」之義，「似」之中含有「顯現」之義。下文所揭即是彌勒與世親所使用的pratibhāsa若干用例，並加以說明。

(1)顯現無之譬喻是幻或夢等。例如幻或夢等雖被得知，然〔實〕為非有，法之顯現亦實為唯無。[15]

(2)諸法之無之被得知，恰如幻等之可知。[16]

(3)如以幻所造象等之顯現（pratibhāsa），實為無而能得見（pratibhāsa），虛妄分別也是無而得顯現[17]。

14 參照《佛教思想史研究》附錄 pratibhāsa 之用例。

15 Dharmadharmatāvibhaṅgavṛtti, Peking ed., XLV. 44a7~8. 山口益《法法性分別論管見》p. 560.

16 dharmābhāvopalabdhiśca māyādisadṛśī jñeyā. (Mahāyānasūtrālaṁkāra, ed. par S. Lévi, XIII. 16)
法無而可得　應知如幻事（玄奘及達摩笈多）（大正 31. 343b ; 289c）
法無顯似有　是故譬幻事（真諦）（大正 31. 191b）

17 Dharmadhamatāvibhaṅga vṛtti, Peking ed., XLV 34b3-4. 山口益，前引論文 p.542

(4)上來已說虛妄分別顯現，然〔實〕為非有。[18]

上來所揭四文中，第(1)項與第(2)項是揭示諸法雖被得知，然非實在。此恰如幻化之象或馬，雖為我人所知，然彼象或馬非實在。此二文之中，第(1)項採用pratibhāsa，第(2)項用upalabdhi。然其所說完全一同。據此可以推知pratibhāsa與upalabdhi被當作同義語使用。此一推測是否正確，可依世親與真諦所說得以證明。世親如此言道：「所謂pratibhāsa，即是作為artha而被得知。[19]」就第(2)項而言，玄奘譯為「可得」的upalabdhi，真諦譯為「顯似有」，一般是將用於pratibhāsa的「顯似」作為upalabdhi之譯語[20]。就第(3)項而言，山口益博士之譯本是將snaṅ ba（pratibhāsa）當作「能見」（to be seen），此與我人所說同一見解。第(1)項與第(2)項中的諸法（sarve dharmāḥ），是藉由vijñāna而被見，基於此義而稱為artha（境）。

其次，第(3)項與第(4)項述及見此artha的虛妄分別是無，以及可被得知。虛妄分別是abhūtaparikalpa，又稱為vikalpa，意指vijñāna（伴隨心所的）。此虛妄分別是無，然而「顯現」，亦即「可被得知」。識原是能知（the seer）。今何以說為識可被得知？此如第(1)項與第(2)項所述，諸法雖被得知，然如此之諸法非實在，因不外於識故。所說的識被得知（to be seen），不是指被稱為識的被得知，而是指識作為諸法而被得知。換言之，是指被得知的諸法不外於識。恰如我人見幻化之象或馬，如此之象或馬非實在之象或馬而是幻，我人是見依幻而現之象或馬之形，而不是見幻。

依此幻喻，大致可以理解諸法的非實在性，然而何以必須說識無。就幻之譬喻而言，若幻是無，則幻化之象或馬不可能被見。對於此一問題，幻之譬喻不能使用。諸法，亦即artha是無而被得知，此能以幻之譬喻說明。但識無而被得知時，則不能以幻譬喻。此因就識而言，能見artha（諸法）的是識，但就幻而言，能見象與馬的，不是幻，而是人。幻化之象或馬與幻不是the seen與the seer的關係，但境與識是the seen與the seer的關係，因此說為境不外於識時，是指所見（the seen）不外於是能見（the seer）本身。說為象或馬不外於幻時，如此的幻與象或

18 Dharmadharmatāvibhaṅgavṛtti, Peking ed., XLV. 44a7. 山口益，前引論文 p.560

19 snaṅ ba shes bya ba ni don du dmigs paḥo (Vasubadhu, Mahāyānasaṃgrahabhāṣya, Sde-dge ed. p.147a, Peking ed. 175b) 此文不見於三種漢譯本之任一。

20 upalabdhi 與 vijñapti（表、了別）同義，當作 pratibhāsa 之意義使用時，是「被得知的」之意，意指「顯現的事物」。如同 vijñapti，upalabdhi 也有「能知」（了別）之意。詳見拙論〈彌勒無著世親的 pratibh sa 之意義〉（《干潟博士古稀記念論文集》所收）。

馬之間的同一性，是所見相互之間的同一性，換言之，是客體與客體之同一性，反之，說為諸法（境）不外於識時，此時的境與識之間的同一性是客體與主體之同一性。所見與能見若是同一，則所見之外，不能另有能見，因此，作為所見的識之外，無有他識。而此識今作為諸法而被見。若是如此，此中，只有被見，此外沒有（無）能見。此即將識說為無之所以。所謂的識顯現，（A）一方面是說識被得知（從而境不外於識），同時（B）另一方面，是說識無（被得知的之外，無能知的）。後者是第(3)項與第(4)之意。第(1)項與第(2)項藉由pratibhāsa（upalabdhi）而揭示artha之無，第(3)項與第(4)項是藉由pratibhāsa而揭示虛妄分別（識）之無。

如是，pratibhāsa一方面否定artha，同時又肯定vijñāna；另一方面，否定vijñāna，同時又肯定所見（境）。如此的兩方面同時成立，故其中含所見與能見之平等性（non-duality）。如前文所述，此平等性是主張識所見諸法（境）不外於識的唯識說成立之根本。由於此平等性，故境之否定成為識之肯定，識之否定成為境之肯定的相互關係得以成立。如此的境與識之平等性與相互否定性同時成立的關係是以artha- pratibhāsaṃ vijñānam表現。

以pratibhāsa為基本而組織的唯識說，是以如此的所見與能見的平等性為根本。「唯識無境」之說的根本之中，有如此的平等性之思想。此平等性稱為能緣所緣之平等平等[21]。不是以pratibhāsa為基本，而是以「轉變」之概念（由識生起相分與見分）為基本的護法之唯識說中，無如此所見與能見的平等性之思想。因為在此唯識說中，所謂的諸法（境）不外於識，不是指所見不外於能見。如前文所述，在此唯識說中，「識」不只是能見，其所見的相分也含於「唯識」中的「識」之中。就此唯識說而言，所謂「唯識無境」，不是指能見之外無所見，而是指一切事物是識（包含心所）以及識轉變而顯現（識所變），此外並無實在。其唯識無境之說係由轉變之概念所支撐。

在此唯識說之中，沒有前述所見與能見平等性之思想[22]，因此完全沒有識無之思想。若是識無，識轉變而萬法顯現之思想的基礎將被危及，故彼等強烈否定識（＝依他性）無之思想。玄奘之弟子基與圓測曾非難真諦譯中的依他性（＝

21 samasama-ālambhya-ālambhakaṃ nirvikalpaṃ lokottaraṃ jñānaṃ (Sthirama ti, Triṃśikābhāṣya, p. 43, l. 18)

22 能緣所緣平等之說亦見於玄奘譯，然其意義異於此處所揭世親等所說。

識）無之思想，認為是譯者真諦之誤謬[23]。就玄奘譯之唯識說，亦即護法之唯識說而言，此乃極其自然之主張。但就真諦之立場而言，識（＝依他性）無是當然的，「依他性是無（或空）」「遣依他性」之說，不是真諦之誤謬。

在護法之唯識說中，所謂識是無或空，只是指識「無」，但就真諦譯而言——此係繼承彌勒、無著、世親、安慧之說——說為識以及依他性是無時，不只意為「無」，同時也意為「有」。最能明顯表現此義的，是真諦譯彌勒著《中邊分別論》中如次之敘述：

是故識成就，非識為自性。

不識及與識，由是義平等。

對於此偈頌之意義，世親釋有非常清楚之說明：

不識者，由自性不成就，是故非識，此法真實無所有，而能顯現似非實塵，故說為識。

此世親釋主要提出二點。一、識以非識為自性，故識與非識平等。二、識雖是無，然作為非實有之artha（塵）而被得知。識雖是無，卻因作為artha而被得知（作為非有之境而顯現），故說為有[24]。因此，第608頁的第（3）與第（4）項所揭「虛妄分別顯現為無」，含有識以非識為自性之意。

為排斥「識以非識為自性」之思想，排斥識無之思想的玄奘譯，是作過慎重考慮的。真諦譯《中邊分別論》中論述識與非識平等之偈頌，在玄奘譯中，其譯文如次：

由識有得性，亦成無所得，故知二有得，無得性平等。

乍見之下，此玄奘譯似乎是梵本之忠實譯文。

upalabdhes tataḥ siddhā nopalabdhisvabhāvatā |

tasmāc ca samatā jñeyā nopalambhopalambhayoḥ | |

23 窺基：舊論文意先遣所執後遣依他皆不合理（《辨中邊論述記》大正 44, 4a）
圓測：（a）由分別依他二性極無所有故（真實性）得顯現。解此譯家謬，遣依他起違自所宗喻等故（《解深密經疏》卷十三）。（b）三無性論譯家謬也……同一無性者真諦謬耳（圓測，《解深密經疏》，卷十四）。

24 abhūtārthapratibhāsatayā tūpalabdhir ity ucyate (Vasubandhu, Madhyāntavibhāga- bhāṣya éd. par S. Yamaguchi, p. 28, 11. 10-12); arthābhāvād vijñātṛtvena vijñānam asat | na tv arthasattvātmavijñapti pratibhāsatayā (Sthiramati, Madhyānta vibhāgaṭīkā, p. 20, 11. 3-4)

但若從其所譯之世親釋而見，則非如此。偈頌中的「二有得無得性平等」，不是意為「有得與無得此二者性平等」，而是「在二有得之中，無得之性平等」。亦即為避開梵文的得與無得平等之思想，玄奘在第二句「成無得性」之前加一「亦」字，在第三句的「得」之前加一「二」字，即意為「二得」之上，進而「亦」有「無得」的性平等[25]。《唯識三十頌》第二十九頌的acitta，真諦譯譯為「非心」，玄奘譯既不是譯為非心，也不是無心，而是譯為「不思議」。也是在避開非心（非識）或無心的「識無」之思想。

在說為識無的唯識說中，所謂唯識無境（vijñaptimātratā），如前文所述，具有（A）與（B）二方面之意義。反之，不說識無，而是主張唯有識的唯識說中，無如此的二方面，而是只有境無識有的（A）項單一方面。此唯識說是認為萬法之中，只有識是實在，如此之識的根源，是阿賴耶識，故可稱之為唯心論（idealism）。但在前者的唯識說中，識不是萬法存在之根底。此依不只是境（所取）無，識（能取）亦無之說可以了知。識見諸法之經驗是依識無而成立。識以非識為自性，故稱之為識。此中，所見與能見之關係是相互否定的對立——一方之肯定必然是另一方之否定——，同時是相互平等（無差別）的關係。就所見是無而言，能見是見自身；就能見是無而言，所見之外無能見，換言之，無能見而事物被見。如是而見事物時，萬物是如實被見[26]。如實（tathatā）見此萬物的識，稱為智（prajñā）。因此，所謂唯識無境（vijñāptimātratā），是指出世間智，是指轉依，是指解脫身[27]。如此的唯識說，就一般的意義而言，不能稱為唯心論（ideal ism）。因為不是將識（心）置於存在之根底，而是無論心的存在或物的存在，皆以無為其根底。如果禪宗（Zen Buddhism）或空之思想（śūnyavāda，空說）都可說為唯心論（idealism），則此思想就可稱為唯心論（idealism）。

5.與空說之關係[28]

從上來的敘述之中，我人可以見到唯識說中「唯識」的「識」是無（空）之見解，以及非無（空）之見解等二種相反的見解。前者是依praibhāsa之概念而說

25 關於此玄奘譯與梵文不同之詳細考察，將收錄在日後預定發表的《彌勒、無著、世親之哲學》之中。

26 關於如此之思想，詳見《唯識思想入門》中〈佛教哲學中的思惟〉。

27 《三十頌》第二十九、第三〇頌。

28 此實為一大問題，有必要予以詳加考察，故此章的說明不完全是無可避免的。儘管如此，給予若干程度提示之論述，相信多少有所助益，故特設此章述之。詳見日後預定發表的《彌勒、無著、世親之哲學》。

「唯識無境」，後者是依識轉變之概念而主張「萬法唯識」。前者之「唯識說」是依識是空，亦即依他性是空才得以成立，反之，後者之唯識說若說識是空，則其說不能成立。前者的唯識思想體系是以龍樹之空說為基礎而構成，後者的成立則是立於識有，並不是以空說為基礎。前者是空思想之發展，後者則屬與空思想不同的思想潮流。

彌勒的唯識說體系是繼承龍樹之空說，是建立於空說之上，《中邊分別論》對此有體系性揭示。眾所周知，龍樹哲學之根本立場是藉由《中論》而表現。此書以揭示離二邊（anta）之中道為目的，故稱為「中之論」。彌勒之《中邊分別論》也是在分別（釐清）中道與二邊（anta）之差異，是揭示何謂中道。從而《中邊分別論》也可稱為「中論」，《中論》也具有適合稱為《中邊分別論》的內容。在此意義上，稱為《中論》或《中邊分別論》，兩者的意義是一同的。

《中邊分別論》之卷首先以二首偈頌揭示何謂中道。龍樹從各各角度論述中道離有無二邊。彌勒承繼此說，指出中道是na śūnyaṃ nāśūnyam（非空非不空）。進而又說中道離所取（grāhya-artha）與能取（grāhaka-vijñāna）二邊。龍樹之中道也是離有無之二邊，因此當然也是離二取而見萬法之實相（tathatā），在龍樹的思惟裏，如此的中道不能予以概念的表現。而龍樹所不說的，彌勒則予以揭示。

第一偈的dvayaṃ na vidyate是指所取之境（grāhya-artha），以及與其對應的能取之識（grāhaka-vijñāna）皆無。此無非是artha-pratibhāsaṃ vijñānam中所含的artha的無與識無。所說的所取的無，是指外界，從我人之意識獨立，其自身被視為存在之萬物，並不如所認為那樣的實在。所謂能取之識無，是指如此的外界被視為實在時，與此相對應，意識亦被視為離此外物而獨立存在。然如此的意識是被想像的，並非實在。空說是在破斥如此的以外界事物與意識為實在的有見。藉由了知如此的事物與意識是空（非實在），因其所取是空，故將如此事物視為實有之妄見（能取）同時亦成為無。因此，空說不只是說色、受、想、行、識等一切法（所取）之空，同時也意指妄取此一切法的妄分別（能取之識）之空。對此，彌勒以「二取無」（dvayaṃ na vidyate）表示。

此二取之無（龍樹所說的一切法空），不是指任何事物皆不存在。龍樹所說的一切法空即是緣生，故一切法空含有「有」之意。二取之無，如前文所述，是作為artha- pratibhāsaṃ vijñānaṃ prajāyate而成立，因此，同時也含有識有之意。虛妄分別（亦即識）之有與二取（所取之境與能取之虛妄分別）之無，是關於識的有與無的相反主張，二者似乎不能同時成立，但事實並非如此。所說的「虛妄分別有」，是指作為境而顯現，亦即只作為arthapratibhāsaṃ vijñānam（vijñāna seen as things）而有（asti, prajāyate），不是作為虛妄分別而有，此如前文所述。此arthapratibhāsaṃ vijñānam之中，含artha與vijñāna兩方之無。關於這一點，前節已作過考察。因此，第一偈所說的「二取之無」與「虛妄分別之有」，不是各別成立的「二」，而是「一」（亦即中道）所具的二方面。對此，彌勒是以第三偈揭示。第一偈的「虛妄分別有」，在第三偈是說為artha-sattva-ātma-vijñāpti- pratibhāsaṃ prajāyate vijñānam。artha（六境）、sattva（五根）、ātman（染污意）、vijñapti（六識）無非是artha（一切法）之細分。prajāyate（生）與第一偈的asti（有）同義。所說的識有，只是指其生起的現在的剎那。此artha-pratibhāsaṃ vijñānaṃ prajāyate之中，含artha與vijñāna兩方之無，故以nāsti cāsyārthas tad abhāvāt tad apy asat表示。此中的二個tad，前面的tad是指artha，後面的tad是指vijñāna，此依世親釋得以知之。artha-pratibāsaṃ vijñānaṃ prajāyate之中，含此二方面，亦即二取（artha與vijñāna）的無，以及虛妄分別（abhūtaparikalpa＝vijñāna）的有。識以非識為自性。二取之無與虛妄分別之有同樣具有他方若無，則不得成立之關係。彼此相寄而構成「唯識無境」。二取之無的同時是識之有。故可說為非空非不空（na śūnyaṃ nāśūnyam）。此無非是中道。如是，彌勒指出龍樹的非有非空之「中道」（＝空＝緣生）若予以更精密地分析，則不外於「唯識無境」。《中邊分別論》第四偈以下所揭，不外於是將前三偈所含蘊的思想逐漸開展而予以詳細說明。

識是無（śūnya），但又能見事物，萬法被見但又是無（＝無相animitta,＝空śūnyatā），無論就空說[29]而言，或就唯識說[30]而言，都是共通的大乘佛教之根本思想。就禪、天台、華嚴、真言而言，也是同樣的。為完全理解如此之思想，必須給予更多的論述。在如此短篇的論文中，解決如此重大的課題是不可能的。筆者的另篇論文[31]，想必有助於讀者對此思想之理解。

29 傳述龍樹空之思想入中國的羅什弟子僧肇將與此相同之思想，說為「內雖照無知，外雖實無相」。（參照《佛教哲學中的思惟》）

30 但排斥識無之思想的護法唯識說除外。

31 參照《佛教哲學中的思惟》。

6.關於阿賴耶識

在本書中，對於阿賴耶識[32]幾乎不見提起，但書名既題為《唯識思想入門》，對於阿賴耶識總應觸及。此因阿賴耶識之概念，至少在中國、朝鮮、日本的傳統中，被認為是唯識思想最為顯著的特徵。阿賴耶識之概念被視為唯識思想之代表，其主要的理由是，萬法唯識其論述之根本是由阿賴耶識的轉變此一思想所支撐。阿賴耶識是一切存在（諸法）之根源，一切的存在由此識轉變而顯現，此乃萬法唯識說之基本，如此的理解乃一般所認知。如此之理解，就《成唯識論》的護法的唯識說而言，並非不當，但對於彌勒等初期之唯識說而言，是不恰當的。

如前文所述，護法之唯識說是說識皆為能變。說為能變，意指由識所識知的萬物是由識之轉變而顯現。而阿賴耶識是如此的識之中最為根本的。但彌勒等所說的識皆為能緣。說為能緣，意指彼乃主體。知覺、思惟、表象事物，進而感知、想欲的作用稱為「緣」，而行此作用的是心與心所，說為「唯識」時的「識」，是如此的心與心所其全體。此「識」，直接說來，是指「心」，彼等皆有心所伴隨（稱為識時，也含括心所，無論護法或彌勒等所說皆同）。如此的識（主體）其中心是阿賴耶識。就此識與身體結合而言，稱之為阿陀那（ādāna）識。之所以說是主體之主體，是就其不被對象化而言。我人的心與心所能依反省之作用而被對象化。但反省作用之主體不被對象化。阿賴耶識是主體之根本，是在任何情況下也不被對象化的主體。對此，《攝大乘論》係以依他性之概念表示。所謂依他性，如世親在《三十頌》的第二十一頌所說，是緣生之意，意指緣生的，是有。在唯識說之中，被說為有的，是識（主體）。因此，依他性＝緣生＝有＝識＝三界之心與心所＝妄分別（vikalpa, abhūtaparikalpa）的等式成立。此等式中各項的順序可以任意置換。與此相關的關係是分別性。此非緣生，只是依妄分別而有，從而就真實而言是無，此即是識之境。因此，如次之等式成立：分別性＝無＝境＝我與法。依他性與分別性有vikalpa-vikalpita, parikalpa-parikalpita, vijñāna- vijñeya（妄分別與被妄分別）的關係。識原是依他性，然依反省之作用而成妄分別之境時，即成為分別性。據《攝大乘論》所載，阿賴耶識常是依他性，而其他的識既是依他性，又是分別性。此意味著阿賴耶識作為主體之根本，在任何情況下都不被對象化[33]。之所以將阿賴耶識稱為根本識（本識），是因為它是

32　ālaya，有阿賴耶、阿羅耶、阿梨耶、阿黎耶等種種漢譯。
33　請參照上田義文著《佛教思想史研究》新版八十七頁以下，舊版一一一頁以下。

能緣之中的根本。對於阿賴耶識，在主張識不是能變而是能緣的唯識說中，這一點首先是必須予以注意的。

《攝大乘論》中的本識識（ālaya-vijñāna-vijñapti），漢譯略稱為本識的，即明白地揭示如此主體之根本乃至中心的阿賴耶識所含意義。由於沒有清楚地理解以「依他性」的概念所表示的如此的「主體」之意義，因此對「依他性之本識」遂產生誤解。《攝大乘論》所說的依他性有二種意義，從而本識也有二種意義。依他性的二義之一是，業、煩惱之熏習與聞熏習等二種種子所生（緣生法），另一義是繫屬淨品不淨品，淨或不淨性不決定[34]。本識（阿賴耶識）一語若以前面的依他性之義使用時，是指能緣（主體）之根本乃至中心。此時的分別性，是相對於能緣之所緣。若以後面的依他性之義而使用本識此一語時，依藏譯[35]所載可知，本識是指虛妄分別之識，亦即三界的心與心所全體（能緣之全體），雖是不淨品，然此本識可轉成法身，須得如此，才是依他性。此時的分別性，是指依他性中的染污分，亦即虛妄分別之識其全體。如此的依他性既含不淨虛妄的三界之心心所，亦含清淨真實的法身，此如同《大乘起信論》的阿黎耶識含有真與妄二方面。但《攝大乘論》的二分依他性思想之特色，在於首先是妄而後轉為真的轉依。因此，如《大乘起信論》所說的阿黎耶識，從一開始就是生滅（妄）與不生滅（真）和合而不一不異之說，是《攝大乘論》所不得見的，此依他性作為不淨法（虛妄識）而顯現時，是完全作為不淨法而存在，若轉成淨法而存在，則完全作為淨法而存在，不顯現為不淨法。《攝大乘論》的二分所成的依他性之思想不是二分和合而不一不異，而是揭示從不淨法而至淨法之「轉依」。《大乘起信論》二分和合的阿黎耶識之思想與此相反，是主張不淨法的迷界依真而成立。《攝大乘論》是說由妄至真，《大乘起信論》是說由真至妄。真如隨緣而成妄法之思想不見於《攝大乘論》，從而沒有忽然念起的問題。依他性從而是本識含不淨與淨兩方面的概念，從來，以賢首大師為首，諸多學者將《攝大乘論》的二分依他性的本識之思想視同《大乘起信論》的阿黎耶識之思想，很難說此舉係正確地理解《攝大乘論》的本識思想。染淨二分的依他性的《攝大乘論》之思想有別於主張真如隨緣成諸法的如來藏緣起之思想。

上來所揭的與《大乘起信論》之思想相混之外，將《攝大乘論》中染淨二分依他性的本識之思想與能緣（主體）之根本的本識（本識識）思想相混，其所

34 大正 31. 188b
35 rnam par rig pa.〔真諦譯〕本識。〔達摩笈多譯〕識性。〔玄奘譯〕識。

造成的誤解在從來的解釋中也得以見之。染淨二分的依他性以及種子所生的緣生依他性，依前文所引用的《攝大乘論》的論述可知，明顯是不同的。前者的依他性（從而三性）是表現轉依，後者的依他性（從而三性）是顯示唯識無境。前者的依他性含淨法與不淨法，後者的依他性是指能緣之識，因此只是虛妄的諸法，換言之，只是三界的心與心所。安慧所言「依他性以雜染或煩惱為體（亦即虛妄）」即是此意[36]。可以僅依緣生依他性的本識而說唯識無境（境無識有），但不能以染淨二分之依他性的本識說為唯識無境。在《攝大乘論》中，說為本識是依他性，其餘諸識是分別性，如此區別本識與其餘諸識時，如前所述，只有本識是能緣，其餘諸識是所緣，因此，此依他性是緣生之依他性。

如是，藉由緣生之識（妄識）的依他性，才能揭示唯識無境，因此與唯識無境有關而被提出的三性說是以緣生之依他性為依據的三性說，不是以染淨二分之依他性為依據。《唯識三十頌》的「依他性與此相反，是妄分別，是緣生」[37]是此依他性最為簡明地說明。所謂緣生，是指有，《大乘阿毘達磨經》中言及三性之偈頌所揭示的「說為無的是分別性，說為有的是依他性」[38]，顯然是指緣生的依他性。《中邊分別論》或《大乘莊嚴經論》的依他性皆以緣生之識，亦即妄分別為依他性，而非染淨二分之依他性。染淨二分之依他性，就《攝大乘論》而言，僅見於在論述轉依之處。《攝大乘論》在此引用《大乘阿毘達磨經》之文，而論述二分之依他性，因此，此二分依他性之說可以視為起源自《大乘阿毘達磨經》，但由於經文與論文的界線不甚清楚，究竟是僅只法有染污分、清淨分等三分之文是《大乘阿毘達磨經》之文？或者其次將三分配三性之文也是經文，並不十分清楚。因此若欲說得較為正確，二分依他性之說起源自《大乘阿毘達磨經》之說法不應提出。除此之外，不見其他典籍言及染淨二分之依他性為依據的三性說。在如此意義下，筆者認為二分依他性之三性說僅見於《攝大乘論》。

關於阿賴耶識，第二點應予以注意的是，有關肉體的方面。真正的主體是實在，是具有肉體的。當阿賴耶識是意指此一方面時，阿賴耶識被視為是阿陀那（ādāna,）識。[39]

對於阿賴耶識應予以注意的第三點是，它具有無之義。將識視為能緣的唯識

36　《唯識三十頌》之釋（烈維梵本四〇頁第十二行）。
37　《唯識三十頌》第二十一頌。
38　參照《佛教思想史研究》新版二五六頁，舊版三三一頁註（4）。
39　《佛教思想史研究》新版一〇八頁以下，舊版一三八頁以下。

說中，識具有無的性格，此如前文所述，阿賴耶識也是識的一部分，故也具有無的性格。阿賴耶識是主體之中心，是我人的自己。具有無的性格，此即表示是無我。無我是真正的主體，是自覺自己之實相的主體（pra jñā）。說為阿賴耶識是無我時，即意指阿賴耶識不外於prajñā。（因此，識與般若的關係必須揭示。）

不能了知此阿賴耶識之無，將此視為實有的自我之識存在時，此識稱為染污意（kliṣṭamanas），此識執阿賴耶識為實在之自我的作用，稱為執持（ādāna，阿陀那）。依此理由，染污意被稱為阿陀那識[40]。此顯示其與阿賴耶識的被稱為阿陀那識是不同的。阿賴耶識之被稱為阿陀那識，是因為阿賴耶識維持（執持ādāna）肉體之生命。染污意之被稱為阿陀那識，是因為不能見阿賴耶識之真相（無我），是將它執為實在的我之執著。同樣的「執持（ādāna）」，前者是生理作用，是無覆（不障礙智）無記（無善無惡），後者是煩惱性之執著。

以上所揭之外，阿賴耶識的重點是，在《解深密經》稱為一切種子心識，在《中邊分別論》稱為緣識，在《攝大乘論》稱為一切種子果報識，其義是從來最廣為人所知的。關於這一點，《攝大乘論》第一章的說明頗為清楚，從而很容易理解[41]。關於阿賴耶識的此一意義，最重要的是因果關係，換言之，是時間前後關係的問題。剎那剎那滅的阿賴耶識如何得以相續？就玄奘傳的唯識說傳統而言，依種子生種子而阿賴耶識得以相續，但世親、安慧時期的初期唯識說中，種子被認為是假有，而識為實有（在阿賴耶識之中，種子是被假說的），因此，假的種子不能支撐實在的識之存在。此一問題是最重要的問題之一。

二、識之相續（時間的結構）摘譯自《佛教思想史研究》

1.古說與新說

(1)新說（以心識為中心）

①不離識意義上之唯識說

以阿賴耶識及其所生之七識為中心，世界藉此等識之轉變而成立。

諸法作為識之轉變，非即識本身，而是識外無諸法。

問題中心：諸法如何是根本識所轉變？

識本身是有，能分別所分別之對立作為此識之轉變而有之見相二分。

40 《佛教思想史研究》新版一一六頁，舊版一四九頁。
41 《佛教思想史研究》第一章第四節，一切種子果報識。

②識之相續（時間性的相續）是作為從識到識之關係，在識內部成立。阿賴耶識與染污法之更互因果（轉識賴耶互為因緣，或稱此七轉第八互為因果），為依他性和依他性之關係，從有到有連續而不斷絕。（此非真正的剎那滅說）

(2)古說（以三性為中心）

①無境唯有識之唯識說

在境與識對立上，識外無境，有的只有識。

識是能分別，境是所分別。

問題中心：無境和有識之能所對立。

識只有在作為所分別境之對立者時為有。

而因此境是恆無，故識同時也是無。

識之有是無而有，此境無和識無之二無性是真實性，因此唯識無境之三性是同時的。

②識之前後連續之成立，在於：

1.與境形成能所對立，（識與境為依他性（有）與分別性（無）之關係）

2.是無而有，

3.作為識外無境，境外無識之物而與境交徹。

從識到識之連續不是從有到有，而是從有到無，再從無到有。識之連續被無中斷。

2.問難

（問1）若識剎那滅，只存在於現在剎那，前後都被無（滅）斷絕，則相續如何可能？

（答）新說：

識雖然現在剎那滅，但有本有及新熏種子，它們生出次剎那種子，由此種子生次剎那識，相續因此成為可能。

（問2）種子和識一樣剎那滅，現在剎那種子能生次剎那種子嗎？

種子為生識（法）之因，但對種子並不是因，如何種子能生種子？

（答）古說：

種子與所生之果（識、法）在同一剎那俱有（種子六義），若種子在現在剎那滅，則不能生次剎那識及次剎那種子。

(1)種子不是作為種子獨立存在，而是阿梨耶識之生果功能。若種子有，則阿梨耶識必須是已有。

若現在剎那種子生次剎那種子，則同時次剎那阿梨耶識必須生，阿梨耶識的因種子與次剎那阿梨耶識亦必同時生（果俱有）。

(2)問難

若許①阿梨耶是其因種子生（果俱有），且②現在剎那種子生次剎那種子（種生種），

則問：是因種子生阿梨耶識跨及二剎那？或種生種在同一剎那？

答：因剎那滅故必須是同時果俱有，則不可能種生阿梨耶識跨及二剎那，若言同一剎那種生種，則無種生種義。

(3)結

種生果在同一剎那（果俱有），若許種生種也必須在同一剎那。

而「生」指本來之物在現在一剎那之有，故亦不跨及二剎那。

因此現在剎那種子生次剎那種子不成立。

故古說不說種生種。

3.種子隨逐至治際（種子六義）

此指的是金剛道心起以前阿梨耶識中之功能未消逝。（生煩惱之可能性仍在）

阿梨耶識中種子之相續是藉由阿梨耶識之相續而成立，不是種子可以直接生次剎那種子。由於阿梨耶識之相續成立，種子隨逐至治際才為可能。

4.識之相續

識之相續不能只在其自身之相續（存有上）考量，應同時考量識作為能分別之特質。

識之相續不只是從識到識（從有到有）的相續而成立，同時也是：

(1)作為和所分別的無境能所對立之能分別而成立，

(2)作為與境之否定對立性，同時又是一體而成立，

(3)作為分別性依他性，兩性不相離而成立。

5.識實有體，種子假無體

《攝大乘論世親釋》《本論》二6，（記要）P.62

阿梨耶識與種子，如此共生雖有能依所依，（但）不由別體。此識與種子無此異體，故不可說異。

種為能依是假無體，識為所依是實有體。（如苦諦實有，集諦是假名依苦諦得顯，無有別體，假說為因。）

假實和合，以無二體故異相難可分別，雖難分別而非不異。

《成唯識論》（二）

何法名為種子，謂本識中親生自果功能差別，此與本識及所生果不一不異，體用因果理應爾故，雖非一異而是實有，假法如無，非因緣故。

此二所言識種不一不異者同，然種子實有假有則為不同。

識種因果關係有二義，

(1)識為種子所生（果），

(2)因是假，果是實，因於果是被假說之物。（果在因前，因於果上假立）

6.過未在現在成立

(1)過去在現在成立

現在是實有，而有果相假說為過去。過去諸法（識）在現在之形態稱為習氣（種子）。

過去諸法已滅，但在現在可說不是無，而是在規定現在參與現在上成立。

(2)未來在現在成立

現在是實有，而有因相假說為未來。未來尚無，但假說有未來諸法因之種子，在現在成立。

種子於識是被假說之物，就必須是過去與未來都要依憑現在。

現在是過去之果，是未來之因，同時過去和未來在現在成立。

這意味著從過去到現在，從現在到未來，單一方向不可逆之時間流在現在被切斷，過去未來在現在同時存在，時間溶融在永遠的無時間中。

7.相（時間之物）性（超時間之物）融即

作為分別依他兩性有為法之識，一方面不在真實性外，另方面又作為妄而違真。識作為刹那滅的有為法是相對者，真如（真實性）作為絕對者，是無生無滅（常住）。

真如的絕對不只是和相對對立（在相對之外），同時所有的相對又不出其外，作為相對的諸法（有為法）融沒於真如之中。

作為分別依他性有為法的識，融沒在真實性的真如中，是無常相對的時間流融入無限常住之中，而另一方面，真外無妄，諸法悉是真如之隨緣。

妄之違真就是無常，並非常住，是從過去到現在，從現在到未來之流轉。妄法識流轉時之時間流融即於真如之常住，常住不是只在無常之外，而是隨入（隨緣）無常。而此無常與常住的相即於現在成立。

無常是識的刹那滅，現在有的識在現在一刹那滅，前刹那識已滅無，次刹那識未生，是無，有的（無常法）只是現在刹那之識。藉著識正在刹那滅同時，從現在流轉到現在，形成所謂的「過現未」時間序。

8.時間流

常住的真如融即於妄法，是即入此識。因此無常與常住之融即於現在成立。時間流裡面不論多麼永久，也是流轉而非常住。真的永遠必須是常住，必須是作為時間（非非時間）但不流動。

雖然在時間流之中，但時間的直線流動在其中消失，變成圓環的，形成如過現未同時之狀況，就是真的常住。這種狀況在過去之方向和未來之方向都不成立，只能即於現在成立。常住時間流中，永遠是現在，過去是現在的過去，未來是現在的未來，時間以現在為主，是異時的直線的同時，也是同時的圓環的。

種子雖是識的因，但於有體的識是被假說的無體法。

這是基於如下之時間構造：

現在作為過去之果存於現在。過去已經歸無，從過去到現在非可逆時間方向存在的同時，過去作為現在的過去，而同時於現在。

9.共業不共業

識（或虛妄分別）不只是心的作用，也意味著身心一體之主體。此主體之活動所成之身口意三業，不只是個人的也是社會之物。此業之落實，虛妄分別時，唯識無境時，成為三性時都是在現在。

新說之立場不承認真的共業，業完全是個人的，萬象根源的阿賴耶識完全是個人的，世界不出此識之轉變。器世界不是各人共通的世界，要真正共通，必須各個人自己被否定而融入此世界。如果識（妄分別）只是有，而沒有無的意義，那麼對這個識（即個人），世界僅止於在這個識之範圍內。

當識由無自性（即為無）而為有時，識才可以和其他許多個體（識）進入共通的世界（藉著無自性，這種行為是共業），而成為其中的個人（藉由成為有，活出與他人不同之各自世界（不共業））。

識是無而有，因此必須說共業和不共業。

10.三性為中心之立場（古說）

(1)是從唯識無境的境識對立出發而展開。

(2)識作為無而有，是個人的同時也是社會的，在這裡成立的時間是社會共同的。

(3)作為現在剎那與常住（真如）相即之物，現在即是永遠。過現未三時是異時的同時，過去和未來也同時存在於現在，過現未的一方向時間流，在現在變成圓環的，時間在這裡消失，現在即是永遠。

11.心識中心說之立場 （新說）

(1)是從個人的阿賴耶識（或八識）出發，把一切當作識的展開。

(2)識是唯有，這個個人之識不會被否定而成為社會的，世界是個人各自之世界。

(3)人人唯識，這個世界之時間於各個人獨立成立，是個體輪迴之時間，非社會歷史的時間。（歷史必須有不只是個體所造，也有個體於中被造義，個體之否定是必須的。）

(4)藉由個人的阿賴耶識轉變所成立之時間，是從有到有之連續，從過去現在到未來直線一方向的流動。這是從依他性的相續之時間，沒有和真如相即。

(5)識（現在）只是因的種子（過去法）所生，從過去到現在的連續沒有斷絕。而因為種子生識是同時，而識又前後連續不斷，故種生種必須成立。雖說種子也是剎那滅，但連續沒有因滅而斷，而是藉著生下一個東西而連續。（但於此只要能生次剎那種子，就不是真的剎那滅。能生現在識的只是現在之種子，即使種能生種，只能是在現在一剎那。前剎那不能生現在剎那種子，現在剎那種不能生次剎那種。）

12.同時因果

(1)古說

唯識說中，因果是阿賴耶識[42]和染污法[42]的同時更互因果，在此二因之外無他因。站在剎那滅之立場，不能以過去生現在，現在生未來一方向的因果關係來考量。在現在剎那同時因果時，過現未在現在同時存在，成為圓環式之時間。（過去在現在成立，未來也是現在中之未來。）

(2)新說

將同時互為因果說為三法展轉因果同時，將阿賴耶識一分為二。

使得原來的同時因果失去其本質，理解成一方向的異時因果。

因的種子（a）→生七轉識（雜染法）（b）→熏習種子（c）

（a）生（b）和（b）熏（c）在現在剎那同時進行。

若併同前剎那與次剎那看，此等為以種子之連續作為媒介，從過去到

42 1.《攝大乘論世親釋》
於世間中，離分別依他二法無餘法，此二法之一的依他性（全體）是阿梨耶識，阿梨耶識以外的一切法是分別性。
（形成更互因果關係的是依他性與分別性。）
2.《攝大乘論》
阿梨耶識和受用識更互為因果。《世親釋》受用識是生起識，生起識是六識。
3.〈應知勝相品第二〉
果報識和生起識更互為因果。（此為依他性與依他性之關係）

現在，從過去到未來之一方向性連續。

現在剎那應包含①生（a），②再生（b），③藉（b）熏（c）三階段。

此種雙重因果關係不能在現在一剎那進行。因必須先於果，否則不能成立，如果因生同時果亦生，果就不可能是該因所生。因生果之關係必須是前後的，異時的。

(3)同時因果不是一方向的能生所生關係

①現在的識不是一方向的從種子生，而是種子於識被假說。

②現在不只被過去因果規定，還須有超出此因果，過去於現在成立。

此顯時間與永遠的融即。（識無而有，解明性與相之融即。）

13.結釋

(1)識是作為與真如（常住）相即的無而有，即作為常住而無常之物，作為永遠而剎那之物而成立。

(2)這個剎那的無常的一面就是時間流。

(3)這個剎那作為過去之果，而認為識是種子生，種子於識被假說。

(4)識不僅是從過去生，在現在也是成立，而它在現在成立，意味著它是來自過去的果。

(5)時間從現在成立，是基於時間在現在和永遠相即。

（真如隨緣成為諸法，用時間來說，是超時間的永遠變成時間的。）

→像這樣，藉著現在成立，過去到現在，現在到未來的時間流成立，藉著現在於剎那剎那成立，識的相續也成立。

三、唯識觀　摘譯自《佛教思想史研究》

1.虛妄分別與意言分別

唯識無境就是三界一切法是作為虛妄分別的識。

此「識境即是識」之識是虛妄分別？或是別的識？

(1)虛妄分別（凡夫之意識）

對虛妄分別而言，自己看見的境不是實有，但卻確信為實有。

(2)意言分別（行者之意識）

知道自己看見的境就是自己，不必然出自虛妄分別本身。

藉由聽聞大乘正說，思惟諸法唯識道理（三界一切法即是識），不執著「識外無之物為離識實有」。此非偏邪之虛妄分別，為正思惟之意識分別，稱為意言分別。（於虛妄分別中自覺作為虛妄分別者，為此意言分別，非虛妄分別自身。）

此意言分別被攝入無分別智（覺者之意識）中。

虛妄分別作為能緣之識，是依他性。意言分別是對治此識之道，是清淨真實法，因此被攝入真實性。

2.唯識觀四位

(1)唯識觀四位

思惟「一切法唯有識」道理的分別非虛妄分別，而是意言分別。

唯識觀從願樂位經過見位修位到究竟位，此四位都建立在意言分別上。（《三十頌》頌29）

於唯識觀，識澈悟「自己之境即是識」，此境即是意言分別。也就是說，於唯識觀，意言分別緣意言分別為境。唯識無境即是意言分別外無別境。

(2)唯識二義

唯識有「唯虛妄分別」和「唯意言分別」二種意義。

①唯虛妄分別

執無為有之顛倒分別，其境是無，故說唯識無境。（此唯識說以預想「以行唯識觀證得法身為目的」而說。）

②唯意言分別

意言分別屬正思惟，不是執無為有之顛倒，因此「境是無」不成立。

意言分別之「唯識觀」跨及從願樂位到究竟位四位全體，但四位中只在最初之「願樂位」提到唯虛妄分別意義的唯識。

(3)願樂位

《攝大乘論》（七）3

「於願樂行地入，謂隨聞信樂故。」

㊣ 有意言分別在願樂行地中。

何以故？

有諸菩薩由但聽聞一切唯有識，依此教隨聞起信樂心。

於一切法唯有識理中，意言分別生。由此願樂意言分別故，說菩薩已入唯識觀。作如此知，名入唯識願樂位。

諸菩薩（觀行人）於願樂行地始入唯識觀（於願樂位始生意言分別）。

①聞一切法唯有識之教，對之起信樂心。知（此為意言分別）一切法唯有識之道理。此意言分別若生，可以說已入唯識觀。

②此位雖入唯識觀，但非修定，而是聽聞唯識無境之教說，思惟其道理。

此聽聞思惟道理之耳、眼及意識屬於意言分別，不屬於虛妄分別。

所聞之境（一切法唯有識之教說）是虛妄分別（含有意言分別意義）。

1.如果對未曾聽聞大乘十二部教三無性之說（唯識無境說），因而沒有聞慧思慧（即意言分別未生）之眾生，說一切法唯有識（所見一切法即是識），此識為眾生之識（即虛妄分別）。

2.當他聽聞「自己（虛妄分別）所見之境即是識（虛妄分別）」之教說，思惟其道理時，他的識已不再是虛妄分別，而是意言分別。

③蛇藤四塵譬

1.<u>未得聞慧時</u>

凡夫二乘未聞大乘十二部經三無性之義，不得聞慧，為三煩惱所覆，如在闇中。如人在闇中見藤思蛇，凡夫二乘不知依他性（唯識），以本無之分別性（境）人法為實有。（此時依他性之識為虛妄分別，執無之人法為實有。）

2.<u>已得聞思慧入唯識觀後</u>

知蛇不存在，所見之蛇實為藤。先前以為是蛇之亂智（以人法為實有之虛妄分別）已滅不起，只存藤智（唯識之智，意言分別）。

④唯識觀的第一階段

此為（一切法）唯虛妄分別意義之唯識說與唯識觀之結合。

藉由意言分別遣虛妄分別：

藉由知道自己的識是虛妄分別，其境的人法是本來無（為分別性）之後，離虛妄分別（為依他性），而入意言分別（成為只有依他性的智）。

此階段不是遣境不遣識，而是藉意言分別遣虛妄分別。此中唯有識就是唯有虛妄分別，其境本無但執無為有。本無則不能滅，藉著知道識境是本來無，則識（虛妄分別）滅。知道不是蛇而是藤時，認為是蛇的執（妄分別）即消失。光是知道分別性的人法之境是本來無，就已足夠，因此說分別性是應知，依他性之妄分別（識）必須滅，因此說是應斷。

《攝大乘論》（七）15，（記要）P.306

（論）先時蛇亂智不緣境起，即便謝滅，唯藤智在。

（釋）未得聞思慧時於凡夫位中，執有人法，此執本無有境。

得聞思慧後，了依他性，此執即滅，唯依他性智在。

1.凡夫位中執有人法，而此執本無有境，故說唯識無境。

2.得聞思慧後，了別（虛妄分別）依他性，知道此執境本無，意言分別生，故（虛妄分別）執滅。無虛妄分別，只有唯依他性的智（意言分別）。

3.於唯識觀，澈悟無境唯有識，不只遣境，而是同時遣境與識。

（非藉由澈悟虛妄分別無境時，只遣境唯有「唯虛妄分別」，而是同時遣虛妄分別。）

只要境（分別性）與識（依他性）在能所分別關係上相對立，就不可能有已遣境而未遣識的位，所分別的境若無，能分別之識亦無。

3.離虛妄分別成為意言分別之行者，如何行唯識觀？

(1)名與義

①虛妄分別

於無執有之顛倒分別，其境本來是無，故「唯識無境」。

②意言分別

乃依大乘法之思惟（非以無為有之邪思惟及偏思惟），正確（非顛倒）地分別境。

此中「唯識無境」如何成立？

1.此唯識即唯意言分別

意言分別由反覆多聽大乘正說的多聞熏習而生。

「從初修學乃至入真觀（見位）前，意識（之）覺觀思惟憶持，昔所聞正教及正教所顯義故，言意言分別。」《本論》（七）16，（記要）P.309

此為數數聽聞教說，以自己意識中明瞭之物（內在的）為思惟的對象（境）。

2.「必依名分別諸法，故言意言分別」（記要）P.279

於意言分別，六根六境六識等一切法不是直接而是依其名成為分別的境，此名是聽聞大乘十二部經說正教所得的聞熏習所生之物，故其境為內在的，此為意言分別。藉此於唯識觀中「緣意言分別為境」。（記要）P.302

(2)意言分別如何以自己為境？

①從願樂位到究竟位的意言分別唯識觀中，

「意言分別似文字言說及義顯現」。（記要）P.302

1.「此中是字言相，但意言分別，得如此通達」，而遣名。

2.「此義依於名言，唯意言分別，亦如此通達」，「依名遣義」。

3.「此名（與）義（之）自性（與）差別，唯假說為量，亦如此通達」。

離外塵邪執，澈悟名義六相即是意言分別，遣意言分別之境的一切法。

（名及其自性和差別與義及其自性和差別等六相，盡攝六根六境六識等一切法。）

②此時境（六相）和識（意言分別）對立存在，而且境無識有（識外無境），此為分別性與依他性，而以蛇藤四塵為譬。

(3)《攝大乘論》之唯識觀

①立意言分別遣虛妄分別

1.境無同時（虛妄分別）識亦無（唯意言分別）

唯識觀在最初階段遣人法之境，同時亦滅能分別之妄識，成為只有意言分別。

此意言分別不只是識，也含有境，有識必有境。

只要識是能分別，境（所分別）若無，同時識亦無。識若存在，境也存在，唯識觀的任何階段都沒有唯識無境[43]。

(1)於虛妄分別，在遣其境的人法同時，其所執的虛妄分別亦滅。因此以三性和蛇藤四塵譬此。

(2)在遣虛妄分別而成為意言分別時，其境識對立仍存在，而且亦是境無識有（依唯識無境理），故再說三性和蛇藤四塵之譬。

2.蛇智滅唯藤智（不見外塵但見意言分別）（成唯識之想）

觀行者在滅虛妄分別立意言分別階段時，數數熏習，澈悟六相唯意言分別（唯識）入分別性。於此，塵（六相）智不生，譬為蛇智不生。此即「不見外塵，但見意言分別，即了別依他性」，即成唯識之想。（記要）P.308

此唯識之想是以其為境而立，非指唯有識，亦即尚未真住唯識。以藤智喻此。

（見《唯識三十頌》，頌27）

43　過去的理解多半以虛妄分別的唯識說來思考唯識觀之進行：
1. 先空「虛妄分別境之人法」，（以蛇譬人法境）
2. 次空「分別此境之識」，（以藤譬虛妄分別）
3. 達到境識俱泯之阿摩羅識。
若意言分別（唯識觀）也說唯識無境，則此唯識觀意味著是依唯識無境之理（唯識說）而進行者。

②捨意言分別住無分別智（捨唯識之想）

觀行者澈悟此依他性為因緣生。根塵（因緣）不成故不生。

了別依他性及其無生性，即了別真實性。（頌25：分別無相依他無生之真如（真實性）是唯識）

藉此，捨唯識之想，連似唯識之意言分別也不生，觀行者住能緣所緣平等的無分別智，證得真如法界。

於此，連唯識都不成為境，任何意義之境都不存在，此為真正意義之無境。此時識也成為無，一切的能分別滅盡，清楚顯示無境同時是無識。此即住唯識。（參考頌28-30）

唯識即指識境完全無有，同時由所取之無，必須意味著能取之無，唯識也意味著就是無識。（無心、無所得、境識俱泯皆稱為唯識。頌25也指出分別無相依他無生之真如（真實性）是唯識。）

(4)無心無識為何稱為唯識？

云何稱無心、境識俱泯（無識）為唯識？

①依修觀言

1.入真如實相之觀

若唯識意味著真如（法性，實相），唯識觀即是正觀，為如實之觀，則即使是初修觀行者，在住唯識觀時，可以入實相。

如果於見位以無分別智見真如不是唯識觀，則到達見位以前之唯識觀只不過是為了見道的手段。

如果見道的觀不是真住唯識而是其他觀，那麼願樂位的唯識觀甚至無法是到達見道的手段。

若初修觀的菩薩觀和見位的菩薩觀是相同的唯識觀，於前者是唯識無境，於後者也是唯識無境，願樂位的唯識觀才能成為正確的方便觀。

唯識意味著真如，因此唯識無境的觀具有見真如的意義，還在方便位的唯識觀也是為了真觀的方便。

這種修（見道位以前）與證（見道）的關係在空觀（般若波羅蜜）也存在。

2.修與證不二

如果認為修只是為了證的手段，證只是修後得到的果，修與證只是前後配置的關係，這是錯誤的。因為修與證若非不二，就無法是性相融即的思想。

(1)修是證上之修，起初修得到的是為了無住處涅槃之修，此修之果的證得，是無住處涅槃的法身。即使在方便觀之初，那裡也必須存有是真如的意義。即使在尚未入唯識觀的凡夫位，也必須有那就是真如的意義。這由虛妄分別藉由「其境之人法是常無」是真實性而顯示。

(2)若意言分別已生，入唯識觀，則彼處三性亦存，不離那是真如的意義。

天台的六即之說中包含理即，顯示其深入的洞察，而在「即」這一點上，「六」皆是同一，同時也存有「六」的差別，簡明地表現出這種思想。

②依正法言

唯識是於虛妄分別之識，其境是恆無，此在依他性塵相是永無，亦即是真實性（真如）。唯識意味著真如，顯示唯識說是展開諸法實相的概念。

1.這唯識無境說的立場為何？

唯識說的立場不是唯識觀的立場，而是無境唯有識（真如，實相）的立場。

(1)不是在凡夫位中執有人法的立場

此中境（人法）是畢竟無乃至常無。

(2)不是意言分別本身的立場

此作為大乘正說，對意言分別是教，而非意言分別本身之立場。

(3)是虛妄分別境無的立場

這是於虛妄分別其境是無的立場，虛妄分別在此是有，不是虛妄分別滅去而成意言分別。

(4)不是見道無分別的立場

此可藉虛妄分別是有而證明。

(5)不是修道位和究竟位的立場

在修道位，煩惱之習雖存，但執無為有的虛妄分別不會現起。

「虛妄分別有，其境是無」的唯識說立場，不是唯識觀的任何階段。唯識無境說的立場不是凡夫位，也不是願樂行位，更不是見道位，當然更不可能是修道位和究竟位。

2.唯識說是真如實相的展開嗎？

唯識說與唯識觀之異同：

(1)在真如實相立場上同

唯識說被喻為「最清淨法界（真如）等流之正說正法」。

唯識說作為法界等流，與法界同是清淨，本質與法界相同。

在它是真如本身的立場這點上，和（唯識觀）見道位相同。

(2)在分別不分別立場上異

見道位是唯識觀中的一位，見道位在願樂位之後，無法切離有分別的滅，有分別成為無分別，此與唯識說不同。在唯識說，識是無而後有，沒說分別滅，也不能說是有分別位。若為唯識觀中的一位，必須是分別還未滅去之位，或是分別已滅之位，而在唯識說，二者都不是。

唯識說與唯識觀，立場有別。

4.《攝大乘論》之唯識說與唯識觀

(1)《攝大乘論》有十品說十勝相

前二品說唯識說，次六品說唯識觀，最後二品說觀果的涅槃及菩提。

①前二品

1.第一品應知依止勝相，廣泛述說緣生的體相（諸法如實的因緣）。

第二品應知（三性）勝相，敘述藉由因緣而生的諸法實相。

2.唯識無境藉三性而明。第二品主要論述唯識無境說之三性（應知）。第一品說阿梨耶識（應知的依止）。阿梨耶識包括依他性全體。

3.三性說解明唯識無境的境識關係（諸法之橫面），阿梨耶識說解明唯識無境的識的相續（諸法的時間性側面）。

前者解明諸法（剎那）與真如（永遠）的融即。

後者明示與永遠融即的剎那的相續（剎那作為時間流形成的原因）。

完整結合此二，由前二品完成唯識說。

②第三以下六品

說進入實相的方法及過程，全體包含在唯識觀的四位中。

③最後二品

說藉由這種唯識觀到達的果，在惑滅的意義上稱為涅槃（無住處涅槃，有別於二乘的涅槃），顯現為智（菩提），稱為智差別。差別指智有法應化三身之別。

(2)唯識說與唯識觀

①唯識說顯現的是諸法的實相真如，是唯識觀之行的所入之境。入唯識觀即是立此真如。

②唯識方便觀與真觀

在到達唯識見位以前，還沒有真正澈悟唯識無境。這期間之觀稱為唯識方便觀，在見位真正澈悟唯識無境後才稱唯識真觀。

唯識說的立場是作為法界等流，與真如同質，立場經常是同一。而唯識觀的立場因階段而不同。方便位之唯識觀立場不是等流本身（是被包含於等流之中），因此與唯識說之立場不盡相同，但在澈悟唯識無境（真如）之意義上，有合一之處。（唯識真觀時，唯識說與唯識觀在真如本身上立場一致。）

③唯識說以言語文字表現，藉由根本無分別智證得之真如，於後得智能為他說。（（記要）P.322「由無分別後智，於諸法相中菩薩自無顛倒，如自所證，亦能為他說諸法因果。」）般若經和龍樹則說「實相不可說」。

④只從唯識觀（修）的立場去理解唯識說（性），無法得到正確的理解。

過去的理解多從唯識觀（修）的立場去理解唯識說（性），習慣上將虛妄分別的有與無當作兩個立場來理解。

「唯識無境」不是說已遣境還未遣識之位。識於彼處是有，也不是顯示那是凡夫之立場。

識境雖有但有虛妄分別，是凡夫把境化無的立場。境無故能取分別亦無，則是無分別智聖人的立場。

(3)「虛妄分別有」與「其境無」同時成立

①虛妄分別有而其境無（唯識無境）是顯示真如本身，那不是說凡夫位，也不是意味聖人位，更不是意味兩者，是顯示「虛妄分別有」及「其境無」於同一立場成立，亦即顯示諸法的實相真如。（唯識說）

「虛妄分別有」包含有「其境無」，虛妄分別執無為有的分別，因此，其境必須是無。虛妄分別顯示其境之無，能取也因為所取是無而必須是無，因此也意味著分別自身的無。

虛妄分別abhūta-parikalpa是非有的a-bhūta分別parikalpa。因此「虛妄分別有」即是「非有的分別」是有。虛妄分別是無而後有。虛妄分別的有與無不是於前後兩個立場成立，是在一個立場同時成立。

②《中邊分別論》

〔虛妄分別有　彼處無有二　彼中唯有空　於此亦有彼〕

1.「彼處」：虛妄分別。

「無有二」：能執與所執兩者是無（人法是無）。

「彼中」：二取分別之中。

「有空」：「二無之空性」。

「於此」：於此空。

「有彼」：虛妄分別有。

2.「虛妄分別有」與「境無分別無」是在同一立場同時成立，非是前後二位（凡夫位與無分別聖人位）。

（非是從「虛妄分別有」出發，經「二無」而至「分別空」，再回到「虛妄分別有」。）

3.若「虛妄分別有」是執二取或人法（凡夫位），「無有二」是見此「妄執之息」般若之智，就很難了解後面再說「虛妄分別有」的意義。般若無分別智一但生出，虛妄分別即永遠不生，因此不可能一度生般若智後再滅而又生虛妄分別。

5.結釋

要正確理解唯識思想全體，有必要明確區別唯識說（性）的立場與唯識觀（修）的立場。必須在它們有所明確區別但又是不離的關係上，重新思考。若不釐清兩者之不同點，則也無法正確理解兩者合而為一時的意義。在探討唯識觀時，為了全盤理解唯識思想，有必要在唯識觀立場之外確立唯識說的立場，並概觀唯識說立場及它與唯識觀的關係。不單從觀的立場來看唯識觀，而是配合唯識觀來說明「唯識無境」的意義。了解境如何是無又有，識如何是有又無。

玖、以三性說明唯識理

應知勝相品以三性說闡明唯識理。

三性以依他性為中心。三性之安立依依他性、分別性、真實性順序前進。

以本識（阿黎耶識）為種子之諸識，同時也是虛妄分別所攝之諸識。

一、緣生法

緣生法（由種子所生）有兩種：

1.由業煩惱熏習所生

屬果報識（阿黎耶識）之體類（屬不淨品，染污法）。

此稱虛妄分別（abhūta parikalpa, vikalpa）。

應知勝相品第二，以業煩惱熏習所生，虛妄分別之依他性為中心之三性說，揭示諸法唯識之道理。

2.由聞熏習所生

屬於出世間思慧修慧之體類（屬淨品），此稱意言分別（manojalpa）。

入應知勝相品第三，以聞熏習所生意言分別依他性為中心之三性說，揭示入三性之唯識觀。

若以本識為種子之諸識，不是意言分別而是虛妄分別之緣生。

二、依他性paratantra

依他性有二種：

1.種子所生（緣生）

(1)虛妄分別依他性為中心

不是染淨二分依他性為中心，不是以聞熏習所生意言分別之依他性為中心，而是以虛妄分別之依他性為中心之三性說。

此三性說闡明唯識無境之理。（應知勝相品第二）

(2)意言分別依他性為中心

述及唯識觀行。

以蛇、藤、四塵喻說明意言分別之三性。

此譬喻首先藉由觀虛妄分別之境的無，而遣虛妄分別。

次觀意言分別之境的無，而遣分別。

最後到達無分別之智、真如之過程。（入應知勝相品第三）

2.染淨二分依他性說

繫屬於淨品與不淨品性不成就（淨品不淨品性質不定）而稱依他。

在於闡明無住處涅槃與法身，不在於闡明唯識無境。

（學果寂滅勝品第九及智差別勝相品第十有詳細之敘述。）

三、三性說

1.虛妄分別之依他性為中心之三性說

(1)虛妄識（vijñāna）與依此識而被認識（vijñeya）的對象（塵、境）的關係，是依他性與分別性之關係。（能識，所識之關係）

前者是有（緣生），後者是無（被妄分別的parikalpita-svabhāva，依虛妄分別之顛倒將無視為有），因此是依三性說而闡明唯識無境。

(2)《轉識論》：「能分別是識，是依他性，所分別是境，是分別性」揭示緣生（有）之識與境之無之關係，不外是依他性與分別性之關係。

2.染淨二分依他性之三性說

(1)不是在揭示能識所識之關係，而是在揭示虛妄與真實，生死與涅槃，眾生與佛之關係。故不能闡明唯識無境。

(2)若將應知勝相品第二所說之三性說，理解成染淨二分所成依他性之三性說，則唯識無境義被隱蔽，其結果傾向於《大乘起信論》如來藏之緣起說。

3.唯識說（虛妄分別）與唯識觀（意言分別）

三性說與唯識說（諸法唯識之理論）及唯識觀（唯識觀行）皆有關，前者以虛妄分別依他性為中心，後者以意言分別之依他性為中心。（《大乘起信論》之如來藏緣起說，不是依唯識觀行而建立之理論，從而其中無三性說。）

四、十一識

依他性之虛妄分別總括為十一識。

1.唯一識

十一識中具有唯一識之意。

將一切法之差別整理成十一種，就「有差別」言為複數之「諸識」。

但此十一識又有超越差別的「通性」，真諦譯以「唯一識」「一識識」「本識識」「一本識」稱之，藏譯則只用單數。

這虛妄分別十一識全為染污識（與如來藏思想不同），此「唯一識」之「一」，在於顯示以「十一識」（一切法）為對象（境）的識之主體的統一（亦即意識consciousness之統一）。「唯量」即此「唯一識」。

稱為「唯識」（vijñaptimātratā）（唯一識）時的識不是vijñāna，而是vijñapti，它是如此之一識，不是八識中之一識（vijñāna）。

2.闡明唯識義

(1)前五識

前五識攝盡三界、十八界、六道等生死界所屬一切法。相章第一主要以前五識闡明唯識無境。雖以前五識為主，但前五識是根本，實包含全部十一識。

(2)後六識

對尚未知唯識無境者，僅以前五識之說明尚無法了解唯識無境義，故以差別章第二說明後六識之唯識義。

3.後六識明唯識義

依三相而說唯識

(1)唯量tan-mātra

與唯識同義。

(2)唯二

唯有相與見之識。

(3)種種

指此相（nimitta）乃識之境的一切法之相，故有種種差別。（nimitta譯為相或因，與亂因之因相同）

五、「唯量唯二種種」不異於「亂因亂體」

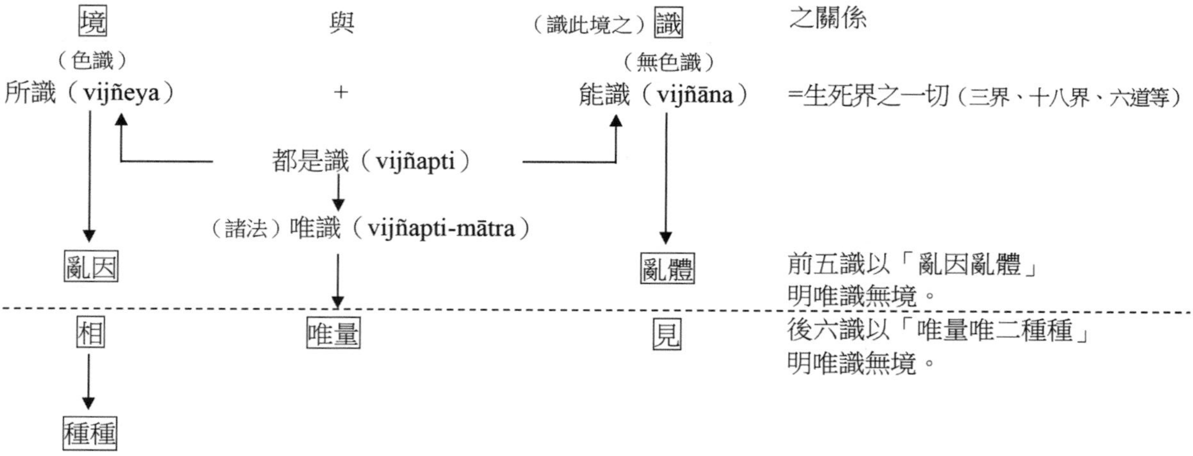

六、唯識無境

（依他性）（分別性）

1、唯識無境：只有 <u>能識</u> 無其<u>境（所識）</u>（唯量）

2、有相有見：有所識（相）與能識（見）（唯二）

1、2 同時成立

3、境無識亦無：前識（境）若無，後識（能識）不得生

（亂因，相）（亂體，見）

同時成立→「三性」所揭示之「唯識無境」義

七、依他性與真實性

1.依他性

依境（分別性）無，從而識亦無（依他性之空）
境無而唯有識（緣生依他性），從而有相有見
→ 依他性無（空）而有（緣生）
（有同意及不同意有此矛盾關係之二種見解）

2.真實性

若無分別性，依他性之識亦空（遣分別性同時遣依他性），此分別依他二性之無即真實性。

八、入應知勝相

唯量唯二種種之三相即是依他分別真實之三性，即是應知（所知）。
只是依知性之知不能知三性（三相），真正的知即稱為入，即是通達（prativedha）。而這需要藉由唯識觀行才有可能，此於入應知勝相品第三中闡明。

九、別說《唯識三十頌》頌21

依他起自性　分別，緣所生　圓成性即彼　常遠離前性

paratantrasvabhāvas tu vikalpaḥ pratyayodbhavaḥ | 21ab

niṣpannas tasya pūrveṇa sadā rahitatā tu yā || 21cd

第二十一頌是說：在依他性中，常常地遠離分別性之二取（我、法）者便是真實性。此「常常地」與在《中邊分別論》中說分別性為「恆無（hityam）」的場合中之「常常地」是相同的，相對於《中邊分別論》只就分別性而言，《三十頌》用「在依他性中所有」來述說此分別性之二取（我、法）之恆無。所謂「在依他性中所有」，如前所見乃是依他性與分別性、能緣與所緣之關係，所以，所謂分別性恆無，是說作為依他性的vikalpa即vijñānapariṇāma之所緣恆無。而且，此所謂「在依他性中所有」，是意謂由於所緣之境之無能緣之依他性也是「常常地」無（空），同時表示：分別依他兩性之無（空），是在依他性（緣生）中成立，這表示依他性之空

（無）是與其緣生（有）同時成立的。所緣之境（二取或我、法）與能緣之識（vikalpa）兩方之無（空），在《三十頌》之第二十九頌稱作無所得與無心，這就是前面已見到的真實性（無分別智與真如，這裡是境智不二）。因為分別性恆無，而基於分別性的依他性之空，也是「常常地」空。因此，真實性亦「常常地」成立的。在這裡，有為（緣生二有）與無為（基於分別性的依他性之空＝二無性之同一的無性＝真實性）都屬於作為一個自性的依他性。以這樣的「緣生」意義之依他性為中心三性說，表示了已得無分別智而住於唯識中的菩薩所見之世界（這並非與他相對立的對象世界而乃是他自身之主體，也即是以包含主體與客體之全體的世界），換言之，表示了諸法之實相。依他性與分別性，是得到根本智後由後得智所見之世界，因此，《三十頌》之第二十二頌說：「當此（真實性）不得見之時，則彼（依他＝緣生之諸法）亦不得見」。有為之一切法是「依他性作為自體」，無為之真實性則是它的法性，這些一切法（相）與法性（性）如前所述為無二，所以乃有相性相融之關係。在這根本智、法身中有為與無為是無二，當根本智起分別而成後得智看見有為之世界的時候，也意謂不只是有分別同時也是無分別。有為之諸法（相）與無為之真如（性）相融通，就是後得智之有分別，常常地可依無分別來貫通。換言之，後得智不只是有分別，而係無分別之分別，後得智之見諸法，乃是不見之見。所謂「依他性（緣生＝有）是空（無）」，就是指這樣的諸法與法性之融通，分別與無分別之二而不二。

拾、唯識與無心

上田義文　取材自《唯識思想入門》

一、關於無心　從佛教思想中所見的印度之無心與中國之無心

禪是在中國成立，最能顯現中國之特色。鈴木大拙：「印度人談空或如，而中國談心。……由心而至於無心，禪之所以為禪，了無遺憾的發揮。……個人認為印度人所說的無我或云anatta（巴利文），如此的哲學語言傳入中國後，成為實踐的，成為中國人思想中的無心。」

1.《唯識三十頌》中之無心

（頌28）任何識全不得所緣時，即住於唯識（vijñānamātratva），此因無所取時，亦無能取。

（頌29）此為無心（acitta），是無所得（anupalambha）。此為出世間智，是所依之轉，因捨二種粗重故。

（頌30）此正是無漏界，是不思議，是善，是常住。此即是樂，是解脫身。此被稱為大牟尼法。

此處之「無心」不是在表示「心無（cittaṃ nāsti），而是在顯示經驗之自體。」

2.世親之無心與禪之無心

(1)據（頌29），無心與無所得、出世智、轉依等同義。

此不外於是指無分別智，無著指出此無分別智與般若波羅蜜同。

因此可說世親所說的無心（亦即唯識vijñānamātratva=vijñaptimātratva）與禪的無心根本是相同的。

(2)世親之無心所指的是出世間根本智，是無分別，境智不二，乃思惟與語言所不能及。但禪之無心[1]並非如此，而是有見聞覺知，此點與世間智無

1　鈴木大拙「所謂無心」
「弟子問和尚曰：有心？無心？
答曰：無心。
問曰：既云無心，誰能見聞覺知？誰知無心？

異。

禪之無心不外於見聞覺知，而世親之無心僅限於無分別，故兩者不能視為等同。

3.世親之無心

(1)後得智

根本智是無分別，但只是無分別是不完全的（未究竟），必須成為有分別，「如自之所證為他說」[2]，成為有分別之後得智，才是究竟。

就根本智而言，乃是後得智的未完成（未究竟）階段，根本智與後得智並非二智，而是一智之二面。

(2)世親之無心

①若世親之無心僅限定為無分別之根本智不含後得智，則與禪之無心不同。世親所指的是從見道至究竟位的無分別智全體。（頌29，頌30）

安慧釋言：「依此二頌，即顯示入唯識之瑜伽行者由見道開始，依後之勝進道而果報圓滿。」可知此中含有由修道乃至究竟位。

②安慧釋：「此中無能取之心，又所取之境無所得，故為無心無得。」

無心是能取之心（即妄分別）無，就此言「無分別」。此中「無分別」中之分別為妄分別，非後得智有分別時之分別。從而所說之「出世間」是指超出妄分別。

(3)無心是出世間智

後得智是「根本智之後所得的清淨世間智」。此中之世間是指根本智在世間有作用，非指其本身是世間性。後得智其本性與根本智相同，是無漏非有漏，是般若（出世間性）非妄分別（世間性）。

後得智在世間有作用（不捨生死），然其智本身斷世間（不住生死）。

妄分別是世間，藉由斷此妄分別而成立的般若是出世間。安慧釋所言

答曰：還是無心，能見聞覺知。還是無心，能知無心。
問曰：既若無心，即應無有見聞覺知，云何得有見聞覺知？
答曰：我雖無心，能見能聞能覺能知。
問曰：既能見聞覺知，即是有心，那得稱無？
答曰：只是見聞覺知，即是無心，何處更離見聞覺知，別有無心。」

2 世親《攝大乘論釋》T31，P207b

「能取心之無」即是此意。

4.無心即唯識

若將無心說為唯識，則「無心」之有分別義（有心，識）將更清晰。

《三十頌》頌28，頌29

「一切境（所取）滅，從而能取亦無時，即住於唯識。」

爾時起無分別根本智，此名無心。（當然也即是無境，就此無境，稱此無分別智為無所得。）

（頌29） acitta（無心） ＝anupalambha
citta ＝upalambha＝upalabdhi＝vijñapti
acitta ＝anupalabdhi＝avijñapti
acitta ＝vijñaptimātratva＝avijñapti
無心 唯識 非識

此與《中邊分別論》相品：「識以非識為自性，故識與非識平等。」有相同意義。avijñapti（anupalabdhi）「非識」是「唯有識」（vijñaptimātratva），acitta（無心）即是citta-mātra（唯心）

5.何以無心即唯識？

無境無心即無分別智，但何以說此即為唯識？

唯識說常被視為唯心論，此為依據後世經過變化之思想（主要由玄奘傳入中國）。但就安慧與真諦所理解之古唯識說，與其說是唯心論，不如說是無心論更接近真實。（如頌28，頌29所言）

玄奘所傳非無心論，所譯不用「無心」而用「不思議」，相當於梵文acitta。成唯識論解說「不思議」是「妙用難測」，不能說是意指「心之否定」。

真諦譯為「非心」，但真諦譯之諸書中，可見遣（空）分別性與依他性之思想。但玄奘譯中不見如此之思想。

(1)無心中有識

住唯識時，若稱之為無心，則此唯識（vijñaptimātratva）除了識（心）無，同時「無心」中有識。

①無心中有識，是根本智究竟成為後得智時，方得顯現。

②後得智是有分別，在世間有作用，所說的世間，在此相當於「有識」亦即「虛妄分別有」。生死流轉之存在是世間。

③「唯」即是無境（遮境artha-pratiṣedha-artham）。無境同時是無心（因無所取，故能取亦無）。此無境無心即是無分別，此即是智，是如如。

「唯」為無分別，為智。「有識」是「生死有」。生死與智如如相即，即是「唯有識」。

(2)轉依

①無分別之根本智是「唯識」。依頌29可知，此根本智是無心，是轉依，從而知其中含有世間（生死）之意。轉依是從生死至涅槃之轉換，然此轉換，係依生死與涅槃無差別而成立。

②轉依為法身以及無住處涅槃之特質（相lakṣaṇa），故如此之法身與無住處涅槃被說為不捨生死。

③轉依所含之「生死」，無非是唯識中之「識」。無論是根本智或後得智，都是生死與涅槃之無差別（轉依），換言之，是不捨生死。

(3)無心與唯識

①根本智與後得智

根本智因為是無分別，故傾向於「無差別」，然此隱藏了生死與涅槃無差別中之差別面。

後得智是有分別，因此進而在無差別上顯示此差別面。

②生死與涅槃

1.生死是作為生死而非涅槃，作為明顯存在而成立。（即世間，有識，虛妄分別有）

2.同時涅槃（即無分別智）是與生死（世間）相即而成立。此中後得智依根本智而得究竟。

③無心與唯識

無心即是在出世間智（轉依）中，基於生死與涅槃相即之意義，而說有生死乃至有識。

無論是「唯識」或「無心」都是生死與涅槃有別，同時又是無差別。就此差別與無差別之相即都是相同的。

唯識是從「有識」亦即差別面，而「無心」是從無差別面，顯示此相即之全體。

世親所說無心，若是此義，則可說與禪所言之無心本質相同。

禪所說的「只是見聞覺知，即是無心。何處更離見聞覺知而別有無心？」不外是唯識（或無心）所說「差別與無差別相即」思想之直覺（非論理的）表現。

6.禪與唯識之異同與發展

(1)語言及思惟上之異同

（頌29）玄奘將acitta譯為「不思議」，真諦譯為「非心」。故若只由漢譯，無法知道世親「無心」之思想。如同禪之語錄及其他漢傳典籍，「無心」此一語詞不是出自世親之概念，而是在中國成立的。但從梵文原典之分析，大致知道世親之acitta與禪之無心沒有差別。與此相同，般若思想也在異民族與不同文化（語言思惟）上發展出相同之概念。由此證明佛教經驗的客觀真理性。不同民族及文化之差異，含有我人理性之普遍性。

(2)實踐與論理之差別

禪的著重在日常性與實踐性，而唯識說則在論理哲學上發展，正反應出中國人重直覺與實踐，而印度人重論理與思索之個性。但印度人不只是論理思惟的，也重視實踐。此從唯識派被稱為瑜伽行派可知，唯識論者是瑜伽行者，其之所行是與論理之思索密切結合，可說是宗教伴隨哲學。但禪者並非如此。

①禪者的無心，在其同時有見聞覺知，亦即是有心有識。有心識這一點上同於唯識論者的唯識，但在使心識面不開展，而以非心非識的直覺或根本經驗的這一點上，異於唯識論者。

②對瑜伽行者而言，亦可稱為經驗自體的根本無分別智，成為有分別之後得智以產生其作用，非常努力於思惟，以論理性之方式來闡明自己（亦即經驗）。

反之，禪者則是極力破斥概念之思索及其論理。為達相同目的地，一方面認為有必要論理的思索，一方面卻視之為障礙而予以破斥。

印度之佛教根本上是超越概念之思惟（無分別＝經驗自體），同時又使用概念性之思惟。

③在實踐上兩者共通，但是否將之與論理之思惟體系結合，則是兩者有顯著的差異。

④行（或無分別之體驗）與反省之思惟如何結合，是個重要課題，難以簡單地論述，當另作探究。

(3)後世之發展

①世親無心之概念不受後繼者歡迎。

無心一語，不見於瑜伽行派文獻之他處。到了玄奘時代，此無心之思想從《三十頌》中被除去，此由將acitta譯為不思議，其中「心之否定」思想不見蹤影，可以知之。（真諦譯的非心，能表現心之否定的思想。）

此即顯示古來無心論之唯識思想被轉化為唯心論。

②反之，禪的無心是頗受喜愛。

禪所說的無心，作為「發揮禪之所以稱為禪」，而為禪者所愛用，無心此一語，與禪者之心性合致。

7.禪之無心

(1)禪是將自己直視為佛。無心是般若（即世親所說之無分別智），是視自己即是般若，此中含有煩惱與妄念之否定，無心之無也有此義。

(2)「無」不僅是否定，也含有肯定，為否定與肯定直接的同一。

眾生即是佛。見聞覺知即是無心，與無心無別。見聞覺知之外，無無心。

心與無心（心之否定）的直接的同一，即是「無心」。因此心與無心同義。

(3)《般若經》之cittam acittam與禪之無心不同。此從經中以cittam與acittam二語並用，即可窺見（漢譯為「心非心」，而非只是「無心」）。

中國人成立禪之立足點，在於此無心。此無心之概念不是在表現從眾生至佛的階段性過程，而是認為眾生即佛（般若），但事實上同時亦成為成佛之行，此即禪之無心。

8.唯識論者之唯識

唯識論者認為表現從眾生至佛，從虛妄至真實，從雜染至清淨過程之概念是必要的，是基於如此意義而採用「唯識」概念。

「無心」不適合表現此一過程。

(1)採用唯識之第一個理由

作為成佛之行而採用唯識觀，為採用唯識概念之第一個理由。唯識之概念與唯識觀之實踐結合。此中實踐成為唯識說之根底。

(2)採用唯識之第二個理由

「唯識」在「唯」（無心）與「有識」（有心）之相即上，是有論理哲學成立之根據，此為瑜伽行派喜歡「唯識」，不愛用「無心」之第二個理由。

「唯識」是由「有識」與「唯」等二種概念所成。

①「有識」

是「虛妄分別有」是主張異於真實（佛）的虛妄（眾生）之存在。

此與禪之「無心」將眾生直視為佛的不同。立於佛眾生是真妄淨染等相反之關係，而主張虛妄眾生是有別於佛而獨立存在。

「唯」

是否定此虛妄與真實之對立，而顯示虛妄與真實之同一。無心此語大致與此「唯」字相當。

②「有識」是依他性。「唯」是三無性（真實性）。

③「有識」

由於視眾生為有別於佛之存在，而承認從眾生至佛之過程，故行於此中成立。

「唯」

眾生無非是佛（一切眾生不出法身）之生佛不二，亦同時成立。

④「生死與涅槃之對立」（作為生死而顯現時無涅槃，作為涅槃而顯現時無生死）

常與「生死與涅槃之無差別」結合為一。

眾生與佛之對立以及眾生與佛之同一，不是各別的二種，而是一體之二面。稱為「唯識」一語，具有如此論理的構造。

⑤「無心」不是「有識」只是無識（即「唯」）。雖然無心與唯識終究是相同（生死涅槃之「無差別即差別」，或「無心與心相即」），但就明顯表現自己之中含有識（生死）之意義上，無心不如唯識。

第一個理由容易理解，但只此理由則唯識一語只顯示從眾生至佛之過程。則無法理解世親何以指出「境無從而識無時，住於唯識（唯有識）」，以及安慧何以將心之法性名為唯識[3]。根據第二個理由才能理解世親及安慧之所說。

9.結說

禪之無心是指見聞覺知本身。雖此中「有識」之意十足，但將此視為無心（「唯」，無識），從而於如此表現之處，徹底強調行（實踐）而排斥思索（論理），是禪之特色。而同樣主張行，但徹底是哲學的，從而不是「無心」，而採用「唯識」的可以說是唯識論者之特色。

二、唯識與無心

1.引論說

《唯識二十論》（世親）

(1)三界唯識：引《十地經》：勝者子，屬三界者即是唯心。

（cittamātra bho jinaputrā yaduta traidhātukam）

(2)心、意識、了別為同義語。

(3)「唯心」與「唯識」同義。

《唯識三十頌》（世親）

(1)頌28：若一切識，全不得所緣，即住於唯識，所取無故，其能取亦無。

（若智於所緣，全然無所得，爾時住唯表，無二取相故。）

3 「識尚未住於名為唯識之心法性……」
cittadharmatāyāṃ vijñaptimātrasaṃśabditāyāṃ vijñānaṃ nāvatiṣṭhati
此中明言法性即稱唯識 vijñaptimātra

(2)頌29：此乃無所得無心。

（彼無心無得，是出世間智。）

據此可知，住於唯識時，稱為無心。

由此二論，知「唯識」與「唯心」同義，也通於「無心」。

2.疑問

(1)若更改頌28

①「若一切識，全不得所緣，此即是無心。所取無故，其能取亦無。」此無疑問。

②「若一切識，全不得所緣，即住於唯識，所取（境）無故。」此亦無疑問。

③「若一切識，全不得所緣，即住於唯識，所取無故，其能取亦無」則：若識不取境（即妄分別無作用），即是識不生，亦即其中無識，從而是無心。

(2)無境無心

無所取從而無能取，稱之為無境無心。

「唯識」之「唯」，意味著無境（世親：遮境意），從而是無識（無心）。

(3)疑問

若無識（無心），何以又稱為唯（有）識？

3.慧愷《唯識論》（又名：《破色心論》）

「唯識論言唯識者，明但有內心，無色香等外諸境界。（中略）故言唯識。若爾，但應言破色，不應言破心。此亦有義。心有二種，一者相應心，二者不相應心。相應心者，謂無常妄識分別與煩惱結使相應，名相應心。不相應心者，所謂常住第一義諦，古今一相自性清淨心。今言破心者，唯破妄識煩惱相應心，不破佛性清淨心，故得言破心也。」

菩提流支《二十論》譯本，有此二種心之說法。推論真諦亦有「唯識」中有「破心」乃至「無識」之思想。

4.轉依

(1)《三十頌》頌29

「彼無心無得，是出世間智，所依得轉換，捨二麤重故。」

(2)《攝大乘論》

「轉依者，對治起時，此依他性，由不淨品分，永改本性，由淨品分，永成本性。」

①生死是依他性，不淨品一分為體。涅槃是依他性，淨品一分為體。本依者，是具淨不淨品二分依他性。

②對治指三乘道，令不淨品滅不更生，永改本性。

③菩薩之涅槃，以轉依為相，捨離惑不捨離生死，其體為無分別智，不見生死涅槃有差別。此為無住處涅槃。

(3)無心與有識

①有識：菩薩之無住處涅槃，是滅惑，但不捨離生死。不捨離生死之法身，其「無心」具有「有識」之義。

②唯：是遮境，遮境同時，引起能取之識無，境識俱泯。故此「唯」，不只是無境也是無識。

境智兩空之無分別智，具有「唯」與「有識」兩方面之意義。入境識兩空之「無心」不外於即是住於唯識。

5.根本智與後得智

(1)無分別智分為根本智與後得智

根本智：是出世間智，是無分別，雖說為不捨離生死，但其生死之意味不明顯。

後得智：必須根本智成為有分別，菩薩入於眾生之中，視眾生如己身，法身具生死之意味才能成為現實性的。此為相對於出世之根本智，而後得智稱為世間智之理由。此雖說為世間，但仍是世間之出世間智。如龍樹所言，在後得智中，「生死之邊際與涅槃之邊際少無差別」，與無著所說的無住處涅槃意義相同。

(2)後得智為究竟

根本智是無分別，與生死比，比較偏向於無差別之涅槃，雖說為不捨生死，然其意義沒有完全發揮。故相較於根本智，無著與世親視後得智為究竟智。

6.亂識與唯識

依智而見的三界（世間）之心心所是「於無執為有之亂識」。

此心心所之境無，其識也是自體無。識為無識（無心）而能見聞覺知，此即是亂識，即是虛妄分別，「唯識」於此中成立。

此「唯識」不外於根本智入於世間，亦即在虛妄分別（即眾生）之中，作為與世間（即虛妄分別）無差別而成立。（如法藏所說之真妄交徹）

7.後得智之唯識義

(1)生死涅槃之差別與無差別

在後得智中，世間與涅槃之差別，在無差別的相即中才能成立。

此中1.存在著根本智中所具的「境識兩空」，2.而且是與世間（有識）無差別。

以此之故，後得智之不捨生死才有具體性的發展。此中生死與涅槃雖是差別，同時又是無差別。

①就根本智言，

生死與涅槃無差別。（其中雖有生死之意，但無差別義較強，生死涅槃差別義不明顯。）

②到了後得智，

菩薩從己身投向外在眾生（即生死）之世界，生死（世間）與涅槃（出世間）之差別才明顯。而且在此（差別明顯的）生死與涅槃之無少許差別中，智之意義才究竟，大悲因之得以顯現。在此「有識」與「唯」（境無，從而識無）之意義完全顯示。「唯識」義在後得智中更為究竟。

(2)唯識義

①「唯」

1.相無性：分別性之境無。

2.生無性：能取之識（依他性）之識無。

此境識兩空，即是真實性。

②「有識」

境識兩空作為無分別智與真如，而不捨生死。此生死即是「唯識」之「有識」。此有識是緣生之依他性（不同於二分之依他性）。

有識之中有惑與生死二方面之結合：

1.滅惑（識（惑）之否定）

此中之滅惑（不淨品分之滅），即是境識兩空中之無識，相當於「生無性」。

（依生無性而被否定的是惑）

2.不捨生死（識（生死）之肯定）

有識中之緣生，相當於不捨生死（淨品分中之不捨生死）。

（依緣生而被肯定的是生死）

(3)真實性

①真實性：依所取之境無，能取之識亦無，即是境識兩空之無分別智與真如。此不外是指相無性與生無性同一無性之真實性。

②生死與識

真實性一方面是識（惑）之否定，另一方面是識之肯定（不捨生死）。生死與識一方面作為虛妄而與真實性對立，是在真實性之外；另一方面，作為不捨生死而含於真實性之中。

(4)三性三無性

後得智中生死與涅槃的有差別而又是無差別之關係，即是含有境識關係（分別性與依他性）之真如與妄法之關係。

此中說為真實性依他性與分別性，或別說為相無性生無性與真實無性。三性即三無性。此不外於是對同一後得智中之「唯識」，以不同面向稱之。（此係就「言說或思惟」而言三性三無性。）

(5)安立諦非安立諦

若將三性視為安立諦（說或想），三無性為非安立諦（體驗），則三性非體驗，但為思想觀念，而三無性乃非安立之境識俱泯（根本智及後得智）之體驗。

後得智作為智，以非安立諦（無分別之體驗，或真如）為根底，異於只作為安立諦之真實性。

8.無心

(1)「無心」若只意指無識或無分別，則僅限於根本智，不及於後得智。

(2)「無心」若是出世間智，是所依之轉，則不只是不分別不生識，而是意指智乃至法身，則在有分別之後得智中，其義更為究竟。

(3)《三十頌》頌二九之「無心」，不只是指根本智，也有從見道經修道到究竟道之意，故亦指後得智。

(4)中國與日本禪中之「無心」，主要指究竟義，與世親之唯識思想相通。

拾壹、初期瑜伽行派的「知」：能知與所知的關係

取材自上田義文（陳一標譯）

一、序

1.初期瑜伽行派，指的是彌勒、無著、世親之說。（後期指護法，玄奘，慈恩）

2.瞭解初期瑜伽行派不易，原因為：

(1)中、日唯識學受玄奘說（後期唯識）強烈影響。

(2)初期唯識說中能知與所知之關係不同於日常經驗（較易接受後期說）。

又受華嚴法藏之影響（以《大乘起信論》方式來理解初期唯識）。

(3)能所知之關係在佛教其他系中未被發展。

二、唯識無境之意義（一）

1.識之概念

(1)初期

①識為能認識[1]（vijānāti）所緣（所識者vijñeya）者。識不含所緣。

②識（依他起、緣生、有、能識vijñāna），境（分別性[2]之我法、恆無、所識vijñeya）其關係為非連續，有無對立，互為排他性（能緣不含所緣，所緣不含能緣）[3] ｝識內無境，識外境為分別性亦無

③能識之所識為識自身（能識與所識同一）（不被對象化之主體自身於認識時，亦未將自身對象化）

(2)後期

①識不只能緣，還包含所緣。

（唯識無境/諸法唯識：依他起之相分（所識vijñeya）包含於識，不含

1 如安慧，《唯識三十頌釋》，《中邊分別論釋》。

2 玄奘譯：遍計所執性。

3 若為能緣則非所緣，反之亦然。

於境）

②境有二種：1.依他起之相分（此為緣生，是有）（識內之境）2.遍計所執之我法（識外之境，恆無）

③識與識內之境俱依他起性，具連續性與同一性。

2.認識自己

(1)世俗：（藉反省作用）將自己對象化→投射在意識層面→再去認識自己（將我概念化，成為「所知的我」，而由「能知之我」去認識。）

(2)唯識：1.掌握實際之我不能靠自省作用
2.不將主體對象化或概念化。
} 立足（唯識無境）的無分別智能依主體自身之相貌而掌握。

3.唯識無境

(1)唯識：以任何境都不存在（無境）方式來認識。（不將任何事物對象化）

無分別智：不作對象化以進行認識之智。（世親《唯識二十論》）

（無著）：〔般若波羅蜜（說無相，一切法空）與無分別智同義〕

(2)無相或一切法空與無境同義。

相：識之境之相無。無境即無相。

一切法：被心（妄分別）當作對象來掌握之一切事物即心之境。對心而言不存在，即一切法空。

空：不可得，任何事不為心所捕捉，無任何能捕捉之事物，即是「無境」[4]

(3)識為（能如實地覺到自己本身）的主體，（主體的如實自覺）

不將自己對象化。（即無境之意）

三、唯識無境之意義（二）

1.云何識以識為境

若定境界色相與定心不異，云何此識取此識為境？（真諦《攝大乘論世親

---

4 一、無分別智：唯識的智（無境而認識）。
二、般若波羅蜜：「無境」中認識的智。

釋》引《解節經》）

釋：若有別識為識境，則唯識不成。若緣自體為境，事亦不成，以世間無此類故。

(1)若能見識之外另有一所見識，此識相對於能見識成為其境，則非無境，不成其為唯識。唯識為唯能識，且無任何意味之境。

成唯識論：識的相分非識自體，乃識所變（在不離識下說唯識）。

一般之理解：作為定心之境的色相乃內在於心，為心中之相，非心外之相說為唯識。（此說與成唯識論同）

問：若能識之外別無任何所識，則此識認識什麼？

答：認識自身，主體未將自己對象化地來進行認識。（如前二3述）

(2)若作為定心之境的色之相不異於定心，而說識緣其自體，則如說指可自指不合常理。若識唯能識，且所識即非能識，則識本性上不以自性為境。

2.初期唯識無境之意義

(1)不能有任何意義之境。（唯有能識，自體外無所識），識能認識唯識自身。
(2)識不能以自身為境

（以上兩者）彼此矛盾[5]

→唯識無境，為識在完全不會將自己對象化的情況下，如實地認識（識為能識（能緣））。

此說如同指能自指不可理解，如何能夠成立？此因識似現為境故。

3.似現為境的識（artha-pratibhāsa vijñapti）

(1)識（能識vijñāna）在其自身之外，無有任何的境（所識vijñeya）。

識一直似現為某種境（六根、六境、六識的一切法之一）。（不考慮有不似現的單純的識）

《中邊分別論‧相品》：〔塵、根、我及識，本識生似彼。〕（虛妄分別之自相）

《攝大乘論》：將依他性的識理解為十一識。

5 後期唯識無此矛盾，與日常經驗較同。

→識舉其全體成為所識。識若成為所識即非識。（故言識以非識為自性）

(2)似現

存在之識（能識）成為（六根六境六識）諸法之一的形貌（顯現）而被看見。所識與能識合而為一。（所見為無，非實在）（似）

（後期唯識：似現乃相分從識自身變現pariṇama，其相分是相似於諸法之一。初期唯識不說變現。）

①從識之觀點：唯能識，無所識。存在於此之全體為（能）識，境是無。

②從諸法之一而言：存在於此的是所識（識成為所識），它已非識。識（能識）是無。

→唯識有雙重意義：

1.以識言，境被否定隱沒於識中（境無）
2.以境言，識被否定隱沒於境中（識無）
} 識以非識為自性[6]

③識以非識為自性故，識自身舉全體成為所識，識成非識而成為境，即似現為境。（非識變現出依他性之相分）（此與色即空，空即色意相同）

1.後期唯識（成唯識論）：不承認識無。

識似現為境，乃識自身是有之故，從識變現出相分境。

2.初期唯識無識體轉變似相見二分之思想。

(3)識之無

①《中邊分別論》虛妄分別含有無二義，

得（upalabdhi=vijñapti識）以無得（nopalabdhi）來呈現。

《法法性分別論》虛妄分別是非有。

《安慧三十頌釋》依他性之空。

②識之無：

1.識是非有。

2.（緣生，依他性）作為能識之識，以此非識為自性[7]，舉其全體似現

6 真諦《中邊分別論》相品：是故識成就，非識為自性。
7 識為緣生（依他性）故為有，同時其自體是空（無）。（初期唯識）

為境。

識成為境而認識境：識要成為境，才能如實地認識境。

(1)成為境：表示識以非識為自性。

(2)成為境而認識境：表示它是識。

③識成為境

1.表示（與境相對之）識，不再是外在之主觀，而是能與境合而為一，從境之內在去認識境之主觀。

2.境不再是主觀之外的對象。境不被（主觀）對象化主觀化，而能依其自身的如實相被認識。

3.（能認識此境的）識為沒有任何對象而能去認識事物之識。

4.此識除了（能認識的）識自身，沒有包含任何意味之境。

（亦即唯識無境之識）

→似現為境的識：此中唯識與唯境，雖相互否定，但本質上是一。

4.空／無相之識

(1)境[8]：沒有對象化也沒有主觀化之境，能依其原有相貌，如實地被認識。

(2)無相之識

①藉由自身成為無，與境合而為一，而能不將境對象化，能如實地認識。

②此識之自性為空，亦即無相；此識無對象化之作用，所以無境。

（除了識自身外，沒有所識之境。認識任何事物，不外是認識自己。）

③主體不將自己對象化，而能就主體原有相貌去認識主體自身事物（諸法）不被對象化，而能如實地被認識。｝合而為一方成立

如實認識自己，即如實地認識諸法。（六根、境、識）

如實地認識諸法，即是如實認識自己。（在事物如實相中，直接看見自己）

→此種自性空，無相（無任何對象化作用）之識，即無分別智，即唯

8 最勝智之境 parama-artha。

識之識，離所取能取的心心所。

5.虛妄分別／分別性

(1)沒有唯之識是虛妄分別（藉對象化去認識事物）

由妄分別所認識之事物非實在（已帶有妄分別之主觀化，非實相）

此種非如實相之實在，稱為分別性。

《唯識三十頌》20：任何事物只要被妄分別所妄分別，即分別性，即不存在）

若（能）識不知虛妄分別本性，即誤以自所見境為實在。

(2)唯識之識（無境亦即無相之識）認知「識之境是分別性（無）」，不見（被對象化之）此境而見如實之境。（似現為境之識）

四、三性

1.唯識[9]無境

(1)心（識）[9]沒有任何對象（即無境，一切法不可得）而進行認識

①不將自身對象化下認識如實的自己。

②不將一切事物對象化如實地認識。

無對象化，主體藉著顯現為境（顯現各種事物，成為所識），方能認識如實之自己及如實之境。

主體如實地認識自己，事物如實地被主體認識，此二為一體之兩面。

(2)①識（能緣）外無境。有（緣生）者唯識（能緣）。（對識而言，自己之外無任何境）

②此識（能緣）顯現為境成為所緣。（成為所緣者已非能緣）

→（識中有非識）識以非識為自性[10]。

(3)①識（能緣）若成為境（所緣＝諸法）而被認識，就不能是識。

②緣生者（識）乃以無性為自性。

（緣生即無性，無性即緣生）此乃繼承龍樹思想。

9　此識即「成為境而被認識之識」。

10　《中邊分別論》相品：由得（upalabdhi=vijñapti 識），以非得（nopalabdhi= 非識）為自性，可知得和無得是平等的。

③藉著成為諸法而認識諸法之識，
不單是「有」的識，
而是「無而有」的識。

④（識以非識為自性）→識是無亦即空，其全體成為境（諸法）
→唯境無識（根，境，識一切法作為其自身如實地被認識）

2.別說三性

(1)「無」的境（我和法＝一切法）是分別性。（無的識（非識）是空，即無性（生無性）。）

「有」（緣生）的識是依他性。

(2)識（依他性，緣生，有）
非識（分別性，無性，無）
} 互為差別，又無差別→說為平等。

否定對立：

①非識為識之自性。

②識為緣生（有），同時性無（無）。（緣生即無性）

(3)真實性

即與識（依他性）既差別又無差別之無性，是真實性。

①此無性即〔色即是空，空即是色〕之空，亦即〔色（有）即空（無），無即有〕之空。

由此顯示無分別智、真如（或般若波羅蜜，空）[11]之基本結構。

②依他性之無性（生無性），即是空，是真實性[12]。

（即是色即是空空即是色之空，非有無之無，為將有含於其中之絕對無）

③依他性不可得

1.〔由此二種塵（我法即一切法，唯識之境）無有體故，依他性不可得，（此無）亦實有不無，是名真實性相。〕（真諦《攝大乘論釋》）

11 一、無分別智真如：除（有即無，無即有）外，亦顯（所緣能緣之對立即同一，同一即對立。）
二、般若波羅蜜、空：能所關係不明。

12 安慧《三十頌釋》：真實性以無為自性。

（我法）境為分別性，此分別性無，依他性也成不可得（無）。

2.〔若真實異於依他，則依他不會由於（離）分別而為空（不可得）。〕（安慧《三十頌釋》22）

→所取境（分別性）無→能取識（依他性）亦成無。

④以分別（無相），依他（無生）之無性為真實性（此二無性同）（真諦譯，《佛性論》、《三無性論》）

1.依他之無性與分別之無性合一，才能成立

分別之無性一直與依他之無性合而為一。（因為所取境無，能取識亦變無）

2.所取無與能取無同一無性，即為所緣與能緣平等之無分別。

→無分別：

就智言為無分別智
就境言為真如
〕境、智不二

⑤真實性有無分別智與真如二義

〔可知所取無時，能取亦無。〕（安慧《三十頌釋》28）

〔不僅取是無，（此時）生起所緣與能緣平等平等的無分別出世間智。〕

分別無性與依他無性之同一無性即真實本身。[13]

此真實就存在論言，即真如。（真正的實在，勝義，如實之境）

就認識論言，即無分別智。（真正的智，正智）

⑥以真實性（以無為自性）

1.既說虛妄之識（abhūta-parikalpa＝vikalpa＝vijñāna）無，亦意味著真正的實在（即智，亦是悲）。

2.此真實性是絕對無（空），亦含相對有（依他性）。

真實性：無又真實　　　　　　：以無為自性
依他性：有（緣生）又虛妄　　：無性（生無性、空）
〕相對立　〕相同

結→以上之三性說為立於無分別後得智之菩薩，

13　如安慧言，真實性以無為自性。

向人解說自所證唯識vijñaptimātratā（二真如）之內容[14]。

（與入唯識（入所知）過程中所說之三性說不同）

3.真實性之絕對無

即能緣與所緣的平等（無分別）

(1)識似現為境

此識為依他性（有而虛妄），此依他性與（絕對無）之真實性既同一又對立。

①說「緣生（有）之識以非識為自性」，顯似現之境有。

②說「識之境不外是識」顯所緣（境）能緣（識）平等無分別。

1.以識的緣生（依他性）來顯示→識之肯定，境之否定。

2.以依他性之空、生無性、非識、似現之境來顯示→識之否定（能緣），境之肯定（所緣）

(2)分別性之無

①如只對依他性（相對有）言，成其對立，為相對無。

②但絕對無與緣生有（識）相對立之一面，就是作為分別性（境）的無，此無永遠同時與依他性的不可得合而為一。此二無性之同一無性即真實性。

4.三性與三無性

(1)識（能緣）與境（所緣）之對立

有（識＝緣生） 對立 ←→ 無（境＝分別性＝無）

無（依他性之空，非識＝能緣之無）對立 ←→ 有（識似現為境＝所緣之有）

能緣所緣雙重有無之對立，消解（同時也成立）在無分別智，真如的平等性上。

14 此三性說在：《中邊分別論》（相品 5頌）、《攝大乘論》（所知相二）、《唯識三十頌》（20，21頌）。

(2)「似現為境之識[15]」

包含無分別智、真如與識三重（對立即同一）（同一即對立）之關係。

〔有與無，虛妄與真實，識（能緣）與境（所緣）〕

以三性明此關係：

分別性（境、無）；依他性（識、虛妄、有、空）；真實性（絕對無、真實），此三性同時也是三無性。

(3)初期瑜伽行派認為[16]

①三性同時即為三無性（含攝三無性）

三性是安立諦，三無性為非安立諦

闡明唯識時說三性，入唯識行以三無性為主

②三性說不在說明入唯識之過程，而在闡明：

當一切境無（一切法不可得）時，

進行認識之「唯識」亦即無分別智、真如之世界。

三性並非要呈顯「入唯識」之入[17]，而是要呈顯「入唯識」之唯識。

三性並非能入而是所入，因此而與唯識觀結合。

③藉唯識觀入唯識（《攝論》三，入應知相品）

1.先就虛妄分別說三性，藉此除遣虛妄分別（《攝論》二，應知勝相品）

2.就正思惟所攝的意言分別聞熏習（非就虛妄分別）

3.再說三性，藉其唯識觀，來除遣意言分別，悟入三無性真如的無分別（真實性）

④就虛妄分別與意言分別對三性作二重解說

1.就虛妄分別說三性

(1)二乘凡夫未聞大乘經教之三無性說，不得聞思慧。（未入唯識

---

15 arthapratibhāsā vijñapti。

16 玄奘譯唯識傳入中國後，在三性外說三無性。

17 一般之認知，入唯識之過程：

一、首先遣除分別性之境。

二、空依他性之虛妄識。

三、進入境識俱泯（或境智二空）的無分別智真如（即真實性）。

《攝論》之應知相：藉唯識觀說明入唯識。

觀）（在黑暗中）

在識（依他性，虛妄分別）中看到我法（分別性）而執為實有。（在藤中看到蛇）

(2)聽聞唯識教得聞思慧（聞三性唯識教，入唯識觀）[18]，

知我法不實，唯是識（虛妄分別）的知性。（知於藤中蛇是虛非實有）

此知性是作為正思惟的意言分別而非虛妄分別。

入唯識觀中。（蛇亂智不起，唯藤智在）

2.與（虛妄分別的依他性）相對的分別性為我、法。

與（意言分別的依他性）相對的分別性為名、義。（攝一切法）

(1)意言分別似現為六相。（名，名之自性，名之差別，義，義自性，義差別）

此六相為分別性，而六相不外是意言分別，此即唯識。

（虛妄分別（識）似現為塵、根、我（染污意）、識（六識））

(2)唯識觀（入應知）中有二意涵：

有關虛妄分別之唯識為虛妄分別之三性（入唯識過程前階段）

有關意言分別之唯識為意言分別之三性（入唯識過程後階段）

3.依他性有二種：(1)繫屬熏習種子，(2)繫屬淨品不淨品性不成就。

(1)繫屬熏習種子（緣生依他）

①從業煩惱熏習生[19]：虛妄分別之依他性（以虛妄分別依他性為中心之三性說（應知相品二））

②從聞熏習生[20]：意言分別之依他性（以意言分別依他性為中心之三性說（入應知相品三））

(2)以虛妄分別依他性為中心之三性說，闡明唯識無境。

以淨不淨品所成依他性的三性說，闡明轉依（第九品）。

---

18 （真諦：《世親攝論釋》）（七）入位章第四 T31, P. 199
此意言分別有四位：願樂行地、見道、修道、究竟道。
釋：在願樂行地中……有諸菩薩由但聽聞一切法唯有識，依此教隨聞起信樂心，於一切法唯有識理中，意言分別生。由此願樂意言分別故，說菩薩已入唯識觀，作如此知，名入唯識願樂位。

19 果報體類。

20 出世間思，修慧體類。

（虛妄分別依他性之識（不淨品）轉依為無分別智真如（淨品）

五、相識與見識

1.果報識（阿梨耶識）與生起識（玄奘譯：轉識）互為因緣。

由因緣所生諸法，以生起識為相（為特質），以擁有相見的識vijñapti（依他性）為自性。

（《攝大乘論》應知勝相二）

2.此諸法

若為塵識[21]則以相[22]為體。

若為識識[23]則以見[24]為體。

因緣生法不外是生起識（擁有相，見）之識唯識（法無唯有識）中有相見二識。（世親釋攝論）

3.虛妄分別之相識、見識

亂因及亂體，色識無色識　（《攝大乘論》應知勝相二）

若前識不有，後識不得生

亂因：作為亂識（虛妄分別之識）之境的相。（能分別之亂識（虛妄分別）必由所分別（所分別境）生）

亂體：亂識自身。

色識：五根五塵法識等（亦稱為塵識）為亂因。[25]

無色識：五識意識等（亦稱識識）為亂體。（塵識與識識，出自《大乘莊嚴經論》（述求品））四9

因緣生之諸法不外就是生起識，此生起識擁有相識及見識。相有所見（我、法）之相貌也稱為塵識，見是能見（能緣）也稱為識識。

唯識vijñapti-mātratā中之vijñapti當中有相、見二者。

4.意言分別之相識，見識

相識：似法及義所顯之相

21 artha-vijñapti。
22 所見。
23 vijñāna-vijñapti。
24 能見能緣。
25 相（識）與（亂）因
梵語同為 nimitta。（識之境相為識生起之因，故亦譯為因）

法：十二部經教（唯識教）
義：唯識教中唯識三性理
} 意言分別心（識），以此教理為境似此而顯現。

能（似現之）識：即意言分別，遠離邪偏思惟之正思惟，此思惟之心，似教和理而顯現。（意言分別之境（法義）不外是意言分別）

5.入唯識之唯識觀

「略說有三相諸識，則成唯識」（真諦《攝論世親釋》五）T31，P.184

釋：此六識若安立使成唯識，有三種道理。道理即三相：

(1)入唯量：唯有識量（六識中，但見識不見餘法，所識諸法離識實無所有故）

(2)入唯二：唯相及見識所攝故（諸識一分變異成色等相，一分變異成見）

(3)入種種類：種種色生，但有種種相貌而無體異故。

→無論就虛妄分別或意言分別，都以〔似境而顯現之識〕來表示相見二識與唯一識之關係。

6.唯量（唯識）與唯二（相見二識）

(1)《解節經》（《解深密經》）（《攝大乘論》二）

定心有定體定境二分，原為一識之定心，以二識之相貌生成：

①能分別（能緣）之相貌
②所分別（所緣）之相貌
}（但未解釋為何唯量成為相見二者？）

(2)彌勒說 以二點立論：

①說似現（pratibhāsa）。[26]

②自覺到：識以非識為自性。

→能見之識（依他性）自身亦是所見（分別性）。

26 後期唯識為轉變說（pariṇāma），識體轉變，變現出相分見分，而有識能見識。

7.似現為境之識（被見為境之識，arthapratibhāsā vijñapti）

(1)識（能見）變成所見（能見與所見同為一個識）

↓

識以非識為自性[27]

↓

〔顯識、非識自我同一性〕-
①有以無為自性
依他性的因緣有與絕對無融即，而成緣生即無性，無性即緣生。
②能緣（識）與所緣（非識）平等。

(2)①識之有（作為緣生即無性之有）

為與絕對無（無分別）[28]融即之有（分別）。

（為能所平等之分別識，此識相當於（色即空，空即色）之色）

識之無

1.此生無性中，即有無分別智及真如。

2.此無（或空）即所緣與能緣平等。[29]

② 無分別的分別

分別 → 能緣與所緣是不平等的（對立）

↓

相、見之分別（對立）
無分別 → 相、見無分別[29]（平等）
（以上二者）← 為一

8. 識　外　無境 → 唯識（唯量）

（能見）　（所見）

（識的肯定）（境的否定）

27 非識有二義：
一、否定識之有：意指識無（即生無性）。
二、否定識之能緣義：意指非能緣者（為所緣境）。（此為似現為境之識）

28 絕對無：無分別智、真如。

29 見與相無差別（自我同一）／相與見無差別（自我同一）。
（見在看見相時，見同時也在相中看見自身）。

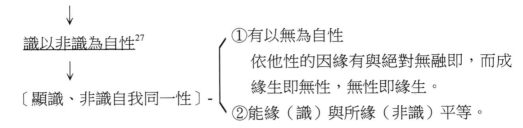

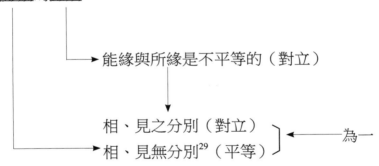

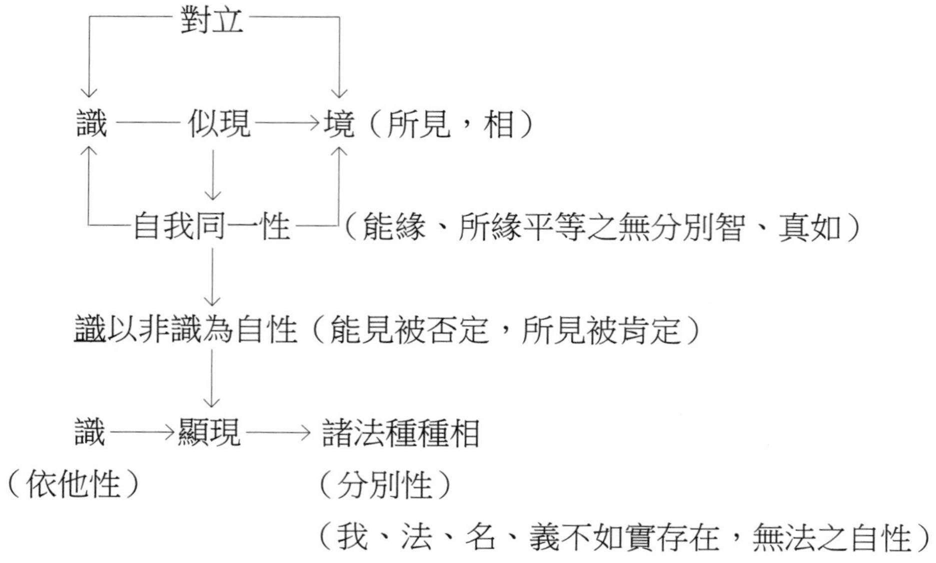

此中識(1)似現為境的識；(2)作為非識（不是識，而是境）[30]而存在的識。

識（能見）其自體是空，以非識為自性，因此顯現為境（成為所見）。

雖為一識（唯識）卻有相與見。（但無「轉識變」vijñāna-pariṇāma[31]之概念）

9.彌勒，無著的唯識說，沒有「識轉」之說。

世親最早使用「識轉」vijñāna-pariṇāma，而《成唯識論》「識體轉似二分」之轉變思想，不同於世親之識轉。

若將《攝大乘論》相識見識思想，看成為「內在於識（依他性），作為識之部份之相分及見分」，則無法釐清無著原來之思想。

六、依他性是所分別（真諦《攝論世親釋》五）大正卅一186

1.何謂分別？

即意識：具有自性、憶持（隨念）、顯示（計度）三種分別。（五識非如此）

（意識乃似一切境而生，亦即取萬物之相而生）

30 無識而唯有境。
31 《成唯識論》：由識轉變變現出相分、見分。

2.何謂所分別？

此依他[32]但是所分別。

(1)所分別一切法[33]離識無別體，故以依他為所分別。

在此只考慮能緣識及其所緣（所分別）一切法，不考慮既非能分別又非一切法的依他性相分。

①識：緣生，依他性，有體。

一切法：非緣生，分別性，無自體。（只有相貌nimitta為識所分別而有）

②這一切法無自體，以識（意識）為體，一切法（所緣）與識（能緣）形成一體，即所緣能緣平等，此即無分別智、真如。

(2)此無分別（一體性）當中，

識（能緣）作為依他性是有 ⎫ 此識以非識為自性是空（無）
境（所緣）是非有的分別性 ⎭ 似現為境（成為所緣）

此一體，一方面是識有境無，一方面是境有識無，同時成立。

故其所緣與能緣平等→互為否定對立（有無，能所）之自我同一

→無分別（真實性，以無為自性）

3.何謂分別性？

依他性即是所分別，為分別生因。（真諦《攝論世親釋》）

(1)因：分別之因即亂因。[34]

（能分別識必從所分別生，所分別一切法的相貌nimitta成為分別的因。）

分別：即亂體。

(2)依他性有兩義：（《攝論世親釋》）

若談識體從種子生，自屬依他性。

若談變異為色等相貌，此屬分別性。（色等相貌離識無別體）

---

32 此依他即意識，唯此依他非餘為所分別。

33 可二分為我法或四分為塵根我識。

34 《大乘莊嚴經論》。

(3)依他性為分別因：

於此取依他變異義為分別因。（不取識體從種子生義）

(4)依他性是所分別

①此就識以非識為自性而說。

②此所分別：不是識（能緣），而是顯現（成為所見）為境（所緣）是境，所以擁有一切法的相貌。不是依他性（緣生），而是分別性。

（能分別：依他性的緣生為識之有，能緣）

(5)無分別

①依他性二義成立：必為能緣所緣[35]平等（一體）、無分別。

（所分別一切法（色等相貌）離識無別體）

②能緣所緣平等（無分別）
能所區別（對立）（分別）　｝同時成立

此能所分別（對立），一方面融沒於沒有對立之無分別（平等）中，同時又從當中顯現為（無分別的）分別而形成對立。

→因此，識以非識為自性，依他性是空（無）。

4.《成唯識論》

(1)無此種矛盾的自我同一之思想。

(2)沒有依他性有二義之想法（包含依他性與分別性同一之思想）。

(3)依他性、分別性清楚有別，不相混淆[36]。

(4)不承認相（分別）與性（無分別）的融通

5.初期唯識：

所緣都是分別性（沒有如依他性之相分之思想），也可以說是承認依他性的空（無）。（識以非識為自性）

35　能緣：依他性，種子所生。所緣：分別性，相貌。

36　即使說同一性，亦在不違差異下說同一性（實為共通性，非真同一）

如：能分別是依他性／所分別是依他性：雖有共通性，但能所有別。

如：能所對立之分別／對立消失之無分別：明顯有別，不容許分別識融沒於無分別真如中。

不能有（無分別的分別）。

拾貳、顯識論（從無相論出）

真諦三藏譯

甲一　三界唯識義

一切三界但唯有識。

何者是耶？

三界。

釋（義疏九識第三合簡文義有兩，一明識體，二明識用。）（一識體者，出唯識論）

一、一切三界唯有識。

1.明一切

一切法只是三界，何用二言（並列）？

一切有二義：

(1)分段是三界，變易是界外，四種生死是一切也。（三界非一切）

(2)廣言一切是何？謂十方。十方非三界，故云「一切三界」也。

2.界義

界者自性義。

自性有二義：

(1)不雜：欲性異色，色非無色也。

(2)不改不轉：欲為欲，色為色，無色為無色。善惡亦爾，三性不改為義。

3.唯有識

今唯有識者，上七種（生）死唯識所顯現，離識無別體，故言三界唯有識也。

又唯有識者，離識無有別境也，由識見有似塵，離識塵無體也。

二、何者為識？

所謂三界。

前明離識無三界，此明離三界無識。（識即三界，三界即識）

（又前明二識用）

乙一　二種識[1]

有二種識，一者顯識，二者分別識。

一、顯識者，即是本識，此本識轉作五塵四大等。

二、何者分別識？即是意識。

於顯識中分別作人天長短大小男女樹藤諸物等，分別一切法。

此識聚分別法塵，名分別識，譬如依鏡色影色得起。

㊟釋 識有二種，一顯識，二分別識。

一、二識之用

初一是本識，本識顯六塵也。次一是六識，六識分別此異彼也。

二、所緣能緣

前一明所緣，後一明能緣。

三、識之迴轉

顯識有二種迴轉，一迴轉作六塵，二迴轉作五根。

分別識迴轉作似我。

四、執二識計我

如是意執二識計我也，即陀那與意識共作**我見**。

陀那（能執）執本識（所執）起**我體相**，意識分別計我有種種差別用故。

1　一、顯識有二義：

1. 能起分別識之識。（此為依他性）
2. 與分別識並列為二之識。此顯識又顯現為九種，在只是識但未起時為依他性，在差別顯現而起時為分別性。

二、顯識為本論所特有，即是本識阿梨耶識之別名。

是指顯現一切事物之識（或一切事物被顯現之識）。

1. 顯五塵四大或六塵五根；2. 為起分別生六道受生之諸識；

3. 顯四種言說識、自他差別識；4. 為分別識之因（依果報識（顯識）起煩惱識（分別識）。）

此識開則為九或十一，實唯一本識，故言三界唯識。

五、明法之有無

一切法不有不無。

1.塵識不定有不定無

由六塵有六識不可定無也，離六識無六塵不可定有。

2.人法不定有不定無

一切法不可定說有，亦不可定說無也。

人法二我不實故不可說有有，人法二空真實故不可言無。

3.人法決定有決定無

一切法決定有決定無。

人法決定無，此人法二空是決定有。

此三悉共顯俗是有，顯真是無。（二明識用）

（註）

1.一切法皆是無性，然而就俗諦言是有，就真諦言是無。

（就俗諦言，人法二我是有，就真諦言是無。）

如此之俗諦與真諦即是安立諦，是在三性之範圍，直至三無性，才是非安立諦。

（真諦是人法二我皆無，此即人法二空，因此就真諦是二空所顯而言，是二空之有，而俗諦是二空之無。）

2.此中乃就安立諦而言：

(1)就分別性：指出由六塵而有六識，故一切法未必是無。

又由離六識而無六塵而言，則不能說是一切法有。

(2)就依他性：指出從人法二我非真實而言，不能立一切法決定有，又從有人法二空之真實而言，則不能說是一切法無。

(3)就真實性：是人法二我決定無，人法二空是決定有。

於此並未言及非安立之三無性，而是俗有之三性，此三性是真無。

乙二　生死流轉因（安立熏習力）

一、顯識起分別、分別起熏習

如是緣顯識，分別識得起。（此顯識即是種子識）

是分別若起，安立熏習力於阿梨耶識。

二、熏習起顯識、生死輪轉

由此熏習力，本識未來得生。（此顯識即是果報識）

緣此未來顯識，未來分別識得起。

三、生死無有前後

以此因義，是故生死無有前後。

為顯此義，佛於解節經中，說偈言：

顯識起分別　分別起熏習　熏習起顯識　故生死輪轉

㊐釋 一、安立熏習力

此分別識若起，安立熏習力於阿梨耶識中。

1.業熏種義[2]

熏習力者，譬如燒香熏習衣，香體滅而香氣猶在衣中名為熏衣。

此香不可言有，香體滅故；不可言無，香氣在故，故名為熏。[3]

如六識起善惡，留在熏力於本識中，能得未來報，名為種子。[3]

(1)<u>正量部說</u>（安立無失）

若小乘義正量部名為<u>無失</u>，譬如券約[4]。

故佛說偈：**諸業不失　無數劫中　至聚集時　與眾生報**

2　一、含如此種子之顯識即是阿梨耶識，又可稱為果報識或種子識。而分別識可稱為煩惱識，實際上能熏即是煩惱業。據此解釋生死輪迴。

二、各部派有種種異說，正顯示出「阿梨耶識」發展變遷之過程。

3　熏習

能熏之香與所熏之衣是在同一時同一處，是同生同滅。

但能熏之相續短所熏之相續長，故香體滅而香氣猶存。

此殘留之香氣即是熏習力，或稱之為習氣，或稱之為種子。

熏是一而再，再而三，故加一「習」字，稱之為熏習。（若僅只一次，不能稱為熏習）

熏習成為力而殘留，故稱為熏習力或稱習氣。就其能令未來顯識生起及相續而言，則稱之為種子，如同對於種子之義所作說明，主要是有相續變異而不相離之義，其與顯識是不一不異，此以白螺之白色與螺之說明得以了解。《佛性論》以香味觸三塵為例。

如此的顯識之相續，同時也是分別識常起之所以，是能緣所緣一切法相續之所以。

4　券約

證文票據，憑此而需兑現者，故有果報之名。

(2)摩訶僧祇柯部說（安立攝識）

摩訶僧祇柯部名為攝識，即是不相應行。

譬如誦經，初一遍未得，第二遍誦攝前第一，如是乃至第十遍誦通利時，即通攝前九。

如是初識能變異在第一，如是乃至第九變異在第十中，第十能攝前九，即此第十變異之用，名為攝識，有前九用故不失前九也。

(3)薩婆多部說（安立同隨得）

薩婆多部名同隨得[5]。

同者與數、處、時等相應（增）長，隨者與三性不相妨。

而得者不失義，同不失，隨亦不失。

譬如摩斗樓（此言榆華），取洛柯汁（赤色汁）點摩斗樓華鬚，華鬚與赤色俱，後結實成熟則有赤色出，是名同時修得。

（赤色至果不失故名同，同前有赤色出，是名同修得。）

赤色至果不失故名同，前來至後不失名隨，隨最後顯故名得也。

(4)他毘梨部說（安立有分識）（或錫蘭上座部、分別說部）

①有

有者三有，即三界也。

亦有七有：一、中有，二、生有，三、業有，四、死有，通前三有為七有也。

欲色二界具有四有，無色界無中有。

中有者正辯名為向生處。（處者，有因緣名處也）

②因緣有

1.因義

有者是因，是事有故是事有，是事生故是事生。（如十二因緣有支）

（因有二，如橘子生芽是前時因，芽生則有並橘同時因）

行緣識，識緣名色，名色緣六入，六入緣觸受等是同時，故

5　同隨得

一、「成就 samanvāgama」玄奘譯為同隨，而「得之成就」譯為同隨得。《俱舍論釋》

二、本論所說為增長（如《大乘成業論》）或說為增長與不失壞二者所成（如摩斗樓與洛柯汁）。

言「是事有故是事有」，此為破外道「生有」義。

2.外道義

(1)自在天我有故生死是有

外義云：一切眾生從自在天我有故生死是有，言內義同。

破：由前因生，故得生。

汝自在天無有（因），非生生死。

有是生（生死）故，不得是有（自在天有），故不得「是有故是有」也。

故佛立義：是事有即有生。

汝自在天是有非是生生，不同內義。（自在天非生因）

乃至從世性 微塵等生，亦爾。（世性、微塵亦非生因）

(2)無因有果

外道立：無因有果，果自然生故。

破：此物有是「因有故果事是」也。

3.因緣具得生

所以明二義者，為明因緣具故得生。

若此物有故此物有是緣，若此物生故此物生，是明因義。

③有分

生處即是生因生緣。

此有分識體，是果報法決，是自性無記也。

④四有

從識支至六歲是生有。從七歲已以能分別生熟起貪至未捨命是業有。死有者唯一念。中有即中陰。

就業有中，六識起三種業，善不善不動等三業，有為有為有分識。

所攝持六識自謝滅，由有分識攝持力用在。

⑤何故立有分識？

一期生中常緣一境，若生人天，此識見樓觀等事報。

若起六識用麁覆障，則不覺此（有分）識用。（若生惡道，此

識但緣火車等）

若報起六識用強，則不覺此識緣也。

若欲界六識緣欲境，凡夫不能覺（有分識），乃至無色亦然。

若無色諸識（眼識乃至意識）滅，此有分識用則顯，如梨耶及意識也。

2.安立種子[3]

言種子者，此相續變異，能感未來果報，是名種子。

相續無變異非種子，若但變異無相續亦非種子。

相續變異不相離故成種子。（種（相續）與顯識（變異）不一不異）

如螺白色非一非異。

若白色是螺，螺則無三塵。

若白色異螺，則見白色不得螺。

故不可言定異，以不異故名白螺也。

相續變異亦爾，故成種子。

「顯識」「分別識」有能所關係，於中成立熏習之關係，成為顯識之相續。

（含如此種子之顯識即阿梨耶識，又可稱果報識、種子識。）

二、緣熏習力未來得生本識

緣熏習力，種子若成，本識得生。

三、生死無前後

緣未來顯識，未來分別六識得生也，是故生死無前後。

明生死無前後義：

若離煩惱，業則不得生。若生死有前分，則別有前分眾生處起煩惱，業感前分處。既無前分眾生起業，則無有前分生死。

故知生死無始無初。

1.四義明無初

(1)非本

若眾生初無後有者，此無不作有本。（從無至有為初，故知生死

無初）

（若作有本）有二過失：

①若無不能生後，若能生有則非無。

②平等過失：若虛空花（能）生有事者，可（說）得從無生有。

(2)不見離欲眾生生

若生死初無貪欲等，後方有貪欲等，則離欲阿羅漢等無欲（者）亦應生欲。以是羅漢更不生欲，故知生死無初。（前無欲，後方有欲為初）

(3)修梵行無用故

一切聖人修八聖行，為滅（惑）令不生，故修梵行。

離欲人更不生滅故，故知生死無初。（修梵行令不生惑為初）

(4)善惡報有因

生死有惡報、善報，此善惡報由善惡二因，不得無因。

是生死初為善道？為惡道？

若善道者未有（初）善因，若惡道者未有（初）惡因，而離善惡二道更無第三道，故知無初也。（有初善惡因而有善惡道者為初）

2.初始無因之過失

〔難〕初者自然不用因緣，後者須因緣。

〔答〕若爾者是義不然，有二過：

(1)即理不平等

若汝說生死不由因，後由因者，則不平等。初後皆是生死，何故一由因，一不由因？

(2)因果不相似（非同類因）

果有因，因亦有因，因果皆有因，故得相似，若（因果）相似能生同類。

若汝說前無因故後亦應無（相似）因，若前無因後（方）有因者，則不能生。

若能生者，豆應生麥，麥亦應生豆。而此不然，故知汝說「前為後果作因」，此前因不成因也。（若前無相似因為因，後無同類果。不能但以前為後因生果。）

四、以偈顯

顯識起分別　分別起熏習　熏習起顯識　故生死輪轉

1.顯識起分別

顯識即是梨耶，梨耶則果報識。

分別識即是煩惱識，煩惱識即陀那等。

是從果報識（顯識）起煩惱識（分別識）。

2.分別起熏習

從煩惱起識，識起熏習，熏習即是業功能，能轉變本識成種子識也。

3.熏習起顯識

從業起果報。

4.故生死輪轉

總結生死輪轉。輪轉者以不定故，或因轉作果，或果轉作因也。

（註）

分別識緣顯識而起，同時分別識於顯識中安立熏習力，故依此又生起顯識。

顯識與分別識有相互之關係，故生死輪轉不斷絕。

(1)可比對攝大乘論所引大乘阿毗達摩經之偈：

諸法於識藏　識於法亦爾　此二互為因　亦恆互為果

(2)（問）如何看待作為根本識之顯識？

（答）有種種名：本識、阿梨耶識、果報識、種子識或九種識，或無失、攝識、同隨得、有分識等，有種種別名。

乙三　熏習

所言熏習者，一執著分別性，二觀習真實性，以此二義故名熏習。

一、執著分別性

第一熏習者，增長阿梨耶識。

阿梨耶識被增長，

具足諸能，

能生六道受生諸識，以是義故生死圓滿。

二、觀習真實性

第二熏習者，名觀習真實性。

此熏習能除執著分別性，

是第一熏習被損壞故，

阿梨耶識亦被損。

阿梨耶識既被損，受生識亦被損。

以阿梨耶識能生三界，由被損故得三界轉依。

此轉依義具五種[6]，如滅差別相中解脫。

㊢ 一、二種熏習

所言熏習有二種：一執著分別性，二觀習真實性。

此為顯二義：

(1)顯生死方便：名為邪亦名違逆。

(2)顯涅槃方便：名正亦名隨順。

1.辨三性

(1)三性差別

一切諸法有三種性：

①分別性：名言所顯諸法，無相為其性。

②依他性：一切諸法因果道理所顯，無生為其性。

③真實性：一切諸法如如性。

6　此五種轉依似與《攝大乘論釋》之六種轉依不同，而與《三無性論》所指之五種轉依相同：一、一分轉依　二、具分轉依　三、有動轉依　四、有用轉依　五、究竟轉依

(2)五義顯性[7]

所言性者，自有五義。

①自性種類義：一切瓶衣等不離四大種類義，同是四大性，是自性義。

②因性義：一切四念處聖法所緣道理，緣此道理能生聖法，亦是因義。

③生義：若物無生則性不可見，生義可見故性訓生。（訓：解釋）

1.三種信[8]

如來正說眾生信樂生三種信：

(1)信有真實道理。

(2)信得五分法身功德。

(3)自利利他德，備修五分身。

2.五分法身生性義

五分法身是生性義。五分法身生則顯至得性故，故五分法身生以此為性義。

---

7 性者五義

前言界者自性義，此自性與性同一，有五義。此五義與《勝鬘經》《佛性論》《寶性論》旨意相同，含有應予重視之如來藏思想。

《本論》	《攝大乘論》		《佛性論》（自體相品）	《勝鬘經》
	（卷 1）	（卷 15）	如來藏有五：	佛性者是：
一、自性種類義	體類義	性義	如來藏（自性義）	如來藏
二、因性義	因義	因義	正法藏（因義）	正法藏
三、生義	生義	藏義	法身藏（至得義）	法身藏
四、不壞義	真實義	真實義	出世藏（真實義）	出世藏
五、秘密藏義	藏義	甚深義	自性清淨藏（秘密義）	自性清淨藏

又如《佛性論》云：三性所攝者所謂三無性及三自性……此三性攝如來性盡。何以故？以此三性通為體故。

若《顯識論》是依此五義而說三性三無性之性，則此論旨趣應有歸著於如來藏之思想。

8 三種信

參考《攝大乘論釋》應知入勝相（卷七）（記要）P. 288

此正意者謂信及樂。

一、信：有三處。

1. 信實有：信實有自性住佛性。 2. 信可得：信引出佛性。

3. 信有無窮功德：信至果佛性。

二、樂：起三信已，於能得方便施等波羅蜜中，求欲修行故名為樂。

④不壞義：此性在凡夫不染，在聖不淨，故名不壞。

⑤秘密藏義：親近則行淨，乖違則遠離，此法難得幽隱，故名秘密，即是藏義。

(3)三性空義

分別性是無有空，分別無法可得故。

依他性是不如空，如是破所執。

真實性是自性空，無人法二我，是自性空也。

(4)三性有無

分別性如空花是極無。

依他性異空花，似幻化非空有無。

觀依他性不有不無，故能得道成聖。空無是斷觀，空無不能得道成聖。

（註）

1.三性

(1)分別性：阿陀那識分別我之體相，意識分別我之用及萬法，於此間顯現一切之種種相。於此人我法我作為有而顯現。

(2)依他性：分別性必然有依止，其依止不外於是依他性。依他性是分別性與真實性之和合，是一切識未起作用時之當相。

(3)真實性：是識之實性，此又是諸法之如如性。

一切法全攝於此三性中。

2.三無性

此三性又可稱為三無性。

(1)分別性：依相無性而成為無性，因此是以無相為性。

(2)依他性：依生無性而成為無性，因此是以無生為性。

(3)真實性：依真實無性而成為無性，因此是以無性為性。此無性不外於是分別與依他二性之無相無生，從而一切法皆是無性。

2.三性執著與觀習

一切煩惱別執著分別性，一切諸法欲樂觀習真實性，執著觀習此二屬依他性。

此二種法是名熏習，一煩惱種子熏習，二道種子熏習也。

二、執著分別性熏習

（此是生死之方便，執無為有。本識緣如如起四謗。依煩惱業令種子增長，令生死圓滿，是煩惱種子熏習。）

1.熏習增長本識

以同類故，本識緣如如起四謗。（四謗：有、無、亦有亦無、非有非無）

是虛妄熏習種子，煩惱同是虛妄，是故熏習能增長本識。

譬如甜物能增長淡，淡亦是甜性，同性故能增長。

2.具足諸能

此明業有四種：

(1)被作不被長：如利智人遇惡知識起不善業是作，復即追悔故不被長。

(2)被長不被作：如羞慚人隨人修行，此善被增轉廣，不能自起若心，故不作。

(3)亦作亦長者：如人作善業，復恆數習，此善業轉廣大也。

(4)不作不長者：即無漏善業。若轉增長生死報，名為作者。無漏能除生死作者，故不長。

此三是業，後一分非，就前三中，取第三句亦作亦長，故云具足諸法。

3.能生六趣

此即為能得六趣生死果報、生阿梨耶識之因。

此生死圓滿者，因熏習方便故生死得成。

故云此因義生死圓滿。

（註）

四種生

生有四種：

1.觸生：如男女交會有子。

2.嗅生：如牛羊等類，雌雄有欲心，雄以鼻嗅雌等根則便得子。

3.沙生：如雞雀等，雌雀起欲心，以身坌塵沙之中，而有卵等生子。

4.聲生：如鶴孔雀等類，有欲心聞雄鳴聲，亦生卵生子，一切出卵不可食，皆有子也。

三、觀習真實性熏習

（此是涅槃之方便，住於「有無非性」之真實觀，依「除觀滅觀證觀修觀」而離執著分別性，損阿梨耶識，令無受生識之功能，是道種子熏習。）

觀三種無性，是名觀習真實性。

觀有四用：一、除觀，二、滅觀，三、證觀，四、修觀。

觀如如是苦諦性性，三諦亦然。

觀四諦如如具四用，觀如如滅苦滅集，觀如如即證滅，會如如即修道也。

1.能除執著分別性

分別於無中作用。真實觀者，顯有無與自性相違，故云除分別性。

2.第一熏習被損

現在被損，未來被壞，若損集諦，苦亦被損。

3.阿梨耶識被損

(1)本有七重苦諦

①三界：三界即是三重（苦諦）。

②無流界：三重被損竟，阿梨耶識是受果報本，雖無惑業所引，不復入三界生，而在無流界中四種生死內受生，如是乃至無有生死位也。（四怨障：方便生死、因緣生死、有有生死、無有生死）

(2)梨耶被損

梨耶被損故受生亦被損。

何以故？

顯識是分別識因，顯識被損，故知分別識亦被損。

此分別人我及六塵等識，又已滅盡，何止被損耶？

今言被損者，據淨品為語，以與本識俱盡也。

是阿梨耶能下者可滅除也。

（註）

執著分別性既除，則是分別性之滅，顯識、分別識相合。

十一識之動搖歸於寂靜，依他性亦止，故唯有真實性之識。

然此真實性猶是安立諦，故依轉依而成非安立諦。

不僅就還滅（被損）言「顯」識，而更就真實性之實現而名「顯」。

如《十八空論》、《轉識論》、《三無性論》或《決定藏論》所說之阿摩羅識，此處則稱為轉依。

甲二　廣釋

乙一　辨諸識[9]（大別為二，開為十一，實則為一，不外於識）

顯識者有九種：

一、身識，二、塵識，三、用識，四、世識，五、器識，六、數識，七、四種言說識，八、自他異識，九、善惡生死識

分別識有二種：

一、有身者識，二、受者識。

丙一　顯識（所緣）

一、身識　　身識：眼等五界（標*者為《攝大乘論》之用語）

謂轉作似身，是故識名身識。

1.所言似者，如所執身相貌似身而非真實，故名似身。

2.此識能作相似身，名為身識，即是五根。

所言身識者有五種，即眼根界等，是名身識，通是五根。

3.餘塵等八種識（2~9）亦如是（似而非實），即是唯識義也。

二、塵識　　應受識：色等六外界*

色界等乃至識塵六種，通名應受識。

三、用識　　正受識：六識界*

眼識界等六種，即是六識，大論名為正受識。（大論指《攝大乘論》）

四、世識　　世識：生死相續不斷識*

即過去未來現在三世。生死相續不斷故名世。（眾生果報，無始以來三世生死相續不斷）

五、器識　　處識：器世界識*

大論名處識。略即器世界，謂外四大五塵，廣即十方三界等。（所居處有無量差別）

六、數識　　數識：從一乃至阿僧祇數識*

算計量度。（眾生果報有諸界多少之差別）

9　諸識（詳見附註）。

七、四種言說識　　言說識：見聞覺知識*

謂見聞覺知四種，一切言說不出此四，若不說見即說聞，覺知亦爾。

八、自他異識　　自他差別識：自他依止差別識*

謂依處（身）各異，六趣不同。六趣身謂自他異識。（各各計我有多種，我所亦然）

九、善惡趣生死識　　善惡兩道生死識：生死道多種差別識*

一切生死不離兩道，善者人天，惡者四趣。此善惡道不離生死，即生即滅無停住故。（善惡道果，初受之生、命斷之死、生後相續之得、將死之證之差別）

（後六識為前三識及分別識等五識之差別相）

丙二　分別識（能緣）

一、有身者識[10]　　身者識：染汙識*

有身者識者我見所覆。

1.此識為我見、貪愛所覆，故受六趣生。

2.此識為生死身。

若有此識即有身識，此識若盡則生死身盡。（此身識成為煩惱之根本）

我見生一切肉惑，貪愛生一切皮惑，故有生死身（而有六趣之生）。（此即論迴主體之「我」）

若離愛我見即無皮肉煩惱，若無皮肉煩惱即無三界身，以身識受生死也。

10　一、「陀那與意識共作我見，陀那執本識起我體相，意識分別計我有種種差別用。」此二者有分別我之用，故可與有身者識視為相同者，應為陀那及意識所執所計之細品阿梨耶識。
若然何以將阿梨耶識納入受者識中？
此因著重於陀那之執計及意識之用，其之所執所計能所不可分離故。
二、細品阿梨耶識可同有身者識。而受者識應是以中品阿陀那識及粗品意識為體。此中粗品意識原納入用識（正受識六識之一），故受者識應以中品阿陀那識為主。
三、或以阿陀那識之我執與阿梨耶識之我體，不外於就是有身者識。（就受果報言，此二識可視同有身者識）
四、《攝大乘論》將有身者識單稱為身者識，且釋為染汙識，然此不外於是指我處我體之阿梨耶識。

二、受者識[10] 受者識：意界*

意界名受者，識即三種意識。

1.阿梨耶識

是細品意識，恆受果報，不通善惡，但是無覆無記。（所執所計之我處我境）（我體）

2.陀那識

是中品意識，但受凡夫身果報。（能執我見之體）（我執）

3.意識

是麁品意識，通受善惡無記三性果，（五識亦爾）。（有分別我之用）

此三品意識，通能受用果報，但今據興廢為言故，呼梨耶識為受者識。

丙三 別辨梨耶、陀那及意識

一、梨耶識是我處我境

1.我處：梨耶識是凡夫所計我處。

2.我境：陀那執梨耶識作我境。

能執正是陀那故，此識（梨耶）是我見體故。

二、顯識與分別識

1.顯識：有九種如上述。

2.分別識：有二種，合名意根。[11]

(1)有身識：本染污根，即陀那識。（染汙意）

(2)身者識：次第緣意根體。（將生識次第緣依及正生識之依止）

此即緣本識作我境，自出彼緣相彰。

---

11 一、《攝大乘論》依止勝相（卷一）

意有二種：

1. 能與彼（將生識）生次第緣依故，先滅識為意，又以識生依止為意。

（此意為識之生緣：①將生識次第緣之依止。②正生識之依止。）

2. 有染汙意與四煩惱恆相應，此識是餘煩惱識所依止。

二、《中邊分別論》此論言及本識似我，謂意識與我見無明等相應故。

此似我識雖相當於分別識（有身者識、受者識），但於中僅與意識一致。

若與似識識（六種識）比較看來，此意識顯然與本《顯識論》之中品阿陀那識相當。

此中屬顯識（所分別）者唯是梨耶，是分別識（能分別）者則是陀那及意識。

陀那分別我，意識分別萬法。

（意識有三種分別：自性分別、憶持分別、顯示分別。五識但有自性分別。）

乙二　辨熏習

丙一　四種方便

熏習有四種方便：[12]

一、忍，二、名，三、相，四、世第一法。（煗、頂、忍、世第一法）

（此中唯明忍，缺名、相及世第一法之說明）

丁一　修忍觀四諦

忍有二，一廣二略。（忍可，指用以破迷於真實性之修習）

一切眾生皆迷真實性，今修習（清淨品熏習）先作廣觀次作略觀，得入真實。

一、廣觀

所言廣者即觀四諦。苦集即是凡夫俗諦，滅道即聖人真諦，各有九種。

1.苦諦：觀苦九分。

即三界各有三世成九，

又欲界一有，色界四有，無色界四有，故為九種。

2.集諦：集諦九分，即是九結分者。（愛、恚、慢、痴、疑、見、取、慳、嫉九結）

3.滅諦：滅此九結為九滅諦。

4.道諦：道諦九分，九次第三摩提即九次第定。（四禪、四無色定及滅盡定）

二、略觀八種

次略觀，先觀苦諦為八種。

1.苦諦：觀四大、四名。

四大即色陰，四名即四陰，以為八種苦。

2.集諦：即八邪乖八聖道。

3.滅諦：滅八邪即名八種滅。

4.道諦：修八聖道以為道諦。

12　忍、名、相與世第一法四名與犢子部之四善根同（見《異部宗輪論》）。通常則用煗、頂、忍、世第一法。

三、略觀七種

次略觀苦為七。

1.苦諦：即觀六趣及中陰，苦為七。

2.集諦：即七使。

七使者貪、瞋、痴、慢、疑、見、欲界合為七種使。

（欲名欲使，色無色界名為有使）

3.滅諦：滅七使名七種滅。

4.道諦：即七覺分。

四、略觀六種

次略觀苦為六種。

1.苦諦：觀苦為六種，謂六種內入。

2.集諦：即六種貪愛，即六塵生六種貪。

3.滅諦：滅六貪為六滅。

4.道諦：謂六種出離界。

(1)出離殺他瞋，修慈界。(2)出離逼惱瞋，修悲界。

(3)出離嫉妒瞋，修喜界。(4)出離貪欲，修捨界。

(5)出離覺觀熏，修念出入息界。

(6)出離無明惑，修無我界。

修此六種名出離界。

五、略觀五種

次略觀苦為五。

1.苦諦：五陰即五苦。2.集諦：五蓋即五集。

3.滅諦：滅此五蓋為五種滅。4.道諦：即五根（五即五力等）。

六、略觀四種

次略觀苦為四種。

1.苦諦：即四念處，謂身受心法。

2.集諦：四種取（四流）即四集。

取只是貪，有四種貪，即是取有四種。

(1)欲取：貪欲界塵（名外法），名為欲取。

(2)我語取：是內取緣內五陰，貪色無色八禪定內法，名我語取。

此二法緣事起，欲取者是斷見眾生，我語取者是常見眾生。

(3)見取　(4)戒取

此二法取常見，緣理起。

此四取，是受資糧。

（註）

受愛有三種：

①求遠離之貪愛：即一切三塗眾生。

②求得之貪愛：即人、天至三空。

③安住之貪愛：即非想非非想（謂為涅槃）。

3.滅諦：滅四取名四滅諦。

4.道諦：道諦謂四念處，即是四種般苦。

觀身通達苦諦，觀受通達集諦，觀心通達滅諦，觀法通達道諦。

(1)觀身通達苦諦

觀身為麁，觀三界身麁為苦。

觀欲界身寒熱等為苦，觀色界身四威儀為苦，觀無色界心念念不住苦。

(2)觀受通達集諦

眾生一切貪愛緣受故起，若無受貪不生故，觀受通達集諦。

(3)觀心通達滅諦

一切眾生安立我見於心中，是故眾生執我見則不信有滅。只由陀那識執梨耶是一是常故，我體非滅。

觀心非我故，信有滅以捨我見。觀人法二無我故，觀心通達滅諦。

(4)觀法通達道諦

法有二，一淨品二不淨品，觀不淨品為苦集，淨法為滅道。又不淨品即一切諸惑，淨品者一切治道故，應須通達道諦。

七、略觀三種

次略觀苦三種。

1.苦諦：即觀三界為苦。

(1)觀欲界為苦苦。

(2)觀色界為壞苦，生住不停，樂壞時即苦，故壞苦。

(3)觀無色界為行苦，生住壞三時皆苦。

但眾生有二道：惡道為苦，善道為樂，捨此二邊謂為涅槃。

若此心有行有動即是無常，無常故苦。

2.集諦：(1)三毒為三集。（貪瞋痴）

(2)身見戒取疑為三集。

①身見：眾生著身見，執有常樂我淨故住生死，不修出世道。

②戒取：不肯修正道。

③疑：疑不決了。

3.滅諦：滅此三種煩惱即為三滅。

4.道諦：即戒定慧。

八、略觀二種

次略觀苦二種。

1.苦諦：謂身、心（名、色）。2.集諦：十二因緣中謂無明、貪愛。

3.滅諦：滅此二種為二種滅。4.道諦：謂定慧。

九、略觀一種

次略觀苦為一。

1.苦諦：無常為苦。2.集諦：謂不正思惟。

3.滅諦：滅此思惟為滅。

4.道諦：道謂身念處。（即總觀四念處名為身念處）

（又義，若自思惟為道諦，則不正思惟為集諦，欲令實慧分明故。）

十、結顯

作廣略二種觀觀苦，一切法九分乃至一分（廣觀及八種略觀）。

餘三諦亦然。

丁二　熏習方便處

語言及分別熏習有四種方便處。

一、語言熏習

語言熏習者，從忍、名乃至自性法處。

所言處者，即名為所及境界為處。（依名而稱呼之一切對象）

二、分別熏習

從相至第一，一切修得法。

一切修得法處者，從下品至上品[13]相、第一，一切為處。

若人依名為思擇，是名語言熏習。

若人離名句等直思擇義，是名分別熏習。

丙二　諸識之熏習

一、緣語言熏習得起

顯識除後兩識（善惡生死識[14]及自他差別識）餘之七種識及分別識（有身者識及受者識），此八種識緣語言熏習得起。

二、緣身見熏習得生

身識、受者識及自他異識，此三識緣身見熏習得生。

（身識及受者識屬六內界，以見聞覺知為主，而為此四種言說識之依止。）

三、緣有分熏習得起

善惡生死識緣有分熏習得起。

如是諸識，是名一切三界唯有識也。

（註）

13　《攝大乘論》有關清淨品熏習，其聞熏習功能以聞慧為下品，思慧為中品，修慧為上品。

14　此處似應為「善惡生死識」。

1.《攝大乘論》（卷五）1

所揭十一識之前九種以言說熏習之差別為因，自他差別識以我見熏習為因，善惡兩道生死識以有分熏習為因。

2.分別熏習應是合指身見熏習與有分熏習，此因若離名句等直接思擇義，即是分別熏習。

〔附註〕諸識

	《中邊分別論》	《攝大乘論》	《顯識論》	
六內界	似根識（似五根而於自他相續中顯現）	身識（眼等五界）	身識（轉作似身……即是五根（眼根界等））	顯識
	似我識（意識與我見無明等相應）	身者識（染汙識）	有身者識（我見所覆……此識為生死身）	分別識
		受者識（意界）	受者識（意界名受者，識即三品意識）	
六外界	似塵識（依色等而顯現）	應受識（色等六外界）	塵識（有六種，色界等乃至識塵）	顯識
六識界	似識識（六種識）	正受識（六識界）	用識（六種，眼識界等即是六識）	
		世識（生死相續不斷識）	世識（三種，過去現在未來，無始來相續不斷）	顯識
		數識（從一乃至阿僧祇數識）	數識（算計量度，果報諸界多少之差別）	
		處識（器世界識）	器識（署即器世界外四大五塵，廣即十方三界等）（所居處無量差別）	
		言說識（見聞覺知識）	四種言說識（見聞覺知四種）	
		自他差別識（自他依止差別識）	自他異識（依處（身）各異，六趣不同，六趣身謂自他異識）	
		善惡兩道生死識（生死道多種差別識）	善惡趣生死識（一切生死不離兩道）	

一、《中邊分別論》之似我識之意識同《顯識論》中之中品阿陀那識（參考註11）

二、《攝大乘論》及《顯識論》之前五識以本識為本，而以十八界配之；其餘諸識為此識之差別相。

有各種分法：

一、十一種：並列而無本末之分別。

《攝大乘論釋》十一識由本識變異而成，本識即種子識。眾識雖內外事相不同，實唯一識。

十一識在作為分別性之依止時是依他性，而作為本識之所變異是虛妄分別。

1.以身識、身者識、受者識攝眼等六內界。 2.應受識攝色等六外界。

3.正受識攝眼等六識界。（此配十八界）

餘為此等識之差別相。

廣說十一識，略說似塵識、似根識、似我識、似識識四識。

二、四種：根、塵、我、識。

《中邊分別論》〔塵根我及識 本識生似彼〕

似塵：依色等而顯現（配應受識）

似根：似五根而於自他相續中顯現（配身識）

似我：意識與我見無明等相應故（配身者識，受者識）

似識：指六種識（配正受識）

其餘諸識唯此識差別。

三、三種：內（六根）、外（六塵）、六識。

四、二種：顯識、分別識。

1.一本識迴轉變異，而虛妄分別起作用，成為我見、貪愛之個人之能所對立。

2.虛妄分別為顯識之前三識及分別識，而最主要之作用者為分別識。

3.若以我見之分別為主：

所分別（所緣）：阿梨耶識。

能分別（能緣）：阿陀那識與意識。陀那分別我之體，意識分別我之用及萬法。

拾參、攝大乘論疏

卷第五 T85 #2805（依止勝相第一，卷四）

〔0982b17〕種子如鵝飲乳也。

〔0982b18〕論本云猶如世間離欲時不靜地熏習滅者。□□□轉依義例顯出世轉依義。此但以前地益力損能義未得似通達轉依身義為常住。此則異如後也。

〔0982b22〕聖人依者聞熏習與解性和合以此為依一切聖道皆依此生者。此第十明得聞思慧熏本識。無常解性時猶是凡夫。熏習增多後更上第六意識成無流道即修慧方是聖人。故言一切聖人道皆依之。問。聞思種子所熏解性。有解言。是真淨法身。云何言是無常法耶。答。□者是自歸識心分別闇心漫語耳。此解非義也。常住法無無常之義受熏。聞思慧能熏後上第六意識成修慧始為無流道。此聞思種子生唯識□境及觀智。爾時並是諸法因義是依他性。後斷煩惱盡轉依成解脫果。□□身方得轉依。真淨心為法身義並果德耶。復得聞思種子和合生聖人依□聖道因法身相應時唯果德依法身也。無復種子因義也。

〔0982c08〕釋論曰此章復引不違道理顯實有本識者。此下釋第六順道理章義。即是□滅心定由有此本識定義成為道理也。就此章有二。初明無本識滅心定義不成。二明無本識轉依義不成就初為三段。一略標定相出得失意。二出小乘義正破過失義。三結不離本識淨不淨品法皆不成就故。此初更為三。初標大相二出過失。三□定不離本識。論本標及餘可見不釋。

〔0982c17〕釋論曰為得寂靜住及離退失過者。此明所為意故。入定事同聖人修滅定為二義。一為得自寂靜安樂住。已得勝無流法。則現在應得寂靜安樂住。此定既無六識。寂靜安樂與涅槃相似。故聖人修此定。二為離退失過。六識緣境能生不正思惟起諸習氣煩惱則退失定。恐有退失故修滅定。

〔0982c24〕釋論曰非滅心體稱滅心滅心法故名滅心以能依從所依故立心名者。此下第二出小乘義破過失立本識。此文即大眾部云。滅心定不滅體滅心法。識是心之體。受想行為心法。心法為能依。心體是所依。以能依從所依立名心名。故稱滅心。實滅心法不滅心體。後正破之。所以須滅心法者。彼云。所以須滅心法者。入此定人必具得上二界定。色界四定以受為藏。亦言以受為真實。故樂至三

定捨遍四定。無色以想為藏。亦為真實。無色見受麁動故轉受為想。受是修道惑本故。為修道所破。想是見道所破惑本。受心鈍緣事起故。故是修道所破惑本。想心利故能推量覓理。故是見道所破惑本。又想是一切煩惱本。受是一切苦本。聖人見受想過患觀察能遂滅受想。受想既滅。行亦不生。故此定中時起定心即更生。故言識不離身。識既斷而□不死者。以壽命煖獨及定力等持故不死。

〔0983a13〕釋論曰若人入第四定身行則斷者。出入息為身行。由身有出入息故身不死得有行動等事。又息從身生故名身行。

〔0983a16〕釋論曰若人入第二定等言行則斷者。覺觀是語言本。作言語事故名言行。從二定以上既無復覺觀。故稱言行斷。

〔0983a19〕釋論曰若人入滅心定心行則斷者。名心法為心行。以能作心事故名心行。若直有心無作意及想受等法心則無所能作。由有作意受想等法運動於心故有種種作用。故名受想等心法為心行。滅心定中無復心法。故言心行斷。

〔0983a25〕釋論曰如此身行斷身不滅心亦應爾但心行滅心不滅者。外人以身行對竝心行。得色界第四定出入息雖斷而色身不滅。何故不說心法斷心不滅。此語猶成前第一執意至後自破此執。

〔0983b01〕釋論曰故無復從定出及識更生義者。此言定中無識。識既斷滅無餘。云何得出定及更生義。則應入定者即入無餘涅槃。若實斷滅而後更生。則無無學人入無餘涅槃亦應更生。

〔0983b06〕釋論曰若離如前所立相本識者。前以三義立本識。謂體相因相果相。無此三則一切不成。

〔0983b09〕釋論曰若不相離滅受想定及滅心定悉不得成者。此下十義破小乘第二段也。受想與心必不相離。如四大及所造色必不相離。若不滅心則受想等亦不滅。故滅心定不成。例如受想等心法自亦無相離義也。

〔0983b14〕釋論曰意識或有分別或無分別者。意識無分別是證知境如忍法以去已離□誦名相似證理故名無分別也。

〔0983b17〕釋論曰能生依止所顯者。本識能生出定心□定有依止用故。明此定識不離身也。

〔0983b19〕釋論曰若執此定有餘識生者。謂若離本識外有餘六識生不離三性。

〔0983b21〕釋論曰若說由定心是善故說定是善是義不然非汝所許與無貪等善根相應此義應至者。彼義亦不許滅心定有無貪等善根相應。若汝說定心是善。則決定應與無貪等善根相應。無離無貪善根而單有心善故。問。此定體為屬何性。答。定體是善性。但非心善心及心法以心□□故。問。四種善中屬何善。答。屬發起善。以定道生種子遮心令滅不起。能遮種子即是定體。為方便所發起故名發起善。四種善者。一真實善。即涅槃。二性善。即無貪等善根。體性是善故。三相雜善。即餘心法。隨善意識相應通相雜起故也。四發起善。即身口善。由心作意發起故成善也。止論定體以定道所生種子為滅定體。道與種子同能遮應生心及心法令不得生。道起即謝。入定之時但有道所生種子附本識不滅。說此為定體。為定道所□生起故名發起善。後時出定或退或進修定道還用此種子染心故心起時□靜勝前時心也。

〔0983c11〕釋論曰善心通無有別一切心法皆不相離故者。心起時與心法俱□善故言通也。

〔0983c13〕釋論曰若不相離則受想等亦不滅是故不可立此心為善者。若善心起必與諸心法俱起。既有善心必有受相等心法也。有如此過故不可立有善心。

〔0983c17〕釋論曰離欲欲界時一切惡皆滅故非惡性者。上二界無復惡性。得滅定者必先得上二界定。於此定中豈復有惡。

〔0983c20〕釋論曰必與善根相應亦應必與受想相應者。此以受想竝之。若以此定是善法必與善根相應。若此定是心必應與心法相應也。

〔0983c23〕釋論曰無異因緣立此定但與善根相應有異因緣不得立此定與受想相應者。可得說有相應不相應義。既無異因緣。豈得作如此執。

〔0983c27〕釋論曰此義不成者。更明不成義。此句先標義。

〔0983c29〕釋論曰所對治是有能對治亦是有者。此句即證不成義。所對治是想受。想受是有。能對治是定。本識滅想滅。想既猶在。豈得有此滅心定。故定義不成。

〔0984a04〕釋論曰譬如欲等正生不淨觀等則不得有者。此句譬證能所對治無竝生義。欲瞋等若現起不淨觀慈悲觀必不得現起。想愛既在。此即是所對治在。滅心定是能對治。以能所俱在故滅心定義不成。

〔0984a09〕論本云於三和合必有觸故於餘定有功能故者。若謂滅心定有心。心從塵生。既有三事和合必有觸。有觸必生想受等功能。同於四禪定中有受等功能故。

〔0984a13〕釋論曰若信受本識此定中無有觸生過患故者。若信滅心定無餘心但有本識。細昧境異故。則無有觸生等過患。若離本識有別善心生。此心決不離根塵。三事和合必不離觸。

〔0984a17〕釋論曰因定生安為相者。安即觸相。如人擔重則心不安。若除此擔身輕故心安。身心輕安即是觸。□稱為猗。令說為輕安。因此轉安觸故必生樂捨受諸心法。次出受名可見。

〔0984a21〕釋論曰何故者。躡前語欲釋後第七過失。以何以故發生後文也。

〔0984a23〕釋論曰若信由觸故此定有受則此唯無有想是義不然者。既有觸必有受。則此定不能滅受。止能想而已。後即引證此語不然。

〔0984a26〕釋論曰此觸不應有於餘識處俱有相應觸生時有作意信等善根生起過故者。於此定中立有觸。此義亦不成。唯除本識此觸於識處必隨與一識相應俱有。若說有觸則應是信等五善根作意等諸心法並應俱起。不得說有一無一。無有不作意而得與信等善根相應義。

〔0984b04〕釋論曰若汝言由此定方便中厭惡觸受想等，故拔除心法，但有心無觸等者，是義不然者。即破其救義。其云。在滅心定方便中唯厭惡觸受想等心法不惡心。故定成時唯滅心法而不滅心云。受想是大地。大地既滅。信等小大地亦滅。又大眾部解此義云。猶如三定方便中見喜受過患故三定將起則滅喜受而不滅心。四定滅樂受亦不滅心。豈得聞受滅必令心亦滅。

〔0984b13〕釋論曰由此相引者。心引心法為心自事。自事即是心功能。心法引心以為依止。故心與心法必不相離。

〔0984b16〕釋論曰是故心應成就與無貪等善根相應者。相引不相離義成就。此義若成則與諸心法並相應。

〔0984b19〕釋論曰若汝言定及定方便起必與無貪善根相違者。更出彼外人救義。彼謂此定既與受想心法相違。諸善根與心相應。亦是心法是受想類故悉為此定所違。既滅受想亦滅善根。

〔0984b24〕釋論曰於餘處未曾見有此義者。一切經教及諸部所說。未曾見此義。豈有善生而與善根相違。無此道理也。

〔0984b27〕釋論曰諸法若因有相應，其相似果亦有相應故，此執不然者。此定以餘勝定為方便。方便中必與諸善根及受想等心法相應俱起。因既相應生相似定果。果亦應與諸心法相應。若言果不相應。此亦不然。

〔0984c03〕論本云有譬喻故者。舉覺觀滅語言必滅譬心必滅。後更出外救義。彼謂如出入息是身行。第四定雖滅出入息而身不壞滅。滅定亦爾。雖滅想等心行而心不滅。此亦不然。義不齊故。

〔0984c08〕論本云如非一切行一切行不如是故者。出入息非一切行。受想等是一切行。以出入息不遍三界。第四定以上則無出入息。於欲界中如卵生中未出卵時無出入息。胎生中從柯羅邏至伽訶那四位中身分未通亦無出入息。從第五從伽訶那開九孔竟方出入息。則出入息不遍故言非一切行。受想則遍三界皆有故名。一切行。又受想等心法於心是一切行。必由此心法不滅心則在故。覺觀亦是語言一切行。必由覺觀有語言故。出入息則非身一切行。不令由此出入息方有身故也。

〔0984c20〕釋論曰若離出入兩息飲食壽命識等能持此身令不壞滅者。此出其事。飲食即是段食。不取初食時名飲食。至其變為味時方說為飲食。從味次第變為身界說此為飲食。若在下界入第四定後此身猶為食所持。壽命即是果。以業果熟本識持此一期報命根力用恒在故。令不滅識即是識食。夫出入息身行雖滅。有此飲食壽命識食等別法持身故不滅。心行滅後有何法持心令心不滅。

〔0984c29〕釋論曰是故此位者。即滅心定位釋。後以二義顯此定中有本識。一後識若生有因知有本識。二有識食持身知有本識。

〔0985a03〕釋論曰若彼本來是能依所依作大功用拔除能依令離所依無如此義者。心為所依。受想等心法為能依。本來恒相應俱有無相離義。亦無有大功用能使其相離。

〔0985a07〕釋論曰何以故由譬成故者。舉譬顯之。前舉有是一切行非一切行為譬。此舉四大造色為譬。如四大與所造色無有因緣令其相離。四大即地水火風。所造色即四微。謂色香味觸。既不可令相離者。心與心法亦爾無相離義。故不可偏拔令相離者。

〔0985a13〕釋論曰若非一切行可得如此滅者。舉一切行非一切行顯無偏拔義。若如覺觀喜樂等非一切定中所行法。可得隨定淺深滅之。

〔0985a16〕釋論曰非於一切行中得有如此滅者。想受是一切定中所行法。此法無有所離心令滅義。

〔0985a19〕釋論曰若遍行滅心必隨滅者。遍行即是想受。遍行有心處也。若無心定既滅受等遍行。心必隨滅。後即引佛語證有本識。若心及心法滅更無本識。佛不應說識不離身。既有不離之言。故知此言為顯有本識。

〔0985a24〕釋論曰以無第五無記故者。四無記者。一作善惡不成為無覆無記也。二者有覆無記。如上界惑為定所含覆。如欲界身邊見常義亦爾。三者內外果報威儀工巧變化等是自性無記。四者虛空非擇滅所得悉是真實無記也。此定是善。不得有善惡又不成無覆無記義。又無成定義。是修得善。又非果報。小乘淺行未即得於定內有威儀工巧變化。大乘是善。小乘此三悉屬自性無記。六識定心種子是修得非果報。果報即是本識。復非是虛空及非擇滅義。復無第五無記。故不可定為無記性也。

〔0985b07〕釋論曰由三有能和合觸生受若三和合無能則但生觸不生受者。出小乘義後明心法與心不相離破之。根塵識三和合必有觸。但生受不生受有異耳。若非入滅心定方便道中根塵識。此必根塵和合有觸功能。從觸必生受。入滅心方便道中此三極細。非想非非想識三法和合功能微弱。雖有觸不生受。極細用以此為因引定心起。定心起時亦有三法和合。但三法極微弱和合無復有生受之能。故受於此時滅不復得生也。問。大乘明滅心定中有本識。亦應有根塵識和合必有觸生。既有觸生得有受不。答。既有極細觸亦有極細受。故決定藏論釋九識中觸本識云。分別本識相應有何相。本識共五大地心法恒相應。一思。二觸。三受。四想。五作意。如此五法果報所攝最微細。世間大聰明者亦不能覺。恒共生同一境界。是本識受一向是無記非苦非樂。受如本識性及受如本識性及受本識性及受識法亦如是。彼論文語如此。思以簡擇為功能。謂取境有邪正。作意以發動為功能。作意如馬行。思如騎者制令向東西。想以執境為功能。受非苦樂所記故名無記。此非即所論。用□取真義異也。

〔0985c01〕論本云若有人執色心次第生。此別破異執。由不知有本識為種子。謂色心即為色心種子。猶是欲顯有本識義故有此下文。可見。

〔0985c04〕釋論曰前過謂若識相續斷後識無因應不得生者。如入無想定等。滅識相續斷。後識從何而生也。

〔0985c07〕釋論曰有作如此執者者。論本止破斷後無種子不得生。不破色斷無種子生義。釋論此句先總標執前色生後色。仍破之故言有作如此執者。

〔0985c11〕論本云別失者若人從無想無退及出滅心定此中所執不成者。此若是過。非謂論向明前過已顯此義而論本標是別失。即此事者論主為生後別失故先舉此耳。

〔0985c15〕釋論曰若定如此者。下始出別失。明若定如此相續斷後心更生。則非別失。為□論主先標前意故生後別故有此句。

〔0985c18〕釋論曰後心為因不盡故者。此正出別失。色心無本識不從別因生。直以前色心為因能生於後。說合間中斷絕後亦得生。若爾無學人入無餘涅槃用最後色心為因應能更生未來色心。此則相生無盡。

〔0985c23〕論本云若離次第緣此執不成者。如正量等部執。前色生後色亦名次第緣。論主今許其作次第緣。不許色心相生為因緣。無別種子為因緣明色心自生後色心為因緣。則色心相生無盡失解脫。從無心處下生界則無因緣。不應得更生。有此過失也。第三段明離本識三義不成文可見。

〔0986a01〕釋論曰若人但在生起識不在本識轉依義則不成者。此下第二就轉依證在本識。大小乘悉明轉依。而小乘就六識明轉依。此義不成。大乘就本識明轉依。此義方成。故知道理定有本識　論本即三偈顯之。釋論更牒偈自解釋也。就此有偈長行二段。並有三意。初二句三字明意識為轉依了因。二明本識定轉依體相。三破小乘於識轉依義不成。此明意識為了因者。

〔0986a10〕釋論曰離五散動者。五識是自性散動。與無流修慧法爾不相應。故此善識離餘五識。又此義離六種散動。謂自性外內相麁思惟等。大義具如前說。

〔0986a14〕釋論曰云何得相離生一切時如此生故者無流觀心法無五識。出觀方有五識。故言一切時如此生故。

〔0986a17〕釋論曰離染污意識及有流善識者。此釋偈無餘心之意。非但離染污五識。亦離染污意識及有流善意識。若但說善識不說無餘心。則有流善意識或在其中。今即說大餘心知唯在無流善識決定離有流善。

〔0986a22〕釋論曰一切染濁種子滅故唯本識在，是名轉依相者。此下第二正明轉依體。此文解偈問云轉依以何方便作。此出轉依體及轉依方便道。本識昔與惑業種子相依持。今得無流治道滅離。種子本識即轉依。依法身為應身體。故言轉依也。方便作指後釋。

〔0986a28〕釋論曰若汝說由對治生故依止轉異說治道為轉依此義不然者。此解偈云若對治轉依出異解。由無流道生故依止轉異於昔故治道為轉依體是義不然。

〔0986b03〕釋論曰不以滅為轉依有二義不成者。此解偈云非滅故不成。此語破異解出正義。正以滅為轉依體。若不取滅為轉依有二過失。一若對治雖生而惑業種子不滅者。若無本識中種子止有六識者。出世道起時已無世間心及惑。何所滅耶□言而種子不滅。二對治是轉依了因者。由六識對治道生世間六識即滅。無本識則無種子可滅。本以滅本識中種子。本識轉依法身故。治道是了因。正以本識為轉依體。正取惡種子滅本識得解脫證得法身。依法身異前與生死法相依為轉依

此即是寂滅諸惡法證無生轉為常住果德。為轉依義也。

〔0986b16〕釋論曰轉依是解脫及法身即是滅諦故應以種子滅為轉依者。此中據終處明轉依也。明本識昔有染濁種子所依持得住生死。今既為治道所滅本識清淨。即解脫身與如來藏成一。如來藏得法身名解脫為應身體。一切道功德智慧並隨本體而轉成眾德。由無流意識道生照見本識種子空故名滅惑。惑滅故依止轉證法身也。若但六識道起。世間心先滅。惡種子即隨心滅。道生時已無煩惱及煩惱所依之心。道何所斷何滅何所轉。故知定有本識轉依義方成。

〔0986b27〕釋論曰若汝執對治生染濁種子滅者。此下壞破彼義。彼謂一時中對治種子滅。何故說滅不說道。今破此執有過。轉依是滅諦是果。對治是因。因是道諦。道轉依了因。用因轉依則因果無別成一體。得對治道生。即是般涅槃。何有此理則失因果義。

〔0986c04〕釋論曰若有人立滅諦為轉依者。此下第二正破外乘異執。雖同用滅為轉依。而不立本識。於生起六識。謂染污意識所生惑業種子依於意識以種子為能依。意識為所依。對治道滅。此能依所依名為轉依。此識不成轉依。以世間意識滅道智方得起。道起時種子與所依意識二法久無中何所轉耶。故偈云於無二無故轉依義不成也。

〔0986c12〕釋論曰第六生起識於定位中若不在時無種子無無作亦無故轉依義不

成者。明菩薩不退位在無流真觀中即定結。無污染心時染污識及種子久已自謝滅。無有世心及種子二法。久無更何所轉。以本識與道並在一時遣除□識中種子本識轉依流法身。此轉依義乃成。故釋論云。無種子無無作亦無也。初明無種子故言無。次後明能作種子心亦無故言無作亦無也。

差別品第四

〔0986c22〕前三品成立本識是有。此品明本識體中諸差別相用不同義也。就品論總有二章。更別開總成七章。前一為三章明重本識成種子義。後一章開為四章明本識中種子事用有生六道差別之相貌種類不因義也。此前三章異相者。一通明習報因。一切生死戲論種子。二者明我見。即陀那中煩惱熏習。三明業熏習即果報因義。如後應知勝相中解。此七章即為七段。初章為二。前總明一品差別開合義意。二者正釋初章義。就總有三。初列章門。二結問品義意。三者答又為二。初明七意大。二者列三意名。此大意可見。

〔0987a05〕釋論言說以名不同我習報因義為體名有二種謂言說名思惟名此二種名以音聲為本者。此下略釋第一言說章。若依事解言說。與名同以音聲為體。何以知然。聖人為住世眾生顯示萬物有異。以異音聲立萬物名。既數習此音聲眾生執萬物定□有則異。若發口出聲稱為言說名。若不發言直心緣思惟萬物別異稱思惟名。雖有二名根本品是音聲。並以音聲為體名。依大乘道理解者。一切萬物無體但有言說。數習根塵等謂為有。此但假言說。無萬物實體故立言說熏習遍為生死戲論種子。言戲論者。不緣第一義理悉為生死戲論也。以此氣分熏本識能生後時戲論果。即生能相續力用故稱種子也。

〔0987a19〕釋論曰約能見色根有聲說謂眼者。如色根能發識見色。約此義立眼名。眼名即是言說。此約□理。但實唯有言說無有實體也。

〔0987a22〕釋論曰數習此言說於中起愛熏習本識者。凡夫共數習此名。後時不復知此名但是言說。執眼有別物。於中起愛數起所愛熏本識。此熏習有功能於本識中以為種子。能生未來眼。餘根塵識等一切法亦爾。是名言說熏習也。

〔0987a28〕釋論曰有染污識由我見等依止於本識起我我所等熏習者。此下略釋第二我見熏習章。我見由陀那執梨耶為我得自他差別。由此故染污六識六識亦起我執也。染污是阿陀那識。意識是所染污。六識後我見即依止識生。於本識中起我執及我所見二識。並還熏本識。本識有此種子故得自他差別身報也。

〔0987b06〕釋論曰此熏習故起分別謂自為我異我為他者。由我見種子在本識中。後時由此功能生諸分別執有此彼等界。因此生諸煩惱。還復熏習本識生諸種子。即是同類因等流果也。

〔0987b10〕釋論曰隨善惡不動業於六道中所受六根有差別者。此下略釋第三有分熏習章。呼種子為有分。業有三品。謂善惡不動。善業感欲界人天。惡業感四趣。不動業感上二界報。有者能得三界六道有報故名有分。三界六道報正是有體也。由意識作業變異本識有三分不同。由此三業種子能變異本識起三界六道苦樂等法不同也。煩惱但通能感有。不能令得苦樂等異異報。二正由業有故。是業牽諸有差別。此三章是集諦。初章通習報因。第二煩惱。第三是業。故有三章異也。

〔0987b21〕論本云引生差別者。此釋第四引生章。此第四章論本自解。釋論又解。引生有二。一能引牽本識受依持生種子所以得立。二本識中種子引生後果報。此章明於引生之力用故云引生章。

〔0987b26〕論本云是熏習新生者。通論過去以來起無明行熏於本識。隨其業等猶有力未受用者悉為新生。若已曾得報用者並為故也。

〔0987b29〕論本云若無此緣行生識緣取生有是義不成者。行即是過去種子生現在識支。識支即是本識。本識將成熟業種子來受生意識。依此種子為因緣。本識為因緣。本識為根得生也。緣取生有者。取是惑。有是業。若無本識為增上者。種子生有力用無依止處。隨所作業隨能作心即滅。故言是義不成。

〔0987c07〕釋論曰引生種類差別者。隨望前一一義可見。隨數習根塵等成種子。此還生昔所習等流果義有輕重得樂苦果報。果報有異故言種類差別。

〔0987c11〕釋論曰此有何相是熏習新生者。引生種類即以熏習新生為相。雖無異性同無記　不無昔種類差別力用之相貌能生昔時同類之果報。故言引生也。

〔0987c15〕釋論曰若無引生本識差別者。本識有種子能引生後相似果故名本識為引生。如昔所作業輕重煩惱等而得報也。

〔0987c18〕釋論曰行生滅所熏習識者。明行若是常無能熏習義。由是無常生滅恒流故得有熏習義。彼行所熏習識即是引生本識。此語即釋上句。

〔0987c22〕釋論曰由取所攝故對生有起者。此有二釋。一云。現在取分從無明

行所熏習種子力依本識故生。故說本識為引生故言取所攝。對前相似因生現在有分。故言對生有起。二者云。取為有因。取能引有生起。故名為取所攝也。未來生分緣生處之有引身分令起。故言對生有。即陀那之用。

〔0987c29〕釋論曰此有不得成者。若無種子識。未來有等悉不得成也。以無法持種子因故也。

〔0988a02〕釋論曰從此有生起故說此為有法者。此釋有義。從現在作業能得未來生分之有。故名現在業為有也。

〔0988a05〕釋論曰取及善惡等是宿世數習果者。明此現在取及有有即善惡不動業故言並是宿世所數習無明行果。此數習無明因果義所生也。脫解取有非現在。取有二分。但明若無引生本識。則行所熏習種子正除煩惱種子。不正除業種子。煩惱既斷。業種子遂滅也。

〔0988a11〕釋論曰得道以後所見清淨與前見有異故言亦有功用者。得道後見他所變異作塵解。而達此塵體非是有即是清淨。正是亦是道功用也。又前釋云。得道後識不變異作。本所見塵即是清淨。由變異本識種子已滅故爾。此即是道功用。

〔0988a17〕釋論曰由他分別所持故者。由眾多識變異作境界。自識雖不復變異作本境。他未得無分別智識猶變異作此境界。為此人分別識所持故猶有穢境界。從語可解。

〔0988a21〕釋論曰若約慈悲般若更起分別，此分別依止真如故，則所分別成清淨土者。佛有大悲般若。由本願力此見俗唯是識無外塵□。若見真慈悲雖分別俗境。由依止真如智與為般若所攝。雖緣俗境無實境分別由見清淨能現淨土。淨土唯識智為土體。若作凡聖者十地通諦並是真淨土。若作三學四地以上是真淨土。若功用無功用。八地是真淨土。凡真淨土並是應身為土。□從初地以上並是真淨土也。地前為相淨土。十信為事淨土。如彌勒等土為事淨也。如聲聞等人未能平等故。猶事差別論淨也。凡夫下品見穢土見於化身亦不復具相也。從相淨來並屬化身攝也。菩薩由分斷無明見淨土三無性真如後見真淨土。凡夫由心分別見穢土。

〔0988b07〕釋論曰唯一境界，云何眾生所見不同者。異境異見此乃可然。同是一境云何各見不同。

〔0988b09〕論本云譬如修觀行人於一類物種種願樂種種觀察隨心成立者。譬答問。如取一物隨修觀人以神通變化。種種願樂隨前眾生所宜。見青黃得慶者。則觀行人度此一物合作青色。從小至大從狹至廣皆成青色。令前人見青不生煩惱。見如一切十入觀所說。若別境是實有。則不隨觀行心令其□異。由實無體但是分別所作故。得神通力轉變其心令所見各異。

〔0988b18〕論本偈云難滅及難解者。此下第二更明結惑相貌。有長行及偈為二。初出所治惑。後出能對治道。就分別煩惱有二種。謂共不共。似外塵起為共。緣內識起為不共。共結難除。不共結易除。大意如釋論解。相結即是分別執相。謂一切六識心所緣外境是有。未達此並是自心分別所作故。若見相並是識分別所作。欲瞋等則無從而生。又約無間解脫二道。無間道難得故。故解脫道得者由無間道斷惑。惑若滅解脫道次後自起。言無間道難得也。

〔0988b29〕論本云觀行人心異由相大成外者。釋論解此由三義難解難滅。一由外無法但觀內治。二相通十方故言大。三明觀心與內種子相違與外不相關。故言外難滅難解。後即明心淨即見清淨。此下第二明能對治道又為二。初正能道。二者兩得舉境成行。治道滿則是分清淨。道未滿則隨分清淨。法明見真如實相相法慧眼通見真俗空也。若後智見俗唯有識是虛妄有。餘法悉空無所有眾生。唯識即是能依是諦俗體。唯識智即是所依為淨土體。從真如所起胎生死智為真體即後智也。依此智問進利他等故得至圓滿法身。故為土體。

〔0988c13〕釋論問發論本淨土因由。見佛清淨者。見佛是正體智。依此起後智。為土體也。依此後智進加智增長五分法身故。以此智為所依。故是土體也。

〔0988c17〕釋論曰一菩薩於內修觀不依外者。此明觀中第二舉境成觀行。外本所有故不依外。即顯唯識義也。

〔0988c20〕釋論曰二由此觀唯有識無有外塵者。觀內唯有識即顯無外塵。此屬相顯成也。此後明無外塵種種觀人。於一物隨願樂成顯唯識無塵義可見。

〔0988c24〕釋論曰若實有外境觀行人願則不成因不成故者。以無塵故種種觀人於一物則種種願成。即是因成。若實有塵如二空不可轉。即觀行人所作則不成。即是因不成也。此後可見及結前生後亦可解。

〔0988c29〕論本云是不共本識差別有覺受生種子者。此下釋第三廣料簡示其相貌。就此為五段。一明共不共因同生一果義。二辯麁重相識細輕相識。三明有受

不受二相種子。四辯七識熏本識成亦識上心惑。五辯具縛相不具相種子。此文云前明不共種子自生一果。今有他助結成為他眾生境界義。故文言。若無此眾生世界生緣不成。生緣即是助結以成彼境界義。器世界生緣者。世界□一主餘人助結為生緣可解。又有助結他身起成我愛憎等境。故得平相見為塵義也。

〔0989a11〕釋論曰此文顯本識是善惡二業相似果者。第二由善惡二業熏本識。本識二種種子即是相似果。此果報種子轉變為因感報起。更作善惡即是因也。

〔0989a15〕釋論曰於理及事心無功能故稱麁重者。不達道理曰麁。不能作正勤為重。即是大小二識惑。惑如前釋。由有大小惑故散麁不能通達事理故名麁。亦由此惑心沈弱不動勤策故名重。釋細輕相識翻前解。所以但說有流善為細輕不說無流善者。今論能為生死種子習果及果報果義。無流善滅生死種子。以無流善為細輕相識也。

〔0989a23〕論本云若無此由前業果有勝能無勝能依止差別不得成者。識有麁重細輕二分。此二分由前作業有善惡種子感果報。果報中復造善惡業。如此等義皆不得成脫解。由不善等報因感惡道等身。色形醜陋之惡說名為麁。無有力能名為重。由善業報因感人天勝報。形色微妙說名細。復有勝力能故名為輕。此就報色身明有力無力。又由惡業所得果報於此出世道理及所行事不能有用。由善業所得報於出世事理能有功力。又由惡業能得果報。果復能作習因生後煩惱惡業。由善業能得果報。果復作習因生後出世善業信等諸根。

〔0989b07〕釋論曰若本識無此二相因果義皆不得成者。謂若無本識此善惡二因果相及習報二因果相皆不成也。如前所破無依義。立此識時因果義。因果故是事得也。如前言依止差別者。即以六道報身為所依止。六道不同故言差別。

〔0989b13〕論本云復次有受不受相二種本識者。此下第二明不受因果相。本識中種子有二種功能。一感果報果。二感果報果。此因若熟果報起時用此種子則有盡義。若感相似果。此則無盡。習因無窮生果故。故說感果報果種子名有受相。感相似果種子名不受報。以不所受果報故即是習因義也。

〔0989b20〕論本云若無此識有作不作善惡二業由與果報果故受用盡義不成者。意業等若無本識持種子者。則不作應得果。作應不得果。故言與果有盡。不盡義不得成。則有作而不得。不作而得果。此義應成略。無自然得果義。無作而不得果義。故知有本識持之不失也。後出四句是別意耳。但四生造業善惡業有四句。

有作而不長。有長而不作。有作而且長有。不作不長。若自作而悔不更相續即初句。若不自作但隨喜他即此句。有作業而續行之即第三句。後句不作不長。隨有善惡業不造不續故。可見。今唯言舉初二句。有能感果故有盡義前二既能感果。第三所知故是能感。第四無因也。

〔0989c05〕釋論曰同業種子，由是有相續不斷因故，名不受相者。同業即種類習因生後相續義故言不斷因。非苦樂受故言不受相。此明分。若成三彰者。一切法但有名言。以顛倒分別為有。習此名言為有故。以熏習本識成種子故言名言熏習。將此起理事二分別名皮肉兩惑。復分別此理事中一中有一切義別種種不同為心煩惱。即無明習氣。此明一切見聞覺知不緣實義。無始來戲論故有習因種子為不受相。

〔0989c15〕釋論曰由施與果功能滅盡不更受報故名受用者。若無不受則習果無習因便斷絕無相續義。若無有受相種子則無果報因果。有此二受相故有已用報果則盡更受未用果起則受有盡義。故不失解脫。

〔0989c20〕釋論曰以失解脫義故者。以有本識種子有不盡故有轉盡故有解脫故。後明不受相種子即是習因釋論語可解。

〔0989c23〕釋論曰若無煩惱業則無有及差別者。有即三有。差別即六道。煩惱感有業牽六道差別之異也。

〔0989c26〕釋論曰譬如幻事為象馬等亂心因，如此譬相本識是虛妄分別種子故，為一切顛倒亂心因者。第四段諸譬後自釋。本識中種子是一切生死顛倒亂心因緣。種子生一切生死亂心。如幻象馬為亂心緣生亂心。今略出四譬。同譬陀那中四惑生六識上心倒惑。幻事能生取執者。實是小豆而法今作兵馬。彼即執為實兵馬故是取執。令譬明生死中實唯有識如小豆。由無明倒心見無我及塵解謂實有六塵。如因幻法令見象馬。故成取執也。次鹿渴能生眾生貪愛者。如鹿渴陽時熱炎為水。於水起愛付趣持走持不復見虛生貪愛。令譬明生死中實無有愛而執有愛於中起愛。如炎中實無水而謂有水於中起貪也。夢相能生眾生亂心者。夢中見五塵云是等一切事生種種亂心。以覺道理尋之實無所有續生妄見。令譬明生死如眠夢中所見五塵云欲一切得生。真如智覺時無所復見。始驗但有亂心實無有境。翳闇能障眾生明了見境。由陀那不能達理　執梨耶為我執等污染六識障不達理。迷諦實等一切道理也。餘悉如釋論易見　次明具不具縛義。釋可見處。不解不可見

受略示之。第五段若作解脫智二障論之。如來雙滅二障。獨覺聲聞並滅解脫一障。若作三障論之。二種解釋前際通三乘明義。以無明有心障。見惑為肉。修惑為皮。依此則二乘斷肉皮二障未斷心障耳。若大乘後際明義。則八地斷心。初地已上斷肉。地前斷皮。依此義則聲聞斷皮未都盡竟。恒沙無明亦屬皮障。二乘唯與十行第五心斷惑齊諸大行能伏斷。第六心以上恒沙無明。此中十五心所伏斷恒沙無明習氣猶未能斷惑體。至道種終心滿方伏滅皮盡耳　後明本識應身義如前解。後復應廣解之。後結無本識諸事不成所見章。第四段明本識無記性。故愛三性熏習可見不煩惱後重釋也。果報正是自性無記心地。作善惡不成屬無覆無記。

拾肆、攝大乘論疏

卷第七 T85 #2805 （應知入勝相第三，卷七卷八）

〔0990b10〕事善知識即是生行解力。□□□□□云已入決定信樂□□□□正思惟力亦名加行力。由無量宿世所習因力故。得承事諸佛為修道□□緣。由值佛聞法生正思惟起決定信樂。得此所信之法精進勤修即是加行。信樂位乃通。今所正成處在十迴所信樂。即三種佛性義如前釋。

〔0990b17〕釋論曰非惡知識等所轉壞者。二乘是惡知識。所不壞菩薩信樂心。已成心不可轉動等。即天魔外道種種方便不能令大乘心轉。

〔0990b20〕論本云由善成熟修習增長善根是故善得福德智慧二種資糧者。此第四依止力。由修加行力故得成熟福慧資糧圓足得入初地。即是初地依止亦攝持。由資糧能持成初地。若登初地即是唯識觀成故得入。言善成熟修習增長善根者。善修五義。一無分別能行所行及所為行。二無著修。謂不著因報因報恩等。三不觀修。謂不觀有因果及能行所行乃至因果等之相也。四者無可譏嫌修。謂攝理又自無微細過失。又能可他心稱機得益也。五迴向修。悉用眾行施眾生。復為四生迴向無上菩提窮實際迴施眾生果。具此義故名善修也。成熟修有四義。一長時修。二無間修。三恭敬修。四無餘修。研令增進名修習也。

〔0990c05〕論本云是故善得福德慧智二種資糧者。若約六度論之。施戒忍定為福德。般若為智慧。精進通二種。隨所策功德則屬功德門。策慧則屬慧攝也。

〔0990c09〕論本云諸菩薩修於何處入唯識觀者。下第三明入界章。正明觀智之境。後釋可見。此問有二意。一問境。二問位。答中此章即答境問。第四章方答示位也。

〔0990c13〕釋論曰此法名唯識觀持亦名境界者。唯識觀能持此境令現前。此境又正能持成唯識觀也。唯識觀所境界不出此四句。若不識此四句亦不能得入唯識觀理故。唯識觀所攝法所緣境界並不出此四句。法者一有見。二有相。即似法義顯相。三意言分別。四大乘法相所生。前相見悉是意識分別所作。離此無別法為二也。

〔0990c21〕釋論曰大乘法相為因故得生者。明此意言分別是正思惟。正思惟中

有見有相皆由先稟大乘法聞熏習生故言大乘法相為因得生。

〔0990c25〕釋論曰此中顯境界體謂意言分別者。離覺觀分別無分境界故。以意言分別為境界體。

〔0990c27〕釋論曰顯現境界相謂有見有相者。意言分別有何相類。此分別不出相見二法為境界相。後句尋因不異前。

〔0991a01〕釋論曰此意言分別有四位者。此下第四入位章即答前第三章位處。問明唯識觀有四位並以意言分別為體。作諸法理事等解了一切是識分別。謂有見相等實唯一識耳。然四位雖同入唯識觀。實有淺深大異。就此章為四段。初標位。二釋示位相。三明位處境界相。四結示其體相。

〔0991a08〕論本云願樂行地入。謂隨聞信樂故者。論本先列四位名。後以四義釋之。釋論具舉前後文悉謂字隔之後方合釋也。四位例爾。文言隨聞信樂故。謂於所聞唯識理生信樂者觀智未好成。故地前表是信樂位也。

〔0991a13〕論本云見道謂如理通達故者。於信樂位唯識觀未成。即入初證菩提見住心與理成一。即是無分別智。亦即是真般若。此智未成俗觀。最後見境無相始是唯識觀成。即是生緣盡故是無相。相盡故識無生。緣即是無生。以此二名真實。真實本對相生既無復相生對。故成無性。性即真般若。依藉本願仍起。後得般若方見俗中唯識義分明。故名通達也。

〔0991a21〕釋論曰此意言分別如顯現相通達實不如是有但唯識者。此明見分別性空。意言分別所顯現相即是分別性。此實非有唯識量耳。即無相性也。

〔0991a25〕釋論曰此識非法非義非能取所取者。此明觀依他性本緣境生識名識。為能取所取之境既無相故識非能取性。既是見非塵又非所取也。既非能所取識即無生。無復他我彼此故非法非義離如。既無法即是如故即入三無性理。爾時不見識唯是一如。是前後方便中正見唯識義耳。

〔0991b03〕釋論曰如此觀察能對治一切三障者。修位有二種。一大分。以初地為見位。二地以上為修位。八地以上為究竟位以功用究竟故。二細分。位位中皆有三位。入住滿亦入住究竟亦言入住出。此三位亦為見修究竟也。約修道有進趣義有增明義。所以能治一切障。言一切三障者。謂皮肉心三也。煩惱業報亦三也。解脫定智亦三也。有如此故言一切三障也。亦得上中下品數為三也。

〔0991b12〕釋論曰此修道與見道不異由智由境故者。見修二道雖淺深不同。同得無分別智同得觀三無性理。故言此義不異。釋論略示五義異相。初可見。第二云除三乘通障名見道但除菩薩障名修道者。二乘人但斷見修惑是果障未斷因。即用無明初品為因也。即為凡夫性者。為凡夫惑之本性能生見修惑故。即是見修惑本。今斷初地障即是斷三乘根本之因。故言三乘通障。三乘所斷者。十行五心中已斷修惑盡。六心以上但伏斷無知。無知即見修道惑本也。地上斷法我障。亦有義中說二乘斷惑。以七地來猶見二諦二相義強故言二乘。非三界斷四惑住二乘也。釋第三云觀未圓滿無退出義名見道觀未圓滿有退出義名修道者。見道與真相應永成一義。所以明無退出。修道恒從方便入理恒更出俗作唯識斷惑進行故言退出。見理與事真俗恒竝。今互舉一邊取。解第四云觀通境名見道者。即真如為通境。修道是緣真俗兩義故是通別。見道但取見理義也。解第五云事成名修道。以至功用究竟地能得無功用位故名事成。

〔0991c05〕論本云究竟道中謂出離障垢最清淨故者。八地無功用位為究竟。釋論二種位如前釋之。

〔0991c08〕釋論曰此位最清淨智慧生處故者。無功用智任運不作意自無相即是清淨智慧。及地地滿亦是清淨智慧也。

〔0991c11〕釋論曰最微細障滅盡無餘故者。約□此大小分位並當分惑盡處無餘。

〔0991c13〕若人入此四位緣何境界下。第三示境。此後除真如無分別。就俗中智境一切唯有識。四界者即三界無流界合四也。

〔0991c16〕釋論曰一切法以識為相真如為體者。從何以故以下第四段依俗諦一切法雖復異真唯有識故。以識為相證真為悟。唯有境智無差別之真如。其外無別法。異如者俗如幻免無別體故。不異真如即以如為體。若作隨妄生義即是識息妄無生即如。故一切法悉以真如為體。無離此如為體也。

〔0991c23〕釋論曰若方便道以識為相若入見道以真如為體者。方便道唯見識有體。除識外悉如夢塵並無所有。識隨妄塵故生。既智塵無所有則不生即如也。若入見道是如理真智見識無生。無生即如如無復異法。故以真為體。如此等行是入四位之相也。

〔0991c29〕釋論曰因此方便菩薩得入四位者。此下第五釋入方便道章。即是入處方便。因藉此四善根與本方便修令增長能資唯識觀令得入初地。就章有三。初

釋論標入方便。二問。三答。釋論釋問意示八處持四善根為方便故得入四位也。然八處中前六處為方便。後二為資糧。並為入因也。仍即示四善根義。如入人章釋。次第三答中更為三。初示所持之善根。即前四力。二示能持善根之行有八處。三者捉八處廣解釋之。

〔0992a10〕論本云由善根力持故者。此明善力。不出四種力。八處持此令增進故唯識觀成也。

〔0992a12〕論本云由有三相練磨心。即為八中三處。滅除四變障即八中第四處。緣法義為境即第五處也。無間修定慧是第六也。恭敬定修慧為第七處。無放逸修即第八處。此八處並是修學處。由修此故成熟四種善根力。八處次第淺深相成。初三種練磨心為三。初牒章門。二釋三練磨心意。後以三行偈更結之。釋論復解之也。

〔0992a20〕釋論曰一輕賤自身等退屈心者。此下第三廣解釋方便釋。此明聞菩提廣大甚深難修難得故心退屈。約如理為甚深。約如量義為廣大。攝法盡故難修。由文修行方便得故言甚深。為深故難得。治此心有三義。一明無定處所。隨並得引□處修皆得。二明人道。是道器即是同類修皆得。三明無定時節。隨能勤修並得。引此為例作此解磨練心治第一退屈心。

〔0992a29〕釋論曰二輕賤能得方便退屈心者。菩薩作此心。施等是菩提資糧。若離菩薩意欲不可得。我等云何能行此行。即是退屈心。為治此心者。明引三世菩薩是我等類。皆能修施等。以信樂為正意。正意為方便。具三義能平等生長六度。具三種信樂。即三種佛性如義章廣。為正意能行六度等。具生長平等三功能。出離障垢。故行施等行不足為難得。此等正意六度圓滿自然得菩提。退屈心則滅也。

〔0992b09〕釋論曰最難可得者。三義。一者須長時修。二所修微妙精細。三所修眾多也。至十地三十大劫阿增祇修行除無有生死最後一剎那心。此難思量故生退屈。觀前有四種定心。一思。二了。三證。四除。先尋思一切法唯有識。既尋思已決了知一切法唯有識。決定明了已後證知唯識。證知唯識止除外塵未除識體。後更尋思塵既無相。識則無因緣不得生。復不見識體故名除心。此除心與真如相隣。由此心在障不得真證。心即是解脫道。除則是無礙道。過此後心與理一無有心境之異。

〔0992b20〕釋論曰亦應可得此義難思者。所障有眾多功德智慧。能障只刹那心者。說可得此義難思。我今猶在四種生死。去金剛除心猶遠。所障有多能障亦應有多。若說可得此亦難思。有疑心故生退屈。後即舉例為對治心者。明凡夫二乘修有礙善根成各得果不差。何況我今修圓滿無礙善而當不得果耶。夫無有施戒修三品修即定也。止有正體無三品修名偏。具三品即財法無畏等施為圓修。捨命而得果為死墮。即轉凡成聖。不捨命為移位。

〔0992c02〕釋論曰於十地中好生長福德智慧二品善法故名圓滿者。此二義。一約諸地。地地中具足六度行為圓滿。二以真俗具足為圓滿。真解為智。俗解為福。常住具四德自在為無礙。法身圓德義為富樂。應身利他上行人能變以此為行。法樂自在為如意。化身取色形義相好音聲才辯為可愛。後結意可解。復以三行偈重結前三練磨心義。今顯現可見。意如前可解。釋第二偈兩句顯三義者。諸勝菩薩反所信樂三種佛性等並為增上緣。善心為同類因。施等行戒出世法為等流果也。

〔0992c13〕論本云由滅除四處障故者。此即牒前八處中第四。除四障者。一邪思惟。二邪意及疑。三法我我所執。四明滅。此四障大略也。

〔0992c16〕釋論曰數觀生死過失涅槃功德此觀但愛自者。由心分別於無二理中見有彼此得失。不能平等他故成邪思惟也。第二邪意及疑並明。於二諦三性等法相道理生信及決了心故滅邪意及疑者。明於聞思境界中是無法並隨心成。而執法體是有名法我執。復明此法有用名法我所執。又譬如執有涅槃謂集諦無生寂靜為體者。集諦是苦因。有則是生。謂言無生故是邪執。即是菩薩道為涅槃因。謂因為果。豈非邪執。又譬如執涅槃用謂能離三苦者。能離苦此乃是道。能離苦道是涅槃因。因能離苦。涅槃是果。果時又已無苦。而謂始是能離苦則濫因。豈非邪執。次第四解分別執。明定散並緣內境不緣外。見境無相見識無生故能滅分別。此一有長行偈。後偈釋論解不異前也。

〔0993a03〕論本云緣法及義為境者。此八處中第五。如釋論牒前論本來為章門復問答解釋之。以聞熏習為生因答第一問。思慧為長因是方便答第二問。生後時思等慧。依此聞慧數思惟增長令堅住故名攝。正思惟即為長因。或似正教為聞慧境。或似正教所證義顯現為思慧境。後明覺觀思惟即是意言分別。復有見可解。

〔0993a11〕論本云由四種尋思謂名義自性差別假立尋思者。此即八處中第六處。

即無間修。得無間名者。方便轉勝修之相續無有間隙之惡無記間善心故名無間修。以名義二為本。名義自性名義差別成四者。能目一切物之言為名。所目一切法六識境十八界等為義。名義自性者。此二名義唯以言說為自性也。差別者。如說五陰十八界即是立名義。名義為本有種種義為差別。如色受等各別不同為自性。於一一陰一一界中復有種別不同。如色中有種種色。一切皆爾。名為差別言說。唯見名義自性言說除外更無所有故言言說為自性也。名義差別言說唯見名義差別言說者。名義是當體。差別是其別義。當體既是言說其差別義故亦唯有言說。四處度疑決了說名尋思。此並唯假言說為義故立餘三為相應。以三目義即屬義。由數習次第相續三故生解假立法妄想生解故名相應。名義互為客者。得義時未識名。如見人不識性。故知不同。以名多。如一人有多名無多體故知不同體。三名不定故。知人猶子等故不同體。又一名目多義。如前名目九也。故不同。此明一時不同。又前有人後方立名。又知如文有人道後此道名為人。此通名前文有定後方有人也。此明前後不同。又知識此人姓名來文不識其人體相。故名義不同體。後□五陰譬。如五陰是行聚即是無常之名。猶於相續中有我執。則知名無常猶於義計常。故知不同體。故名義互為客也。然若無數習次第無倒三義則無相應義也。而通明此義顯不同者。以各不同是分數各別法即是無常故有此說也。

〔0993b13〕論本云由四種如實智謂名義自性差別如實智，四種不可得故者。此下明第六資糧。就章為三段。初辯恭敬修。二辯無放逸修。三釋疑辯住處及境界。初明恭敬修三。前明四如實智。二辯唯識方便觀。三明唯識真正觀。第一四實智中又三。初總標。二者一一別釋。三總釋結成也。論尋思如實智。並在十迴終心出位。諸地方便將入位。尋思在煗頂。如實智在忍世第一法位。然論此二章並得為方便資糧。今取去真觀遠者為方便。近者為資糧也。然前四尋思知四是假言說未達四法無所有。能了了達四法實無所有不可得故成四如實智也　次別解。第一名尋思所引如實智者。實為欲引眾生出世故立世間萬物名字。若不立名則無人識色等類法。則不能起增益執。乃至互相教示。豈能解出世理。故借世法引令出世。如前令入依中明人法通別二相。悉是假借為入理證耳。皆悉無所有。次義尋思所引如實智。明義離一切言說不可說。次明色非者無體不可說。色似色顯現不說。非色法有無亦爾。法有三義不可說故。是第二如實智。次第三明自性言說尋思。唯有言說。由自性言說此類非其自性。如其自性顯現者。菩薩達其如變化等譬。非類似類現。是名自性尋思所引第三如實智。又言甚深義為境界者。緣

無相及依他識為境界。次釋第四差別言說無有二義者。此明一切名義差別言說無二。言及說所說並無所有故無二。由可言體不成熟故即分別性無體也。由不可言體成熟故即真實也。次差別言說無二成第四如實智也。次更總明四義從先已說名及義下。是總結之明智是假言說。度疑決了等說名尋思。因此尋思菩薩觀名義等二無所有是如實智。次入此已解下。是方便唯識觀。四種通達分善根依止者即四定。後文自釋之。次後次第明不見名義自性差別。依釋可見也。由四尋思四如實智為二方便遣外塵復何方便及境界得入真觀者。此下第三問唯識真觀。前是方便相似解耳。還研此入真。意言分別此四法故生起　此四法既無所有。意言無復所分別諸生緣既盡。意言分別之識亦不得復生起。此即是入真觀。亦見無相性為真見。唯有識達餘法悉無所有名入唯真觀也。四種三摩提者。此四是法無我中四觀依止。非前人無我中四種。煖頂忍世第一方便。是先得等四定也。後章自釋之。釋論曰。此下明八處中第八處。無放逸修。即章第二段。就此有問答。問答即辯法譬兩說。分文為二段。一法說。二譬說。法說中為二。初略示三量智意。二廣釋三量義。

〔0994a05〕論本云但入唯量者。此明俗觀成唯有識體量。後雖明相見種種。若不顛倒識上變異成相見二及種種則唯識義不成。以無識生緣故識不得生。若有實色唯識義又不成。以變異為二而無二體唯一。

〔0994a10〕釋論曰此二法一是因一是果者。塵是因。生義得成。又不失能取所取之識故。識是果。此就緣緣。作語根是識因。識是果。此就增上緣明義。若約變異義。識是因。根塵並是果。以根塵從識家種子作因緣生也。離識則無塵等故也。

〔0994a16〕釋論曰又一是所依一是能依者。根塵是所依。識是能依。從識變異種生為根塵。亦得言根塵能依。識是所依也。

〔0994a19〕釋論曰此二法由無始生死來數習故速疾是故於一時中有種種相貌起者。若就俗諦體唯識為量。為成識義故開成相見二法。廣見有六識相有六塵識。各有無量塵識故言種種相貌。八識一時起及前後論之彌無量種別。雖復為種實唯是識量也。

〔0994a25〕釋論曰名義各有三為六者。此下論本文第二更廣釋法說義正明入識唯觀有三種。初明唯量者六相為義。次尋名無所有者。名本目義義無所有故名無

義者。所因即六塵以諸塵為義。塵無所有此名空。無所因名何義。又此名為自有義為當無義若有義義無所有故名無義者。若除有物可得有於有家之無。既無有於有法有。何有家之無耶。故亦無義也。次義自性差別二法如釋論可見。不釋之。次第二明相見觀如釋論解。作取能所取義既不成。始達於一識上作自分別為相見二法有。次第三釋論解種種相貌觀云。於一時中能觀種種相貌。無相無生名入種種相貌。觀者無相無生為本。從法來至法本極處方達種種相貌觀成也。若不達理體於顛倒事相解終不成好解也。次明入三性譬者。此答第二如何法問更為二。初有三十四行文行譬行合釋之。二者從如此菩薩由入似義下三十三行文法說顯成前譬也。譬即借小乘事相以為譬。譬如闇中不了藤謂為蛇。蛇譬分別性事中有。藤譬俗中有識。是依他性。而藤以事檢之無自體但有四微。四微譬安立中有真實性。然蛇本來是無。由闇不了見藤橫謂為蛇也。一切眾生不了別俗中唯有識。於識上作根塵等解。此根塵實無所有。如藤上本無有蛇也。次明藤無自體。假說四微為藤。如達四微時即不見有藤。合譬如於真中不達一如無相。於如上橫倒見分別性根塵。如見蛇時不見藤。根塵既無所有。即見無相性。是約分別性無所有分。見真如見唯有識。即見依他性。見藤時無蛇。未明四微緣識即無生見即無相無生。即是俗識見真實性。如見四微時無藤。本為對俗識立真如。俗既空無所對。真亦絕待第一義空。如見四微亦無所有唯空。即是真實性成無性性。即非安立諦。無於二諦三性等也。

〔0994c02〕論本云如此菩薩由入似義下。第二法說更顯前譬。論文初論文顯次第入三性義。第二既論文明由入真實性捨唯識想。第三明意言分別是先聞法種類。四段明無塵。五明生緣盡識無生。後段釋結可解也。

〔0994c07〕釋論曰復次是時無有一塵品類而非菩薩而了別者。既久習研釋精識反覆熟觀已竟。雖無別體不無識法為相識義也。但此識法本無二相。分別為二相。實一識為體。是諸法本故。於末始得明了後得入真竟。後出觀時方是精識諸法。故無一法而不善達知也。

〔0994c13〕釋論曰無分別智是名者。此第三段辨菩薩住處境界釋疑也。此為二。初答兩問住處及境界。第二更重辯菩薩通別境界為二。初長行辯通名。二偈辯通別兩名。此下言名者。名本身能表法體為名。又名本定體無分別智能證理與理成一。即是定自體之名能起後智立教能長章。一切法相是一切表章之根本。故立無分別智為一切差名。

〔0994c21〕釋論曰復次名者謂究竟者。即是真諦是為第一義諦名。是相應之理極果法故言究竟名。真即表究竟極理故為究竟名也。亦即法界者。法界通一切法。皆如無有二相故言通於一切法。一相無有差別。境智無異相也。

〔0994c26〕論本云無分別智得證得住真如法界者。明不分別一切俗中一切相生等者。相即俗變異事生是識即俗體。由不取此別相故得入住法界。

〔0995a01〕論本云是時菩薩平等平等者。此下第二明通別平等境界義。此中但明二種平等。依如釋論可見。具十種者。一義自性平等。二無言說行相平等。三無生平等。四因緣不起平等。五畢竟寂滅平等。六離諸虛境平等。七一切行無取捨平等。八一切法離相平等。九離妄相境界如幻如化平等。十妄想境界有無無二平等。略示其名耳。釋論自作兩番釋偈十名義。今略示其前後同異大相。第一法名。初番云。謂色受等眼耳等。此五陰五根等。後即除五陰但明五根故異。第二明人名。初番云。謂信行法行等。此即利鈍二種相似聖人。後即我眾生等。此通一切凡夫異前。第三法名。同取十二部正教義同。第四義名。亦同是正教所詮義。第五性名。初謂無義文字。後即明十四。此亦同。十四是音。二十五是字。合有三十九。而言七者。二字同標章結句以相成。所以止三十七。身解義意如涅槃記中釋也。第六略名。初謂眾生等通名。後即有為無為。此即後番通內外根無為等。前但有為論正報名耳。第七廣名。前謂眾生各有別名。後謂色受等。即五陰空等成眾生法六大則異也。第八不淨名。前後同凡夫。第九淨名。前明聖人等。後明須陀洹等。此略同。第十究竟名。亦同是果上極處名呼為究竟名。地地皆亦隨分究竟義。但成自利利他。皆有隨分也。

〔0995a27〕釋論曰究竟名謂緣極通境出世智及出世後智一切法真如境者。緣極通境二種智所緣真如。目此境為究竟。欲顯此究竟理與二乘所緣有異。用緣極通境以目二智示是此二智境。次論本結前可解。

〔0995b03〕釋論曰如此謂方便次第時節捨得者。方便即八處持善根初後自有次第淺深時節。即有方便。正觀等三諦觀等捨分別得。即得真智得證真如無得之理也。後可見也。

〔0995b07〕論本云由入此相得入初歡喜地者。此釋第七資糧果章。就章為三。初總標。二別釋八果。三結示於見道得此八果。總標文可解。第二別釋中釋第一勝時果云。捨凡夫二乘位始得菩薩真位。前十解中雖名聖。未得不二之真聖猶

故。是假名菩薩。未得斷凡夫性以身猶未得常住法身故。同凡夫二乘各各差別妄想法為身故也。初地得理無二法身智無二常住法身方是真聖位。異地前假名也。釋第二云。捨自愛名歡。生他愛名喜者。除貪瞋故不愛惜自身。能行大捨心恒歡悅。由除嫉妬故不憎惡他。見他得利益心恒慶憙。方便中有此力故名方便。果正智得理不二之時。無喜不喜之相。昔著我愛。今自他不異故不復愛自憎他。所以令他不達此理者復生悲欲令達之故。

〔0995b23〕釋論曰未曾得大用及出世心者。大用由證法身起應化身是大用。無分別智是出世心。今始得之。是故生喜也。第三地者名勝果。正釋地體義等。後當廣釋自見。釋第四勝通達果云。三義。一由得四依。依法不依人等四依者。一依法。是法門即是詮教。人是能示詮之人。藉人求皆捨人不依人而往也。二依義。義是文下所依以。此所依以即得利益。語止是指示令取義。住語即執詮為病不應依也。三者依智不依識者。智是達理能離生死法。識是隨生死起惑遇種種生死後有。四者簡依了義經者。細有了不了義。依文判了義。依理判不了義。若不能如此則自在生疑則不能得理。豈能利他。依理判了義經則能成就二利也。二者明通法界十重。從初通達乃至上地皆善通達者。此十即十地觀境十功德。若理觀從初地達一功德即達十皆善通達。若就差別義。取法界即不達二地功德。分別中有分別倒惑故通達為難也。三約四方便。如文可見。前後說處多也。第五明生佛家者。即真如無生之家也。無明能生眾生生死無實體如但有外相貌無實體也。今生法身中故不為無明〔穀-禾+卵〕所苞裹也。又佛子五義者。一願樂無上乘為種子者。由信樂故得多聞熏習為種子。二般若為母者。母有能生子義。若非無分別智則不脫生死。何得生如來家。智不令諸惡執□之。惡執□之則有無明。無明則能生生死。般若生即是無生生也。故離分別得無生生。故是生如來家也。三以定為胎者。胎能含養兒滿十月故生。由定能含養眾行故無分別智生。即是佛子生。四大悲為乳母者。乳母能資養兒。大悲利他即復資養成我眾行。若不為利他則同二乘。豈成大行。故大悲如乳母養子也。五諸佛為父者。一者子藉父遣體生。二者父又能訓誨令子成長。三者又為外蔭護等。明佛子從佛性法身生即是體也。三身又訓誨令成長義。二身師義可見。法身為自體常住。師既師自體義亦得是無師智也。又不令惡法侵損。是外蔭護也。

〔0996a04〕釋論曰恩養果有四種一廣大二最極三無邊四無倒者。平等令一切得解脫故名廣大。悉令得入無餘涅槃故名最極。利益無限量盡一切眾生故名無邊。

凡所利益稱根性無不如理故名無倒。由證如同以如為體不見有眾生異我故得眾生心平等。由得大悲同有利他用故得菩薩心平等。由同法身及法界為體故得諸佛心平等。第七第八二果如釋論大意可見。後第三結名菩薩見道者有三方便。謂如實智者正是此時除障。何以然。由見名義自性差別四種畢竟無所有。唯見識分別作此解。所解脫無所有為無相性。能解心亦不得生。無相無生即得解脫果。了因即無分別正體智。此智為不生道。四如實智是對治道正滅障也。應除是俗諦。二性可解。除滅者即為已滅。已滅惑即理顯現。理顯現即三無性。一切法悉本來無二相。故除生死得法身。皆由唯識觀成。若不達此義則不識大乘要行也。

〔0996a23〕論本云復次何故菩薩入唯識觀者。下釋第八二智用章。此問如釋論解可見證。就此章為二。前明無分別智前後入唯識觀定其方便體相用。次明二智用。就唯識觀中又二。初明未得初地之前觀。次明已得地更起後觀。言方便者即是唯識。若正智止有一如名更生惑常為不生道也。

〔0996b01〕論本云由緣極通法為境者。釋論解有四德。明智體照境。即通法有四品。此就境有廣狹論之。苦但心最狹。無常通色心已居次廣。無我又廣。而止通大乘相用。無性就理體論之最廣。故言極通境。由唯識觀為門能令通達諸法本故。於一切法無不通達微細。後方便作唯識觀。雖明無倒一義義兼得後三。既從無分別智生。又更生勝品智。豈得無前三義。

〔0996b10〕論本云為除滅共本阿梨耶識中一切有因諸法種子者。此下第一明二智用。用有二。前明唯識觀有自利用。二明得後智利他用。自利有三。一者除障。二立因。三得果用。此文正明滅障用。通滅因果事可解。由七識是惑染六識有煩惱作業故。是種子因緣之本。而本識是緣中最勝。是增上緣。能生六七識作業。復能受薰持種子作根依持生故也。六塵是生種子緣可見也。

〔0996b19〕論本云為生長能觸法身諸法種子者。此第二立因用。諸法即六度。由唯識觀轉六度令成出世故是證法身因也。

〔0996b22〕論本云為轉依者。此第三明得佛法用。即明三德四無畏。後結為成除障立因得果三用入唯識觀。次第二明後智正體。既得真無分別般若竟。此義如資糧章後分釋。今後智用是出世間智。此智照一切法無倒。又為他解說。為此二用故修無分別後智。云何修智。於入真觀前時熟修聞思二慧。是修後智義達諸法入真後時出俗見妄法始更明了也。

〔0996c01〕釋論曰內相外相內外相者。本識為內。塵為外。成身根為內外。於自為內。於他為外。又根塵相對為內外。識通內外。後智見生死同幻化可解。從正體智生故言清淨。清淨本所流故也。

〔0996c06〕釋論曰故不可依見聞覺智相判諸法為實有者。此顯應依智不依識。識著倒相。智則見清淨善達倒夢境是無所有也。五明義如前後更廣解之。

〔0996c10〕釋論曰相違不實不定名偏者。依文符理為不相違。真實及不實。為不可動名定。違理差機為相違。闇心妄說為不實。前後改轉為不定。

〔0996c14〕釋論曰處時相濫名倒者。隨位高下十方地處高下為說為隨處。隨所宜機動時節說即有益名隨時。隨大小乘所宜法相法門等相故言隨相。

〔0996c18〕論本云是時正入唯識觀位中者。此下明第九二智依止章。就此為三。初總標四種能所依止為問。次別釋四能所依止義。後結示之。就總明有四種三摩提。是四種通達分善根止者。四定為所依止體。煗頂忍世第一法四智是能依止。此四種智即為四種通達分善根也。釋論解云。為明應入處故。言唯識觀中者應入處即三無性真如。約此處觀方始見唯識明了能所依止後自別解。由四善根有四依止故善根成能證無差別理。

〔0996c28〕釋論曰樂觀無塵義故名為忍者。此第二別釋。具明忍有四義。一欲樂義。由能忍安受無生理故。二不可壞義。由境真實智寂靜故。三智助義。四簡擇義。後二義明其功能也。

〔0997a03〕釋論曰此忍未離三相謂觀善成就惑污清淨未隨意修習者。猶見有成就相染污相清淨相所以未能隨意修習故成下品。次後第二別釋四依止。第一光得三摩提者。光是智名。因定得此智。定從所得之智立名故稱光得。定都四名。一者名三摩提。此云等安。謂能平等安置於心不令散亂高下。即是心法令心於一境法等攝住離於沈浮。二持訶那。舊言禪那。此翻為智生。以能引生智惠故也。又翻為善思。能善思量生六通慧故。又人心不高下顛倒不噉味故名善思。三者稱三摩拔提。此翻等俱至。心不高下為等。心境不相離為俱。在於觀中緣境為至。故言等俱至。四奢摩他。此翻寂靜。已離下地惑。惑通無復用故名寂靜。前三名通流無流悉得立之。唯無流定得此奢摩他名也。

〔0997a19〕釋論曰若具五分五智此定名三摩提者。五分者初定光得為自分，三定通行為自分定，無間為自分念分，通四定為第五分。一定中皆有五義故得三摩

提名。四定別名從強者受稱也。又五分者。取八聖道中正定為三摩提體。正見正覺正語正業正命此五為分。由正見見邪相而捨。見正相而取。乃至見邪命而捨。見正命而取。由正見捨五種所對治。故立五種。能對治為助定分也。五分智者。一自性分智。是無流勝善成熟故言自性分智。二人分智。此定非惡人所習。智人所讚。此智亦依內起。是智為至人之氣分因故為人分智。三清淨分智。我此定寂靜美妙。已捨道所對治惑滅故為清淨分智。四果分智。現世安樂住未來感安樂涅槃果。是果家之小分智故言果分智。五念分智。此定憶念出入觀熟修不忘入出觀相故言念分智。約分起五智分三十七助道法。如釋論解。又四善根者。即是四定所發煗頂忍世第一四位即能資生於果。故為善根也。第二定釋論明已離三相故是最上品者。已離成就相染污相清淨相等三種分別惑故成上品也。即四尋思上品次隣四如實智解三種頂行。第三云是進際者。凡人至山頂進則成飛仙。似聖人進入忍位世第一法。即取真智成真聖故是進退際也。第三定四如實智中名通行從理得名。釋論意可解也。釋第四定止取通行一剎那定為無間定。此定是最後法。釋論可見也。又前釋非安立諦義云。此諦通一切法無有差別故名非安立者。立法為差別中二相之彼此故立法示他非安立諦。一切法同一如相無有異者。同此如相故言通一切法無差別也。後第三段結為入非安立諦觀前方便。若得見道無生智即為正相應道也。

〔0997b24〕論本云若菩薩如此入初地已者。此下釋第十二智差別章。就此為四。初明得見道為修道依止。二明修道依見道成真聖行。第三簡二見道異相。四以偈結重顯前義。初明見道依止者。以修道中一切行並為聖行者。由得見道故。由作唯識觀通達真俗故。得見道為依止故是聖行。

〔0997c02〕論本云云何菩薩修習觀行入於修道者。此下至更修加行文來第二明修位觀行體相有問有答。釋論作三意解。此中答即為三復次　釋論曰此云何凡問十義者。指後第五勝相。解十地中具明此十義。今但列所問十義名。然雖復具有十義亦無分別明科段但有義意耳。而已復作三番釋。云何下文略示大意。十義者即明修道中大相境。一者相。即修道中境行體相。二次第者。即從淺至深從方便入理。三修者。即是長時修四修無分別等五修等一切觀行。四差別者。於一切行中各有無量義相貌不同故言差別。五攝相助者。即道品及世間散心萬行並為助道也。六攝相礙者一切障並攝之轉令成助道分。七功德者。即明法界十功德能生長方便行之功德也。八更互觀察者。諸萬行更互相顯。如初地有十度。以檀義

獨顯。乃十地智亦然也。更互助法同相成。九名者。是義表定能顯一切法體故是名也。十淨不淨者。具真俗三性。以依他隨分別為不淨。不分別者故淨也。次釋修習觀行。如釋論可見。論本明入修道。釋論明依止見道入初地者。初地有入住出三僧祇修行。明重修同修道故也。次答中釋論作三復次來解之。此中問止一云何。由答中有總略出其有三義意。釋論作三義來釋之耳。後更釋文也。初番解釋初明三慧境。此中明十地異聲聞十地者。一受三歸地。二信地。三信法地。四內凡夫地。五學信戒地。六八人地。七須陀洹地。八斯陀含地。九阿羅漢那含地。十阿羅漢地。次明三慧功能。次明後得二無倒。次明長時等四修。次明由轉依故行成真聖道也。後明為得三身具自他利益故更修加行。復次云何下。第二復次約六義為問者。此中但有答文中有六意。故知總明一云何中有六問。一明三慧界。二明三慧功能。三明修位因果。即後智望前為果。望後時修慧則為因。可見。四明四修。五明依止。即依轉。六明勝用。即得三身成滿自他兩用。復次云何。第三總問修位次第者。初總答問。云從初修心乃至修位究竟以答問。然後更還舉三慧境乃至三身為次第釋之。由境生智。由智功能故能攝持境。故成次第。次出其體相示因果。次成滿四修。次明轉依。是自利為四德本。次復明得三身二利義。復次論本云佛廣說所安立法相於菩薩十地者。此更重舉前文釋證成其意。此即三慧境。釋論曰。合如來所說雖有眾多法門。論其真實唯是一境。聞慧能達此。次思慧能合觀真俗通別二境。修慧但在極通境真中。此行並是真聖行。異地前行也。次後智作世等可見。初地證得真如法身始是自利用成。八地無功用自利成。九地始　應身利他成。十地得化身利他用化二乘凡夫下品人始成就。而猶有微細礙著未自在不及佛也。就感他佛者。凡夫二乘始行菩薩感化身訖。十迴趣初地以上悉感應身。初地得證法身也。方便淨土中感應身受法樂為進道緣。以行成入理即體證法身成常住果也。

〔0998b02〕釋論曰聲聞見道是他道菩薩見道是自道者。次第三辯大小乘見道異相。二乘見道心境異。所行道與能觀心異故是他道也。菩薩見道境智唯一。無復境智二相故言是自道　釋論曰此依止在道方便中即思修二慧者。通方便中福慧助成正道故名依止。

〔0998b08〕釋論曰此涅槃非是道果是道住處者。不明修道所得究竟果名涅槃故。是道住處非是道果。顯菩薩以慈悲般若為體。不著生死涅槃。離真俗相。道住此無相法中。即名無相法。即無住處樂故名涅槃。

〔0998b13〕釋論曰道有下中上上即是十地者。下即聲聞。中即獨覺。上即菩薩十地。此十地是真常道也。

〔0998b16〕釋論曰此十地出離四種生死為通功能者。依本識起方便行免界外四種生死。十地體並是真如。菩薩正是真智故通免生死也。

〔0998b19〕釋論曰所居之土無有五濁如頗梨柯等者。無五濁即無五人。一凡夫。二外道。三聲聞。四獨覺。五下位。下意行菩薩等五並為穢濁不得入十地中淨土也。頗梨柯者即水精。此體清徹。能徹見彼邊物義。故借以表土。土即唯識智為土體□□□頗梨柯世界　釋第九生如來家者。以見真如證法身為如來家　釋第十法輪三義名轉者。一能上下平行者。上即行進趣勝位。下即化他也。平行即修觀。未得能得者令得勝法入勝位。已得能守者令不退失也。三能從此至彼者。能以我功德智慧與他。隨根性機宜令彼得我解。復得傳化他故言從此至彼　第十一得果異。二乘有十力等。後智果中廣釋。此未解之方便入見道修道究竟。即第四段道。又四行五言偈。後更承五行七言偈。為顯前義令開顯易見。前四偈中一偈明四尋思方便及正觀四如實智方便。次一偈正明四如實智故得入非安立諦即三無性第一義理唯自證知。次復兩偈顯所入出無礙法師別論取來證成之如偈。後釋論結示之可見也。此後五偈釋論結顯義。一明資糧道。二加行道。三見道。四明究竟道。釋資糧中又言單名生複名長菩薩唯複無單故生長一時者。十度但進故生長一時也。

〔0998c15〕釋論曰此福及慧有二種功用，一能助道二能成道體者。道有轉成勝品義則成道體。劣品有轉滅義。由帶相而是善故能資助成道。道成劣相即滅故不成道。

〔0998c19〕釋論曰由定後心觀察諸法，是故於法，心得決定者。在定中已證見法義。出觀後此心從定心生。以達法本故觀察諸法心猶決定。

〔0998c22〕釋論曰又菩薩備修五明，於度量方便具足自能故，於思惟心得決定者。一因明亦為內明。以善解外道所明一切身內諸法精識立破相名明。以立義破義皆有因故也。二者聲明者。若善毘伽羅論好識音聲差別之相名聲明。三者外明者。善識達身外事。一切六塵世間事相為外明。四醫方明者。善識業病疲病及治病時等等故也。

〔0999a01〕五者工巧明者。一切諸方道述國計治生田園等悉屬工巧明也。菩薩

既具故思惟中心得決定也。

〔0999a04〕釋論曰菩薩能比能證故名能了者。是所證自分現前為證。未達之處將現證處比度得解為比。

〔0999a07〕釋論曰知此義類但以分別為因者。為化分別眾生故說真俗二諦皆由分別故起。故以分別為因也。

〔0999a10〕釋論曰已於義類及分別心決定故者。由加行道已得無相性分證見真於二諦義類無所有心決定。由五明於思惟分別識法心決定　釋論曰離顛倒及變異二虛妄故名真者。內心是顛倒。外塵有為法為變異。由心至故著變異成生死。真如理無內外法。故離顛倒及變異等相也。

〔0999a17〕釋論曰是諸法第一性故名法界者。約諸法辯自體法為法性。廢法辨自體是第一並真無偽。是生道因之性故名為法界。具含三身故。三身是法界自他二用也。

〔0999a21〕釋論曰同見一味無有差別者。見如來大小乘教雖顯多種法門。皆為成就真如一味無差別之理。一即法界之法身也。

〔0999a24〕釋論曰一切染污法熏習種子是過聚性體者。惑業果報三品不淨法種子並是過失法故言過也。有無量種子並在本識中故名聚體。是生死不淨品之根本生因故名為性。離如來大乘正教不能令解。離無分別智不能滅者。此是一切染污法微細種子。一切染法依止此作因緣生故言染法。此依止中無量種子聚在中故言稠。悉與本識體無異相不可分別故名密。

〔0999b04〕釋論曰如阿伽陀藥者。此無藥翻之。此藥能治一切病。亦如如意寶能除一切。此亦能除一切病也。可得名無賈良藥。亦為無比良藥也。

〔0999b08〕釋論曰所說道理勝及所得果勝者。一乘道理無性非安立諦等理。果即大涅槃為勝也。又明大乘通三乘中菩薩為大。又待小得大。一乘者無二三乘唯是一故。無相待之乘為真實勝乘也。無分別智以法界為根。體為知根。從知未知根生故。又名有根。有未知欲知根從如實智生。又論緣因解性生亦名有根。能生後智及進後加行智故。亦名有根。有當體名有根。何以然。得此智故餘智滅。智依此智故更生上地功德智慧故是根也。餘可見。

拾伍、唯識之實踐

取材自：早島 理 作（李世傑譯）

一、前言

瑜伽行唯識yogācāravijñānavāda，其出發點在仔細檢討日常經驗（知識或語言活動），以止、觀為中心，達到瑜伽行悟之修行實踐。

1.世尊之教法：以具體之個別映像為境行精神集中。（三昧、瞑想）

2.存在之根源：擴大境至一切之存在，伺察一切存在之根源。

3.滅除妄執：（精神集中）滅除妄想偏執，身心逐漸淨化。

4.身心淨化：自能體會身心完全自在、淨化。

5.轉依狀態：轉換依據（依止）之存在狀態（身心輕安、粗重息滅、觸證所依清淨）。

以「三界唯心現」作為瞑想之重點（唯識觀），而將瞑想體驗理論化：

以三性說作為依據，將身心淨化過程，構築在以止、觀為中心之菩薩修行道體系（即瑜伽之階梯yogabhūmi）上。

→瑜伽行派

以三性說為基礎，由瑜伽階段實踐唯識觀法。

二、菩薩道修行體系

1.三相

所相及能相（及表相）[1] 如是相差別 為攝利眾生 諸佛開示現

《大乘莊嚴經論．述求品》（五）1

佛陀之教法即在分別所相、能相及表相（將超越思惟概念之真理，勉強拉回到語言世界來）

(1)所相laksya

指色、心、心所、心不相應行、無為法

1 漢譯無。

（由阿賴耶識顯現之雜染清淨之一切法）（有主客，能所之執著）
（是二取之顯現）《識轉變說》

(2)能相lakṣaṇa
遍計所執性，依他起性，圓成實性。《三性說》

(3)表相lakṣaṇā（為能相lakṣaṇa之副性質詞）
五種瑜伽之階梯（菩薩之修行道）（由此身心均能成就清淨）
①持（ādhāra容器） ②作（ādhāna安置） ③鏡（ādarśa鏡面）
④明（āloka光明） ⑤依（āśraya根據）《菩薩道論》

→瑜伽行唯識思想裡，識轉變說、三性論和菩薩道論即盡佛教之全部道理。
轉迷（遍計執之世界）成悟（圓成實世界）之可能，乃因此二世界在於同一「場」（依他起世界）之關係。

2.瑜伽五階梯（以三性說為基礎之菩薩道）（表相）

應知五學境　正法及正憶　心界有非有　第五說轉依
聖性證平等　解脫事亦一　勝則有五義　不滅亦不增

彼能相復有五種學境：能持、所持、鏡像、明悟、轉依。（《莊嚴論》述求品）（五）2

(1)持（等流法之持誦）（能持）（資糧位）
從他聞音（佛陀之十二分教）而持誦。（如水滿於容器）

(2)作（根源之思惟）（所持）（加行位）
將所聞法作根源性之思惟，理解出世間真理而安（置）於心。（以對象及表示對象之言詞來思惟理解）
①煖位：名如幻（對象之名稱為假立非實）
②頂位：義如幻（對應於名之對象非實）
③忍位：所取不可得（將言詞，對象之關係普遍化，離對外界對象及客體之執著）
④世第一位：能取（心）亦不可得（取對象之心（主體）亦非實）

此與入無相方便相（asallakṣaṇānupraveśopāyalakṣaṇa）相同。[2]

(3)鏡（法界直證）（心安住於自界（名））（鏡像）（見道）

心安住於「此世界唯是表象」之證悟上。

如鏡面生起影像，無倒顯現而不著。（心安住於自界故）

(4)明（如實觀有無）（明悟）（修道）

第二到第十地不斷修之出世間智，如實照出萬物原來之光明。

（觀依他起性與圓成實性為實，遍計所執性非實）

(5)依（究竟之轉依）（轉依）

將自己存在之依處轉換，融入於真理之世界（悟入佛地），

與一切眾生完全平等。（究竟道）

①所證同：諸聖所證無漏之法界同。

②解脫同：諸佛與聲聞緣覺平等，解脫同故。

③有五勝：諸佛1.清淨勝2.普徧勝3.身勝4.受用勝5.事業勝。

④轉依聖性於染分減時不減。

⑤於淨分增時不增。

→菩薩道修行結構：入無相方便相（加位行）→直證法界（見道）→菩薩十地（修道）

3.現觀次第及四種三昧（《莊嚴論》真實品（二）8，教授品（七）3）

(1)集大聚位：積集福慧無限資糧（資糧位）

(2)通達分位（教授品）（七）3（加行位）

---

2 《辯中邊論》

一、依識有所得，境無所得生

二、依境無所得，識無所得生

1. 唯識生時，現似種種虛妄境名有所得。境依識有，境便不實→由徧計入依他。
2. 實境不可得，實在識亦無所得→由依他入圓成。

三、由識有得性，亦成無所得

故知二有得，無得性平等

所執境無實性，能取識實性不可得（二空所顯之圓成自性）

→能取所取二有所得，平等具成無所得性。

（長尾雅人）

1、基於唯識之認識生外對象之無認識。

2、基於對象之無認識又生唯識之無認識。

3、認識以無認識為本性，無認識與認識的本性是平等的。

①煖位：得光明三昧，唯見意言（理解對象唯概念之思惟）
ālokalabdhasamādhi（明得）
②頂位：得光明增大三昧，通達唯心（對象唯從心顯現）
vṛddhālokasamādhi（明增）
③忍位：得真實一分三昧，所執亂滅（脫離對客觀之執著）
ekadeśapraviṣṭasamādhi
④世第一法：得無間三昧，能執亂滅（脫離對主觀之執著）
ānantaryasamādhi

(3)見道位：捨主客觀之覆障（離二取），現見法界，善住法界自性。
(4)修道位：由修道之無分別智，斷滅阿賴耶識中煩惱障及主客潛在勢力。
(5)究竟位：轉換依處，直證佛地之無分別智。
→五道與瑜伽五階梯修行結構相同。

三、菩薩道之成立

1.阿毘達磨五道

(1)順解脫分：聞思所成。由持戒及不淨觀，數息觀等反覆修習。
(2)順抉擇分：修所成。於煖頂忍世第一四善根位，修四聖諦得無漏智。
(3)見道位：由無漏智反覆修觀四聖諦，斷見所斷諸煩惱，入修道。
(4)修道位：斷欲、色、無色界修所斷煩惱（思惑）。（由四禪八定實修）
(5)無學位：已斷見思二惑。
此由諸瑜伽師無數之三昧體驗而系統化建構之修行道。

2.瑜伽行唯識

(1)五道：繼承阿毘達磨五道，而從大乘之見地修改：
①資糧道：對應順解脫分。
②加行道：對應順抉擇分。以「入無相方便相」取代「四聖諦」之修觀。
③見道：
④修道：
配合菩薩十地。見道為初地，修道為二到十地。

⑤究竟道：對應無學位，配合於佛地。

(2)瑜伽五階梯

①《顯揚聖教論》（二〇）

略說瑜伽道　緣所聞正法　有奢摩他觀　依影像成就

1.持：聞正法　2.任：緣所聞正法　3.明：奢摩他、觀

4.鏡：依影像　5.轉依：成就

②《集論》（七）5

（如理作意（四種道理、四尋思、四如實遍智）後，又述說瑜伽五階梯）

基於佛道真理而修三昧之人有瑜伽五階梯：

1.持：已積集菩提資糧，於煖等位，依諸聖諦所有多聞。

2.作：緣此境如理作意。

3.鏡：緣此境有相三摩地[3]。（於所聞法如理作意，以此為境）

4.明：能取所取無所得智（不分別二取之智）[4]

5.依：佛地裏依處之轉換（轉依，捨離諸粗重，得清淨轉依故）

（《莊嚴論》，《雜集論》同此順序）

③《莊嚴論》與《集論》之差異

《莊嚴論》	《集論》
1.能持　聞法而受持	1.持　於煖等四善根位，聽聞四聖諦。
2.所持　（法界直證前）所取能取不可得（與修入無相方便相同）	
	4.明　能取所取無所得智（與修入無相方便相同）

3　sanimittasamādhi

4　（取自《分別瑜伽論》？或《阿含》？）

菩薩於定位，觀影唯是心
義想既滅除，審觀唯自想
如是住內心，知所取非有
次能取亦無，後觸無所得

入三昧之菩薩，觀影像唯是心，轉掉對外界對象之想，惟思察對己內心之想。如此安息於自心，應了悟客體之非存在，然後亦悟主體之非存在。而體會對主客體之無認識。

(3)結釋

①初期瑜伽行唯識思想之修行道體系，其五道並不一定與根源之思惟（入無相方便相）關連，倒是有小乘阿毘達磨修行道（見道十五心，苦法智忍→道類智）色彩。

②而瑜伽五階梯則常與「根源的思惟－入無相方便相」關連而說。

3.五階梯與五道之關連性

瑜伽行唯識學派之修行者，自古所實踐及傳承之種種菩薩行，可約攝為瑜伽五階梯：

以實踐「根源之思惟」斷滅對主客體之執著，即以「入無相方便相」為其根本結構，再統攝為《分別瑜伽論》之二偈頌[4]。

幾點推論

①《中邊論》與《莊嚴論》未提二偈頌（《集論》及《攝論》將之歸於《阿含》或《分別瑜伽論》），而各別以「虛妄分別」、「法界」構成其思想體系，來述說「入無相方便相」或「瑜伽五階梯」。

②推論瑜伽五階梯及二偈頌在《中邊》《莊嚴》二論前已存在。

《中邊》《莊嚴》繼承瑜伽五階梯，而《顯揚》《集論》直接從《分別瑜伽論》繼承。

③最後承受此二系統而完成菩薩道的是《攝論》（入所知相分）。

《攝論》由依四尋思四如實遍智為中心之「根源之思惟」，行「入無相方便相」之唯識觀行，且同時引用《分別瑜伽論》二偈頌（最古老之入無相方便相）及《莊嚴論》之五道（以法界為中心之菩薩道）。（《莊嚴論》（二）8，（五）2）

④《莊嚴論》接受1.瑜伽五階梯之入無相方便相

2.大乘菩薩道固有之十地思想

做為自己「法界思相」之根據，而確立菩薩道之根本結構：

入無相方便相（加行道）→法界直證（見道）→菩薩十地（修道）[5]

→《莊嚴論》之菩薩道：

5 將《分別瑜伽論》，《集論》「明」所實踐之「入無相方便相」，移至法界直證前之「作」（加行道）。

將傳統之修行道「五道」與此學派固有之「瑜伽五階梯」，作為同一之修行道體系。

四、言詞之究竟

1.以對言詞之反省為手段之修行

（《莊嚴論》教授教戒品）（七）3

〔根源的思惟〕（加行道作意）：

(1)爾時此菩薩，次第得定心，唯見意言故，不見一切義

煖位：續順解脫分，一邊實踐瑜伽行，一邊專念心而入「光明三昧」。此時離開意言，不見自相總相一切諸義。唯見意言世界之顯現。此三昧之光明是「觀法之忍」[6]。

(2)為長法明故，堅固精進起，法明增長已，通達唯心住。

頂位：為增長法明故起堅固精進，住是法明通達唯心。（光明增大三昧）

(3)諸義悉是光，由見唯心故，得斷所執亂，是則住於忍。

忍位：見諸義悉是心光，非心光外別有異見，爾時得所執亂滅，脫離對客體之執著。（住真實一分三昧，見一分諦之印順定）

(4)所執亂雖斷，尚餘能執故，斷此復速證，無間三摩提。

世第一法位：實踐無間三昧，斷滅對主體之執著和錯亂。爾後即入見道。

此入無相方便相之實踐，是用「意言」所修的。（從「名如幻，義如幻」修入無相方便相，此更以更根源之意言之考察修習而入。）

要斷滅對主客體之執著，是要反省「言詞」或人的概念作用思惟活動，而離開對言詞之執著。

2.四種道理，四尋思，四如實遍智

離開一、名（名稱，言詞）二、義（對象物）三、概念（意思內容）[7]，則

6 《雜阿含》（43）T2 P317
《灰河經》：微見小明者，謂得法忍。

7 名稱 nāma；對象物 vastu；意思內容 artha。

世界之轉換（由迷到悟，由雜染到清淨）變為可能。

由此順序來實踐之菩薩行為根源之思惟（如理作意）。

(1)四種道理：

①觀待道理（由正當思索所得之道理）②作用道理（正見因果之道理）

③證成道理（由三種認識手段而合理論證之道理）

④法性道理（不加思考之法性，真實而成立著之道理）

(2)四尋思：

①名尋思（對名稱之考察）②事尋思（對事物之考察）

③自體假立尋思（考察存在之實體，惟概念而已）

④差別假立尋思（考察一切存在之種種區別，惟概念而已）

(3)四如實遍智：基於名尋思等而如實了知之智。

→①作為入無相方便相之具體實踐而修習：煖頂位以四尋思，忍世第一以四如實遍智。

②三昧：光明三昧，光明增大三昧，真實一分三昧，無間三昧。

③果：入初地，見道，而直證法界。

3.瑜伽論菩薩地之四如實遍智（《瑜伽師地論》36）

(1)名尋思所引如實智

①於名尋思唯有名已。（唯見能詮名，無所詮之義（事）[8]）

②如實了知名：

1.假立名：為顯如是事義，即在彼事上假立名[9]。（有能詮名，就有所詮義。）

事	名（能依）	義（所依）	
於〔見〕→	假立〔眼 色〕→	顯〔能見色 眼所行義〕	（名義之能所無決定自性，非實）

2.此假立有勝作業：

為令世間聞如是義，起想（概念）起見（肯定或妄想）起言說（言

8　因假借名言加以思惟，才出現此事，因事而有分別，而有煩惱。離名言，事本無畢竟空。

9　有想（概念）→起妄執→產生對象（義）→於事上假立名。

論）故。

→名假立非實，但用非無。

3.不假立名：

不於（色想）事上假立（色）名[10]→不起（色）想→不起增益執→無言說。

(2)事尋思所引如實智

①於事尋思唯有事已。（此因緣事如幻如化，如水中月，於中無名言可得）[11]

②觀見一切色（等）想事，性離言說，不可言說。

離名言之一切法是有（體性），而不可言說。

經名言宣說之一切法是無（體性）。

(3)自性假立尋思所引如實智

①於自性假立尋思，唯有自性假立已，[12，14]

②如實通達了知：

1.色想事中，所有自性假立，非彼事自性，而似彼事自性顯現。

有名言之事自性乃內心之分別，為似彼事影像，而非真實之離名言事自性（此為依他起）。（前五識觸境後，第六識起分別安立名言）

名言之事自性是畢竟空。（遍計執）

2.彼事自性（如變化，影像，響應，光影，水月，焰水，夢，幻）相似顯現，而非彼體。

離名言之事自性為依他起，如幻如化，雖有彼相相似顯現成為所緣，然實無有義。

10　不於色執實→無實色想→不執無為有→不起言說。

11　事為言說所依止處即蘊界處。此事如幻如化如夢中境水中月，無名言可得。有名言則起分別起煩惱。

事有二種：

一、依他起之蘊界處由名言宣說及由名言思惟，此等為畢竟空。

二、只有事沒有名言，依他起性是離言說的。

12　事之自性，於虛妄境上唯見自性假立（無真實體性）。

一、疏所緣緣：阿賴耶識種子所現，無真實體性。

二、親所緣緣：前六識觸疏所緣緣所現（識之分別所現），無真實體性。

(4)差別假立尋思所引如實智

①於差別假立尋思，唯有差別假立已，[13，14]

②如實通達了知：

色想事中差別假立不二之義：

1.非有性：可言說性不成實故。（無體性，畢竟空）

非無性：離言說性實成立故。（實有體性）

2.非有色：由勝義諦故，於中無有諸色法故。

非無色：由世俗諦故，於中說有諸色法故。

→如實了知：差別分別一切皆是假立法門。（如1.2.有見無見等為差別假立）

如實通達：離言自性，真實義性之不二義。

→初期瑜伽行唯識學派之瑜伽師們，從反省日常經驗世界之語言活動[15]，進而切斷言詞之思惟。由思察「言詞」「事物」「意思內容」之（四種道理）四尋思四如實智，作為「根源之思惟」之具體實踐，作為入無相方便相之基礎，而在加行道四善根位勤行修習。

（四尋思四如實智觀是在奢摩他中修，此為瑜伽行派特有法門。）

4.源自般若經之傳承

般若經裡反覆強調名稱、對象之存在及意思內容均無實體，而欲滅除基於言詞之執著。瑜伽行唯識行者繼承此說，而以四尋思四如實遍智形態，統攝為唯識觀法，作為根源思惟之具體實踐內容，而編入瑜伽行五階梯。（此為此學派對印度佛教史重要貢獻之一。）

(1)《小品般若經》八千頌（卷一初品）

①具壽善現白佛言：世尊，我觀菩薩但有假名，不知、不得、不見實事。我觀般若波羅蜜多，亦但有假名，不知、不得、不見實事。……

13 一、差別：蘊界處之事，其體性上有種種差別境界。
〔有性無性，有色無色，有見無見等七類分別。〕
二、尋思：自性是假立的，其差別當然也是假立的，都是內心之分別，非實。

14 於名事或離相觀或合相觀。若依止名事合相觀通達：名之自性假立，差別假立；事之自性假立，差別假立。

15 言語活動為日常經驗世界之核心，同時由言語之概念（想）之思維作用形成我們之經驗世界。

甚深般若波羅蜜多及菩薩名，俱無決定，亦無住處，所以者何？如是二名俱無所有，無所有法無定無住。……[16]

②善現答言：幻化不異色，色不異幻化，幻化即是色，色即是幻化。[17]

(2)《大般若經》第二分觀照品（卷402）[18]

佛言：舍利子，菩薩摩訶薩修行般若波羅蜜多時。①實有菩薩，②不見有菩薩不見菩薩名，不見般若波羅蜜多，不見般若波羅蜜多名，不見行，不見不行。……菩薩自性空，菩薩名空。……③色自性空，④不由空故，⑤色空非色，⑥色不離空，空不離色，色即是空，空即是色。受想行識自性空……。⑦此但有名謂為菩提……謂為薩埵，……謂為菩薩，……謂之為空，……謂之為色受想行識，如是⑧自性無生無滅無染無淨。……⑨但假立客名，分別於法，而起分別，⑩假立客名，隨起言說，如如言說，如是如是生起執著……。

16　指但有假名言說自性（名言概念），非實有。

17　指色不異幻，非實有。

18　一、《大乘莊嚴經論》述求品（卷五）P10

求遠離十種分別。（十種思量）

為除「十種思量」	《莊嚴論》引《般若經》（五）10
1. 為除：「不存在」之思量	說：菩薩在實踐這個智慧的完成時，便就是菩薩。
2. 為除：叫做「有存在」之思量	說：不見菩薩，亦不見叫作菩薩之名稱。
7. 為除：對事物「實體」之思量	說：這個存在物，唯名稱而已。
8. 為除：「個個之存在」之分別	說：存在的東西是如幻…… 如幻的東西，是不生不滅，也不會被污穢，也不會變成清淨。
9. 為除：「執著有名稱原樣的對象」之思量	說：名稱是人為之假作，但我們卻無知地隨著各各之名稱，思量著種種之存在。可是，那些是由於非本來的名稱所表達的。
10. 為除：「執著有對象原樣的名稱」之思量	說：菩薩在實踐著智慧的完成之時，並沒有看見任何之名稱，由於沒看見名稱，所以不會執著，也不會妄想著有如其對象的存在那樣的名稱。

二、《攝大乘論世親釋》所知相分三（卷四）P20

引此經說對治菩薩十種散動分別。

1. 對治「無有相」之分別；（不存在）；2. 對治「有相」之分別；（有存在）

7. 對治「色等為自性體」之分別；8. 對治「色等生滅等差別」之分別；

9. 對治「隨名而執有義（對象）」之分別；10. 對治「執著有如對象存在之名」之分別。

5.意言與名言

意言[19,20]（manojalpa）是要變成明確言詞以前，引起概念化狀態之言詞。

名言（abhilāpa）是具體的，顯在化的言詞（或概念的思考）。

兩者相依相輔成為日常之言語活動。

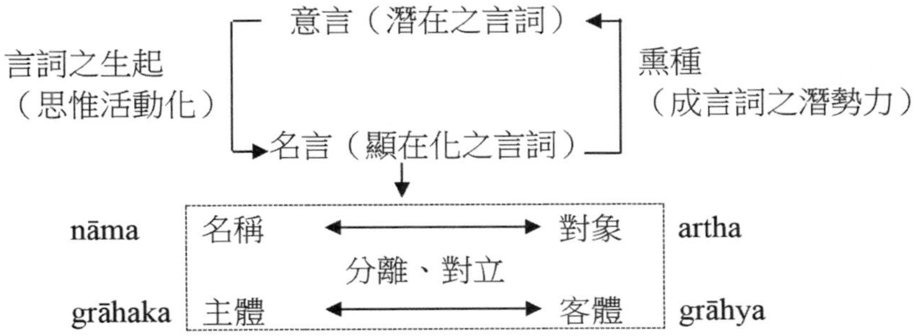

名言熏種成意言，意言顯現成名言，而作為言詞與對象而出現，引起存在之主觀與客觀之分離與對立。

名言與意言兩重之因果生成關係，展現出日常的經驗世界。

6.識轉變與名詞

識轉變說由阿賴耶識與七轉識之互為因果之生成關係，說明迷的世界之結構。現象性之七種識乃由阿賴耶識所顯現而作為主體與客體。此非實假象之世界是從言語活動而引起的，而不外乎是名言與意言之互為因果關係。

若要轉迷成悟，轉染成淨，首要在於菩薩道上以四尋思四如實遍智，切斷此名言與意言之關係。

7.依言詞之思量與三性說

要能轉依，必需離一、依言詞之思量，二、對言詞之執著。

此依言詞之思量乃遍計所執性之具體表現。

(1)《瑜伽論攝決擇分》（七三）16,18（菩薩地）

①云何遍計所執自性？謂隨言說、依假名言建立自性。

19　《莊嚴論》（四）5：意言者分別也。
（五）1：意言謂義想。（義即想境，想即心數。由此想於義能如是如是起意言解。）

20　《中邊》辯無上乘品第七 P138
於作意無倒　知彼言熏習　言作意彼依　現似二因故
有作意而後有意言（執為二取之分別），而後有意言熏習（言作意）。

②遍計所執自性，當知復有五種：

1.依名遍計義自性[21]：遍計此色事名（言詞），有色（對象）實性。（受想行識亦爾）

2.依義遍計名自性：遍計此事名色，或不名色。（受想行識）

3.依名遍計名自性：不了色事，分別色名而起遍計。

4.依義遍計義自性：不了色名，由不了名分別色事而起遍計。

5.依二遍計二自性：遍計此事是色自性，名之為色。

(2)《莊嚴論》述求品（五）1

意言與習光　名義互光起　非真分別故　是名分別相

遍計執有三相：

①意言[22]：即義想[23]，由此想於義能如是如是起意言解。（有覺分別相）

②習光[24]：由意言種子直起義光，未能如是如是起意言解。（無覺分別相）

③名義互光起[25]：依名起義光，依義起名光。非真，唯是分別。（相因分別相）

→不論分三種或五種，對言詞之執著，為遍計執性之基礎。

由離1.依言詞之思量2.對言詞之執著而能轉換依處。

此為由遍計所執性轉入圓成實性。（以三性說為基礎）

8.依處之轉換與言詞

(1)入無相方便相：斷滅對主體客體之執著。

①斷滅名言與意言二重因果生成關係之名稱及對象。

21　一、思量對應於名之對象物。
二、基於對象思量其名稱。
三、不知事而思量此事之名。
四、不知名，而思量對象物之實體。
五、思量在實物上有此實名。

22　緣境時有想於義起意言解（已了名言，現名言相）→有覺分別相（性）

23　義：想境。
想：心數（即概念）。

24　緣境時由（意言）種子直起義光（未知名言，唯現義之相）→無覺分別相（性）

25　以分別性為因有諸分別（執）事相（如名見義者，執義為名之體；如義現名者，執名為義之體）→相因分別相（性）

或②斷滅作為名稱，對象及意思內容所現之主體及客體。

之後，於初地入見道直證法界，安心法界。[26]

(2)《攝論》入所知相分

①悟入徧計所執性：悟入意言似義相故。（作為主體客體之現象世界，實為意言之似相顯現）

②悟入依他起性：悟入唯識故。

③悟入圓成實性：已滅除意言聞法熏習種類唯識之想，爾時已遣義想，一切似義無容得生，故似唯識亦不得生。……爾時平等平等所緣能緣無分別智生。

(3)轉依《莊嚴論・教授品》（七）4

1.遠離彼二執 2.出世間 3.無上 4.無分別 5.離垢 此智此時得[27]

此執是轉依　以得初地故　後經無量劫　依淨方圓滿[28]

離開對言詞之執著，心安於名，直證法界，乃此從迷世界轉換到悟世界，也即是依處之轉換（轉依）。

了知主客體之非存在而入見道，乃是悟入初地菩薩依處之轉換，此為轉依之第一步，此不斷地反覆轉換，由見道、修道接續，直至悟入佛地為止（成究竟之轉依）。

→菩薩道即不斷的轉依之道。

26　《莊嚴論》（五）2，3

一、鏡像者謂心 界，由得定故安心法界。

如先所說皆見是名，定心為鏡，法界為像故。（五）2

二、心安於名（或名安於四蘊）。（五）3

27　《莊嚴論》（七）4

一、斷所取執、能取執。

二、三、得無上乘。

四、離二取分別。

五、滅見道所斷煩惱。

28　一、此即是菩薩轉依位。

二、由後經無量阿僧祇劫，此依（阿賴耶識）方得清淨圓滿。

拾陸、大乘莊嚴經論

唐天竺三藏　波羅頗蜜多羅譯

度攝品十七（卷七P9～卷八P10）

一、六波羅蜜多－令自佛法圓滿之方便

六度十義　　數相次第名　修習差別攝　治障德互顯　度十義應知

業所聚集諸波羅蜜有十義：

1.制數；2.顯相；3.次第；4.釋名；5.修習；6.差別；7.攝行；8.治障；9.功德；10.互顯。

1.制數（唯六）

(1)	為增上生：	**資生身眷屬　發起初四成**	
		立四度	布施（令資生成就）、持戒（令自身成就）、忍辱（令眷屬成就）、精進（令發起（事業）成就）。
	為決定勝：	**第五惑不染　第六業不倒**	
		立二度	禪定（令煩惱不染）、般若（令業不顛倒）。
(2)	為二利：	**施彼及不惱　忍惱是利他　有因及心住　解脫是自利**	
		立六度	布施（施他）、持戒（不惱他）、忍辱（忍他惱）、禪定（令自心定）、般若（令自解脫）、精進（禪、般若之所依）。
	為利他：	**不乏亦不惱　忍惱及不退　歸向與善說　利他即自成**	
		立六度	布施（令他受用不乏）、持戒（不惱他）、忍辱（忍他惱）、精進（助他所作不退）、禪定（以神通令他歸向）、般若（說法斷他疑） 以此利他因緣，得成大菩提（此利他即是自利）。

<table>
<tr><td rowspan="2">(3)</td><td rowspan="2">為攝大乘因</td><td colspan="3">不染及極敬　不退有二種　亦二無分別　具攝大乘因</td></tr>
<tr><td>立六度</td><td colspan="2">布施（於財不染無顧戀）、持戒（於諸學處起極恭敬護持）、
忍辱（於他所作苦不退）、精進（於修行善法時得不退）、
禪定（奢摩他平等攝無分別）、般若（毗鉢舍那平等攝無分別）。</td></tr>
<tr><td rowspan="2">(4)</td><td rowspan="2">為攝六度方便道</td><td colspan="3">不著及不亂　不捨亦增進　淨惑及智障　是道皆悉攝</td></tr>
<tr><td>立六度</td><td colspan="2">布施（於資財不著，施時不染著境故。）、
持戒（於境界不亂，求受戒時心住不亂，住護戒時業亂不轉。）、
忍辱（於眾生不捨，眾生所作不饒益事不生厭。）、
精進（於諸善增長，精進發起增上故。）、禪定（於煩惱障令清淨）、
般若（於智慧障令清淨）。</td></tr>
<tr><td rowspan="7">(5)</td><td rowspan="7">為攝三增上學</td><td colspan="3">為攝三學故　說度有六種　初三二初一　後二二一三</td></tr>
<tr><td rowspan="6">立六度</td><td>持戒（為戒聚（體））</td><td rowspan="3">攝戒增上學</td></tr>
<tr><td>布施
（為戒眷屬，於求受戒時不悋資財故。）</td></tr>
<tr><td>忍辱
（為戒眷屬，於護持戒時打罵不報故。）</td></tr>
<tr><td>禪定</td><td>攝心增上學</td></tr>
<tr><td>般若</td><td>攝慧增上學</td></tr>
<tr><td>精進（為三學之助伴）</td><td>具攝三學</td></tr>
</table>

2.顯相

六度體一一有四相：**分別六度體　一一有四相　治障及合智　滿願亦成生**

(1)對治障分	如其次第對治慳貪、破戒、瞋恚、懈怠、亂心、愚痴。
(2)共無分別智	由通達法無我故。
(3)令諸願圓滿	於求財者隨欲與之，於求戒者隨欲以身口意護而教授之。 於悔過者與之歡喜，於作業者隨欲助之，於學定者隨欲授法，於有疑者隨欲決斷。
(4)成熟有情	於各安於施等中後，以三乘法隨其所應而成熟之。

3.次第　前後及下上　麤細次第起　如是說六度　不亂有三因

(1)依前生後次第	由佈施不顧資財（身及受用）故受持戒，持戒能起忍辱，安忍苦行能起精進，依時精進修能起禪定，於定住平等生如實知慧。
(2)依前下後上次第	下（劣）者施上（勝）者戒，乃至下者定上者智。（世親：百年作施，不如一日護戒。）
(3)依前粗後細次第	粗施（易入易作故）戒細（難入難作故），乃至定粗智細。

4.釋名　除貧亦令涼　破瞋與建善　心持及真解　是說六行義

能除貧窮故名施，能令清涼故名戒（於境中息煩惱熱故），能破瞋恚故名忍，能建善行故名進，能內持心故名定，能解真法（勝義）故名慧。

5.修習　物與思及心　方便并勢力　當知修六行　說有五依止

有五依止：

(1)物依止（依事修）	①依因：依種性力。
	②依報：依自身（異熟）成就力。
	③依願：依昔願力。
	④依數：依智慧力。（抉擇慳吝過失及佈施功德等。）
(2)思惟依止（依作意修）	①信思惟：於相應經教而生信解作意。
	②味思惟：見功德味故。
	③隨喜思惟：於他成就諸波羅蜜皆生隨喜故。
	④悕望思惟：於自他未來諸波羅蜜起悕望故。
(3)心依止（依意樂修）	①無厭（足）心：（檀）於一剎那乃至無量劫，以無量寶及自身，施於一眾生乃至盡眾生界，而無厭足。 （餘五度）以無量自身經無量壽劫，在此常匱乏且滿佈火坑之三千大千世界，起四威儀，於一剎那乃至三大阿僧祇劫修五種波羅蜜多，而無厭足。
	②廣大心：初相續乃至成佛無間斷。
	③勝喜心：攝他時極喜（勝於受者）。
	④勝利心：攝他，令我成就無上菩提因。
	⑤不染心：廣修施等不求報及果。
	⑥善淨心：若有福聚果報，願施眾生，共同迴向無上菩提。
(4)方便依止（依方便修）	以分別智為方便，於三輪清淨中各別證解，成就一切作意。
(5)勢力依止（依自在修）	①身勢力（自在）：為佛自性身及受用身。
	②行勢力：為佛化身，於一切相為一切眾生示現一切善行。
	③說勢力：為無碍演說六波羅蜜一切種。

6.差別

(1)檀波羅蜜dāna-pāramitā **施彼及共思　二成亦二攝　具住不慳故　法財無畏三**

①施自性	以己物（自身及受用）施諸受者。
②施因	依與無貪善根俱生之施捨心（無貪俱行思）。
③施果	1.財成就（受用圓滿）；2.身成就（身圓滿，具攝命、色、力、樂、辯才五事）。
④施業	1.攝受自他；2.圓滿大菩提。
⑤施相應	與無慳吝相應。
⑥施品類	法施、財施、無畏施。

(2)尸波羅蜜śīla **六支滅有邊　善道及持等　福聚具足故　二得為二種**

①戒自性	戒律儀六支[1]。
②戒因	為意樂寂靜涅槃而於戒攝受行持。
③戒果	1.生善道；2.得五心住[2]。
④戒業	1.能持：能任持一切功德（如大地）故。 2.能靜：能止息一切煩惱火熱故。 3.無畏：能不起一切怖憎諸罪緣起故。
⑤戒相應	一切時行身語意三善，與福德資糧相應。
⑥戒品類	1.受得：攝波羅提木叉護（別解脫律儀）。 2.法得：攝禪護（靜慮律儀，定共戒）及無流護（無漏律儀、道共戒）[3]。

(3)羼提波羅蜜ksānti **不報耐智性　大悲及法依　五德并二利　具勝彼三種**

①忍自性	1.耐怨害；2.安受苦；3.知真如。
②忍因	1.大悲；2.法依（受戒及多聞）。
③忍果	1.少憎恢；2.不壞他意；3.喜樂；4.臨終不悔；5.身壞生天。
④忍業	1.自利；2.利他。
⑤忍相應	忍最上難行，能與一切相應。
⑥忍品類	1.他毀忍；2.安苦忍；3.觀法忍。

1　戒律儀六支《瑜伽》（二十二）3：
　1. 安住具戒；2. 善護別解脫律儀；3. 軌則圓滿；4. 所行圓滿；5. 於微小罪見大怖畏；6. 受學學處。

2　戒定慧次第《瑜伽》（二十八）2：
　（戒）一、尸羅清淨→
　（定）二、1. 無憂悔→ 2. 歡（悅）→ 3.（心）喜 4.（身）安→ 5.（受）樂→心得正定→
　（慧）三、如實知如實見（定引發慧）。

3　詳見附註。

(4)毘梨耶波羅蜜vīrya **於善於正勇　有信有欲故　念增及對治　具德彼七種**

①精進自性	勇猛於善法中解脫（遮餘法，除外道）。	
②精進因	由信及善法欲。	
③精進果	增長念住及三摩地等功德（念、定）。	
④精進業	樂住善法，不離諸惡不善法（由對治故）。	
⑤精進相應	與無貪無痴等功德相應。	
⑥精進品類	1.學戒精進（護根門而住）。	2.學定精進。
	3.學慧精進。	4.身精進（與五識相應，依有色根故）。
	5.心精進。	6.無間精進（恆常作）。
	7.尊重精進（恭敬作）。	

(5)禪波羅蜜dhyāna **心住及念進　樂生亦通住　諸法之上首　彼種三復三**

①定自性	心於內住一境性。
②定因	依念住（依所緣不失念）及精進。
③定果	不為（色界）苦所害，生喜生樂。
④定業	五通及三住（聖住、天住、梵住）[4]皆得自在。
⑤定相應	為諸法之上首。
⑥定品類	1.有覺有觀、無覺有觀、無覺無觀三品。 2.喜俱、樂俱、捨俱三品。

(6)般若波羅蜜prajñā **正擇與定持　善脫及命說　諸法之上首　彼亦有三種**

①慧自性	離邪業及世間所識業，正擇出世間法。
②慧因	依定持慧如實解法。
③慧果	以世間智伏煩惱染汙，以二乘（或言初至七地）出世間智斷煩惱障，以大乘（或言八地以上）上品出世間智斷二障得善解脫。
④慧業	以（無上）正擇慧長養命及說正法。
⑤慧相應	為諸法之上首。
⑥慧品類	世間智，（下品）出世間智，（上品）大出世間智。

7.攝行　**一切白淨法　應知亂定俱　六度總三雙　是類皆悉攝**

六度行法總攝有三種：

(1)散亂法（不定法）	以施及戒波羅蜜攝。
(2)定法	以禪及慧波羅蜜攝。
(3)定不定俱法：	以忍及精進波羅蜜攝。（觀法忍定法，他毀忍及安苦忍為不定法。精進為定不定法之助伴。）

4　《大智度論》3
一、天住：六欲天所住（由布施持戒善心）；二、梵住：色無色天所住（由四無量心）。
三、聖住：三乘聖者所住（由空無相無作三三昧）；四、佛住：諸佛所住（首楞嚴三昧）。

8.治障　**檀離七著故　不著說七種　應知餘五度　障治七皆然**

(1)檀有七（貪）著：

①資財著（貪著受用）；②慢緩著（貪著推延修行）；③偏執著（貪著以此為滿足）；④報恩著（貪著回報）；⑤果報著（貪著異熟果報）；⑥障礙著（貪著障分，以慳吝等障分隨眠未斷除故）；⑦散亂著（1.樂求小乘之散亂；2.三輪分別之散亂）

檀有七不著：於此七著行對治之佈施：未貪著受用、推延、知足、求報、求異熟、障分及散亂。

(2)餘五度：與檀差異者唯在第一著：

施（資財著），戒（破戒著），忍（瞋恚著），精進（懈怠著），禪定（亂心著），智慧（愚痴著）。

9.功德

(1)利他功德

廣大及無求　最勝與無盡　當知一一度　四德悉皆同

以事（廣大）、等起（無染）、果（大義）、時（無盡）四事顯利他功德。

<table>
<tr><th>波羅蜜</th><th>廣大功德</th><th>無染功德</th><th>大義（最勝）功德</th><th>無盡功德</th></tr>
<tr><td>施
（檀）</td><td>恆時能捨自身，餘事何待言？</td><td>（由大悲故）
不求報恩，不求後受用果。</td><td rowspan="4">隨眾生緣，置彼於三乘菩提中。</td><td rowspan="4">無分別智所攝故，世間未空，無盡而住。[5]</td></tr>
<tr><td>戒
（尸）</td><td>恆守護三聚淨戒。
（律儀戒以禁防為體，斷六度障分。
攝善法戒及攝眾生戒，以勤勇為體。）</td><td>不求生上趣之戒果，若得果亦不著。</td></tr>
<tr><td>忍
（羼提）</td><td>恆能耐一切眾生毀。</td><td>不求報恩，不求善趣，不為怖畏受害，不為無能受利。</td></tr>
<tr><td>精進
（毘梨耶）</td><td>恆時披甲精進（弘誓為自性），
加行精進（勤方便為自性）。</td><td>為得無上菩提，精進殺自他煩惱賊。</td></tr>
<tr><td>禪</td><td>攝無邊三摩提而修習。</td><td>（由大悲故）
捨無上禪樂住而不著，來下處受生以利益有情。</td><td rowspan="2"></td><td></td></tr>
<tr><td>般若</td><td>遍知：
一、一切真如法性平等勝義
（由人法二無我智）。
二、世間有法所攝無邊之名相等差別（餘境）。</td><td>於涅槃尚不生貪著（不求解脫自利），何況貪著生死（輪迴）之樂？</td><td>以大悲攝，恆不捨眾生功德無盡。</td></tr>
</table>

恆時捨身命　離求慜他故　因施建菩提　智攝施無盡
恆時守禁勤　離戒及善趣　因戒建菩提　智攝戒無盡
恆時耐他毀　離求畏無能　因忍建菩提　智攝忍無盡
恆時誓勤作　殺賊為無上　因進建菩提　智攝進無盡
恆時習諸定　捨禪下處生　因定建菩提　智攝定無盡

5　一、世間果：有盡；二、二乘果：無餘蘊中盡；三、菩薩：世間未空無盡而住。

恆了真餘境 佛斷尚不著 因智建菩提 悲攝智無盡

(2)清淨功德

①檀（施） **得見及遂願 并求合三喜 菩薩喜相翻 彼退悲極故**

由大悲具足故，菩薩施時生三喜：得見求者，遂彼願時，求見求遂時皆生喜，菩薩三喜勝於求者三喜（得見施者，所求遂願，求見求遂時生喜）。

②尸（戒）

1.遠離身業（殺盜淫） **自身財眷屬 由悲恒善施 彼三遠離行 何因不禁守**

菩薩大悲，恆喜佈施自身、財、眷屬（妻子）等，禁守遠離殺盜淫行。

2.遠離口業（妄語） **不顧及平等 無畏亦普施 悲極有何因 惱他而妄語**

菩薩由悲愍故(1)不戀身命；(2)自他平等心；(3)離五怖畏[6]；(4)普施一切。

恆能對治起妄語之四因（為自利，為利他，為怖畏，為求財）。

3.遠離口業（兩舌、惡口、綺語） **平等利益作 大悲懼他苦 亦勤成熟生 極遠三語過**

菩薩平等利益一切眾生，不作兩舌壞他眷屬。由大悲欲拔眾生苦，不作惡口令他苦。恆欲成熟一切眾生，不作綺語令他不成熟。

4.遠離意業（貪瞋痴） **普施及有悲 極善緣起法 何因不能耐 意地三煩惱**

菩薩普施一切物離貪煩惱，由大悲故離瞋煩惱，由極善緣起法故離邪見煩惱。

③羼提（忍） **損者得益想 苦事喜想生 菩薩既如是 忍誰何所忍**

菩薩思惟雖受傷害（不饒益）為修菩提之助伴（饒益想），思惟由利他所受之苦為大利益而常歡喜。（若無不饒益想及苦想起處，則無誰

6 見道前五怖畏：
一、不活畏（故積財）；二、惡名怖（行化入酒肆，懼他譏）；三、死怖（故不捨身）；四、惡道畏；五、大眾威德畏（王前懼失言）。

忍與何事忍之想。）

④毘梨耶（精進）　**菩薩他想斷 愛他過自愛 於他難行事 精進即無難**

菩薩1.無分別想（證法界徧行自他平等故）。

2.他愛過自愛（由串習大悲故）。

由此二心精進行利他行不難。（但生此二心極難。）

⑤禪　**少樂二自樂 著退盡癡故 是說三人禪 菩薩禪翻彼**

菩薩禪1.多樂（大無漏樂）、自他樂。

2.不著、不退、無盡、無痴。

世間禪	少樂，	著自見（薩迦耶見），	易退失，	有染無染無明。
二乘禪	自樂，	著涅槃，	於無餘涅槃時盡，	有染無染無明。

⑥般若　**暗觸及二燈 如是三人智 譬如日光照 菩薩智無比**

菩薩智（現證二無我，盡除二障故）。

1.遍滿；2.明了；3.極清淨，如日光照物。

凡夫人智	少得境故，	不明了故，	不恆定故。	如暗中以手觸物。
二乘智	少得境故，	漸明了故，	未極淨故[7]。	如燈室中照物。

(3)殊勝功德　**依類緣迴向 因智田依止 如是八種勝 無上義應知**

①檀由八事為最勝：

1.依（由誰佈施）	菩薩佈施為最勝。
2.類（所施之事）	財施：施身最勝。 無畏施：護彼怖畏惡趣輪迴最勝。 法施：大乘法為勝。
3.緣（施之因）	由大悲等起為最勝。
4.迴向（所求迴向）	迴向（求）大菩提最勝。
5.因（施之出處）	往昔串習佈施習氣最勝。
6.智（攝施之智）	三輪無分別智最勝。
7.田（所施之田）	施具功德者最勝。[8]

7　二乘智：

一、得少境：未現證二無我故（於自所聞外未知。所思中，於無常等義唯比量非現量）。

二、不明了未極淨：所修中，未斷所知障，為其所蔽故。

8　田有五種：

一、求乞者；二、受苦人；三、無依人；四、惡行人；五、具功德者。

8.依止（住何處）	由三種依止而行佈施最勝。 (1)分別（思惟依止）修中，一、依止信解行佈施（信思惟）；二、依止作意[9]行佈施。 (2)勢力依止修中[10]，三、依止三昧（如金剛藏等定）行佈施。

②餘五波羅蜜八事最勝：

此中類最勝者：菩薩戒（戒），忍被卑下劣弱者殺害（忍），修斷諸波羅蜜障（精進），菩薩三摩提（禪），緣真如境（智）。

田最勝者：為大乘法。

餘六最勝者，如檀所說。

(4)佈施之不共功德

①前行大悲	**施一令得樂　多劫自受苦　尚捨為愛深　何況利翻彼** 由大悲力深愛有情故，菩薩自多劫受貧窮苦，亦不悋施而令有情得樂，何況自亦得利之佈施。
②正行無貪	1.**乞者隨所欲　菩薩一切捨　彼求為身故　利彼百種施** 隨眾生任何求，菩薩悉捨一切而行施。 2.**捨身尚不苦　何況餘財物　出世喜得故　起苦是無上** 由心（智）故捨身尚不苦，何況其餘之受用。此智為出世間，菩薩以此轉施身苦為樂（起苦），超過一切世間事。
③施行圓滿	1.喜他得財：**乞者一切得 得喜非大喜 菩薩一切捨 喜彼喜大故** 乞者得財而喜，菩薩喜彼得財，此喜為大。 2.施為財想：**乞者一切得 有財非見富 菩薩一切捨 無財見大富** 菩薩盡捨雖無財，但作具大財想。 3.自饒益想：**乞者一切得 非大饒益想 菩薩一切捨 得大饒益想** 乞者求財，我佈施，彼為成我之因，於我恩難計。 4.普施無著：**乞者自在取 如取路傍果 菩薩能大捨 餘人無是事** 菩薩遠離將護自財及求後報之煩憂（能大捨無著），願諸眾生寬心自在取用（如不將護路樹果，任人摘取）。 （自身及受用財，自他無別，無著無慢。如日光於他隨意取用，於自不著。）

9　一、於自佈施，見功德作意。（味思惟）
二、於他佈施，隨喜作意。（隨喜思惟）
三、於自他未來佈施，希望作意。（悕望思惟）

10　由定（金剛藏定等）於身、受用及教授等得自在之門而行佈施。

(5)精進之不共功德 **勝因依業種 對治等異故 如是六種義 精進有差別**

①勝差別	一切善法以精進為最勝。 **白法進為上 進亦是勝因**
②因差別	精進是無上因。
③依止差別	依止精進能得一切善法。 **及得諸善法 進則為依止**
④業差別	**現樂與世法 出世及資財 動靜及解脫 菩提七為業** 1.得現法樂住。 2.得世間法：後可生欲界天受樂，可得相應世間禪及無色定。 3.得出世間法：二乘可解脫得阿羅漢果，菩薩可得大菩提佛果。 4.得資財：得欲界樂。 5.得動靜：得色無色定（由是世間故不究竟）。 6.得解脫：得二乘解脫果（由斷身見故）。 7.得菩提：得佛果大菩提。
⑤種差別	1.<u>六種</u> **增減及增上 捨障亦入真 轉依與大利 六說精進種** (1)增減精進：四正勤（二惡法減，二善法增故）。 (2)增上精進：五根（由於解脫法為增上義故）。 (3)捨障精進：五力（由彼障碍不能碍故）。 (4)入真精進：七覺分（由見道建立故）。 (5)轉依精進：八聖道分（由修道是究竟轉依因故）。 (6)大利精進：六波羅蜜（由自利利他故）。 （四神足為禪定之體，故於彼等之中不另說精進。） 2.<u>五種</u>[11] **種復有五異 弘誓將發行 無下與不動 第五說無厭** (1)弘誓精進：有勢力者欲發起行故。 (2)發行精進：如理安住現行諸善故。 (3)無下精進：於廣大法無怯劣故。 (4)不動精進：寒熱（蚊寍）等苦不能動故。 (5)無厭精進：不捨善軛，不以少得為足故。 3.三種、二種 **三種下中上 由依三乘爾 亦二下上寬 利有小大故** 依悲、智大小而分： (1)依三乘人差別分下中上精進。 (2)下覺者（二乘人自利故），上覺者（上乘人他利故）。

⑥對治差別	**財著煩惱著　厭著知足著　四著不能退　對治分四種** 檀等諸行有四著為碍而不得行： 1.財著：貪受用，於財極恪故。 2.煩惱著：於財起染故。 3.厭著：於檀等行有退屈故。 4.知足著：於少施等喜滿足故。 精進有四不退為其對治。

10.<u>互顯</u>　**相攝及差別　依法亦為因　六度互相成　一切種分別**

六波羅蜜互相成有四義。

(1)相攝：

①施度	1.無畏施：	攝戒，忍（不作損害，報怨）。
	2.法施：	攝定，慧（定示神通令信，智說法）。
	3.俱施：	攝精進（精進能行二施）。
②戒度	攝善法戒盡攝一切施等（為善資糧故）。	
③忍度	1.他毀忍：攝無畏施（不報怨故）；攝持戒（罵不還口）。 2.觀法忍：攝定慧（心住平等如實知故）。 3.俱忍：攝精進。	
④定度	攝一切， 1.金剛藏定成辦一切施； 2.定共戒攝戒； 3.觀法忍及如實知慧，為定之自性； 4.於善法心專注攝精進。	
⑤慧度	攝一切，以由智慧觀察而行施等而成立彼諸波羅蜜多。	

(2)差別：一一度中各有六度，六施為施度，六斷障分為持戒，六難忍行為安忍，六喜為精進，六不散亂為定，六善辨為智慧。

(3)依法：以所詮（六度）攝能詮（經藏），又以彼能詮攝所詮。

(4)為因：

①檀為戒等因（不顧財（受用）者能行戒等故）。

②戒為施等因（比丘戒受護者能捨一切所有受故，住戒者能具足他毀忍等故，攝善法戒為檀等一切因故）。

11　《瑜伽論》（八十五）25：
一、披甲精進；二、加行精進；三、無怯劣精進；四、不能動精進，五、無喜足精進。

③安忍：忍受成辦諸度之難行。

④精進於諸度起歡喜。

⑤依禪定加行諸度。

⑥以智慧知諸度之利益或作清淨修行。

二、四攝事－令有情圓滿成熟之方便

1.體　布施將愛語　利行并同利　施平及彼說　建立亦自行

(1)布施攝	（同檀度）施眾引其入聖道。
(2)愛語攝	（說度義）為說諸波羅蜜義。
(3)利行攝	（令他修）建立眾生於波羅蜜中修。
(4)同利攝	（自隨行）建立他已，自亦如是隨行[12]。

2.攝他方便　攝他四方便　即是四攝性　隨攝亦攝取　正轉及隨轉

(1)隨攝方便	（布施）由財施隨他身起攝故。（以佈施利益有情為方便，令入佛法大海）
(2)攝取方便	（愛語）由無知、疑惑者令受義故。（令持解正法義）
(3)正轉方便	（利行）由此行諸善轉故。（令於法起行，出不善處而入善處）
(4)隨轉方便	（同利）菩薩自如說行（隨如何教他，自亦如是作）。 眾生知已，先未行善，（因信）亦隨行。（共修共轉正事業同證大菩提）

《瑜伽》（三十八）28（方便所攝身口意三業，於諸有情能正攝受、調伏、成熟。）

3.差別業　令器及令信　令行亦令解　如是作四事　次第四攝業

(1)令成器	（佈施）能令於法成器（受法之器），由隨順於財則堪受法故。	（攝身）
(2)令信解	（愛語）能令於法起信（解），由教法義彼疑斷故。	（攝心）
(3)令修行	（利行）能令於法起行，由如法依行故。	（起行）
(4)令解脫	（同利）能令彼得解脫，由長時淨治彼修得饒益故。	（同德）

12　《大乘義章》十一
同利有三異名：
一、同事：俯同眾生苦樂；二、同行：與眾生同修善根；三、同利：化物成德令來同菩薩之故。

4.分別

(1)以所攝分　**四體說二攝　財攝及法攝　財一法有三　次第攝四攝**

①財攝：攝布施攝

②法攝：攝愛語攝（攝所緣法）（六波羅蜜多）

利行攝（攝所行法）

同利攝（攝所淨法）

(2)以究竟分（約被攝者及攝者分）　**下中上差別　如是四種攝　倍無及倍有　亦純合三益**

①約被攝者：由攝三乘人差別故，而有下攝、中攝及上攝。

②約攝者：

1.信解行地之攝者：無義（利），以未能如所化意樂而知故。（雖攝眾生能令他增上，但未能令他成就。倍無益。）

2.初地至七地之攝者：有義（利）。（能增上眾生，令他成就。倍有益。）

3.八地以上之攝者：有一切義（利），由彼決定能令眾生成就故。（決定能令眾生成就。純有益。）

5.功德

(1)佛所讚	**菩薩欲攝眾　依此四方便　大利及易成　得讚三益故** 菩薩攝眾皆依此四為方便，一切大利（究竟之利益）得成就故，樂易（易成現時樂）方便故，得諸佛稱揚故。
(2)成熟有情	**四攝於三世　恒時攝眾生　成就眾生道　非餘唯四攝** 此四攝於三世中已攝、當攝、現攝一切眾生，是故此四攝是成熟眾生道，非餘諸道。

三、總結六度四攝義

不著及寂靜　能耐將意勇　不動并離相　亦攝攝眾生

成就自利利他

1.六度

(1)施	（不著）不貪著受用。
(2)戒	（寂靜）令不善寂滅。
(3)忍	（能耐）制諸忿恚。
(4)精進	（意勇）精勤行善法波羅蜜多。
(5)禪	（不動）禪定住心。
(6)般若	（離相）以慧離內輪迴外諸境之分別相。

2.四攝：菩薩以六度行行此四攝事，攝持眾生。[13]

六度四攝為菩薩成滿自他大菩提之方便。

〔附註〕

（一）戒

一、別解脫戒

1.補特伽羅

黃門，中性，雙性，俱盧洲人生戒、非戒。

天人生禪定戒、無漏戒（二種）。

其餘三部洲具（男女）性相人生別解脫戒，禪定戒，無漏戒（三種）。

2.領受境：比丘比丘尼式叉摩尼由僧伽處得，餘從補特伽羅得。

3.差別：比丘戒，比丘尼戒，式叉摩尼戒，沙彌戒，沙彌尼戒，優婆塞戒，優婆夷戒，近住戒（八關齋戒）。

4.體：總：（一切有部）無表色；（經量部）善法種子（捨棄之心）

別：(1)優婆塞：盡形壽持五戒。

(2)近住戒：一日中持八戒。

(3)沙彌戒：盡形壽持近住戒加十條（近住戒之歌舞香飾分為

13 《阿差末經》

一、布施攝：遍攝六度。（財施攝檀。無畏施攝戒、忍。法施攝精進、禪、般若。）

二、愛語攝：攝戒度忍度。（離口之四過故。）

三、利行攝：攝精進度。（勸化眾生故。）

四、同事攝：攝禪度、慧度。（俯同眾生所成定慧故。）

二）。

(4)比丘戒：盡形壽捨斷一切身語之所斷。

5.捨之因：(1)還所學；(2)死；(3)生二性根；(4)斷善根；(5)日已過（唯於近住戒）

二、禪定戒

1.補特伽羅：三部洲人，欲界色界天人。

2.體：於得四禪及近分定中能壓伏惡戒及所起之煩惱種子，令彼等不生。

3.捨之因：禪定失

三、無漏戒：

1.補特伽羅：三部洲人，欲界天，大梵天，（除無想天）色界天，無色界天。

2.體：以見諦無漏之作意斷盡一切煩惱種子，令不生惡戒。

3.捨之因：(1)捨趣入果之道；(2)退法故。

（二）非戒：

一、三部洲人；二、盡形壽行不善；三、未防護身語故；四、捨之因：1.得戒；2.死；3.生二相（同時生二種性別）。

（三）中間（非善非不善）

一、三部洲人及欲界天；二、非戒亦非非戒；三、捨之因：1.斷煩惱力；2.不成熟所作；3.境斷；4.死；5.善根斷。

拾柒、比丘比丘尼戒與羯磨法

取材自聖嚴：戒律學綱要

一、止持與作持

持律含有持戒，持戒不含有持律。因持律是僧團大眾共同的事，持戒是各個比丘個人的事。持戒稱為止持，因其不作惡，持律稱為作持，因其能成善。在律藏之中，戒相條文的規定是戒，是止持；各種羯磨法的規定是律，是作持。律是幫助戒的推行者，律也是戒的促成者，律更是實行戒的監督者。

在個人的生活中，以戒為主；在僧團的生活中，以律為主。

個人要求解脫生死，必須持戒；佛教要求歷久常新，必須持律。

比丘的二百五十戒，比丘尼的三百四十八戒，是止持；二十種犍度，是作持。

前者是戒，後者是律，唯在戒中也有律，律中也有戒，此乃就其重點而作的分別。

二、比丘比丘尼戒

比丘戒通常分為五篇七聚，也就是五等罪行的七項罪名。比丘尼戒為五篇六聚（無不定法，但另有八敬法）。

1.比丘戒

八類（條文）	五篇（罪行）	七聚（罪名）	六果（果報）
（1）四波羅夷	波羅夷	波羅夷	焰熱地獄（九十二萬萬一千六百萬年）
（2）十三僧殘	僧殘	僧殘	大嗥叫地獄（二十三萬零四百萬年）
（3）二不定法		偷蘭遮	嗥叫地獄（五萬七千六百萬年）
（4）三十捨墮 （5）九十單墮	波逸提（墮罪）	波逸提	眾合地獄（一萬四千四百萬年）
（6）四悔過法	提舍尼（別悔）	提舍尼	黑繩地獄（三千六百萬年）
（7）一百眾學 （8）七滅諍法	突吉羅（惡作）	惡作、惡說	等活地獄（九百萬年）

2.八類十種名

(1)波羅夷pārājikā，斷頭罪，不可救藥罪。

(2)僧殘saṃghāvaśeṣa，僧團淨法中之殘傷者，雖殘尚可懺除救藥。

(3)不定，可能犯波羅夷，僧殘或波逸提，故名不定。

(4)捨墮naiḥsargika-prāyaścittika，取（蓄）不該有之物，忘帶不該不帶之物。物先捨僧後懺罪。

(5)單墮prāyaścittika，指墮地獄罪，無物可捨，名單墮。

(6)悔過pratideśanīya，犯後須面對（彼）一人宣說悔過。

(7)應當學śikṣā-karaṇiya，應學或宜學。

(8)滅諍，兩派意見不同時，以滅諍法解決，取多數意見。

(9)偷蘭遮sthūlātyaya，分為從他生（由波羅夷及僧殘未遂罪中生）及獨頭偷蘭遮。

(10)突吉羅duṣkṛta，含身業之惡作及口業之惡說，範圍很廣之小過失，戒本中稱眾學戒。

戒法是解脫道之防腐劑，悔法則是清潔劑。悔法對於四根本戒的波羅夷罪不悔除，對於性罪也是不能悔除（仍須償報），只能悔除犯戒的制罪（遮罪或稱戒罪）。

在比丘戒中，有許多是性罪與遮罪同在（雙重），也有些僅只是遮罪。有性罪的必有遮罪，有遮罪的則未必有性罪。

3.各戒本差異

(1)《四分律》《根本說一切有部律》：250戒（4棄，13殘，2不定，30捨墮，90單墮，4悔過，100應當學，7滅諍）。

(2)《五分律》：259戒（91單墮，108應當學，餘同四分律）。

(3)《十誦律》：257戒（107應當學，餘同四分律）。

(4)《僧祇律》：218戒（92單墮，66應當學，餘同四分律）。

(5)《解脫戒經》：246戒（96應當學，餘同四分律）。

戒條數主要差在應當學的威儀戒中，其餘七項出入較少。不過除四棄與十三殘之外，各本條文次序不一致，戒本文字亦有異。

三、羯磨法

羯磨（karma），意譯為業，乃是授戒、說戒、懺罪以及各種僧事之處理，這是屬於作持之戒。

羯磨法是僧團中解決僧眾中各種事之法（議事法）。僧團大眾之能成就善舉去除惡業，必須靠羯磨法。

羯磨法分三大類，一百零一種：

1.單白羯磨（白一羯摩）：不必徵求同意之事，向大眾宣告一次即可，有二十四種。

2.白二羯磨：宣告一遍，再說一遍，徵求大家同意者，共四十七種。

3.白四羯磨：先作一遍宣告，再作三次宣讀，每讀一遍，即徵求同意一次，共三十種。

（一白三羯磨）

四、捨戒因緣

1.小乘戒

有五種因緣捨失戒體：

(1)命終，(2)二形（男女根變性），(3)斷善根，(4)作法（對解語之同法比丘，乃至俗人宣布捨戒），(5)犯重（犯四根本戒）。

2.菩薩戒

菩薩戒盡未來際（命終不捨戒），不拒性別與變性之人（二形不失戒）。

捨戒因緣：

(1)犯重戒

①破重戒：即以上品煩惱纏犯者（如故意殺人），便失菩薩戒。

②污重戒：即以中品煩惱纏犯者（如過失殺人），尚可依法悔過。

(2)故意捨大菩提心

科判表

(1)由依止無等 (2)由品類無等 (3)由行事無等
(4)由方便無等 (5)由迴向無等 (6)由清淨無等
2.簡別波羅蜜非波羅蜜相
丙三 次第 次第章第四
丙四 立名 立名章第五
1.通名
2.別名
(1)陀那 (2)尸羅 (3)羼提 (4)毘梨耶
(5)持訶那 (6)般羅若
丙五 修習 修習章第六
1.廣說十二種修
2.略說五種修
3.別辨思惟修
(1)明六意 (2)明三思惟
(3)思惟修聚福除障
丙六 差別 差別章第七
1.施有三品 2.戒有三品 3.忍有三品
4.精進有三品 5.定有三品 6.般若有三品
丙七 相攝 攝章第八
丙八 所治 對治章第九
丙九 功德 功德章第十
1.與世間同有六種 2.與世間異有四種
丙十 互顯 互顯章第十一
丙十一 結頌

【甲六】 入因果修差別勝相第五 卷十

乙一 立十地 對治章第一 389

1.明十種無明（能障） 390
(1)凡夫性無明 (2)起邪行無明
(3)遲苦忘失無明
(4)微細煩惱行共生身見等無明
(5)於下乘般涅槃無明 (6)粗相行無明
(7)微細相行無明
(8)於無相作功用心無明
(9)於眾生利益事不由功用無明
(10)於眾法中不得自在無明
2.法界十功德相（所障） 394
(1)遍滿義 (2)最勝義
(3)勝流義 (4)無攝義
(5)相續不異義 (6)無染淨義
(7)種種法無別義 (8)不增減義
(9)定、土、智自在依止義

①共學處戒　　②不共學處戒
　　　(2)別明菩薩二乘戒差別
　　　　①性戒差別　　②制戒差別
　　3.廣大差別
　　4.甚深差別
　　　(1)性罪方便勝智戒甚深
　　　(2)變化身口業戒甚深
　　5.結顯

流通分

李森田 作

初版 2014.3、二版 2015.2

三版 2015.9、四版 2020.9

國家圖書館出版品預行編目資料

攝大乘論世親釋記要/李森田記要. -- 初版. -- 臺北市：蘭臺出版社, 2021.10
面； 公分. --（佛教研究叢書；12）
ISBN 978-986-06430-3-9(全套：平裝)

1.瑜伽部

222.13 110007831

佛教研究叢書12

攝大乘論世親釋記要（下）

作　　者：李森田 記要
總　　編：張加君
主　　編：沈彥伶
　　　　　盧瑞容
美　　編：沈彥伶
封面設計：陳勁宏
出　　版：蘭臺出版社
地　　址：台北市中正區重慶南路1段121號8樓之14
電　　話：(02)2331-1675或(02)2331-1691
傳　　真：(02)2382-6225
E—MAIL：books5w@gmail.com或books5w@yahoo.com.tw
網路書店：http://5w.com.tw/
　　　　　https://www.pcstore.com.tw/yesbooks/
　　　　　https://shopee.tw/books5w
　　　　　博客來網路書店、博客思網路書店
　　　　　三民書局、金石堂書店
經　　銷：聯合發行股份有限公司
電　　話：(02) 2917-8022　　傳 真：(02) 2915-7212
劃撥戶名：蘭臺出版社　帳號：18995335
香港代理：香港聯合零售有限公司
電　　話：(852)2150-2100　　傳真：(852)2356-0735
出版日期：2021年10月 初版
定　　價：新臺幣1800元整（平裝，套書不零售）
ISBN：978-986-06430-3-9